工程建设理论与实践丛书

DAOLU YU QIAOLIANG SHEJI
SHIGONG JISHU

道路与桥梁设计
施工技术

张忠磊　赵伟朝　石洪磊　主编

华中科技大学出版社
http://www.hustp.com
中国·武汉

图书在版编目(CIP)数据

道路与桥梁设计施工技术/张忠磊,赵伟朝,石洪磊主编. —武汉:华中科技大学出版社,2022.9
　ISBN 978-7-5680-8550-2

Ⅰ.①道… Ⅱ.①张… ②赵… ③石… Ⅲ.①道路工程-设计 ②道路施工 ③桥梁工程-设计 ④桥梁施工 Ⅳ.①U41 ②U44

中国版本图书馆CIP数据核字(2022)第161141号

道路与桥梁设计施工技术　　　　　　　　　张忠磊　赵伟朝　石洪磊　主编
Daolu yu Qiaoliang Sheji Shigong Jishu

策划编辑：周永华
责任编辑：周江吟
封面设计：王　娜
责任监印：朱　玢
出版发行：华中科技大学出版社(中国·武汉)　　电话：(027)81321913
　　　　　武汉市东湖新技术开发区华工科技园　　邮编：430223
录　　排：华中科技大学惠友文印中心
印　　刷：武汉科源印刷设计有限公司
开　　本：710mm×1000mm　1/16
印　　张：21
字　　数：377千字
版　　次：2022年9月第1版第1次印刷
定　　价：98.00元

本书若有印装质量问题,请向出版社营销中心调换
全国免费服务热线：400-6679-118　竭诚为您服务
版权所有　侵权必究

编 委 会

主　编　张忠磊(青岛市市政工程设计研究院有限责任公司)
　　　　　赵伟朝(上海建工集团股份有限公司)
　　　　　石洪磊(广东省南粤交通投资建设有限公司)

副主编　郑茂参(贵州省交通建设咨询监理有限公司)
　　　　　宁朝阳(中建国际投资(中国)有限公司/贵州雷榕
　　　　　　　　高速公路投资管理有限公司)
　　　　　玉俊杰(华杰工程咨询有限公司)

编　委　张丙清(华设设计集团股份有限公司)
　　　　　李丽芬(云南省交通规划设计研究院有限公司)
　　　　　米肖松(中国公路工程咨询集团有限公司)
　　　　　熊明茂(广西路桥工程集团有限公司市政分公司)
　　　　　史刚雷(华杰工程咨询有限公司)
　　　　　易　鹏(广深珠高速公路有限公司)
　　　　　李继波(江西省交通工程集团有限公司)
　　　　　姜勇军(中铁二十四局集团有限公司)

前　言

近年来,我国社会经济的迅速发展,城市化进程的加快以及城乡一体化的发展,使得道路交通运输系统的重要性越发凸显。在道路桥梁设计与施工中,不仅需要关注工程所处区域的地质条件以及桥梁工程的强度需求、质量标准等,还应该将环境因素、交通流量等考虑在内,同时积极借鉴国内外一些先进道路桥梁工程的设计与施工案例,这样得到的设计方案与施工技术才能真正确保道路桥梁工程的合理性,促进其使用寿命的延长。

本书主要包括绪论、总体设计、道路路线设计、道路交叉设计、路基设计与施工、路面设计与施工、道路排水设计与施工、混凝土桥梁设计与施工、钢-混组合梁桥设计与施工、大跨径桥梁设计与施工、桥梁工程基本施工技术、桥梁下部结构施工技术、桥梁上部结构施工技术、桥面系及附属工程施工技术的内容,基本涵盖了道路桥梁工程设计与施工的常规内容。

本书在编写过程中参考并引用了已公开发表的文献资料的部分内容,得到了许多专家的专业指导,华中科技大学出版社对本书的编写也提供了大量帮助与支持,并精心组织编辑、出版等工作,均在此深表感谢。

由于施工技术日新月异,设计与施工理论不断发展,许多设计方案与施工方法可能有待进一步研究和探讨。加之编者水平有限和时间紧张,书中疏漏在所难免,敬请广大读者批评指正。

目 录

- 第1章 绪论 (1)
  - 1.1 道路的特点与功能 (1)
  - 1.2 道路分类与分级 (3)
  - 1.3 桥梁的组成与分类 (6)
  - 1.4 桥梁的设计作用 (10)
- 第2章 总体设计 (22)
  - 2.1 道路总体设计 (22)
  - 2.2 道路选线与定线 (25)
  - 2.3 桥梁设计与建设程序 (29)
  - 2.4 桥梁设计方案比选 (31)
- 第3章 道路路线设计 (33)
  - 3.1 平面设计 (33)
  - 3.2 纵断面设计 (38)
  - 3.3 横断面设计 (46)
  - 3.4 线形组合设计 (54)
  - 3.5 协调设计 (58)
- 第4章 道路交叉设计 (69)
  - 4.1 立体交叉设计 (69)
  - 4.2 平面交叉设计 (73)
- 第5章 路基设计与施工 (79)
  - 5.1 一般路基设计 (79)
  - 5.2 路基稳定性设计 (84)
  - 5.3 路基施工方法 (88)
  - 5.4 路基防护与加固 (93)
- 第6章 路面设计与施工 (98)
  - 6.1 沥青路面设计与施工 (98)
  - 6.2 水泥路面设计与施工 (105)

 6.3 路面白改黑设计与施工 …………………………………………(113)
 6.4 路面病害及其防治措施 …………………………………………(116)
第7章 道路排水设计与施工 ……………………………………………(123)
 7.1 路基排水设计 ……………………………………………………(123)
 7.2 路面排水设计 ……………………………………………………(125)
 7.3 排水施工技术 ……………………………………………………(129)
第8章 混凝土桥梁设计与施工 …………………………………………(133)
 8.1 体外预应力混凝土桥梁设计方法分析 …………………………(133)
 8.2 混凝土桥梁设计中的 BIM 技术分析 ……………………………(136)
 8.3 混凝土桥梁裂缝成因及防控措施分析 …………………………(141)
 8.4 大体积混凝土桥梁施工技术及质量控制 ………………………(144)
第9章 钢-混组合梁桥设计与施工 ………………………………………(150)
 9.1 简支大跨钢-混组合梁桥设计分析 ………………………………(150)
 9.2 钢-混组合箱梁桥的技术特征及设计要点 ………………………(156)
 9.3 钢-混组合箱梁及桥面板整体现浇施工关键技术 ………………(160)
 9.4 钢-混组合梁桥混凝土桥面板防裂施工问题 ……………………(165)
第10章 大跨径桥梁设计与施工 …………………………………………(170)
 10.1 大跨径组合梁斜拉桥概念设计分析 ……………………………(170)
 10.2 小曲线半径的大跨径钢-混组合梁桥设计 ……………………(177)
 10.3 大跨径预应力混凝土连续梁施工控制技术 ……………………(180)
 10.4 高墩大跨径刚构桥施工关键技术与管理 ………………………(183)
第11章 桥梁工程基本施工技术 …………………………………………(189)
 11.1 砌筑工程施工 ……………………………………………………(189)
 11.2 钢筋工程施工 ……………………………………………………(193)
 11.3 模板、支架和拱架工程施工 ……………………………………(199)
 11.4 混凝土工程施工 …………………………………………………(201)
第12章 桥梁下部结构施工技术 …………………………………………(205)
 12.1 桥梁基础施工 ……………………………………………………(205)
 12.2 桥梁墩台施工 ……………………………………………………(228)
第13章 桥梁上部结构施工技术 …………………………………………(240)
 13.1 梁(板)桥施工 …………………………………………………(240)
 13.2 拱桥施工 …………………………………………………………(273)

13.3　斜拉桥施工 …………………………………………………（282）
　13.4　悬索桥施工 …………………………………………………（291）
第14章　桥面系及附属工程施工技术 ……………………………（299）
　14.1　桥面系施工 …………………………………………………（299）
　14.2　附属结构施工 ………………………………………………（318）
参考文献 ……………………………………………………………（323）
后记 …………………………………………………………………（325）

第1章 绪　　论

1.1 道路的特点与功能

1.1.1 道路的特点

近百年来,汽车运输的迅速发展和道路及其运输所具有的一系列特点是分不开的。与其他交通运输相比,道路具有以下属性及特征。

1. 道路的基本属性

道路建设与道路运输是物质生产,因而,道路必然具有物质生产的基本属性,即有生产资料、劳动手段和劳动力并作为物质产品而存在,同时,它又具有其本身特有的基本属性。

(1)公益性。道路分布广、涉及面宽,能使全社会受益,同时,也受到社会各方面的关注和支持。特别是近年来,道路运输在促进社会商品经济发展方面发挥了巨大的作用,使道路受到社会的重视。

(2)商品性。道路建设是物质生产,道路是产品,必然具备商品的基本属性,它既具有商品价值,又具有使用价值。这一属性是目前发展商品化道路(也称收费道路)的基本依据。

(3)超前性。道路的超前性主要是指道路的先行作用。道路是为国民经济和社会发展服务的,它作为国家连接工农业生产的链条和经济腾飞的跑道,其发展速度应当高于其他部门的发展速度。这就是通常所说的"先行官"作用。

(4)完备性。道路运输是资金密集型和技术密集型的产业,属于国家基本建设项目。道路的建设不仅要满足其现行通行能力的要求,还要考虑今后一段时间内通行能力增长的要求,即要有一定的储备能力。这就要求建设道路之前,必须要进行统一的规划、可行性论证、周密的经济和交通调查、交通预测以及精心设计等工作,以满足远景发展的需要。

2. 道路的经济特征

道路作为一种特殊的物质产品,还具有以下经济特征。

(1) 道路产品是固定在广阔地域上的线形建筑物,不能移动。道路是线形工程,与一般的工业生产和建筑业相比,道路建设的流动空间更大,工作地点更不固定,受社会和自然环境影响较大,具有更强的专业性。

(2) 道路的生产周期和使用周期长。通常,一条上百公里的道路建成需要花费两三年的时间,高等级道路还需要更长的时间。道路投入使用后一般使用年限为 10~20 年,在使用过程中,还需要进行经常性的养护、维修和管理工作。

(3) 道路虽然是物质产品,但不具有商品的形式。在商品经济中,一般的产品都采取商品交换形式,出售后进入消费。而道路建成后,不能作为商品出售,也不存在等价交换的买卖形式,只提供给社会使用。其投资费用以使用道路的收费、养护管理费和运输运营收费等形式来补偿。

(4) 道路具有特殊的消费过程和消费方式。一般的商品生产与消费在时间和空间上都是分离的,即商品必须成型后,才能运送到市场进行交换和消费;而道路则可以边建设边使用,并在使用过程中进行养护、维修与改造,生产与消费不可分割,在时间和空间上是重复的。道路的消费形式不是一次性的,而是多次消费。这就对道路的质量提出了特别高的要求,以确保其在多次重复性使用(消费)中保证车辆行驶的安全、快速、经济和舒适。

(5) 道路作为一个完整的系统发挥其作用,为社会和经济服务。一条道路是由路线、路基、路面、桥涵等各部分组成完整的系统。而一个区域的道路网,则是由许多条道路组成一个有机的网络系统,这个系统又成为交通运输系统中的一个子系统,这就要求各条道路的修建要统筹规划,相互协调,密切配合,从整体的角度为社会和经济服务。

另外,道路运输与其他运输相比,也存在一些弱点,如运量小、运输成本高、油耗和环境污染较大等。

1.1.2 道路的功能

1. 公路的功能

(1) 主要承担中短途运输任务(短途运输为 50 km 以内,中途运输为 50~200 km)。

（2）补充和衔接其他运输方式，担任大运量运输（如火车及轮船运输）的集散运输任务。

（3）在特殊条件下，也可以独立担负长途运输任务，随着高速公路的发展，中长途运输的任务将逐步增多。

2. 城市道路的功能

（1）联系城市各部分，为城市内部各种交通服务，并担负城市对外交通的中转集散的任务。

（2）构成城市结构布局的骨架，确定城市的格局。

（3）为防空、防火、防地震及绿化提供场地。

（4）是城市铺设各种公用设施的主要通道。

（5）为城市提供通风、采光，改善城市生活环境。

（6）划分街坊，组织沿街建筑，表现城市建设风貌。

1.2 道路分类与分级

1.2.1 道路的分类

道路按照使用特点分为公路、城市道路、专用道路等。

1. 公路

公路是指连接城市、乡村，主要供汽车行驶的具有一定技术条件和设施的道路。按照其重要性和使用特性可分为国道、省道、县道和乡道。

（1）国道是在国家干线网中，具有全国性的政治、经济、国防意义，并经确定为国家级干线公路。

（2）省道是在省公路网中，具有全省性的政治、经济、国防意义，并经确定为省级干线的公路。

（3）县道是具有全县性的政治、经济意义，并经确定为县级的公路。

（4）乡道是指修建在乡村、农场，主要供行人及各种农业运输工具通行的道路。

2. 城市道路

城市道路是指在城市范围内,供车辆及行人通行的具有一定技术条件和设施的道路。

3. 专用道路

专用道路是由工矿、农林等部门投资修建,主要供该部门使用的道路,如厂矿道路、林区道路等。

(1) 厂矿道路是指主要为工厂、矿山运输车辆通行的道路。通常分为厂内道路和厂外道路及露天矿山道路。厂外道路为厂矿企业与国家公路、城市道路、车站、港口相衔接的道路或厂矿企业分散的车间、居住区之间连接的道路。

(2) 林区道路是指修建在林区,主要供各种林业运输工具通行的道路。由于林区地形及运输木材的特征,其技术要求应当按照专门制定的林区道路工程技术标准执行。

各类道路的位置、交通性质及功能均不相同,所以,设计时的依据、标准及具体要求也不相同。因此,必须按照相应的技术规范(标准)进行设计与施工。

1.2.2 公路的分级与技术标准

1. 公路分级

为了适应不同地区经济发展的需要,充分满足路网规划和建设功能的要求,公路必须分等级规划和建设。交通运输部 2014 年颁布的《公路工程技术标准》(JTG B01—2014)(以下简称《标准》),根据功能和适应交通量将公路分为五个技术等级。各个等级又根据地形规定了不同的计算速度及相应的工程技术标准。

(1) 高速公路。高速公路为专供汽车分方向、分车道行驶,全部控制出入的多车道公路。高速公路的年平均日设计交通量宜在 15000 辆小客车以上。

(2) 一级公路。一级公路为供汽车分方向、分车道行驶,可根据需要控制出入的多车道公路。一级公路的年平均日设计交通量宜在 15000 辆小客车以上。

(3) 二级公路。二级公路为供汽车行驶的双车道公路。二级公路的年平均日设计交通量宜为 5000~15000 辆小客车。

(4) 三级公路。三级公路为供汽车、非汽车交通混合行驶的双车道公路。

三级公路的年平均日设计交通量宜为2000~6000辆小客车。

(5)四级公路。四级公路为供汽车、非汽车交通混合行驶的双车道或单车道公路。双车道四级公路的年平均日设计交通量宜在2000辆小客车以下。单车道四级公路的年平均日设计交通量宜在400辆小客车以下。

公路技术等级选用应根据路网规划、公路功能,并结合交通量论证确定;主要干线公路应选用高速公路;次要干线公路应选用二级及二级以上公路;主要集散公路宜选用一、二级公路;次要集散公路宜选用二、三级公路;支线公路宜选用三、四级公路。

2. 公路技术标准

公路技术标准是指在一定的自然环境条件下,能够保持车辆正常行驶所采用的技术指标体系。具体是指在设计和施工时对公路路线和构造物的几何形状、结构组成及技术性能上的要求,将这些要求用指标和条文的形式确定下来即形成公路工程的技术标准。它反映了我国公路建设的技术方针,是公路设计和施工的基本依据和准则,是法定的技术要求,必须遵守。各级公路的技术标准是由其技术指标体现的,八车道及以上公路在内侧车道(内侧第1、2车道)仅限小客车通行时,其车道宽度可以采用3.5 m;以通行中小型客运车辆为主且设计速度为80 km/h及以上的公路,经论证车道宽度可采用3.5 m;设置慢车道的二级公路,慢车道宽度应当采用3.5 m。在设爬坡车道、变速车道及超车道路段,受地形、地物等条件限制路段以及多车道公路特大桥,经论证可采用最小值。高速公路和一级公路应当在右侧硬路肩宽度内设右侧路缘带,其宽度为0.5 m。八车道以及以上高速公路宜设置左侧硬路肩,其宽度应不小于2.5 m,左侧硬路肩宽度包含左侧路缘带宽度。

1.2.3 城市道路分级

《城市道路工程设计规范(2016年版)》(CJJ 37—2012)(以下简称《规范》)规定:城市道路应按照道路在道路网中的地位、交通功能以及对沿线的服务功能等,分为快速路、主干路、次干路和支路四级。快速路、主干路设计年限应当为20年;次干路应当为15年;支路宜为10~15年。

(1)快速路。快速路应中央分隔、全部控制出入、控制出入口间距及形式,应实现交通连续通行,单向设置应不少于2条车道,并应设有配套的交通安全与管理设施。快速路两侧应不设置吸引大量车流、人流的公共建筑物的出入口。

(2) 主干路。主干路应连接城市各主要分区,应以交通功能为主。主干路两侧不宜设置吸引大量车流、人流的公共建筑物的出入口。

(3) 次干路。次干路应与主干路结合组成干路网,应以集散交通的功能为主,兼有服务功能。

(4) 支路。支路宜与次干路和居住区、工业区、交通设施等内部道路相连接,应解决局部地区交通问题,以服务功能为主。

1.3 桥梁的组成与分类

1.3.1 桥梁的基本组成

桥梁由五个"大部件"与五个"小部件"组成。所谓五大部件是指桥梁承受汽车或其他作用的桥跨上部结构与下部结构,它们是桥梁结构安全性的保证。五大部件具体内容如下。

(1) 桥跨结构(或称桥孔结构、上部结构),它是路线遇到障碍(如江河、山谷或其他路线等)中断时,跨越这类障碍的结构物。

(2) 支座系统的作用是支承上部结构并传递荷载于桥梁墩台上,应保证上部结构在荷载、温度变化或其他因素作用下所预计的位移功能。

(3) 桥墩是在河中或岸上支承两侧桥跨上部结构的建筑物。

(4) 桥台位于桥的两端,一端与路堤相接,并防止路堤滑塌,为保护桥台和路堤填土,桥台两侧常做一些防护工程;另一侧则支承桥跨上部结构的端部。

(5) 墩台基础是保证梁墩台安全并将荷载传至地基的结构部分。基础工程在整个桥梁工程施工中是比较困难的部分,而且常常需要在水中施工,因而遇到的问题也很复杂。

桥跨结构和支座系统是桥跨上部结构,桥墩、桥台和墩台基础是桥跨下部结构。

五小部件均为直接与桥梁服务功能有关的部件,过去总称为桥面构造,在桥梁设计中往往不够重视,因而使桥梁服务质量低下,外观粗糙。在现代化工业发展水平的基础上,人类的文明水平也极大提高,人们对桥梁行车的舒适性和结构物的观赏水平要求愈来愈高,因而国际上的桥梁设计中越来越重视五小部件。目前,国内桥梁设计工程师也越来越感受到五小部件的重要性。五小部件具体内容如下。

(1) 桥面铺装或称行车道铺装。桥面铺装的平整性、耐磨性以及不翘曲、不渗水的基本性能是保证行车平稳的关键,特别是在钢箱梁上铺设沥青路面时,相关技术要求更加严格。

(2) 排水防水系统。桥面的排水防水系统应迅速地排除桥面上积水,并使渗水可能性降至最小限度。此外,城市桥梁防水系统应保证桥下无滴水和结构上无漏水现象。

(3) 栏杆(或防撞栏杆)。桥的栏杆既是保证安全的构造措施,又是有利于观赏的装饰构件。

(4) 伸缩缝。伸缩缝位于桥跨上部结构之间,或在桥跨上部结构与桥台端墙之间,以保证结构在各种因素作用下的变形与位移。为使桥面上行车顺适,无颠动,桥上要设置伸缩缝,特别是大桥或城市桥的伸缩缝,不但要结构牢固、外观光洁,而且需要经常扫除掉入伸缩缝中的垃圾、泥土,以保证它的功能作用。

(5) 灯光照明。现代城市中标志式的大跨桥梁都装置了变幻的灯光照明,增添了城市中光彩夺目的夜景。

1.3.2 桥梁分类

1. 桥梁按受力体系分类

按照受力体系分类,桥梁可分为梁式桥、拱式桥和悬索桥三大基本体系。梁式桥以受弯为主,拱式桥以受压为主,悬索桥以受拉为主。由三大基本体系的相互组合,派生出在受力上也具组合特征的多种桥型,如刚构桥和斜拉桥等,下面分别阐述各种桥梁体系的主要特点。

1) 梁式桥

梁式桥是一种在竖向荷载作用下无水平反力的结构。由于外力的作用方向与梁式桥承重结构轴线接近垂直,与同样跨径的其他结构体系相比,梁桥内产生的弯矩最大,通常须用抗弯、抗拉能力强的材料(钢、配筋混凝土、钢-混凝土组合结构等)来建造。对于中、小跨径桥梁,公路上目前应用广泛的是标准跨径的钢筋混凝土简支梁桥,施工方法有预制装配和现浇两种。这种梁桥的结构简单,施工方便,简支梁对地基承载力的要求也不高,常用跨径在 25 m 以下,当跨径较大时,须采用预应力混凝土简支梁桥,但跨度一般应不超过 50 m。为了改善受力条件和使用性能,地质条件较好时,中、小跨径梁桥均可修建连续梁桥;对于大跨径的大桥和特大桥,可采用预应力混凝土梁桥、钢桥和钢-混凝土组合梁桥。

2) 拱式桥

拱式桥的主要承重结构是拱圈或拱肋(拱圈横截面设计为分离形式时称为拱肋)。拱结构在竖向作用下,桥墩和桥台将承受水平推力;同时,根据作用力和反作用力原理,墩台向拱圈(或拱肋)提供一对水平反力,这种水平反力将大大抵消在拱圈(或拱肋)的弯矩。因此,与同跨径的梁式桥相比,拱式桥的弯矩和变形都要小得多。鉴于拱式桥的承重结构以受压为主,通常可用抗压能力强的圬工材料(如砖、石、混凝土)和钢筋混凝土等来建造。

拱式桥不仅跨越能力很强,而且外形酷似彩虹卧波,十分美观。在条件许可的情况下,修建拱式桥往往是经济合理的,一般在跨径500 m以内均可作为比选方案。

应当注意,为了确保桥梁的安全,拱式桥的下部结构和地基(特别是桥台)必须能承受较大的水平推力。此外,拱圈(或拱肋)在合龙前自身不能维持平衡,因而拱式桥在施工过程中的难度和危险要远大于梁式桥。对于特大跨度的拱式桥,也可建造钢桥或钢-混凝土组合截面的拱式桥,施工时首先合龙自重较轻但强度很高的钢拱,以承担施工荷载,这样可以降低施工难度和风险。

在地基条件不适合修建具有较大推力的拱式桥情况下,也可建造由受拉系杆来承受水平推力的系杆拱桥,系杆可由钢、预应力混凝土或高强钢筋制作而成。近年来还发展了一种"飞雁式"三跨自锚式微小推力拱桥,即在边跨的两端施加巨大的水平预加力,通过边跨梁传至拱脚,以抵消主跨拱脚处的巨大水平推力。按照行车道处于主拱圈位置的不同,拱式桥可分为上承式拱桥、中承式拱桥和下承式拱桥三种。

3) 刚构桥

刚构桥的主要承重结构是梁(或板)与立柱(或竖墙)整体结合形成的刚架结构,梁和柱的连接处具有很大的刚性,以承担负弯矩的作用。门式刚架桥在竖向荷载作用下,柱脚处产生水平反力,梁主要受弯,但弯矩值较同跨径的简支梁小,梁内还有轴压力,因此,受力状态介于梁式桥与拱式桥之间。刚架桥跨中的建筑高度就可做得较小。但普通钢筋混凝土修建的刚架桥在梁柱刚接处较易产生裂缝,须在该处多配钢筋。另外,门式刚架桥在温度变化时,内部易产生较大的附加内力,应引起重视。

T形刚构桥(带挂孔或不带挂孔)是修建较大跨径混凝土桥梁曾采用的桥型,属静定或低次超静定结构。这种桥型由于T构长悬臂处于一种不受约束的自由变形状态,在车辆荷载作用下,悬臂内的弯、扭应力均较大,各个方向易产生裂缝。另外,混凝土的徐变会导致悬臂端产生一定的下挠度,从而在悬臂端部和挂梁的结合处形成小折角,不仅损坏了伸缩缝,而且车辆行驶时易在此跳车,给悬臂以附加冲击力,对桥梁受力也不利,目前这种桥型已较少采用。

连续刚构桥属于多次超静定结构,在该类桥的设计中,一般应减小墩柱顶端的水平抗推刚度,使得结构在温度变化下不致产生较大的附加内力。对于较长的桥,为了降低这种附加内力,往往在两侧的一个或数个边跨上设置滑动支座,从而形成刚构-连续组合体系桥型。

当跨越陡峭河岸和深谷时,修建斜腿式刚构桥往往既经济合理又轻巧美观。斜腿墩柱置于岸坡上,有较大斜角,中跨梁内的轴压力也很大,因而斜腿式刚构桥的跨越能力优于门式刚构桥,但斜腿的施工难度较直腿更大。

刚构桥一般均需承受正负弯矩的交替作用,横截面宜采用箱形截面;连续刚构桥主梁的受力与连续梁相近,横截面形式与尺寸也与连续梁基本相同。

4) 悬索桥

悬索桥(也称吊桥)是以悬挂在两边塔架上的强大缆索作为主要承重结构的桥梁。在桥面系竖向荷载作用下,吊杆使缆索承受较大的拉力。缆索锚于悬索桥两端的锚碇结构中,为了承受巨大的缆索拉力,需要较大的锚碇结构(重力式锚碇),或者依靠天然完整的岩体来承受水平拉力(隧道式锚碇)。缆索传至锚碇的拉力可分解为垂直和水平两个分力,因而悬索桥也是具有水平反力(拉力)的结构。现代悬索桥广泛采用高强度的多股钢丝编制形成钢缆,以充分发挥其优良的抗拉性能。悬索桥的承载系统包括缆索、塔柱和锚碇三部分,结构自重较轻,能够跨越较大的跨度。悬索桥的特点是受力简单,成卷的钢缆易于运输,在缆索架设完成后,便形成了一个强大稳定的结构支承系统,施工过程中的风险相对较小。

相对于其他体系的桥梁,悬索桥的刚度最小,属柔性结构。在车辆作用下,悬索桥将产生较大的变形,例如,跨度 1000 m 的悬索桥,在车辆荷载作用下,$L/4$(L 为跨径)区域的最大挠度可达 3 m。另外,悬索桥的风致振动及稳定性在设计和施工中也须予以特别重视。

5) 组合体系桥

根据结构的受力特点,由几个不同体系的结构组合而成的桥架称为组合体系桥。在梁和拱的组合体系中,梁和拱都是主要承重结构,两者相互配合、共同受力。吊杆将梁向上(与荷载作用的挠度方向相反)吊住,显著地减小了梁中部的弯矩;同时,由于拱与梁连接在一起,拱的水平推力就传递到梁,梁除受弯矩以外也要受拉。这种组合体系桥跨度比一般简支梁桥更大,并对墩台没有推力作用,因此,对地基的要求与一般简支梁桥一样。

斜拉桥是一种主梁与斜缆相结合的组合体系,悬挂于塔柱上的张紧斜缆将主梁吊住,使得主梁像多点弹性支承的连续梁一样工作,这样既发挥了高强材料的作用,又显著减小了主梁截面,结构自重减小,可以跨越很大的跨径。

组合体系桥的种类很多,但究其实质,不外乎利用梁、拱、吊三者的不同组合,上吊下撑以形成新的结构。组合体系桥梁一般都可用钢筋混凝土来建造,对于大跨径桥以采用预应力混凝土或钢材修建为宜。一般说来,这种桥梁的施工工艺比较复杂。

2. 桥梁的其他分类简述

除了上述按受力特点分成不同的结构体系,人们还习惯按桥梁的用途、规模和建桥材料等其他方面将桥梁进行分类。

(1) 按用途来划分,有公路桥、铁路桥、公铁两用桥、农桥(或机耕道桥)、人行桥、水运桥(或渡槽)、管线桥等。

(2) 按桥梁全长和跨径的不同,分为特大桥、大桥、中桥、小桥和涵洞。

(3) 按照主要承重结构所用的材料划分,有圬工桥(包括砖、石、混凝土桥)、钢筋混凝土桥、预应力混凝土桥、钢桥、钢-混凝土组合桥和木桥等。木材易腐,且资源有限,一般不用于永久性桥梁。

(4) 按跨越障碍的性质,可分为跨河桥、立体交叉桥、高架桥和栈桥。高架桥一般指跨越深沟峡谷以替代高路堤的桥梁以及在城市桥梁中跨越道路的桥梁。

(5) 按桥跨结构的平面布置,可分为正交桥、斜交桥和弯桥。

(6) 按上部结构的行车道位置,分为上承式桥、中承式桥和下承式桥。

1.4 桥梁的设计作用

桥梁结构除了承受本身自重和各种附加恒载,主要承受桥上各种交通荷载,例如,各种汽车平板挂车、电车及各种非机动车和人群荷载。而且,鉴于桥梁结构处在自然环境之中,还要经受气候、水文等种种复杂因素的影响。

1.4.1 桥梁设计作用分类和代表值

1. 作用分类

我国交通运输部颁布的《公路桥涵设计通用规范》(JTG D60—2015)中,将作用分为永久作用、可变作用和偶然作用3大类。

(1)永久作用:在结构使用期内,其量值不随时间变化,或其变化值与平均值相比可以忽略不计的作用。

(2)可变作用:在结构使用期内,其量值随时间变化,且其变化值与平均值相比不可忽略的作用。

(3)偶然作用:在结构使用期内,出现的概率很小,一旦出现,其值很大且持续时间很短的作用。

2. 作用代表值

作用代表值指结构或构件设计时,针对不同设计目的所采用的各种作用规定值,它包括作用标准值、作用准永久值和作用频遇值等。

(1)作用标准值:设计结构或构件时,所采用的各种作用的基本代表值,其值可根据作用在设计基准期内最大值概率分布的某一分位值来确定。

(2)作用准永久值:结构或构件按正常使用极限状态长期效应组合设计时,所采用的一种可变作用代表值,其值可根据在足够长的观测期内作用任意时点概率分布的 0.5(或略高于 0.5)分位值来确定。

(3)作用频遇值:结构或构件按正常使用极限状态短期效应组合设计时,所采用的一种可变作用代表值,其值可根据在足够长的观测期内作用任意时点概率分布的 0.95 分位值来确定。

3. 作用效应的组合

结构对所受作用的反应,如内力、位移等称为作用效应。作用效应组合,则是指结构上几种作用分别产生的效应的叠加。

1.4.2 永久作用

永久作用包括结构重力、预加力、土压力、混凝土收缩及徐变作用、水的浮力和基础变位作用。

1. 结构重力

结构物的重力及桥面铺装、附属设备等外加重力均属结构重力，结构自重可按结构构件的设计尺寸与材料的重力密度进行计算确定。桥梁结构的自重往往占全部设计荷载的大部分，采用轻质高强材料对减轻桥梁自重、增大跨越能力有着重要的意义。

2. 预加力

对于预应力混凝土结构，预加力在结构进行正常使用极限状态设计和使用阶段构件应力计算时，应作为永久作用计算其主、次效应，计算时应考虑相应阶段的预应力损失，但不计预加力偏心距增大引起的附加效应。在设计结构承载能力极限状态时，预加力不作为作用，而将预应力钢筋作为结构抗力的一部分，但在超静定结构中，仍须计算预加力引起的次效应。

3. 土压力

土压力包括土重力与土侧压力。

作用在墩台上的土重力、土侧压力可参照《公路桥涵设计通用规范》(JTG D60—2015)中的规定进行计算。

在验算桥墩、桥台以及挡土墙倾覆和滑动稳定性时，其前侧地面以下不受冲刷部分土的侧压力，可按静止土压力计算。计算作用于桥台后的主动土压力的标准值，一般应区别考虑桥台后有车辆作用和桥台后无车辆作用等不同的作用情况。

4. 水的浮力

当基础底面位于透水性地基时，验算墩台的稳定性，应采用设计水位浮力，而验算地基应力时，仅考虑低水位时的浮力或不考虑水的浮力；当基础嵌入不透水性地基时，不考虑水的浮力；当不能确定地基是否透水时，应以透水和不透水两种情况分别与其他作用组合，取最不利情况。作用在桩基承台底面的浮力，应考虑全部底面积。对于桩嵌入不透水地基并灌注混凝土封闭的情况，不应考虑桩的浮力，在计算承台底面浮力时，应扣除桩的截面面积。

5. 混凝土收缩及徐变作用

对于超静定的混凝土结构及组合梁桥等,均应考虑混凝土的收缩和徐变影响,混凝土收缩应变和徐变系数可按《公路钢筋混凝土及预应力混凝土桥涵设计规范》(JTG 3362—2018)中的规定进行计算。混凝土收缩影响可相对于温度的降低进行考虑,徐变影响可假定混凝土应力与徐变变形之间为线性关系。计算圬工拱圈的收缩作用效应时,如果考虑徐变影响,则作用效应可乘以 0.45 的折减系数。

1.4.3 可变作用

可变作用是指在设计使用年限内其作用位置、大小和方向随时间变化,且变化值与平均值相比不可忽略的作用。按其对桥涵结构的影响程度,又可分为基本可变作用和其他可变作用。基本可变作用又称活载,主要部分是车辆荷载及其影响力;其他可变作用包括自然和人产生的各种变化力。

1. 基本可变作用

基本可变作用包括列车活载(铁路)、汽车或平板挂车或履带车活载(公路、城市)、由列车活载或汽车活载引起的动力效应(冲击力)、曲线上的离心力、由活载引起的土侧压力以及人群荷载。对铁路桥梁,还有列车的横向摇摆力。由于公路、城市、铁路桥梁设计荷载中可变荷载部分有较大的区别,现分别介绍如下。

1)公路桥梁基本可变作用

(1) 汽车荷载。

桥梁上行驶的车辆种类繁多,荷载情况复杂,设计时不可能对每种情况都进行计算,而是以一种统一的标准荷载进行设计。这种标准是通过统计分析制定出来的,既概括了当前各类车辆的情况,又适当考虑了将来的发展。各类车辆在桥上出现的概率是不同的,因此标准荷载把经常、大量出现的汽车归纳为车道荷载和车辆荷载,并将其作为计算荷载。

汽车荷载分为公路-Ⅰ级和公路-Ⅱ级两个等级,各级公路桥涵设计的汽车荷载等级按表 1.1 取用。

表 1.1　各级公路桥涵设计的汽车荷载等级

公路等级	高速公路	一级公路	二级公路	三级公路	四级公路
汽车荷载等级	公路-Ⅰ级	公路-Ⅰ级	公路-Ⅱ级	公路-Ⅱ级	公路-Ⅱ级

注：①二级公路为干线公路且重型车辆多时，其桥涵的设计可采用公路-Ⅰ级汽车荷载。②四级公路上重型车辆少时，其桥涵设计所采用的公路-Ⅱ级车道荷载的效应可乘以 0.8 的折减系数，车辆荷载的效应可乘以 0.7 的折减系数。

汽车荷载由车道荷载和车辆荷载组成。车道荷载由均布荷载和集中荷载组成。

桥梁结构的整体计算采用车道荷载；桥梁结构的局部加载、涵洞、桥台和挡土墙压力等的计算采用车辆荷载。车道荷载与车辆荷载的作用不得叠加。

①计算剪力效应时，集中标准值须乘以 1.2 的系数。公路-Ⅱ级车道荷载的均布荷载标准值 q_k 和集中荷载标准值 P_k，为公路-Ⅰ级车道荷载的 75%。

②车道荷载的均布荷载标准值应满布于使结构产生最不利效应的同符号影响线上；集中标准值只作用于相应的影响线峰值处。

车道荷载横向分布系数，应按设计车道数布置车辆荷载进行分析计算。

公路-Ⅰ级和公路-Ⅱ级汽车荷载采用相同的车辆荷载标准值。

桥梁设计车道荷载数应符合规定。多车道桥梁的汽车荷载应考虑折减。当桥梁设计车道数等于或大于 2 时，由车辆荷载产生的效应，应按规定的多车道折减系数进行折减，但折减后的效应不得小于两条设计车道的荷载效应。

大跨径桥梁应考虑车道荷载纵向折减。桥梁的计算跨度大于 150 m 时，应按规定的纵向折减系数进行折减。桥梁为多车道连续结构时，整个结构应按照其最大的计算跨径的纵向折减系数进行折减。

公路桥梁设置人行道时，应同时计入人群荷载。

①桥梁计算跨径小于或等于 50 m 时，人群的荷载标准值为 3.0 kN/m²；桥梁计算跨径等于或大于 150 m 时，人群荷载标准值为 2.5 kN/m²；桥梁计算跨度大于 50 m 且小于 150 m 时，可由曲线线性内插法得到人群荷载标准值。

②跨径不等的连续结构，采用最大计算跨径的人群荷载标准值；城镇郊区行人密集地区的公路桥梁，人群荷载标准值为标准值的 1.15 倍；专用人行桥梁，人群荷载标准值为 3.5 kN/m²。

（2）离心力。

当弯道桥梁的曲线半径等于或小于 250 m 时，须考虑车辆的离心力作用。离心力为车辆荷载（不计冲击力）乘以离心力系数。

(3) 人群荷载。

人群荷载一般取为 3 kN/m³,城市郊区行人密集地区可为 3.5 kN/m²,城市桥梁应根据具体情况另行规定。在计算有人行道的桥梁时,同时考虑人群荷载与汽车荷载,而在计算验算荷载时则不计入人群荷载。

当人行道板为钢筋混凝土板时,还应以 1.2 kN 集中竖向力作用在一块板上进行验算。计算栏杆时,人群作用于栏杆上的水平推力规定为 0.75 kN/m,施力点在栏杆柱顶,人群作用于扶手的竖向力规定为 1 kN/m,施力点在上部扶手。

(4) 车辆荷载引起的侧向压力。

车辆荷载引起的侧向压力计算,将车辆荷载换算成等代土层厚度 h_0:

$$h_0 = \frac{\sum G}{b_0 L_0 \gamma} \tag{1.1}$$

式中:h_0 为某代土层厚度,m;b_0 为挡土墙计算长度,m;L_0 为墙后填土(不考虑车辆荷载)的破坏棱体长度,m;γ 为填土的重度,kN/m³;$\sum G$ 为布置在 $b_0 L_0$ 面积内车轮标准荷载总和,kN。

2) 城市桥梁基本可变作用(活载)

(1) 汽车荷载。

城市桥梁汽车荷载可分为车辆荷载和车道荷载。桥梁的横隔梁、行车道板、桥台或挡土墙后土压力的计算(局部计算)应采用车辆荷载。桥梁的主梁、主拱和主桁架等的计算(总体计算)应采用车道荷载。当桥面车行道内有轻轨车辆运行时,应按有关轻轨荷载规定进行验算,并取其最不利情况进行设计。当进行桥梁结构计算时,不得将车辆荷载和车道荷载的作用叠加。

(2) 汽车冲击力。

对于钢桥、钢筋混凝土和预应力混凝土桥,混凝土桥和砖石拱桥等的上部构造以及支座、橡胶支座或钢筋混凝土柱式墩台,应计算汽车冲击力。对于拱桥、涵洞以及重力式墩台,当填料厚度(包括路面厚度)等于或大于 50 cm 时,可以不计汽车冲击力。

(3) 人群荷载。

人行道板(局部构件)的人群荷载应按 5 kN/m² 的均布荷载或 1.5 kN 的竖向集中力分别计算,并作用在一块构件上,取其不利情况。

计算桥上人行道栏杆时,作用在栏杆扶手上的活载:竖向荷载采用 1.2 kN/m,水平向外荷载采用 1.0 kN/m,两者应分别考虑,不得同时作用。作用在栏杆立柱柱顶的水平推力应为 1.0 kN/m,防撞栏杆应采用 80 kN 横向集中力进行检验,其作用点在防撞栏杆板的中心。

(4) 车辆荷载引起的离心力、土侧压力。

车辆荷载引起的离心力、土侧压力的计算应按规定执行,可参照公路桥梁荷载引起的离心力、土侧压力计算公式。

3) 铁路桥梁基本可变作用(活载)

(1) 列车活载。

列车由机动车和车辆组成,机动车和车辆类型很多,轴重、轴距各异。为规范计算方法,我国根据机动车轴重、轴距对桥梁的不同影响及考虑车辆的发展趋势,制定了中华人民共和国铁路标准活载图式(简称"中-活载")。

"中-活载"是铁路桥梁设计的主要依据,分普通活载和特种活载。普通活载表征列车活载,前 5 个集中荷载及其后 30 m 长度范围内的 92 kN/m 分布荷载表征"双机联挂",后面的 80 kN/m 分布荷载代表车辆荷载;特种活载反映某些轴重较大的车辆对小跨度桥梁的不利影响,计算时应分别按两种活载进行加载,并取结果的较大值。规定采用"中-活载"加载时,标准活载计算图示可任意截取;双线铁路桥梁结构中主要杆件及墩台承受的列车竖向活载设计值为双线活载之和的 90%。在检算桥梁横向稳定时,以空车时最大横向风力为不利情况,列车空车竖向活载标准值采用 10 kN/m。

(2) 离心力。

桥在曲线上时,列车离心力作用于轨顶以上 2 m 处。离心力的大小为竖向静荷载乘以离心力系数。

(3) 列车横向摇摆力。

列车横向摇摆力作用在轨顶面处,其值为 5.5 kN/m。一般不考虑空车时的横向摇摆力。

(4) 高速铁路桥梁基本可变荷载(活载)。

列车竖向活载应采用 ZK 活载(中国客运专线标准活载),并符合下列规定。

①对于单线或双线的桥涵结构,各线均应计入 ZK 活载作用。

②对于多于两线的桥涵结构,应按下列最不利位置考虑:

a. 按两条线路在最不利位置承受 ZK 活载,其余线路不承受列车活载;

b. 所有线路在最不利位置承受 75% 的 ZK 活载。

③设计加载时,活载图式可以任意截取。对多符号影响线,在同符号影响线各区段进行加载,异符号影响线区段分以下两种情况考虑:

a. 异符号影响线区段长度不大于 15 m 时,可不加活载;

b. 异符号影响线区段长度大于 15 m 时,按空车静荷载 10 kN/m 加载。

④ 用空车检算桥梁各部分构件时,其竖向活载应按 10 kN/m 计算。

⑤ 桥跨结构或墩台应按其实际使用的施工机械和维修养护可能作用的荷载进行检算。

铺设无缝线路桥梁,桥梁设计应考虑无缝线路桥梁长钢轨纵向力作用。检算支座时,伸缩力、挠曲力、断轨力作用点为墩台支座中心,台顶断轨力作用点为台顶。断轨力可在全联范围内的墩台上分配。

当考虑列车脱轨荷载时,列车脱轨荷载可不计动力系数。对于多线桥,只考虑单线脱轨荷载,且在其他线路上不作用列车活载。

按下列两种情况计算列车脱轨荷载的影响。

① 列车脱轨后一侧轮子仍停留在桥面轨道范围内,两条线荷载平行于线路中线,相距为 1.4 m,作用于线路中线两侧各 2.0 m 范围以内的最不利位置。该线荷载在长度为 6.4 m 的一段上为 50 kN/m,前后各接以 25 kN/m。

② 列车脱轨后已离开轨道范围,但仍停留在桥面上,该荷载为一条平行于线路中线的线荷载,作用于拦渣墙内侧,离线路中心线的最大距离为 2.0 m。荷载长度为 20 m,其值为 80 kN/m。

2. 其他可变作用

其他可变作用包括活载制动力或牵引力、风力、温度力、流体压力、水压力和施工荷载等。对于铁路桥梁,人行道荷载归为其他可变作用。

1) 制动力

制动力是车辆减速或制动时为克服车辆的惯性力而在路面(或钢轨)与车辆之间发生的滑动摩擦力,其作用于桥跨结构的方向与行车方向一致。牵引力是车辆启动或加速时与路面(或钢轨)间作用的摩擦力,其作用于桥跨结构的方向与行车方向相反。

汽车制动时,车辆与路面间的摩擦系数可达 0.5,但是刹车常常只限于车队的一部分车辆,所以制动力并不等于摩擦系数乘以全部车辆荷载。由此得到以下规定。

(1) 计算公路桥梁桥上汽车制动力,一个设计车道上由汽车荷载产生的制动标准值按车道荷载标准值在加载长度上计算的总重力的 10% 计算,但公路-Ⅰ级汽车荷载的制动力标准值不得小于 165 kN,公路-Ⅱ级汽车荷载的制动力标准值不得小于 90 kN。同向行驶双车道的汽车荷载制动力标准值为一个设计车道制动力标准值的 2 倍，同向行驶三车道的汽车荷载制动力标准值为一个设计车道制动力标准值的 2.34 倍，同向行驶四车道的汽车荷载制动力标准值为一个设计车道制动力标准值的 2.68 倍。

（2）计算城市桥梁桥上汽车制动力，当采用城-A 级汽车荷载设计时，制动力应采用 160 kN 或 10% 车道荷载，并取两者中的较大值，但不包括冲击力。当采用城-B 级汽车荷载设计时，制动力应采用 90 kN 或 10% 车道荷载，并取两者中的较大值，但不包括冲击力。当计算的加载车道为 2 条或 2 条以上时，应以 2 条车道为准，其制动力不折减。

（3）制动力的作用点在设计车道桥面以上 1.2 m 处，在计算墩台时，可移至桥梁支座中心（铰或滚轴中心），或滑动支座、橡胶支座、摆动支座的底座面上；计算刚构桥、拱桥时，可移至桥面上，但不计因此而产生的竖向力和力矩。

铁路桥制动力或牵引力计算原则规定如下。

①制动力按计算长度内列车竖向静活载的 10% 计算。

②当制动力与列车离心力同时计算时，制动力或牵引力按列车竖向静活载的 7% 计算。根据试验资料，制动力最大值仅出现于列车完全停止的瞬间，这表明最大制动力与离心力最大值并不同时出现。

③双线桥应采用单线桥的制动力或牵引力，三线或三线以上的桥应采用双线桥的制动力。

④制动力或牵引力的作用在轨顶以上 2 m 处，在计算墩台时移至支座中心处；计算台顶时移至轨底；计算钢架结构时移至横杆中心处，但均不计因此而产生的竖向力和力矩。

⑤采用特种活载时，不计算制动力或牵引力。

2）风力

当风以一定的速度向前运动遇到结构物阻碍时，将给结构以风压。对于大跨径桥梁，特别是斜拉桥和悬索桥，风荷载是极为重要的设计荷载，有时甚至起着决定性的作用，即对结构的强度、刚度和稳定性起控制作用。在顺风时，风压常分成平均风压和脉动风压；在横风向，风流经过结构而产生漩涡，因漩涡的特性，横风向还会产生周期风压。一般来说，风对结构作用的计算有三个不同的方面：对于顺风的平均风压，采用静力计算方法；对于顺风的脉动风或横风向的脉动风，则应按随机振动理论计算；对于横风向的周期性风力，使结构产生横风向振动，偏心时还产生扭动振动，通常作为确定荷载进行动力计算。

风速取值是一个比较复杂的问题,它与地理、地形、观测高度、观测取值时距、观测次数等因素有关:平原地区风速大于丘陵山岳区;气流离地面越高,受地面粗糙影响越小,而风速越高;气流从空旷地流入峡谷,流经垭口,则风速明显提高;风速随时间不断变化,瞬时风速可以提高;取值时距增长,则平均风速减少。建筑物承受风力的大小还与受风面的体型有关。

(1) 横向风力(横桥方向)。

横向风力为横向风压乘以迎面面积。设计桥墩时,风力在上部构造的作用点假定在迎面面积的形心上;桥梁上部构件有可能被风力掀离支座时,应计算支座锚固的反力;桥台的纵、横向风力不计算。

(2) 纵向风力(顺桥方向)。

桥墩上的纵向风力,可按横向风压的 70% 乘以桥墩迎面面积计算;桁架式上部构造的纵向风力,可按横向风压的 40% 乘以桁架的迎面面积计算;吊桥塔架上的纵向风力,可按横向风压乘以塔架的迎面面积计算;由上部构造传至桥梁墩台的纵向风力在支座上的作用点,可按汽车制动力在支座上的作用点的规定处理;由上部构造传至桥梁墩台的纵向风力于墩台上的分配,可根据上部构造支座条件,参照其制动力传递的有关规定处理;桥上车辆的纵、横向风力,一般不予考虑。

3) 温度影响力

温度变化将在结构中产生变形和影响力。温度影响力的大小应根据当地具体情况、结构物所使用的材料和施工条件等因素计算确定。温度变化范围,应根据桥梁所在地区的气温条件而定。

结构温度变形引起的温度力按结构平均温度计算,即以架梁或结构平均温度为准,确定最高控制温度和最低控制温度,根据控制温度与架梁或结构合龙时的结构平均温度的差值,计算温度变形引起的约束力和结构内力。

4) 铁路桥上人行道荷载

铁路桥梁上的人行道只考虑巡道和维修人员通行,维修时放置钢轨、枕木、道砟等,故将人行道荷载列为其他可变作用。设计人行道板时考虑维修时堆放道砟,在离梁中心线 2.45 m 范围内按 10 kN/m^2 计;2.45 m 以外按 4 kN/m^2 计,活载分项系数取 1.4。明桥面人行道按 4 kN/m^2 计,活载分项系数取 1.1。此外,人行道板还应按竖向集中荷载 1.5 kN 验算。设计主梁时,人行道活载不与列车活载同时计算。

5）施工荷载

施工荷载是指结构在施工过程中承受的荷载,包括自重、人群荷载、架桥机荷载、风载、温度力、吊机或其他机具的荷载及在构件制造、运送、吊装时作用于构件上的临时荷载。考虑施工荷载时,可视具体情况分别采用各自有关的分项系数。

1.4.4 偶然作用

1. 偶然作用的概念

偶然作用是指结构使用期间出现的概率很小,一旦出现,其值很大且持续时间很短的作用。

2. 地震作用

地震动峰值加速度为 0.10g、0.15g、0.20g、0.30g 地区的公路桥涵,应进行抗震设计;地震动峰值加速度不小于 0.40g 地区的公路桥涵,应进行专门的抗震研究和设计;地震动峰值加速度不大于 0.05g 地区的公路桥涵,除有特殊要求外,可采用简易设防。做过地震小区规划的地区,应按主管部门的地震参数进行抗震设计。

3. 撞击作用

位于通航河域或有漂浮物的河流中的桥梁墩台,设计时应考虑船舶或漂流物的撞击作用。

可能遭受大型船舶撞击作用的桥墩应根据桥墩的自身抗撞击能力、桥墩的位置和外形、水流流速、水位变化、通航船舶类型和桥墩防撞设施设计。当没有与桥墩分开的防撞击的防护结构时,桥墩可不计船舶的撞击作用。

4. 汽车撞击作用

汽车撞击力标准值在车辆行驶方向取 1000 kN,在车辆行驶垂直方向取 500 kN,两个方向的撞击力不同时考虑,撞击力作用于行车道以上 1.2 m 处,直接分布于撞击涉及的构件上。对于设有防撞设施的构件,可视防撞设施的防撞能力,对汽车撞击能力的标准值予以折减,但折减后的汽车撞击力的标准值应不低于上述规定值的 1/6。

1.4.5 作用效应组合

1. 作用效应组合的原则

(1) 公路桥涵结构设计应考虑结构可能出现的作用,按承载能力极限状态和正常使用极限状态进行作用效应组合,取其最不利效应组合进行设计。

(2) 只有在结构上可能出现的作用,才进行其效应的组合。当结构或构件须做不同受力方向的验算时,则应以不同方向的最不利作用效应进行组合。

(3) 当可变作用的出现对结构或构件产生有利影响时,该作用不应参与组合。实际中不可能同时出现的作用或同时参与组合概率很小的作用,不应参与组合。

(4) 施工阶段作用效应的组合应按计算需要及结构所处条件而定,结构上的施工人员和施工机具设备均应作为临时荷载加以考虑。对于组合式桥梁,当把底梁作为施工支撑时,作用效应宜分两个阶段组合,底梁受荷为第一阶段,组合梁受荷为第二阶段。

(5) 多个偶然作用不同时参与组合。

2. 公路桥梁结构作用效应的组合

公路桥梁结构按承载能力极限状态设计时,应采用以下两种作用效应组合。

(1) 基本组合。它是永久作用设计值效应与可变作用设计值效应相组合。

(2) 偶然组合。它是永久作用标准值效应与可变作用某种代表值效应、一种偶然作用标准值效应相组合。偶然作用的效应分项系数取1.0。

3. 公路桥涵结构的效应组合

公路桥涵结构按正常使用极限状态设计时,应根据不同的设计要求,采用以下两种效应组合。

(1) 作用短期效应组合。它是永久作用标准值效应与可变作用频遇值效应相组合。

(2) 作用长期效应组合。它是永久作用标准值效应与可变作用准永久值效应相组合。

当结构或构件须进行弹性阶段截面应力计算时,除特别指明外,各作用效应的分项系数及组合系数均取为1.0,各项应力限值应按各设计规范规定采用。

第 2 章　总 体 设 计

2.1　道路总体设计

2.1.1　总体设计的主要内容

总体设计的主要内容应根据道路建设项目特点、条件和技术等级的差异,在项目设计不同阶段有所侧重。

1. 可行性研究阶段总体设计的主要内容

(1) 根据总体设计应考虑的主要因素,结合项目建设条件和特点,提出总体设计指导思想,有针对性地制定项目总体设计原则。

(2) 根据预测交通量和建设条件综合确定项目的技术标准、道路等级及建设规模。

(3) 根据项目区域的地形、地质、水文、气象等自然条件,确定路线走向和走廊带方案,拟定重大工程方案。

(4) 根据道路在区域路网中的作用,确定路线起终点、主要控制点及与其他相交道路的连接关系。

(5) 提出设计阶段应进一步深化研究的总体设计问题。

2. 设计阶段总体设计的主要内容

(1) 在充分研究可行性研究报告批复意见的基础上,根据总体设计的主要影响因素,结合项目建设条件和特点,有针对性地制定总体设计原则;分析项目的重点、难点,提出相应的可行性对策。

(2) 路线起终点应符合路网规划要求。确定起终点位置时,应为后续项目预留一定长度的接线方案,或拟定具体实施设计方案。

(3) 根据道路功能、设计交通量、沿线地形与自然条件等,论证并确定道路技术等级、设计速度和设计路段。恰当选择不同设计路段的衔接地点,处理好衔接处的过渡及其前后一定长度范围内的线形设计。

(4)总体设计应对路线方案进行综合比选。不同地形条件下路线方案比选要点如下。

①平原、微丘区路线方案比选,应考虑项目与区域路网的关系,路线控制点应以交通源及交通枢纽为基础,路线宜尽可能便捷,同时应考虑占地、拆迁、噪声及景观等因素。

②山岭、重丘区路线方案比选,应考虑路线与地形、地质、水文、生态水资源等自然条件的关系,路线控制点的选择应以安全和环境保护为原则,对整体式与分离式路基、高路堤与高架桥、深路堑与隧道等典型工程方案,根据其特点、适用性和内在联系,及其对路线方案和平纵面布置、路基土石方数量、环境保护、道路景观、工程可靠度、工程造价等的影响,从定性、定量两个方面综合进行比选。

(5)道路路线平面、纵断面和横断面设计的合理性应采用运行速度进行检验;道路安全设施应根据运行速度的检验结果有针对性地设置;工程设计方案应根据建设条件合理确定,采取必要的工程措施确保工程设计的可靠度。

(6)一般路段和特殊路段的横断面,应根据交通量和交通组成合理确定,其要点如下。

①高速公路、一级公路应根据设计交通量论证并确定车道数;具集散功能的一级公路、二级公路应根据混合交通量及其交通组成论证设置慢车道的条件,并确定其设置方式、横断面形式与宽度。

②高速公路、一级公路一般情况下宜采用整体式路基;位于丘陵、山岭区时,应结合地形、地质条件以及桥梁、隧道的布设等论证采用分离式路基的可行性。

③对于设置爬坡车道、避险车道等特殊路段,应从路线平纵布设、交通量及交通组成、通行能力及工程设置合理性等方面综合论证其设置位置、横断面宽度及组成参数。

(7)确定同作为控制点的城市、工矿企业、特大桥、特长隧道等的连接位置和连接方式。大型桥梁、隧道、交叉、管理养护等设施的位置、间距及其设计方案应根据其功能合理确定,其要点如下。

①大型设施的间距应满足相关要求,各个设施之间的过渡应顺畅,必要时应采取切实可行的措施,确保交通安全。

②大型设施的设计方案应考虑与其他设施之间的相互联系,做到全面协调、总体可行。

③大型桥梁、隧道工程应做好两端接线设计;平面交叉、互通式立体交叉设施应做好连接线设计;管理养护及服务设施的设置位置及规模应与区域路网中的服务设施相匹配。

④交叉工程应根据沿线居民的生产、生活方式现状及其发展趋势,论证确定实施和预留方案,并正确处理沿线交叉工程与其他运输方式的关系。

⑤路线布设及平面交叉、互通式立体交叉的设置应有利于与其他运输方式形成综合运输网络;与铁路运输、水路运输和管道运输等运输方式的交叉工程应满足相关设施正常运营和发展规划的要求。

(8) 由面到带(走廊带)、由带到线(沿路线)查明工程地质、水文情况,重大自然灾害,地质病害的分布、范围、状态及其对道路工程的影响程度,论证并确定绕越、避让或整治病害的方案与对策。

(9) 收费道路应在论证收费制式的基础上,合理确定收费方式、主线收费站位置及其同被交道路的交叉形式等。

(10) 拟分期修建的工程,必须按远期规划的技术标准做出总体设计,制定分期修建方案,并做出相应的设计。

2.1.2　总体设计应考虑的因素

总体设计时应考虑如下主要因素。

(1) 根据路线在路网中的位置、功能,综合考虑路线走廊带范围的远期社会、经济发展,城市、工矿企业的现状与规划,铁路、水路、航空、管道的布局,自然资源状况等,确定项目起终点、主要控制点以及与之相互平行、交叉等项目的衔接关系。

(2) 科学确定技术标准,合理运用技术指标,注意地区特性与差异,精心做好路线设计,必要时宜进行安全性评价,以保障行车安全。因条件受限制而采用上限(或下限)技术指标值或对线形组合设计有难度的路段,应采用运行速度进行检验,并采取相应的技术对策。

(3) 在查明路线走廊带的自然环境、地形、地质等条件的基础上,认真研究路线方案或工程建设同生态环境、资源利用的关系,采取工程防护与生态防护相结合等技术措施,尽可能减少对生态的影响,加强恢复力度,最大限度地保护环境。

(4) 做好同综合运输体系、农田与水利建设、城市规划等的协调与配合,充分利用线位资源,合理确定建设规模,切实保护好耕地,使路线走廊带的自然资源得以充分利用,道路建设得以可持续发展。

(5) 总体协调道路工程各专业间、相邻行业间和社会公众间的关系,其设计界面、接口等应符合相关法规、标准、规范的要求或规定,并注意听取社会公众意见。

(6) 路线方案比选应对设计、施工、养护、运营、管理的各阶段,从安全、环保、可持续发展的理念出发,运用全寿命周期成本分析方法进行论证,采用综合效益最佳、服务质量最好的设计方案。

2.2　道路选线与定线

2.2.1　道路选线

1. 选线的任务

道路选线的任务主要是确定道路中线的平面位置,包括以下三点。

(1) 决定道路走向和总体布局(选大带)。

(2) 选择路线的起终点和据点(选大点)。

(3) 选定道路导线的交点和转点(选小点),初选曲线形式并初算曲线几何要素,大致确定控制道路线形的主点。

2. 选线的原则

路线是道路的骨架,它的优劣关系到道路功能的发挥和在路网中能否起到应有的作用。

道路线形设计除受地形、地质、水文、气候等自然条件影响外,还受社会、经济等因素的制约。

因此,选线要综合考虑多方面因素,妥善处理好各方面的关系。道路选线的原则包括以下几个方面。

(1) 比选论证。针对路线所经地域的生态环境、地形、地质的特性与差异,按拟定的各控制点由面到带、由带到线,由浅入深、由轮廓到具体,在对地形地貌、地质水文、气候气象、自然保护区等调查与勘察的基础上,进行比较、优化与论证。同一起终点的路段内有多个可行路线方案时,应对各设计方案进行同等深度的综合比选。

（2）交通布局。确定路线走廊带应考虑走廊带内各种运输体系及不同层次路网间的分工与配合，据以统筹规划、近远期结合、合理布局，充分发挥和提高道路总体综合效益。

（3）路线走向。路线方案是由路线控制点决定的。路线控制点可以是路线起终点，必须连接的城镇、工矿企业，以及特大桥、特长隧道、互通式立体交叉和铁路交叉等的位置。其中路线起终点，必须连接的城镇、重要园区、工矿企业、综合交通枢纽，以及特定的特大桥、特长隧道等的位置，是项目建议书中指定的路线必经之地，称为路线主要控制点。由这些控制点所决定的大的路线方案即称为路线基本走向。在路线基本走向控制点间，还有若干对路线方案起一定控制作用的点或位置，如互通式立体交叉、铁路交叉等的位置，河流的哪一岸、城镇的某一侧、同一山岭的哪一垭口、垭口的哪一侧展线等，这些控制点都将决定路线的局部方案，称为路线走向控制点。由这些控制点所决定的路线方案即称路线走向，原则上应服从路线基本走向。至于中、小桥涵，中、短隧道，以及一般构造物的位置，对路线方案而言，一般不起控制作用。故在确定其位置时，应服从路线走向。

（4）技术标准。选线应在保证行车安全、舒适、快速的前提下，做到工程量小、造价低、运营费用省、效益好，并有利于施工和养护。在工程量增加不大时，应尽量采用较高的技术指标，不要轻易采用最小指标或极限指标，但也不能片面追求高指标。

（5）水文地质。选线时应对路线所经区域、走廊带及其沿线的工程地质和水文地质进行深入调查和勘察，查清其对道路工程的影响。对于滑坡、崩坍、岩堆、泥石流、岩溶、软土、泥沼等严重不良地质地段和沙漠、多年冻土等特殊地区，应慎重对待，视其对道路的影响程度，分别对绕、避、穿等方案进行论证比选。当道路必须穿过时，应选择合适位置，缩小穿越范围，并采取必要的工程措施。

（6）农业配合。选线应注意同农田基本建设相配合，充分利用建设用地，严格保护农用耕地，做到少占田地，并尽量不占高产田、经济作物田或穿过经济林园（如橡胶林、茶林、果园）等。

（7）文物保护。国家文物是不可再生的文化资源，路线应尽可能避让不可移动文物。

古文化遗址、古墓葬等在未发掘前很难判断其准确位置，应根据文物保护单位对文物鉴定的等级，认真调查，尽可能地予以避让。通过名胜、风景、古迹地区的道路,应与周围环境、景观相协调,并适当兼顾美观,注意保护原有自然状态和重要历史文物遗址。

(8) 环境保护。选线要考虑环境保护因素,注意道路修建及车辆通行所产生的影响和污染等问题,具体应注意以下几个方面:路线对自然景观与资源可能产生的影响;占地、拆迁房屋带来的影响;路线对城镇布局、行政区划、农业耕作区、水利排灌体系等现有设施造成分割而产生的影响;噪声对居民的影响;汽车尾气对大气、水源、农田造成的污染及影响;各类污染的防治措施及其实施的可能性。

上述选线原则适用于各级道路。但在应用这些原则时,不同等级的道路,会有不同的侧重。如高速公路主要是为起终点及中间重要控制点间快速直达交通服务的,该功能决定了它的路线走向不能偏离总方向太远,需要与沿线城镇连接时,宜用支线连接。等级低的地方道路主要是为地方交通服务,在合理的范围内,多联系一些城镇也是必要的。

3. 选线的方法

选线可采用纸上选线或现场选线。

1) 纸上选线

纸上选线是在已经测得的比例尺为 1∶2000 的地形图上,进行路线布局、方案比选,从而在纸上确定路线,再将此路线放到实地的选线方法。高速公路、一级公路应采用纸上选线并现场核定的方法。纸上选线一般分 4 个步骤:实地敷设导线;实测地形图(可用人工或航测法);纸上选定路线;实地放线。

纸上选线的特点是野外工作量较小,选线不受自然因素干扰;能在室内纵观全局,结合地形、地物、地质条件,综合平衡平面、纵断面和横断面三方面因素,所选定的路线更为合理。

纸上选线必须要有人工实测或航测大比例尺的地形图。

2) 现场选线

现场选线是由选线人员根据设计任务书的要求,在现场实地进行勘察测量,经过反复比较,直接选定路线的方法。二级公路、三级公路、四级公路可采用现场选线,有条件或地形条件受限制时,可采用纸上选线或纸上移线并现场核定的方法。

现场选线的特点是简便、切合实际;实地容易掌握地质、地形、地物情况,做出的方案比较可靠;选线时一般不需要大比例尺地形图。现场选线一般适用于等级较低、方案比较明确的道路。

2.2.2　道路定线

道路定线是按照已定的技术标准,在选线布局阶段选定的"路线带"(或叫定线走廊)的范围内,结合细部地形、地质条件,综合考虑平面、纵断面和横断面三方面的合理安排,确定并实地定出道路中线的确切位置的过程,其内容包括确定交点和曲线定线两项工作。道路定线在具体做法上有实地定线和纸上定线两种。实地定线是指直接在实地钉桩确定路线线位的方法,一般只适用于路线等级低、路线短及地形、地物控制不严的道路。纸上定线则是在实测或航测的大比例地形图上确定路线位置后再放线到实地的方法。一般技术等级高,地形、地物复杂的路线必须采用纸上定线的方法。按照现行设计文件编制要求,除少数特殊情况(如山岭区四级公路,所在区域又没有地形图)外,定线时均应采用纸上定线。

道路定线应注意以下问题。

(1) 道路定线应正确掌握和运用技术标准。定线工作应做好总体布局,在各类地形、地质、水文条件复杂、工程艰巨的路段,应拟定出可能的比较方案,通过反复推敲比较后确定最终方案。

(2) 道路定线不仅要解决工程、经济方面的问题,而且要充分考虑道路与周围环境配合,以及道路本身线形美观等问题。

(3) 道路定线除受地形、地质及地物等有形的制约外,还受技术标准、国家政策、社会影响、道路美学(构成优美线形的所有规则)以及其他因素的制约,这就要求设计人员必须具有广博的知识和熟练的定线技巧。好的设计师也不可能一次试线就能选出最好的线位,复杂条件下的定线可能需要好几个设计方案供定线组全体人员研究比选。因为每一个方案都将是众多相互制约因素的一种折中方案,理想的路线只能通过比较的方法找出。

(4) 道路定线应由桥梁、水文、地质等专业的技术人员参加,也应听取有园林建筑知识的设计人员的意见,发挥各种专业人员的才能和智慧,使定线成为各专业组协作的共同目标。

2.3 桥梁设计与建设程序

桥梁设计工作是桥梁建设的灵魂。对于工程复杂的大、中桥梁的设计，为了能从错综复杂的客观情况中得出既经济又合理的设计，就需要循序渐进、逐步深入、科学地进行工作。一般大型桥梁的正规设计工作，分前期工作阶段和设计工作阶段。前者又分为工程预可行性研究（简称"预可"）报告阶段和工程可行性研究（简称"工可"）报告阶段；后者则又分成初步设计、技术设计和施工图设计三个阶段。各个阶段所包含的内容和深度、目的、解决的问题是不相同的。现分别简要介绍它们的主要内容及要求。

2.3.1 "预可"和"工可"阶段

"预可"和"工可"两者所包含的内容基本一致，但研究的深度各有不同。"预可"阶段要在工程可行的基础上，着重研究建桥的必要性和宏观经济上的合理性。"工可"阶段则应在"预可"被审批确认后，进一步研究工程技术上的可行性和投资上的可行性。对于一座大型桥梁的"预可"报告，应从经济、政治、国防等方面，详细阐明建桥的理由和工程建设的重要性和必要性，同时初步探讨技术上的可行性。对于区域性线路上的桥梁"预可"报告，应以建桥地点（渡口等）的车流量调查（计及国民经济逐年增长）为立论依据。

在"预可"阶段的另一重点是：通过多个桥位的综合比较后，选定桥位和确定建设规模。

"预可"阶段工作的主要目标是解决建设工程的上报立项问题。在"工可"阶段，则应在"预可"的基础上着重研究和制定桥梁设计的技术标准，包括设计荷载标准、桥面宽度、通航标准（通航净宽和净高）、设计车速、桥面纵向和横向坡度、竖曲线与平曲线半径等。在这一阶段，要与河道、航运、城市规划等部门共同研究，处理好所有"外部条件"的关系。

在可行性研究阶段，尚不可能对桥式方案做深入比选，故不需要明确提出推荐方案。对工程量的估算亦不宜偏紧。

在上述两阶段内，对经济分析方面，主要涉及造价估算、投资回报以及资金来源及偿还等问题。在"工可"阶段，应提出多个桥型方案，并按中华人民共和国交通运输部《公路工程建设项目投资估算编制办法》（JTG 3820—2018）估算造价,对资金来源和投资回报等问题应基本落实。一般来说,"预可"中要有设想,"工可"中要基本落实。

2.3.2 初步设计

根据所批准的"工可"报告而编制的"设计任务书",是进行初步设计的依据。在进一步的水文、地质"初勘"后,若发现原可行性研究阶段建议的桥位有问题,尚可以适当挪动桥位轴线,推荐新桥位。

初步设计阶段,也是桥梁设计中通过酝酿、构思,富有创造性的概念设计阶段,其工作重点是通过多个各具创意的桥式方案的比选,推荐出最优方案,报上级单位审批。在编制各个桥型方案时,应提供桥式布置图、主桥和引桥的横断面图,标明主要结构尺寸(包括重要的细节构造和尺寸),并估算工程数量,提供主要材料的用量,根据施工组织设计和概算定额编制出工程概算。初步设计的概算造价是作为控制建设项目投资和以后编制施工预算的依据。对所作的工程概算加以适当调整,可以作为招标的"标底"。

2.3.3 技术设计

对于技术上复杂的特大桥、互通式立体交叉桥或新型桥梁结构,须进行技术设计。

技术设计应根据初步设计批复意见、测设合同的要求,对重大、复杂的技术问题通过科学试验、专题研究、加深勘探调查及分析比较,进一步完善批复的桥型方案的总体和细部各种技术问题以及施工方案,并修正工程概算。如果初步设计中有批准下达的科研项目,也应在这一阶段予以实施解决。

2.3.4 施工图设计

两阶段(或三阶段)施工图设计应根据初步设计(或技术设计)批复意见、测设合同,进一步深化审定的修建原则、设计方案和技术决定。在此阶段中,必须对桥梁各种构件进行详细的结构计算,并且确保强度、稳定、刚度、裂缝、构造等各种技术指标满足相关规范要求,绘制出施工详图,提出文字说明及施工组织计划,并编制施工图预算。施工图设计可以由原编制技术设计的单位继续进行编制,或由中标单位编制,但应对技术设计有所改变的部分负责。

国内一般的(常规的)桥梁采用两阶段设计,即初步设计和施工图设计,对于技术简单、方案明确的小桥,也可以采用一阶段设计,即施工图设计。

2.4　桥梁设计方案比选

在初步设计阶段,为了获得经济、适用和美观的桥梁设计,设计者需要运用丰富的桥梁建筑理论和实践经验,在了解国内外新技术、新材料、新工艺的基础上,根据各种自然情况和技术条件,对所拟定的各种桥梁方案在使用、经济、构造、施工、美观等各方面进行深入细致的分析研究工作,通过各方面的综合比较,得到科学合理的最优设计方案。

桥梁设计方案的比选可按照以下步骤进行。

(1) 明确各种标高的要求。在桥位纵断面图上,首先按比例绘出设计水位、通航水位、路堤顶面标高、桥面标高、桥下最小净空(或通航净空)、堤顶行车净空位置等。

(2) 初拟桥型方案图式。在上述确定了各种标高的纵断面图上,根据泄洪总跨径的要求及前述的分孔原则,初步做出分孔规划后,即可拟出一系列可能实现的桥型方案图式,以免遗漏独具特色的可能的桥型方案。

(3) 方案初筛。对初拟的桥型方案做技术和经济上的综合分析和判断,剔除一些在经济上明显较差的方案,从中选出 2~4 个构思好、各具优点的方案,作为进一步详细研究和比较的桥型方案。

(4) 编制详细的桥型方案,在作为初步设计的桥型方案确定之后,首先对每一个方案拟订结构的主要尺寸,进行结构构件的分析和设计,每一个桥梁设计方案图中应绘出附有河床断面及地质分层的立面图和横断面图。

(5) 编制估算或概算。根据已经编制好的方案详图,可以计算出上、下部结构的主要工程数量,然后依据各省、市或行业的"估算定额"或"概算定额",编制出各方案的主要材料(钢、木、混凝土等)用量、劳动力数量,并估算全桥的总造价。

(6) 最优方案选定。设计方案的评价和比较要全面考虑各项指标,包括工程造价、建设工期、施工设备和能力、养护条件、运营条件,以及桥型与环境美观等,综合分析每一个方案的优缺点,最后选定一个符合当前条件的最佳推荐方案。在深入比较过程中,应当及时发现并调整优势方案的不合理之处,吸取其他方案的优点,最后选定的方案甚至可能是集聚各个方案优点的另一个新方案。

(7) 文件整理与汇总。方案比选阶段的工作成果,除了绘制方案比选图,还应包括编制方案比选说明书。各方案图上应注明必要的数据,列出方案的主要材料数量,并附注各项说明,如比例、采用的规范名称、荷载等级等。说明书中应阐明设计任务、方案编制依据和标准、各方案的主要特色、施工方法、设计概算以及方案比较的综合性评述,对于推荐方案的较详细说明等。各种测量、地质勘察及水文调查资料、计算资料以及造价估(概)算依据文件名称等,均可作为附件载入。

第 3 章 道路路线设计

3.1 平面设计

3.1.1 道路平面线形

道路平面线形是指道路中线投影到水平面的几何形状和尺寸,它由直线、圆曲线、缓和曲线等各种基本线形组成。道路的平面线形,在受地形、地物等障碍的影响而产生转折时,转折处需要设置曲线。曲线通常是圆曲线,为了使线形更符合汽车行驶轨迹从而确保行车的顺适与安全,在直线与圆曲线间或不同半径的两圆曲线之间要插入缓和曲线。行驶中的汽车其导向轮旋转面与车身纵轴之间有三种关系,即角度为零、角度为常数、角度为变数。与上述三种状态对应的行驶轨迹线为:曲率为零的线形——直线;曲率为常数的线形——圆曲线;曲率为变数的线形——缓和曲线。因此,构成道路平面线形的主要组成要素是直线、圆曲线和缓和曲线。

平面线形各要素的选择应根据道路等级、设计速度,充分考虑沿线自然环境和社会环境,做到该直则直,该曲则曲,设计的平、纵面线形舒顺流畅,采用的平、纵指标应高低均衡,并与地形、景观、环境等相协调。

1. 直线

(1)直线是平面线形基本要素之一,具有短捷、直达,两点之间直线最短,汽车受力简单,方向明确,便于测设,但直线过长易使司机疲劳,行车安全性差,难以与地形相协调,工程量大等特点。一般在下述路段宜采用直线:

①不受地形、地物限制的平坦开阔地区和城镇、市镇及近郊或规划方正的农耕区等以直线条为主的地区,以更加适应地形,减少工程造价;

②长大桥梁、隧道等构造物路段,以减小施工和设计难度;

③路线交叉点及其前后,以增大交叉口行车视距,利于交通安全;

④双车道公路提供超车的路段,以增加行车视距,便于超车,利于安全。

(2) 直线作为平原地区道路的主要线形,具有路线直接、前进方向明确和测设简便等优点。但由于直线线形缺乏变化,不易与地形相适应,应用于位于山岭重丘区的道路时,往往造成工程量增大、破坏自然环境等弊端。因此,在线形设计中,选取直线及其长度时必须慎重考虑,应避免使用过长直线,并注意直线的设置应与地形、地物、环境相协调。直线的最大与最小长度应有所限制,从理论上求解是非常困难的,主要根据驾驶员的视觉反应及心理承受能力来确定。

①直线的最大长度。虽然直线的优点很多,适应性也较广,但是直线过长并不好。一方面,在过长的直线上驾驶,易使人感到单调、疲倦,容易导致交通事故;另一方面,直线线形难以与地形协调,所以运用直线不宜过长。《公路路线设计规范》(JTG D20—2017)(以下简称《设计规范》)规定直线的最大长度应有所限制。当采用长的直线线形时,为弥补景观单调的缺陷,应结合沿线具体情况采取相应的技术措施。根据国外资料介绍,对设计速度大于或等于 60 km/h 的公路,一般直线路段的最大长度应控制在设计速度的 20 倍,最大直线长度以汽车按照计算行车速度行驶 70 s 左右的距离控制,通向曲线之间直线的最小长度以设计速度的 6 倍为宜,设计速度小于或等于 40 km/h 的公路可以参照执行。因此,在实际工作中,设计人员应根据地形、地物、自然景观以及经验等来进行判断,以决定直线最大长度。

②直线的最小长度。直线也不能过短,考虑到线形的连续和驾驶的方便,相邻曲线间应有一定的直线长度。

a. 同向曲线间的直线最小长度 l_{min}。同向曲线间插以短直线,容易把直线和曲线看成反向曲线,直线更短时,甚至看成一个曲线,容易造成驾驶上的失误。观测资料证明,行车速度越高,司机越注视远处大约 $6V$(m)距离的目标,故《设计规范》推荐同向曲线间的最短直线长度为:$V \geqslant 60$ km/h 时,l_{min} 为 $6V$;$V \leqslant 40$ km/h 时,l_{min} 参照上述规定执行;若不能满足上述要求,应调整线形使之成为一个单曲线或组合成卵形、凸形、复合形等曲线。

b. 反向曲线间的直线最小长度 l_{min}。考虑到设置超高和加宽的需要(未设缓和曲线时)及驾驶人员转向的需要,《设计规范》规定:$V \geqslant 60$ km/h 时,l_{min} 为 $2V$;$V \leqslant 40$ km/h 时,l_{min} 参照上述规定执行;若不能满足上述要求,可使线形组合成为 S 形。

c. 相邻回头曲线间直线的最小长度。回头曲线是指山区公路为克服高差在同一坡面上回头展线时所采用的曲线。两相邻回头曲线之间,应争取有较长的距离。由一个回头曲线的终点至下一个回头曲线起点的距离,在设计速度为40 km/h、30 km/h、20 km/h 分别应不小于 200 m、150 m、100 m。

2. 圆曲线

在平面线形中,圆曲线是使用较多的基本线形。圆曲线在现场容易设置,可以自然地表明方向的变化。采用平缓而适当的圆曲线,既可以引起驾驶员的注意,又常常促使他们紧握方向盘,还可以使驾驶员正面看到路侧的景观,起到诱导视线的作用。

3. 缓和曲线

缓和曲线是设置在直线与圆曲线之间或半径相差较大的两个转向相同的圆曲线之间的一种曲率连续变化的曲线。为了缓和汽车的行驶,符合汽车行驶轨迹,在直线和圆曲线间或在不同半径的两圆曲线之间,一般采用曲率由零渐渐地向某一定值不断变化的缓和曲线进行组合。具体而言,缓和曲线的作用如下。

(1) 曲率连续变化,符合车辆行驶轨迹。
(2) 离心加速度逐渐变化,使旅客感觉舒适。
(3) 超高横坡度逐渐变化,行车更加平稳。
(4) 与圆曲线配合得当,增加线形美观。

3.1.2 道路平曲线设计

在道路平面设计中,应在相交的两直线段交汇点处,用曲线将其平顺地连接起来,以利于汽车安全正常地通过,这段曲线称为平曲线。平曲线一般为一段圆弧线,为了进一步提高使用质量,还应在圆曲线与两端的直线之间插入一段过渡性的缓和曲线,以便更好地保证行车的安全和舒适。

道路平曲线半径的计算公式为:

$$R = \frac{V^2}{127(\mu \pm i)} \tag{3.1}$$

式中:V 为车速,km/h;μ 为横向力系数,表示汽车转弯行驶时单位重量上所受到的横向力,μ 值取决于行驶稳定性、乘客的舒适程度及运营经济性;i 为路面横坡;"+"指汽车在弯道的内侧行驶;"-"指汽车在弯道的外侧行驶。

路面横坡 i 用超高横坡 i_B 表示时,式(3.1)便可以写成式(3.2):

$$R = \frac{V^2}{127(\mu \pm i_B)} \tag{3.2}$$

显然,曲线半径的大小与横向力系数 μ 密切相关。

1. 圆曲线

(1) 圆曲线极限最小半径的确定。综上所述,从行车稳定性、舒适性、经济性考虑,参考国外资料,圆曲线极限最小半径计算公式为:

$$R_{\min} = \frac{V^2}{127(\mu_{\max} + i_c)} \tag{3.3}$$

式中:$\mu_{\max}$ 为综合行车稳定性、舒适性、经济性确定的最大横向力系数;i_c 为超高值。

将以上结果取整数就可以得出标准规定的极限最小半径值,极限最小半径是平曲线半径设计的极限值,在设计中任何情况下都必须满足。

(2) 不设超高的圆曲线最小半径的确定。不设超高最小半径是指曲线半径较大,离心力较小,靠轮胎与路面间的摩擦力就足以保证汽车安全稳定行驶所采用的最小半径,此时路面可以不设超高,而允许设置等于直线路段路拱的双向断面,对外侧行驶的车辆为反超高。从行驶的舒适性考虑,必须把横向力系数控制到最小值。此时对于行驶在曲线外侧车道上的车辆,其 i 为负值,大小等于路拱横坡,μ 的取值比极限最小半径所用的 μ 要小得多。

(3) 设超高圆曲线最小半径的确定。平曲线极限最小半径是保证汽车行驶安全、舒适、经济的最低极限,是设计中由于外界条件限制迫不得已才采取的值。在平曲线的设计时,都希望采取较大的半径,以提高路线的质量。公路圆曲线半径小于不设超高最小半径时,应设置圆曲线超高。设超高圆曲线最小半径对按设计车速行驶的车辆能够保证其安全性与舒适性,采用规定的 μ 值代入式(3.3)计算,将计算结果取整数,即得出《标准》规定的设超高圆曲线最小半径值。一般地区,圆曲线最大超高应采用 8%,积雪冰冻地区,最大超高值应采用 6%,以通行中小型客车为主的高速公路和一级公路,最大超高可以采用 10%,城镇区域公路,最大超高值可以采用 4%。

(4) 圆曲线最大半径。选用圆曲线半径时,在与地形条件相适应的前提下,应尽量采用大半径,但半径大到一定程度时,其几何性质和行车条件与直线无太大区别,反而易给驾驶人员造成判断上的错误带来不良后果,增加计算和测量上的麻烦,《设计规范》规定圆曲线最大半径不宜超过 10000 m。

2. 缓和曲线

(1) 缓和曲线的性质。

缓和曲线应采用与汽车行驶轨迹线一致的曲线形式。在汽车的前轮转角 ϕ

从直线段上为零过渡到圆曲线上某一定值的过程中,该轨迹的曲率半径与前轮转角 ϕ 成反比。

令汽车在缓和曲线上的车速为 v,行驶 t 秒后,方向盘转动角度为 φ,此时前轮转角为 ϕ,则:

$$\phi = k\varphi \tag{3.4}$$

若方向盘转动的角速度为 ω,则 t 秒后方向盘转动角度为:

$$\varphi = \omega t \tag{3.5}$$

此时前轮转角 $\phi = k\varphi = k\omega t$,则汽车的转动半径为:

$$r = \frac{l_0}{\tan\varphi} \approx \frac{l_0}{\phi} = \frac{l_0}{k\omega t} \tag{3.6}$$

汽车在曲线上行驶的距离为:

$$l = vt = v\frac{l_0}{k\omega} \cdot \frac{1}{r} \tag{3.7}$$

令 $C = \frac{vl_0}{k\omega}$(常数),则:

$$rl = C \tag{3.8}$$

式中:l 为汽车自直线开始转弯,经 $t(s)$ 后行驶的距离,m;r 为汽车行驶 $t(s)$ 后在 l 处的曲率半径,m;C 为常数。

式(3-8)说明,汽车匀速从直线进入圆曲线(或从圆曲线进入直线)时,其行驶轨迹的弧长与曲率半径之积为常数,这一性质正好与回旋线相符。而缓和曲线应采用与汽车行驶轨迹一致的曲线形式,同时,回旋线又有了相应的测设用表,具备了使用条件,因此,采用回旋线作为缓和曲线。

(2)缓和曲线最小长度。

①根据离心加速度变化率计算。缓和曲线中的汽车离心加速度由直线上的零过渡到圆曲线上的最大值,若离心加速度过快,将会使旅客有不舒适的感觉,因此应使离心加速度的变化率控制在一定的范围以内。

根据旅客舒适感计算,离心加速度变化率可以表达为:

$$r = \frac{v^3}{L_s R} \tag{3.9}$$

通常离心加速度变化率取为 $0.6(\text{m/s}^3)$;并以 $V(\text{km/h})$ 代替 $v(\text{m/s})$,则:

$$r = \frac{\left(\frac{V}{3.6}\right)^3}{L_s R} = \frac{V^3}{47 R L_s} = 0.6 \tag{3.10}$$

于是有:

$$L_s = v \times t = 0.036 \frac{V^3}{R} \tag{3.11}$$

②根据驾驶员操作反应时间计算。离心加速度变化率可以表达为：

$$L_s = v \times t = \frac{1}{3.6}Vt \tag{3.12}$$

一般采用 3 s 行程，则：

$$L_s = \frac{3V}{3.6} = 0.83V \tag{3.13}$$

③超高渐变率不过大。缓和曲线长度在实际采用时，常取上述计算值之大者，并取为 5 的倍数。《设计规范》规定了各级公路缓和曲线最小长度。

直线和圆曲线相连，一般均应设置缓和曲线。但当圆曲线半径超过不设超高圆曲线最小半径时，可以不设缓和曲线，而直线可以同圆曲线径向连接。四级公路不设缓和曲线，可以用超高和加宽缓和段作为曲率过渡段。

3.2 纵断面设计

3.2.1 概述

路线纵断面是沿着道路中线竖直剖切然后展开得到的断面。反映路线在纵断面上的形状、位置及尺寸等的图形称为路线纵断面图。把道路的纵断面图与平面图、横断面图结合起来，就能完整地表达出道路的空间位置和立体线形。

纵断面线形设计是根据道路的性质、任务、等级、地形、地质、水文等因素，考虑路基稳定、排水及工程量等要求，对纵坡的大小、长短、前后纵坡情况、竖曲线半径大小及平面线形的组合关系等进行的综合设计，通过设计出纵坡合理、线形平顺圆滑的理想线形，达到行车安全迅速、运输经济合理及乘客感觉舒适的目的。

在道路纵断面图上主要有两条线：一条是地面线，它是路中线各桩点的原地面高程连线，反映了沿着道路中线地面的起伏变化情况；另一条是设计线，它是路中线各桩点设计高程的连线，反映了道路的路线起伏变化情况。

道路纵断面线形由直线和竖曲线组成。其设计内容包括纵坡设计和竖曲线设计两项，通过纵断面设计所完成的纵断面图是道路设计文件重要内容之一。

在进行具体路线纵断面设计时，应先弄清楚以下几个问题。

1) 对路基设计高程的规定

(1) 公路纵断面上的设计标高是指路基设计标高(包含路面厚度)。新建公路的路基设计标高:高速公路和一级公路宜采用中央分隔带的外侧边缘标高;二级公路、三级公路、四级公路宜采用道路中心线标高,在设置超高、加宽路段为设超高、加宽前该处边缘标高。改建公路的路基设计标高:宜按照新建公路的规定执行,也可以视具体情况而采用中央分隔带中线或行车道中线处标高。

(2) 城市道路的设计高程是指建成后的行车道中线路面高程或中央分隔带中线高程。

2) 纵坡度

(1) 纵坡度的表示方式不用角度(°),而用百分数(%)。每一百米的路线两端高差与路线长度之比,就是该路段的纵坡度,简称纵坡,上坡为"+",下坡为"—"。如某段线长度为 80 m,高差为 -2 m,则纵坡度为 -2.5%。

(2) 一般认为 3% 的道路纵坡对汽车行驶不会造成困难,即上坡时不必换挡,下坡时不必制动。对于小于 3% 的纵坡,可以不作特殊考虑,只是为了排水的需要(公路边沟的沟底纵坡与路线纵坡一般是相同的),一般要有一个不小于最小纵坡的坡度。如果排水上无困难,可以用平坡。但是采用大于 5% 的纵坡时,必须慎重考虑,如坡度太大,上坡时汽车的燃料消耗过大,而下坡时又必须采用制动,重车或有拖挂车的车辆都易出事故。

3) 注重路线平面和纵断面设计的配合

为设计方便,路线平面设计和纵断面设计一般是分开进行的,但必须注意平面设计和纵断面设计要互相配合,设计中要发挥设计人员对平、纵组合的空间想象力,否则,不可避免地会在技术上、经济上和美学上产生缺陷。

3.2.2 道路纵断面设计

1. 纵坡设计

纵断面线形主要由纵坡线和竖曲线组成。纵坡的大小与坡段的长度反映了道路的起伏程度,直接影响道路服务水平、行车质量和运营成本,也关系到工程是否经济、适用,因此设计中必须对纵坡、坡长及其相互组合进行合理安排。

为使纵坡设计在技术上满足要求且在经济上合理,纵坡设计一般应满足以下要求。

（1）纵坡设计必须满足《标准》《规范》和《设计规范》的各项规定。

（2）纵坡应具有一定的平顺性，起伏不宜过大和过于频繁，以保证车辆能以一定速度安全顺适地行驶。尽量避免采用《规范》中的极限纵坡值，尽量留有一定的余地。合理安排坡度组合情况，不宜连续采用极限长度的陡坡加最短长度的缓坡。避免在连续上坡或下坡路段设置反坡段。

（3）设计应综合考虑沿线地质、地形、水文、气候和排水、地下管线等，并根据实际需要采取合理的技术方法，以保证道路通畅与路基的稳定性。

（4）一般情况下，纵坡设计应通过考虑路基工程的填挖平衡，尽量减少土石方数量和其他工程的数量，以降低造价和节约用地。

（5）高速公路、一级公路的纵坡设计，应考虑农田水利、通道等方面的要求；低等级公路纵坡设计，应注意考虑民间运输、农业机械等方面的要求；城市道路的纵坡设计还应充分考虑管线的要求。

（6）大中桥引道及隧道两端连接线等连接段的纵坡应缓和，避免突变的产生；考虑到安全、竖向设计的要求，交叉口附近的纵坡也应相对平缓。

（7）对地下水位较高的平原微丘区或地表水相对较丰富的地段，纵坡设计除满足排水要求外，为保证路基的稳定，还需要满足最小填土高度的要求。

1）最大纵坡

最大纵坡是指设计纵坡时各级公路允许采用的最大纵坡值。它是道路纵断面设计的一项重要控制指标，直接影响公路路线长短、使用质量的好坏、行车安全与否以及运输成本和工程是否经济。纵坡越大，道路里程越短，工程数量也越少，但汽车的动力性能有限，纵坡又不能过大，因此必须对纵坡的大小加以限制。最大纵坡主要依据汽车的动力特性、道路等级、自然条件、车辆安全行驶及工程、运营经济等因素进行确定。

汽车沿陡坡行驶时，因升坡阻力增加而需要增大牵引力，从而降低车速，若长时间爬陡坡，不但会引起汽车水箱沸腾、气阻，使得行驶无力以至发动机熄火、驾驶条件恶化，而且在爬陡坡时汽车的机件磨损也将增大。因此，应从汽车爬坡能力考虑对最大纵坡加以限制。与上坡相比，汽车下坡时的安全性更为重要。汽车下坡时，制动次数增加，制动器易因发热而失效，驾驶员心理紧张，也容易发生车祸。根据行车事故调查分析可以知道，坡度大于8%、坡长为360 m，或坡长很短但坡度很大（11%～12%）的路段下坡的终点是发生交通事故的主要地点。同时，调查资料表明，当纵坡大于8.5%时，制动次数急增，所以，最大纵坡的制定从下坡安全来考虑，其最大值应控制在8%为宜。另外，还要考虑拖挂车的要求。调查资料表明,拖挂车爬8%的纵坡需要使用一挡;爬7%～8%的纵坡需要使用二挡或一挡。从不致使拖挂车行驶困难来看,最大纵坡也应控制在8%为宜。

(1) 设计速度为120 km/h、100 km/h、80 km/h的高速公路受地形条件或其他特殊情况限制时,经技术经济论证,最大纵坡值可以增加1%。

(2) 公路改建中,设计速度为40 km/h、30 km/h、20 km/h的利用原有公路的路段,经技术经济论证,最大纵坡值可以增加1%。

(3) 四级公路位于海拔2000 m以上或积雪冰冻地区的路段,最大纵坡应不大于8%。

(4) 桥上及桥头路线的最大纵坡。

①桥与涵洞处的纵坡应随路线纵坡设计。

②桥梁及其引道的平、纵、横技术指标应与路线总体布设相协调,各项技术指标应符合路线布设的规定。大桥的纵坡不宜大于4%,桥头引道纵坡不宜大于5%,紧接大中桥桥头两端的引道纵坡应与主桥上纵坡相同。

③位于市镇附近非汽车交通较多的地段,桥上及桥头引道纵坡均应不大于3%。

(5) 隧道部分路线纵坡。

①隧道内纵坡应不大于3%,并不小于0.3%,但独立明洞和短于50 m的隧道,其纵坡不受此限;紧接隧道洞口的路线纵坡应与隧道内纵坡相同。

明洞是指采用明挖法修筑的一种浅埋隧道,用于边坡易发生塌方落石的地段。明挖法是先将地面挖开,在露天情况下修筑衬砌,然后再覆盖回填,如城市中浅埋地铁等;明挖法的优点是完成的结构质量很高,可以使用外贴式防水层进行防水。

②当条件受限时,高速公路、一级公路的中短隧道经技术经济论证后最大纵坡可以适当加大,但不宜大于4%。

③隧道的纵坡宜设置成单向坡;地下水发育的隧道及特长、长隧道宜采用人字坡。

2) 城市道路最大纵坡

城市道路最大纵坡是8%,具体规格参见《城市道路工程设计规范(2016年版)》(CJJ 37—2012)。但是对新建道路应采用小于或等于城市道路最大纵坡的一般值,改建道路、受地形条件或其他特殊情况限制时,可以采用最大纵坡极限值;除快速路外的其他等级道路,受地形条件或其他特殊情况限制时,经技术经济论证后,最大纵坡值可增加1%;积雪或冰冻地区的快速路最大纵坡应不大于3.5%,其他等级道路最大纵坡应不大于6%;海拔3000 m以上的高原城市道路的最大纵坡坡度一般值按照规定数值减少1%。

一般设计工作中,不能轻易取用最大纵坡及纵坡长度限制值,只有当考虑地形情况,须争取高度、缩短里程或避让不利工程地质条件时方可采用。

3）最小纵坡

最小纵坡是指为保证道路的排水要求和路基的稳定性所规定的纵坡最小值。从道路的运营、安全等角度出发,希望道路纵坡设计得较小为好。但是在挖方路段、设置边沟的低填方路段及其他横向排水不良的路段,为了满足道路的排水要求,防止水渗入路基而影响路基的稳定性,各级公路的最小纵坡均应不小于0.3%（一般情况下以不小于0.5%为宜）。

当纵坡设计成平坡或小于0.3%时,边沟应作纵向排水设计。干旱地区及横向排水良好、不产生路面积水的路段,可以不受此限制。

在城市道路中特殊困难处,当纵坡小于0.3%时,应设置锯齿形边沟或采取其他排水措施。

4）平均纵坡

平均纵坡 i,是指在一定路线长度范围内,路线两端点的高差与路线长度的比值。它是衡量纵断面线形质量的重要指标之一,用式(3.14)表示：

$$i_p = \frac{\Delta h}{L} \times 100\% \tag{3.14}$$

式中：i_p 为平均纵坡,%;Δh 为路线长度 L 两端的高差,m;L 为路线长度,即坡线两端点的水平距离,m。

根据对山区道路行车的实际调查发现,有时虽然道路纵坡设计完全符合最大纵坡、坡长限制及缓和坡长规定,但也不能保证行车顺利安全。如果在长距离内,平均纵坡较大,汽车上坡用二挡时间较长,发动机长时间发热,易导致汽车水箱沸腾、气阻;同样,汽车下坡时,频繁制动,易引起制动器发热,甚至烧毁制动片,加之驾驶员心理过分紧张,极易发生事故。因此,从汽车行驶方便和安全角度出发,为了合理利用最大纵坡、坡长和缓和坡段的规定,还要控制平均纵坡。控制平均纵坡是在宏观上控制路线纵坡。

《标准》规定,二、三、四级公路越岭路线的平均纵坡,当相对高差为200～500 m时,应不大于5.5%;当相对高差大于500 m时,应不大于5%;任意连续3 km路段的平均纵坡应不大于5.5%。

5）合成坡度

合成坡度是指在设有超高的平曲线路段上，由路线纵坡与弯道超高横坡组合而成的坡度，其方向即流水线方向。合成坡度的计算公式为：

$$i_H = \sqrt{i_c^2 + i_z^2} \tag{3.15}$$

式中：i_H 为合成坡度，％；i_c 为超高横坡度，％；i_z 为路线纵坡度，％。

在有平曲线的坡道上，最大坡度既不是纵坡方向，也不是横坡方向，而是两者组合成的流水线方向。道路线形分析表明，小半径弯道上行车，弯道内侧行车轨迹半径较道路中心线的半径小，故弯道内侧车行道的圆弧长度较道路中线处短。因而，车行道内侧的纵坡就相应大于道路中线处的设计纵坡，弯道半径越小越明显。汽车行驶在弯道与陡坡重叠路段，行车条件十分不利，如果合成坡度过大，将产生附加阻力，汽车中心发生偏移等不良现象，严重影响行车安全。

将合成坡度控制在一定范围之内，目的是尽可能地避免急弯和陡坡的不利组合，防止因合成坡度过大而引起的横向滑移和行车危险，保证车辆在弯道上安全而顺适地运行。

确定公路最大合成坡度还应注意：冬季路面有积雪、结冰的地区，自然横坡较陡峻的傍山路段、非汽车交通量较大的路段的合成坡度必须小于8％；超高过渡的变化处，合成坡度不应设计为0％；合成坡度小于0.5％时，应采取综合排水措施，保证路面排水畅通。

6）高原纵坡折减

在高海拔地区，因空气稀薄使汽车发动机的功率降低，汽车的驱动力及空气阻力减小，导致汽车的爬坡能力下降；汽车水箱中的水易于沸腾，从而降低甚至破坏冷却系统的性能。

在汽车满载情况下，不同海拔高度 H 对应不同的海拔荷载修正系数 λ 值。海拔高度 H 对 λ 值有相当大的影响，即对纵坡也有很大影响。因此，高原地区除了汽车本身要采取一些使汽油充分燃烧的措施，避免随海拔的增高而使功率降低过多，还应在道路纵坡设计中将《标准》中规定的最大纵坡予以折减，适当采用较小的纵坡。

《设计规范》规定：设计速度小于或等于80 km/h 且位于海拔3000 m 以上的高原地区的公路，各级公路的最大纵坡值应按规定予以折减，折减后若小于4％，则仍采用4％。

2. 坡长设计

坡长是指纵断面上相邻两变坡点之间的水平长度。坡长限制主要是指对一般纵坡的最小长度和陡坡的最大长度的限制，即最小坡长和最大坡长。

1）最小坡长

最小坡长是指相邻两个变坡点之间的最小水平长度。若其长度过短，就会使变坡点个数增加，行车时颠簸频繁，当坡度差较大时，还容易造成视觉的中断，视距不良，从而影响行车的平顺性和安全性。另外，从线形的几何构成来看，纵断面是由一系列的直坡段和竖曲线构成，若坡长过短，则不能满足设置最短竖曲线这一几何条件的要求。为使纵断面线形不致因起伏频繁而呈锯齿形，并便于平面线形的合理布设，应对纵坡的最小长度做出限制。最小坡长通常以设计车速行驶 9～15 s 的行程作为规定值。一般在设计车速大于或等于 60 km/h 时取 9 s，设计车速为 40 km/h 时取 11 s，设计车速为 20 km/h 时取 15 s。

（1）《设计规范》规定，公路的最小坡长通常以设计速度行驶 9～15 s 的行程为宜。在平面交叉口、立体交叉的匝道及过水路面地段，可不受此限。

（2）机动车道纵坡的最小坡长应符合《规范》规定；路线尽端道路起（讫）点一端可以不受最小坡长限制；当主干路与支路相交时，支路纵断面在相交范围内可以视为分段处理，不受最小坡长限制；对沉降量较大的加铺罩面道路，可以按照降低一级的设计速度控制最小坡长，且应满足相邻纵坡坡差小于或等于 5% 的要求。

2）最大坡长

道路纵坡的大小及其坡长对汽车正常行驶影响很大。越陡、越长的纵坡，对行车影响将越大。最大坡长限制是根据汽车动力性能来决定的，是指控制汽车在坡道上行驶，当车速降低到最低容许速度时所行驶的距离。长距离的陡坡对行车的影响主要表现为以下几方面。

（1）连续上坡时，易使水箱沸腾，发动机温度过高，机械效率降低，导致汽车爬坡无力，甚至熄火；行车速度会显著下降，甚至需要换较低排挡来克服坡度阻力。

（2）下坡行驶时，因频繁制动，易使制动器发热而失效，甚至造成车祸，危及行车安全。

（3）高速公路以及快慢车混合行驶的公路，会影响行车速度和通行能力。

因此,为避免发生以上的行车条件恶化等情况,需要限制道路纵坡的最大坡长。《设计规范》规定了公路最大坡长值。

3) 组合坡长

当连续陡坡是由几个不同受限坡度值的坡段组合而成时,应按照不同坡度的坡长限制折算确定。如三级公路某段8%的纵坡,长为120 m,该长度是相应限制坡长(300 m)的2/5,如相邻坡段的纵坡为7%,则其坡长应不超过相应限制坡长(500 m)的(1−2/5),即500×3/5=300 m,也就是说8%纵坡设计120 m后,还可以接着设计7%纵坡段300 m或6%纵坡段420 m,其后再设置缓和坡段。

3. 竖曲线设计

竖曲线是为保证行车安全、舒适以及视距的需要,在变坡处设置的纵向曲线,其大小用两坡段坡度的代数差 ω 表示。其值为正,变坡点在曲线下方,竖曲线开口向上,称为凹形曲线;反之为凸形曲线。

各级道路在变坡点处均应设置竖曲线。竖曲线的线形采用二次抛物线。在其应用范围内,圆曲线与抛物线几乎没有差别,因此,竖曲线通常表示成圆曲线的形式,用圆曲线半径 R 来表示竖曲线的曲率半径。

用二次抛物线作为竖曲线的基本方程,见图3.1。

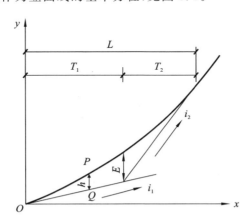

图 3.1 竖曲线要素示意图

在图3.1所示坐标系下,二次抛物线一般方程为:

$$y = \frac{x^2}{2k} + ix \tag{3.16}$$

对竖曲线上任一点 P 的斜率为：

$$i_P = \frac{\mathrm{d}y}{\mathrm{d}x} = \frac{x}{k} + i \qquad (3.17)$$

当 $x=0$ 时，$i=i_1$；当 $x=L$ 时，$i=L/k+i_1=i_2$，则 $L/k=i_2-i_1=\omega$，即：

$$k = \frac{L}{i_2 - i_1} = \frac{L}{\omega} \qquad (3.18)$$

同时抛物线上任一点的曲率半径为：

$$R = \frac{\left[1+\left(\frac{\mathrm{d}y}{\mathrm{d}x}\right)^2\right]^{\frac{3}{2}}}{\frac{\mathrm{d}^2 y}{\mathrm{d}x^2}} \qquad (3.19)$$

其中，$\frac{\mathrm{d}y}{\mathrm{d}x}=\frac{x}{k}+i$，$\frac{\mathrm{d}^2 y}{\mathrm{d}x^2}=\frac{1}{k}$，$\left(\frac{\mathrm{d}y}{\mathrm{d}x}\right)^2=\left(\frac{x}{k}+i\right)^2=\left(\frac{x}{\omega}+i\right)^2$ 非常小，可以忽略不计，代入式(3.19)，得：

$$R = \frac{\left[1+\left(\frac{\mathrm{d}y}{\mathrm{d}x}\right)^2\right]^{\frac{3}{2}}}{\frac{\mathrm{d}^2 y}{\mathrm{d}x^2}} \approx k \qquad (3.20)$$

把式(3.18)、式(3.19)代入式(3.16)得到二次抛物线竖曲线基本方程

$$y = \frac{\omega}{2L}x^2 + i_1 x \qquad (3.21)$$

或

$$y = \frac{1}{2R}x^2 + i_1 x \qquad (3.22)$$

式中：ω 为坡差，%；L 为竖曲线长度，m；R 为竖曲线半径，m。

3.3 横断面设计

3.3.1 道路横断面组成

道路是具有一定宽度的带状构筑物。在垂直道路中心线的方向上所作的竖向剖面称为道路横断面。道路横断面组成和各部分的尺寸要根据道路功能、等级、交通量、服务水平、设计速度、地形条件等因素确定。在保证必要的通行能力和交通安全与畅通的前提下，尽量做到节省用地、减少投资，使道路发挥其最佳的经济效益和社会效益。

1. 高速公路和一级公路

高速公路和一级公路的整体式路基横断面包括行车道、中间带、路肩及紧急停车带、爬地车道、避险车道等组成部分,而分离式不包括中间带。

高速公路、一级公路的多车道公路,中间一般都设有分隔带或做成分离式路基而构成"双幅路"。有时公路为了利用地形或处于风景区等需要与自然条件相适应,设计成两条独立的单向行车道路,上下行车道不在同一平面。根据路基标准横断面可分为整体式横断面和分离式横断面。这种类型的公路设计车速高、通行能力大、每条车道单幅交通量比一条双车道公路还多,而且行车顺适、事故率低,但是占地较多、造价较高。

2. 二、三、四级公路

不设置中间带公路的路基横断面包括行车道、路肩、错车道及避险车道等组成部分。

城郊混合交通量大,实行快慢车道分开的路段,其横断面组成还有人行道、自行车道等,根据实际情况选用。

单幅双车道公路是整体式路基形式供双向行车的双车道公路。这类公路在我国公路总里程中占的比重大,二、三级和部分四级公路多采用此形式的横断面。这类公路适应的交通量范围大,折合成小客车的年平均日最高交通量达15000辆。行车速度允许范围为20~80 km/h。

在这种公路上行驶,只要各行其道,视距良好,车速一般都不会受到影响。当二级公路做"集散"公路或不可避免街道化时,应考虑交通量大、非机动车混入率高、视距条件又差时,其车速和通行能力大大降低。因此,对混合行驶相互干扰较大的此类路段,可以采取设置慢车道和人行道,将汽车和其他车辆分开。

对交通量小、地形复杂、工程艰巨的山区公路或地方性道路,可以采用单车道,其适用于地形困难的四级公路,《规范》中规定的四级公路路基宽度为4.50 m,路面宽度为3.50 m。

此类公路虽然交通量很小,但仍然会出现错车和超车。为此,应在不大于300 m的距离内选择有利地点设置错车道,使驾驶人员能够看到相邻两错车道之间的车辆。

公路路基横断面宽度为行车道和路肩宽度之和。当设置中间带、加减速车道、爬坡车道、紧急停车带、避险车道和错车道时,还应计入该部分宽度。在半径小于或等于250 m的平曲线上,会进行路基加宽。该曲线段的路基宽度包括路基加宽的宽度。

3. 城市道路横断面组成与布置形式

城市道路在行车道断面上,供汽车、无轨电车、摩托车等机动车行驶的部分称为机动车道;供自行车、三轮车、板车等非机动车行驶的部分称为非机动车道。另外,还有供行人步行使用的人行道和分隔各种车道(或人行道)的分隔带及绿化带。城市道路的横断面包括车行道(机动车道、非机动车道)、分隔带、路侧带(人行道、绿化带、设施带)等。

(1)单幅路。单幅路俗称"一块板"断面,各种车辆在车道上混合行驶。单幅路其适用于机动车交通量不大、非机动车较少的次干路、支路以及用地不足、拆迁困难的旧城改建的城市道路。

(2)双幅路。双幅路俗称"两块板"断面,在行车道中心用分隔带或分隔墩将行车道分为两半,上下行车辆分向行驶,各自再根据交通需要决定是否划分快慢车道。双幅路主要用于各向两条机动车道以上、非机动车较少的道路,地形、地物特殊或有平行道路可供非机动车通行的快速路和郊区道路。

(3)三幅路。三幅路俗称"三块板"断面,其中间为双向行驶的机动车车道,两侧为靠右侧行驶的非机动车道。对于机动车交通量大、非机动车多的城市道路宜优先考虑采用三幅路。但三幅式断面占地较多,只有当红线宽度大于或等于40 m时才能满足车道布置的要求。

(4)四幅路。四幅路俗称"四块板"断面,即在三幅路的基础上,再将中间机动车车道一分为二,分向行驶。四幅路不但将机动车和非机动车分开,还将对向行驶的机动车分开,安全和车速较二幅路更为有利。它适用于机动车辆车速较高、各向两条机动车道以上、非机动车多的快速路与主干路。

城市道路的交通性质和组成比较复杂,行人和各种非机动车较多,各种交通工具及行人的交通问题都需要在横断面设计中综合考虑并予以解决。因此,城市道路路线设计中,横断面设计是难点。设计时,首先保证车辆和行人的安全畅通,同时,要与道路两侧的各种建筑物及自然景观相协调,并能满足地面、地下排水和各种管线埋设的要求。横断面设计应注意近期与远期相结合,使近期工程成为远期工程的组成部分,并预留管线位置,控制道路用地,给远期实施留有余地。

3.3.2 横断面各组成部分几何设计

1. 行车道

行车道是指专为纵向排列、以安全顺适地通行车辆为目的而设置的公路带状部分。其横断面组成包括快车道和慢车道。在城市道路上,还有非机动车道。车道宽度是为了交通上的安全和行车上的顺适,根据汽车大小、车速快慢而确定的各种车辆以不同速度行驶时所需的宽度。行车道的宽度要根据车辆最大宽度,加上错车、超车所必需的余宽来确定。

1)一般双车道公路的车道宽度

双车道公路有两条车道,车道宽度包括汽车宽度和应满足错车、超车行驶所必需的余宽。汽车宽度取载重汽车车厢的总宽度,为 2.5 m。余宽是指对向行驶时两车主箱之间的安全间隙、汽车轮胎至路面边缘的安全距离。

2)有中央分隔带的车道宽度

高速公路、一级公路有四条以上的车道,应满足车辆并列行驶所需的宽度,一般设置中央分隔带。分隔带两侧的行车道只有同向行驶的汽车。车速、交通组成和大型车混入率对行车道宽度的确定有较大的影响。

3)城市道路的车道宽度

在城市道路上供各种车辆行驶的路面部分统称为车行道。其中,供汽车、无轨电车、摩托车等机动车行驶的部分称为机动车道;供自行车、三轮车、板车等非机动车行驶的部分称为非机动车道。

(1)机动车道。机动车道按车在行车方向上的不同位置,可以分为内侧车道、中间车道和外侧车道。按照车道的不同性质,可以分为变速车道、超车车道、爬坡车道、停车道、错车道、会车道、专用车道等。机动车道的宽度应计入分车带及两侧路缘带的宽度,路缘带宽度一般为 0.5 m。

根据我国城市道路的实际经验,机动车道的宽度一般设置如下:双车道为 7.5~8.0 m,三车道为 10.0~11.0 m,四车道为 13.0~15.0 m,六车道为 19.0~22.0 m。

(2)非机动车道。非机动车的单一车道宽度是根据车半身宽度和车身两侧所需的横向安全距离而确定的。根据调查,非机动车道宽度:自行车为 1.0 m,三轮车为 2.0 m。与机动车道合并设置的非机动车道,车道数单向应不小于 2

条,宽度应不小于 2.5 m;非机动车专用道路面宽度应包括车道宽度及两侧路缘带宽度,单向不宜小于 3.5 m,双向不宜小于 4.5 m。

2. 路肩

1）路肩的作用

路肩是位于行车道外缘至路基边缘之间,具有一定宽度的带状结构部分。路肩通常包括路缘带（高速公路和一级公路才设置）、硬路肩、土路肩三部分。路肩的作用如下:

①为发生机械故障或紧急情况的车辆提供在车道外的停车空间;

②由于路肩紧靠在路面的两侧设置,保护行车道等主要结构的水、温度稳定性;

③提供侧向余宽,能够增强驾驶的安全性和舒适感;

④作为道路养护操作的工作场地;

⑤改善挖方路段视距,提高交通安全性;

⑥在满足公路建筑限界的前提下,为设置标志和护栏提供横向净距。

路肩按其功能和所用材料的不同,可以分为硬路肩和土路肩。硬路肩是指进行了铺装的路肩,它可以承受汽车荷载的作用力,在混合交通的公路上便于非机动车、行人通行。在填方路段,为使路肩能够汇集路面积水,在路肩边缘应设置路缘石。土路肩是指不加铺装的土质路肩,它起到保护路面和路基的作用,并提供侧向余宽。

2）路肩的宽度

（1）右侧路肩宽度。《设计规范》规定了各级公路的右侧路肩宽度。一般值在正常情况下采用,最小值在条件受限时采用。

高等级公路应在右侧硬路肩宽度内设右侧路缘带,其宽度一般为 0.50 m。二级公路在村镇附近及混合交通量大的路段,可以采用全铺式,以供非机动交通充分利用。计算行车速度为 120 km/h 的四车道高速公路,宜采用 3.50 m 宽的硬路肩;六车道、八车道高速公路可以采用 3.00 m 宽的硬路肩。二、三、四级公路在路肩上设置的标志、防护设施等不得侵入公路建筑限界,否则应加宽路肩。

（2）左侧路肩宽度。高速公路、一级公路采用分离式路基横断面时,行车道左侧应设置路肩,《规范》规定了各级公路左侧路肩宽度。左侧硬路肩宽度内含左侧路缘带宽度,其宽度一般为 0.50 m。

（3）紧急停车带。高速公路、一级公路，有条件时宜采用大于 2.50 m 的右侧硬路肩，使发生故障的车辆能够尽快离开车道。当右侧硬路肩的宽度小于 2.50 m 时，应设紧急停车带。紧急停车带的设置间距不宜大于 2000 m，包括右侧硬路肩在内的宽度为 5.0 m，有效长度一般大于 50 m。从干线进入和驶出紧急停车带应设缓和过渡段，一般长度为 100 m 和 150 m。高速公路、一级公路的特长桥梁、隧道，根据需要设置紧急停车带，其间距不宜大于 750 m。二级公路根据需要可设置紧急停车带，其间距视实际情况而定。

考虑我国土地的利用情况和路肩的功能，在满足路肩功能最低需要的条件下，原则上尽量采用较窄的路肩。

3）路肩横坡

（1）硬路肩。硬路肩一般应设置向外倾斜的横坡，其坡度值可以与车道横坡度相同；路线纵坡平缓，且设置拦水带时，其坡度值宜采用 3%~4%。曲线路段内外侧硬路肩横坡的横坡度及其方向：当曲线超高小于或等于 5% 时，其横坡度和方向应与相邻车道相同；当曲线超高大于 5% 时，其横坡度则不大于 5%，且方向相同。对于大中桥梁、隧道区段硬路肩的横坡度，应与行车道相同。

（2）土路肩。直线或位于曲线较低一侧的土路肩横坡度，当行车道或硬路肩横坡度大于或等于 3% 时，应与行车道或硬路肩横坡度相同，否则应比行车道或硬路肩横坡度大 1% 或 2%。曲线或过渡段位于较高一侧的土路肩横坡度，应采用 3% 或 4% 的反向横坡度。

4）城市道路路肩

城市道路一般设置地下管渠和集水井排水，两侧设置人行道。采用边沟排水的道路应在路面外侧设置保护性路肩，中间设置排水沟的道路应设置左侧保护性路肩。保护性路肩宽度自路缘带外侧算起，快速路应不小于 0.75 m；其他道路应不小于 0.50 m；当有少量行人时，应不小于 1.50 m。当需要设置护栏、杆柱、交通标志时，应满足其设置要求。

3. 中间带

1）中间带作用

中间带是指沿道路纵向路中线设置分隔上下行车道行驶的带状设施。《标准》规定，高速公路和一级公路整体式断面必须设置中间带。中间带由两条左侧路缘带和中央分隔带组成，其作用如下：

①分隔不同方向交通流,防止无序的交叉运行和随意转弯运行,减少因车辆高速行驶进入对向行车道造成迎面碰撞的严重交通事故;

②可以作为预埋公路标志牌及其他交通管理设施的构件场地;

③设置一定宽度的中间带并种植花草灌木或设置防眩网,可防止对向车辆灯光造成眩光的现象,还可起到美化路容和环境的作用;

④设置于中央分隔带两侧的路缘带,由于具有一定宽度且颜色醒目,既引导驾驶员视线,又增加了行车所必需的侧向余宽,从而提高了行车的安全性和舒适性;

⑤为超高路段设置路面排水设施提供场所,并为养护人员提供避车带、安全岛。

2)中间带宽度

中间带的宽度应根据行车安全、道路用地和经济条件等综合确定。

《标准》规定的中间带宽度随公路等级、地形条件变化,为 2.00～4.50 m。宽的中间带作用明显,但投资和占地多,不宜采用。我国原则上均采用窄的中间带,以节约用地,《规范》规定了整体式断面中间带及各部分宽度。

《标准》规定,高速公路、一级公路整体式断面必须设置中间带。中间带由中央分隔带和两条左侧路缘带组成,中央分隔带的两侧设置左侧路缘带。中央分隔带由防护设施和两侧对应的余宽组成。不再指定中央分隔带宽度推荐值,中央分隔带宽度应从对向隔离、安全防护的主要功能出发,综合考虑中央分隔带护栏的防护形式和防护功能确定。

3)中间带的设计

中间带的设计是指中央分隔带的表面形式,有凹形和凸形两种。前者用于宽度大于 4.5 m 的中间带;后者用于宽度小于 4.5 m 的中间带。宽度大于 4.5 m 的,一般植草皮、栽灌木;宽度不大于 4.5 m 的可铺面封闭。

4. 路侧带

路侧带由人行道、绿化带、公共设施带等组成,路侧带的宽度根据道路类别、功能、人流密度、绿化、沿街建筑性质及布设地下管线等要求综合确定。

1)人行道

人行道是指在城市道路上用路缘石或护栏及其他类似设施加以分隔的专门供人行走的部分,人行道宽度不仅取决于道路功能、沿街建筑物性质、人流密度,还应满足在人行道下埋设地下管线等的要求。

2）绿化带

道路路侧一般种有树木或设置绿化带,为保证植物的正常生长,需要保证其合理的宽度。当种植单排行道树时,株距一般为 4～6 m,植树带最小宽度为 1.5 m,也有种植草皮与花丛的。绿化带宽度应符合现行标准《城市综合交通体系规划标准》(GB/T 51328—2018)的相关要求。车行道两侧的绿化应满足侧向净宽度的要求,并不得侵入道路建筑限界和影响视距。

3）设施带

设施带宽度包括设置行人护栏、照明灯柱、标志牌、信号灯等的宽度。设施带内各种设施布局应综合考虑,可与绿化带结合设置,但应避免相互之间的干扰。当红线宽度较窄或条件困难时,设施带与绿化带可以合并。经调查,我国各城市设置杆柱的设施带宽度多数为 1.0 m,有些城市为 0.5～1.5 m,考虑有些杆线需要制作基座,则宽度应更大一些,最小宽度不小于 1.0 m,最大不超过 1.5 m,设计时可根据实际情况选用。地下管线应尽可能布置在路侧带下面,并要布置得紧凑和经济。当管线埋设在路侧带下面时,如管线种类较多,且管线间还应有安全距离,则路侧带的宽度须更大。同时设置护栏与杆柱时,取大值。

现有城市道路中,人行道的宽度按规划设计为 3.0～5.0 m,设施和绿化所占用的宽度不计入在内,设计时,要明确人行道、绿化带、设施带各自合适的宽度。

5．分车带

分车带按照其在横断面中的不同位置及功能,可分为中间分车带(简称中间带)及两侧分车带(简称两侧带)。分车带的作用与公路中间带相同,分隔主路上对向车辆。两侧带可以分隔快车道与慢车道、机动车道与非机动车道、车行道与人行道等。《规范》规定了分车带最小宽度。

6．路缘石

路缘石是设置在路面与其他构造物之间的界石,简称缘石。在分隔带与路面之间、人行道与路面之间一般都需要设置路缘石,在公路的中央分隔带边缘、行车道右侧边缘或者路肩外侧边缘常设路缘石。其形状有立式、斜式和曲线式等几种。

高速公路和一级公路中央分隔带上的路缘石起导向、连接和便于排水的作用,高度不宜太高。因为高速行驶的车辆一旦偏离方向驶入,高的路缘石(高度大于 20 cm)便会影响行车安全,所以高速公路的分隔带因排水必须设置路缘石时,应使用低矮光滑的斜式或曲线式的路缘石,高度宜小于 12 cm。

城市道路的人行道及人行横道宽度范围内的路缘石宜做成低矮的,而且坡面为较平缓的斜式,便于儿童车、轮椅及残疾人通行。在分隔带端头或交叉口的小半径处,缘石宜做成曲线式。

路缘石宜高出路面 10～12 cm,桥上、隧道内线形弯曲段或陡峻路段等处可高出路面 25～40 cm,并应有足够的埋置深度,以保证稳定。缘石宽度宜为 10～15 cm。

7. 边沟

边沟的主要作用是排除路面及边坡处汇集的地表水,以确保路基与边坡的稳定。一般在公路路堑及高度小于边沟深度的低填方地段设置边沟。

边沟的断面形状主要取决于排水流量的大小、公路性质、土质情况及施工方法等。石质地段大多采用三角形;排水量大的路段多采用梯形或矩形截面形式。

边沟设计遵循以下基本规定:
①底宽与深度不小于 0.4 m;
②边沟纵坡一般应不小于 0.5%,特殊困难路段也不得小于 0.2%;当陡坡路段沟底纵坡较大时,为防止边沟冲刷,应采取加固措施;
③梯形边沟内侧一般为 1∶1.5～1∶1,边坡外侧与挖方边坡一致,路堤段边坡与内侧边坡相同,路堑段边坡与挖方边坡一致,三角形边沟内侧边坡一般为 1∶4～1∶2,外侧边坡一般为 1∶2～1∶1;
④边沟长度不宜过长,一般不宜超过 500 m,即应选择适当地点设置出水口,多雨地区不宜超过 300 m。三角形边沟长度一般不宜超过 200 m。

3.4 线形组合设计

3.4.1 道路平纵线形组合设计

1. 直线形设计

1)平原区

在平原区,可以不考虑放坡问题,若是路线不受纵坡限制,在定线的过程中,需要重点考虑的是平面与横断面,它的设计要点为以点定线、以线交点。因为在平原地区进行道路平纵组合设计时不需要考虑放坡的问题,所以直线形设计方式的主要设计步骤为:对控制点进行加密处理,对交点进行穿线与调整,对曲线进行计算与敷设。

2) 山岭重丘区

在此类区域中进行平纵线形组合设计时,丘陵较多,因此不可避免地会受到纵坡的限制,在定线的过程中,必须对平面和横断面两个因素进行同时考虑,不仅如此,还需要考虑纵坡、坡长等因素。在需要进行放坡的前提条件下,采用直线形的设计方式对道路平纵线形组合进行设计时,可采取如下设计步骤:先对路线进行分段安排,然后进行放坡,再对导向线进行修正处理,遵循以点定线、以线交点的原则确定交点,并对交点进行调整,最后进行曲线计算和敷设。

2. 曲线形设计

曲线形设计是指按照道路线形布设的相关要求,如技术标准、组合协调性、均衡性、约束性等,采用曲线形式,并选取合理的线形参数对路线走向进行有效控制,进而确定其位置,并进行几何计算和绘图,最终形成以曲线为主体,流畅、多变的平面线形。实践表明,较大且较为平缓的曲线,更加适宜车辆高速行驶的要求,正因如此,我国已有很多高速公路在平纵线形组合设计中采用了曲线形设计方式,如沈大高速等。曲线形的设计方法较多,各种方法都有自己的设计理论依据,但这些方法的总体设计思路却大体相同。

3.4.2 道路线形组合优化设计

道路线形优化设计包括平面、纵断面及空间线形(线形组合)优化设计。线形组合优化设计并不是设计的上下道工序,而是一个相互关联,互为一体的过程,所以要进行线形组合优化设计必须要先进行平面和纵断面线形优化设计。平面优化就是依平面几何条件取得最优的平面线形;纵断面优化就是使工程量与工程费用最少,运营效益最高,车辆行驶舒顺、安全;空间线形优化就是使平、纵、横三方面相结合达到最佳空间线形。

1. 平面线形优化设计

1) 平面线形技术指标的均衡连续及转角的设置

平面线形设计应根据不同条件合理选用三要素,妥善组合运用,宜直则直,宜曲则曲,直中有曲,曲中有直,既不强拉直线,也不硬性设置不必要的曲线。如直线过长,易显僵直,景观呆板单调,容易引起驾驶员麻痹与疲劳,还会导致出现超速行驶发生交通事故。曲线具有柔和的几何线形,一般情况下宜采用极限最小平曲线半径的4~8倍或超高为2‰~4‰的圆曲线半径。做到保护环境,美化景观、行车安全、节省费用。

保持线形的连续性,避免突变,就必须注意线形技术指标的均衡与连续性。如长直线的顶端不宜设小半径曲线,因为曲率突变、行车速度过大将导致交通事故。

路线的转角不宜过小,否则驾驶员容易把曲线看得比实际上更小,产生急弯错觉,从而造成事故。不得已时,可考虑设置过渡曲线。

2) 直线、圆曲线与缓和曲线的运用

直线、曲线的合理运用是线形几何形状的技术体现,并综合考虑可能的纵断面线形的条件下,达到经济合理、美观安全、线形流畅顺捷。

两同向曲线或两反向曲线间都不得以短直线相连,夹有短直线的线形常因出乎意料,易产生交通事故,同时线形又不美观,产生扭曲现象。实践研究认为,在保证行车安全条件下,为避免曲线间长直线可能带来的高填深挖及造成的昂贵工程费用,同向间最小直线长度一般应不小于 $4.5V(m)$,在地形复杂条件下可不小于 $3V(m)$,否则应调整线形。

2. 纵断面线形优化设计

1) 纵断面指标的均衡和平面、纵断面指标的协调

纵断面线形设计主要研究纵坡的大小、长度以及它们之间的配合,要求在整条路线上紧密配合平曲线,要综合考虑地形条件、工程运营经济以及线形的连续圆滑与行车的舒适。

纵断面线形必须根据地形条件设计成视觉连续、平顺而圆滑的线形,在纵断面上,避免在短距离内出现锯齿形断面或中间暗凹的线形。隐蔽的暗凹路段将造成视觉中断、线形不连贯、无法预见前方的情况,增加发生事故的可能性。

2) 纵坡与竖曲线设计

纵坡设计应均匀平缓,尽量不采用极限指标,否则会降低车速,影响通行能力。同时要注意控制路基平均填土高度,特别是在平原区,须妥善处理与地方群众交通之间的关系,避免在同向竖曲线间(特别是凹形竖曲线)插入短的直线坡段,断背曲线在视觉上很不舒适,会产生视觉不自然、线形扭曲现象。为改善视觉舒适性,宜把两个竖曲线包络为一个大的单竖曲线或改成复竖曲线。若是反向曲线,为使汽车的增重、减重之间有一个过渡段,宜插入直线坡段,也可直接连接。

两相邻路段纵坡变化小时,竖曲线半径尽可能大些,在长的陡坡端部不要设计急剧变化的竖曲线。

3. 平纵线形组合优化设计

道路线形设计如果只按平面、纵断面线形标准优化设计,而不是将二者结合考虑,最终不一定是良好的设计,因为道路是个三维的空间实体,它的中线是一条空间曲线,线形设计最终是以平、纵组合的立体线形展现在驾驶员眼前的,所以必须要满足驾驶员在视觉和心理方面的连续、舒适、与周围环境的协调的要求。线形组合设计应采用绘制透视图的方法进行反复修正和调整,有条件时可运用动态连续透视图进行检查。

1)平曲线与竖曲线的组合

道路线形的组合应保持平面、纵断面两种线形的均衡。如果平曲线与竖曲线的半径均比较小,将两种曲线分开设,不要重合。如果两种曲线的半径都较大,宜将平曲线与竖曲线重合,形成平包竖,这样视觉效果好。

在一个平曲线内应避免存在竖曲线反复凹凸情况,否则在视觉上会出现线形切断情况而产生不安全感。为了使平面和纵断面线形均衡,一般取竖曲线半径为平曲线半径的 10~20 倍。但是在平原地区修建高速公路时,为了降低填土高度,当纵坡差小于等于 1%,竖曲线半径又很大,在一个平曲线内有 3~4 个竖曲线时,通过透视图形的视觉仍然良好,且不影响行车的舒适性的线形设计是可行的。

2)直线与曲线的组合

避免在长的直线段插入小半径的竖曲线。当长直线下坡段上有凹形竖曲线时,司机会将前方上坡看成比实际要大的坡度而采取不必要的加速措施,从而造成驾驶上的失误。

避免使用短的平曲线、竖直线和直线,特别在同一方向转弯的曲线之间应避免加入短的直线。

3)平、纵线形组合与景观的协调配合

平、纵线形组合必须要充分考虑与道路所经地区的自然环境景观相协调配

合。优美的线形组合景观会使驾驶员和旅客感到赏心悦目,以减轻高速驾驶员的疲劳感,同时也起诱导视线的作用。通过绘制透视图来检查环境配合及景观协调。

3.5　协 调 设 计

3.5.1　桥隧连接工程设计

在现实中,特别在重岭山区,将桥梁和隧道分开设计、施工的情况并不多,这时就必须将二者放在一起综合考虑,以形成统一连续的设计、施工过程,得到良好的受力状况和运营效果。综合看来,桥隧连接工程的设计、施工具有如下的特点。

1. 桥隧连接工程的相互干扰性

桥隧连接工程在设计和施工过程中都表现出了突出的相互干扰性。以整体型桥隧连接方式为例。在桥隧连接工程的设计过程中,有时由于场地有限或地质情况的要求,必须设计整体型的桥隧连接工程。该类型结构,桥台直接浇筑在隧道内部,桥梁的梁板则直接搭设在桥台上,也就是要伸入隧道明洞内部。在高速公路上通常桥梁较隧道有更大的横向净宽,桥梁伸入隧道的那跨边梁便可能与前几跨的梁板几何尺寸截然不同,而隧道的明洞为满足桥梁梁板的尺寸,一般需要加大加宽,因此当出现整体型桥隧连接工程时设计过程便不能独立设计桥梁或隧道,桥梁的设计干扰了隧道的设计,隧道的设计同时干扰了桥梁的设计,干扰性非常突出,许多时候需要根据实际情况变更设计。

当然,在施工过程中,桥隧连接工程也存在突出的相互干扰性问题。如对于整体型桥隧连接工程由于桥台在隧道内浇筑,那么桥梁的边跨梁板只有在隧道洞门开挖完成后才能架设,这样桥梁才能贯通,但由于桥梁和隧道两者相交,隧道的洞门施工因地形陡峭或无场地等因素又无法展开,有时只得从隧道的另一端开挖,这样桥梁的贯通便受限于隧道的施工,隧道的施工又反过来因桥梁的限制而无法实现对挖、无法两头并进。又如,在高速公路的建设中,桥梁和隧道往往归属于不同的施工单位,若桥梁先贯通,承担桥梁建设的施工单位为了保证桥梁的质量,有时不会把桥梁提供给承担隧道建设的施工单位作为隧道开挖除渣的施工便道等。

2. 桥隧连接工程的综合性

桥隧连接工程同时涉及桥梁、路基路面和隧道三种主要的高速公路工程结构类型,本身就具有路桥隧相结合的综合性。桥隧连接工程在设计上需要考虑三种不同的结构形式,设计时既要保持三者的本来面目和结构特性,维持彼此的个性,又要综合考虑三者在连接区域的通用性,保证彼此的共性。因此桥隧连接工程表现为设计的综合性。在施工过程中,在进行桥梁、路基路面、隧道施工的各自施工时,需要同时考虑彼此的施工进度,调整施工计划和步骤,实现又好又快的施工目的。因此桥隧连接工程的施工是一个综合的"进行—调整—再进行"的循环过程,又表现为桥隧连接施工的综合性。

3. 桥隧连接工程的相对独立性

尽管桥隧连接工程在设计和施工上表现了很强的综合性,但作为桥梁、路基路面和隧道的结合体,其又有很强的独立性。设计和施工过程中,尽管桥隧连接的区域是设计和施工中必须认真考虑并妥善解决的难题,但主要的工作量还是在相对独立的三个构造物的常规设计和施工上。设计时,在设计方案确定后,桥梁、路基路面和隧道一般是在不同的科室或设计处完成的,独立性较强;施工时,尽管要综合考虑各个结构的施工进度,但最终要实现整条高速公路的贯通,桥梁、道路或隧道的工程量和工作时间相对于连接区域而言要大得多,因此,施工过程中,各结构的自身建设仍然是重要的主体。

4. 桥隧连接工程的后续性

桥隧连接工程在设计和施工过程需要考虑的问题很多,但设计和施工时的综合处理措施并不能完全保证桥隧连接工程段的良好运营,并非一劳永逸。桥隧连接工程作为一种特殊的结构形式,在运营过程中表现出了很强的后续性。据不完全统计,在高速公路的运营阶段,桥隧连接段的工程问题最为突出,主要表现为:桥梁、道路、隧道所处的地质状况的不同,桥墩桥台、路面和隧道围岩的地质沉降不一,造成高速公路的路面铺装在桥隧连接段凹凸不平,许多地方跳车严重;桥梁、道路、隧道排水设施由于长期运营和地质情况的变化出现排水不畅甚至隧道水上桥、桥梁无法排水、桥隧连接段积水等现象,非常不利于车辆的通行;车辆由桥梁入隧道或由隧道上桥时,明暗变化明显,司机无法适应,桥隧连接段多次发生交通事故；隧道洞门边坡植被破坏严重，出现落石甚至泥石流，泥沙冲入路面或桥梁，通行安全得不到保障等。以上的问题都不是设计和施工时考虑到并采取相应措施就可以完全避免的。因此桥隧连接段在充分做好设计和施工工作的同时，还需要进行经常性的养护，做到早发现早处理，保证车辆的顺畅高速通行。

3.5.2 道路交通安全设施设计

1. 道路交通安全设施在设计时应遵循的主要原则

1）规范性原则

道路交通安全设施的设计一定要遵循国际所提出的规范性原则。在 20 世纪 80 年代，国际标准已经提出安全设施使用颜色，将红黄蓝绿作为主要色调，红色代表着禁止和停止，黄色代表着注意和提醒，绿色代表着同情和安全，蓝色则代表尊重和指示。因此在进行交通安全设施设计时，一定要对这些颜色进行充分的应用，在不同的标志上运用不同的颜色加以注明，使得不同的标志功能都能够得到全面的展现。

2）适量性原则

道路交通安全设施主要是对交通进行充分的维护，更好地保障道路的畅通，尽量避免安全事故发生。在具体的应用过程当中，并不是提供越多的交通安全设施，就会起到越好的保障作用。

3）可行性原则

目前，道路交通安全设施多是采用反光材料，以保障交通标志的明显，透光板发出的光色信号能够为驾驶员提供充分的交通信息。但是在特殊情况下行驶的时候，驾驶员的视觉往往会受到一定的限制。设计师在进行道路交通安全设施设计的时候，一定要充分分析可行性，提出科学合理的安全设施设计，保证驾驶员能够展现出良好的视觉敏感度，对于任何信息都能够在第一时间进行全面的接收，从而有效避免可能出现的危险因素。

4）系统性原则

道路交通安全设施主要包括信号灯设备、交通护栏、警示标识和相关的隔离防撞设备。它们能够展现出不同的功能和意义，但是主要目的是保证城市交通更加稳定和顺畅。因此设计师在具体设计的时候一定要体现出一定的系统性原则,保证各种设备的色彩和造型能够达到一致,使得道路交通运行更加安全稳定。

2. 交通安全设施对道路交通安全的重要意义

处于现代化进程的今天,道路只有具备完善的设施设备才能紧跟时代的发展,提升道路交通的安全性以及经济性。道路交通安全设施主要包括道路交通安全护栏、交通标志物、交通标线、交通路锥和交通防眩设施等。这些设施共同维护现代化道路交通的安全,各自起到不同的作用。因此,道路交通安全设施对于交通安全是必不可少的,否则很难保证道路交通安全。

3. 道路交通安全设施对交通安全的影响

1)交通标线对交通安全的影响

交通标线不仅对车辆行驶起到导向作用,还能够实现道路美化。标线经过长时间的使用,与路面之间的附着力降低,会出现脱落的情况,尤其是驾驶员在夜间行驶时,无法看清标线,进而影响驾驶员对道路路况的判断,导致事故发生。所以在设置交通标线时,要保证路面和标线之间的附着力,保证道路标线的线形和表现的一致性,保证安全标线的清晰度,在涂画交通标线时,要使用专业的涂画工具严格按照标线的规范来涂画,以保证行车安全。

2)护栏的设计对于交通安全的影响

护栏安全设施在交通安全当中扮演着至关重要的角色:①坚硬性护栏,其材料质地坚硬,在发生车辆失控撞到护栏等情况时,护栏不会出现严重损坏等现象;②半坚硬性护栏,其硬度不如坚硬性护栏,但这种护栏的作用就是通过改变自身的形状来对失控车辆所产生的冲击力产生缓解作用,从而保证在发生交通事故后不会威胁到周边的车辆及过往人员;③柔性护栏,该护栏会使用大量的绳索等,对比其他护栏,多用于一些活动场所,在道路交通中并不常见。

道路当中广泛使用的就是半坚硬性护栏,而在半坚硬性护栏安装过程中,相关的施工人员需要注意以下几点:①护栏的流畅性及稳定性会直接关系到整体的质量,因此,相关的施工人员要在每一段护栏安装完成后进行全面性检测,在确定护栏线形笔直后,再进行二次固定处理工作,从而保证半坚硬性护栏安装的质量;②交通安全护栏中会存在大量的立柱,立柱能够提高护栏的稳定性,因此,相关的施工人员在进行护栏立柱施工时,要注意立柱内部结构的质量,保证立柱内部材料的压实程度能够达到标准,对于立柱的材质,相关施工人员要选取坚硬的材料进行质量的提升,从而保证护栏的整体质量;③护栏的位置在道路交通安全当中发挥着至关重要的作用,相关的施工人员要按照严格的标准进行护栏的摆放工作,从而保证护栏的施工质量及道路交通的安全。

3)交通标志对于交通安全的影响

目前,交通标志的设计需要满足现行的国家标准,符合人们的习惯。在整体布局上,需要做到主标志与辅助标志之间相互一致。交通标志是为了司机能够在动态的行驶过程中,及时发现信息,做出正确反应。交通标志在引导司机安全行驶过程中发挥着重要作用。合理使用交通标志符合新时期道路建设的需求。交通标志需要放置在人们易于观察的地方,确保司机在行车过程中及时观看。交通标志在长期的道路建设中,已经形成了较为完善的体系,道路施工人员在安装道路交通标志时,需要充分考虑天气的变化,采用科学合理的设计,最大限度降低气候对交通标志的影响,确保驾驶员能够及时获取关键的行车信息。

4)防眩设施对于交通安全的影响

在防眩设施方面,植物群严格意义上来说不是防眩设施,但其不但具有美化公路功能,还具备防眩功能,因此也将植物群作为防眩设施的一种。在防眩设施设计上,要根据道路实际情况,在无法绿化的中央分隔带上设置防眩板。防眩板可以使用玻璃钢材料也可以是钢板。防眩板间距控制在 $50\sim100\ \mathrm{cm}$,倾斜度为 $8°$,在中央带护栏、独立结构上使用连接件安装防眩板。防眩设施颜色最好是绿色,与周围环境保持一致,从而产生很好的视觉效果。

3.5.3　城市道路交通与景观协调设计

1. 协调设计指导思想

在进行该协调设计方法研究中,着重从交通环境的优化、公交优先的策略、静态交通的合理设置、交通设施建设的改善等方面综合考虑,以实现区域内交通系统的合理化;以人为本,公共交通优先;交通秩序井然、安全;通行效率化;交通与景观、环境协调,形成动态的风景线。

2. 协调设计原则

1）系统性

将交通设计和道路景观设计结合起来,在考虑道路交通运行方便、快捷和安全的前提下,从景观的角度,营造一个协调的道路交通环境。

2）以人为本

交通的本质是人和物的移动,现实中不同的交通方式的使用和各种交通现象也是因人的不同需求而产生的,而且人是交通系统中活跃的要素,交通管理的对象是人,而不是交通工具,因此,要改善交通系统,必须以人为本,即提高交通系统中人的移动的安全性、便利性和效率化。

3）提高交通通行效率

通过合理的交通组织、渠化设计及交通管理等措施,减少道路的通行瓶颈,提高道路的通行效率。

4）提高交通安全性

通过各种交通方式的分隔渠化、警示标志和标线、信号灯控制以及适当的灯光照明来降低事故黑点的安全隐患,提高交通的安全性。

5）提高交通便利性

结合道路景观设计,通过无障碍设计、路段行人过街控制、路边行人休息设施的设计、候车亭的设计、路侧环境设计等为居民的出行创造一个便利、适宜的道路交通环境和城市生活空间。

6）提高道路景观性

根据道路的性质定位,将交通设施结合道路景观进行一体化考虑,以提高城市道路的景观性。

3. 协调设计方法

1）道路断面选择

传统理论认为三块板以及四块板道路可以从物理上分隔交通流,且利于管线的布设。但随着城市的发展,机动化程度的提高,城市中非机动车出行越来越少,非机动车道往往被闲置浪费。而且机非分隔带的限制,使得人们无法利用非机动车道增加机动车道数,从而造成道路资源的极大浪费。此外,由于分隔带过于分散,各种绿化及景观设施被割裂,不能显现整体的效果,进而影响城市风格的体现。因此,在总结实践的基础上,提出更加符合城市发展需要的两块板道路,应将其作为城市新建和改建道路时的设计模式。其优点体现在以下几个方面。

(1) 在人行道上设置非机动车道,使得机动车和非机动车通过高差进行分隔,避免在交叉口处混行、影响机动车通行效率。

(2) 可以在中央分隔带上设置行人过街保护区,保障过街行人的安全。

(3) 可通过绿化带预留机动车道,利于远期流量变化时拓宽车道的需要。

(4) 利于公交车站的布置。

(5) 绿化带比较集中,利于绿化的生长,同时也利于设置各种道路景观设施。

2) 人行道设计方法

在现代化城市中,非机动车日益减少,且考虑到其行驶特性,宜将其与行人进行统一考虑。该设计方法在以下几个方面进行了优化。

(1) 将非机动车道与机动车道在高差上分隔,仅在交叉口处通过无障碍设计相连,保证了非机动车的安全,同时也减少了非机动车对机动车的干扰。

(2) 最外侧绿化带应设置低矮的灌木,其中放置各种交通标志和路灯,避免交通标志被绿化遮掩,使其更加醒目。同时低矮的绿篱可以增大行人和非机动车的穿越难度,阻隔机动车和非机动车之间的可视性,给予两者一个相对安静、安全的通行空间。

(3) 行人与非机动车之间的行道树宜采用遮阴的乔木,既可以分隔行人和非机动车,保障行人的安全,同时也可以利用树穴之间的空格设置电话亭、垃圾桶、行人灯以及休闲小品等道路景观设施。根据树种的不同以及设置道路景观设施的需要,株距可选择 $4\sim10$ m。

(4) 为利于远期的发展,可利用最外侧绿化带预留出一车道的宽度,在远期道路机动车流量增大时,增加一条机动车道。同时,应注意将管线及排水设施设置在靠近非机动车道一侧,以避免重复投资。

(5) 根据盲道以及行人、非机动车的行走特性,设置人行道。

3) 车行道设计方法

(1) 车行道宽度设计。

实践证明,城市道路路段车道宽度以 $3.5\sim3.75$ m 为宜,交叉口进口道处以

3.0~3.25 m 为宜,在用地受限处可取用 2.75 m,交叉口出口道车道宽不宜小于 3.25 m,在用地受限处可取用 3.0 m。

(2) 停车线位置确定。

停车线的位置应保证相邻两条人行过街横道之间的区域能够容纳两辆右转车辆停车等待过街非机动车及行人。停车线中心与交叉口中心距离 $L_{停}$ 为:

$$L_{停} = \frac{\cos\frac{\alpha}{2}}{1-\sin\frac{\alpha}{2}}d_{路} + \frac{L_{车}}{2\sin\alpha} + L_{横} + d \tag{3.23}$$

式中:$L_{停}$ 为停车线中心到交叉口中心的距离,m;$d_{路}$ 为相交道路在交叉口内部的宽度,m;$L_{车}$ 为车辆长度(大车取 10 m,中车取 7 m,小车取 5 m),根据进口道各车种流量比取加权平均值,m;$L_{横}$ 为人行横道的宽度,m;d 为停车线与人行横道之间的距离,一般取 1~2 m;α 为本道路与相交道路的夹角,度(°)。

4) 中央分隔带设计方法

(1) 满足分隔带的交通要求。不仅在物理上能够分隔双向机动车流,同时应该能够满足设置掉头车道的需要。

(2) 满足设置行人过街保护区的需要。考虑到中央分隔带上需要设置行人过街待行区,因此中央分隔带宽度应大于一辆自行车的长度。

(3) 满足分隔带的景观要求,即考虑到种植绿化,设置各种景观品种的需要。因此,中央分隔带宽度不宜小于 2 m,在设置掉头车道的道路上,应结合车辆最小转弯半径设计。在交叉口处考虑到进口道展宽的需要,应不小于 1.5 m,以保证行人及非机动车的安全。在中央绿化带树种的选择上,应避免种植树冠较低的乔木,株距也应适当拉大,以防止树木遮挡住违章穿越的行人,导致驾驶员无法做出正确反应,成为交通隐患。

5) 公交停靠站设计方法

(1) 物理要求。

公交停靠站的大小需满足公交车停靠的需要,并考虑到未来的发展,具体长度可按照式(3.24)确定:

$$L_b = 2.5 + n(l_b + 2.5) \tag{3.24}$$

式中:L_b 为公交停靠站站台长度,m;n 为公交停靠站同时停靠的公交车辆数,当无实测数据时,取 n = 公交线路数 + 1;l_b 为公交车辆长度,m。

(2) 功能要求。

公交停靠站应提供给乘客各种交通信息,包括公交路线信息、周边道路信息、换乘信息以及公交车到达信息等,以方便乘客做出正确的判断。

(3) 环境要求。

公交停靠站应结合周边环境进行设计,将包括公交停靠站、绿化隔离带、行人休憩座椅、电话亭、垃圾桶以及各种交通设施在内的各种交通景观设施进行一体化设计。

6) 交通弱者保护设施设计方法

(1) 无障碍设计人行道的地面为了与车行道区分,利于排水,均高出车行道15~20 cm。这种现象给乘坐轮椅的残疾人以及非机动车出行者带来了困难,因此,在各种交叉口的人行道、城市广场以及大型公共建筑出入口等处,应设置缘石坡道。

在城市道路交叉口和路段的人行横道两端,缘石坡道宽度可与人行横道相等,也可小于人行横道,但位置要相互对正。缘石坡道的坡度采用1/12~1/10,有条件的地方可做到1/20~1/10,坡面须平整,但不光滑。

(2) 行人保护区设计。

需要在交叉口和路段的行人过街横道上设置行人安全保护区,为来不及一次过街的行人提供躲避机动车的场所。同时,设置行人信号灯,强制机动车停车让行,保障行人的通行权。在交叉口信号灯相位相序的安排方面,行人专用信号则采用"迟起""早断"方式运转,以保证绿灯信号末期行人有安全的过街时间或等候空间。

7) 静态交通设施设计方法

(1) 机动车停车区设计。

路边机动车停车区应设置在较宽的人行道处,在设计中应注意以下两点:

①机动车停车区与机动车道应位于同一平面上,与人行道存在高差,避免机动车驶上人行道;

②机动车停车区与人行道之间应用绿化进行分隔,以营造一个相对独立的行走空间,但在绿化中应留有驾驶员通道,以方便驾驶员进出停车区。

(2) 摩托车停车区设计。

针对摩托车利用人行道进入路段停车位或由停车位驶出时与行人混行的问题,可以利用绿化带对行人与摩托车停车区以及通行区进行分隔。同时对摩托车由机动车道进入停车位通道的入口和出口进行无障碍设计,便于摩托车低速驶入停车或驶出;为了让摩托车进出的行驶轨迹保持顺畅,对进出口采取斜角设计;为了给摩托车驾驶员停车后留有一个方便的出口,在摩托车通道和人行道之间应留有开口,但在开口处须设置栅栏,栅栏间的间隙仅够行人通过,防止摩托车通过该开口驶入人行道。

(3) 自行车停车区设计。

非机动车在人行道上行驶,因此可以利用人行道上行道树之间的间隔设置非机动车停放区。在设计中应注意停车区不应超过树穴的宽度而影响非机动车和行人的通行,若树穴宽度不足,可采用斜向停放的形式。

8) 道路绿化设计方法

道路绿化作为整个城市绿化建设中的有机组成部分,在设计中不仅要考虑到其功能上的要求,同时也应该考虑其对道路交通以及其他设施的影响,因此,在城市道路设计中应遵循以下原则:

①道路绿化应与城市道路的性质、功能相适应,不同特点的道路在绿化的树种选择、高度确定以及种植方式上均有所不同;

②道路绿化设计要符合道路使用者的行为规律与视觉特性;

③道路绿地应与沿线街景、地形、建筑等紧密结合;

④道路绿地必须结合街道上的交通设施、地下管线、排水等设施进行设计;

⑤道路绿化须满足行车视距的要求,同时应起到预告道路线形变化的作用,引导行车;

⑥道路绿地的设计应考虑到远期道路横断面调整的需要。

(1) 人行道绿化设计。

结合人行道横断面设计,可在行人与非机动车之间的分隔带中种植一行乔木,其株距应为树冠冠幅的 4~5 倍,树穴之间可放置各类街具。为了避免人行道上绿化树分枝形成的障碍,同时确保人行道上行人的安全,行道树应选择深根性、分枝点高、冠大阴浓、生长健壮、适应道路环境条件且落果对行人不会造成危害的树种。

在机非分隔带中种植低矮的灌木,以常绿树篱为主,其中还可夹种一些开花灌木,其高度应控制在 1 m 以下,以避免遮挡交通标志和驾驶员的视线。

(2) 分隔带绿化设计。

分车绿带靠近机动车道,其绿化应形成良好的行车视野环境,即绿化形成应简洁,树木整齐一致,以使驾驶员容易辨别穿行道路的行人,也可减少驾驶员视觉疲劳。相反,植物配置繁乱,变化过多,容易干扰驾驶员视线,尤其在雨天、雾天影响更大。

为了确保相邻道路行车安全和树木的种植养护,分车带上种植的乔木,其树干中心至机动车道缘石外侧距离不宜小于 0.75 m。

在中央分隔带上应合理配置灌木、灌木球、绿篱等枝叶繁密的常绿植物,以有效地阻挡对面车辆夜间行车的远光。

道路两侧的乔木不宜在机动车道上方搭接,以避免形成绿化隧道,不利于汽车尾气及时向上扩散,影响道路空气质量。

在分车带端部采取通透式栽植,使横穿道路的行人或并入的车辆容易看到过往车辆,以确保行人、车辆过街安全。

9)街具布置设计

(1) 路灯、交通标志布置。

由于排布电线的问题,可将路灯设置在机非分隔处的绿化带上,此处不宜种植高大的绿化植被。可采用双向路灯,而且应尽量靠近非机动车道,方便以后道路拓宽的需要。

交通标志可布设在机非分隔带外侧,靠近机动车道,以方便驾驶员及时、清晰地分辨交通标志信息,做出正确的判断。

(2) 排水、管线布置。

考虑到远期车流量的增加以及道路拓宽的需要,在埋设管线及排水设施时,应布设在绿化带靠近非机动车道一侧。

(3) 休闲长椅、垃圾桶、电话亭布置。

休闲长椅、垃圾桶、电话亭进行集中配置,应设置在非机动车与人行道之间的绿化带上,保持一条线,应尽量结合树木,充分利用空间。如电话亭可面向绿化带,避免行人因排队而占据人行道的空间等。

第4章 道路交叉设计

4.1 立体交叉设计

4.1.1 立体交叉规划设计的内容

立体交叉规划设计范围宽、内容多，它包括多层次、多方面的设计内容。按照立体交叉设计的阶段不同可以分为以下几项。

1. 立体交叉规划

立体交叉规划主要内容有立体交叉设置与否，确定立体交叉位置、间距、数目、规模、分类及分级；初步确定立体交叉类型和立体交叉设置原则及依据等方面的研究规划工作。立体交叉规划是立体交叉设计的前期工作，其目的是为下阶段的方案设计或初步设计提供依据。

2. 方案设计

方案设计是指在立体交叉设计前进行的总体安排和布局的工作。其核心是类型选择。其主要内容有立体交叉的形式和类型选择；方案拟定与比选；方案的推荐与确定；立体交叉的总体布局；工程估算等方面。其目的是通过方案设计最终为初步设计和施工图设计提供适用、可行、合理、经济、美观的最优的立体交叉方案。

3. 初步设计

初步设计是在规划设计和方案设计的基础上，对立体交叉进行的进一步深化设计的工作。其内容包括立体交叉的定位、方案的确定、初步测量、初步设计图表编制、设计概算编制等工作。初步设计成果是上报立项、审批的重要资料。批准后的初步设计是下一步施工图设计的依据。

4．施工图设计

施工图设计是以提交详细的施工图为目的的详细设计工作。其内容包括详细测量、施工图表的编制和施工图预算的编制等工作。批准后的施工图设计是工程招投标和具体施工的基本依据。另外，按照立体交叉设计内容，施工图设计还可以分为立体交叉总体设计、立体交叉平面设计、立体交叉纵断面设计、立体交叉横断面设计、桥跨设计、其他附属工程设计等方面。

4.1.2　立体交叉规划设计的原则

设计时，除应遵循道路设计的一般原则外，考虑到立体交叉工程是一项综合性的，涉及道路路线、桥梁、路基、路面以及各种交通设施的复杂工程，还应遵循以下原则。

1．功能性原则

（1）确保行车安全，减少交叉口交通事故。

（2）车辆行驶快速、顺畅，路线短捷，使交叉口耽误时间尽可能缩短。

（3）行车方向明确。

（4）主次分明，首先确保主线的交通。

（5）通行能力大，能满足远景设计年限的交通量要求。

2．经济性原则

（1）投资少，工程费用节省。

（2）少拆迁，少占地。

（3）运营费以及车辆行驶的油耗、轮耗、车损最小。

（4）养护和管理费用最小。

3．适应性原则

（1）因地制宜，立体交叉应与自然环境、社会及经济条件相适应。

（2）立体交叉应与其所在的路网中的作用及地位相适应。

（3）立体交叉应与其周围的土地利用及经济发展相适应。

（4）立体交叉规划应与区域规划相适应。

4. 艺术性原则

(1) 立体交叉的造型和结构，要保证其自身的建筑艺术性和完美性，并具有独特的艺术风格。

(2) 要注意与自然景物相协调，达到与外界相融洽的自然美。

(3) 立体交叉的建设不能对区域的自然景观产生破坏或削弱作用。

4.1.3 立体交叉线形设计

立体交叉线形设计的技术要求如下。

1. 立体交叉的计算行车速度

(1) 立体交叉直行方向和定向方向计算行车速度。分离式、苜蓿叶形、环形立体交叉的直行方向和定向式立体交叉的定向方向的计算行车速度应采用与路段相应等级道路的计算行车速度。在菱形立体交叉中，通过其平面交叉直行车流的计算行车速度应采用与路段相应等级道路的计算行车速度的70%。

(2) 匝道计算行车速度。匝道的计算行车速度通常取道路计算行车速度的50%~70%，以便使车辆适应匝道的行车条件。

(3) 环形立体交叉环道的计算行车速度。环形立体交叉环道的计算行车速度一般采用25~35 km/h。

2. 立体交叉的间距

(1) 互通式立体交叉在城市道路中，两个相邻立体交叉之间的最小净距离应符合相关规定。

(2) 互通式立体交叉在高速公路上，两个相邻交叉口之间的最小净距应大于4 km。

3. 立体交叉道路的横断面设计

立体交叉道路横断面形式和组成部分宽度，应根据道路的规划、等级、交通量、机动车与非机动车所占比重和交通组织方式等要求决定。为确保立体交叉上高速行驶的车辆安全，直行道路应设置中央分隔带，所以通常采用双幅路和四幅路的横断面形式。双幅路型用于机动车和非机动车分层行驶的立体交叉，机动车道一般设4条或6条，每条车道宽度采用3.75 m，中央分隔带宽度为0.5~

2 m,安全距离为 0.5~1.5 m。四幅路型用于机动车和非机动车在同一层行驶的立体交叉。

4. 立体交叉的纵断面设计

立体交叉中主线的纵坡,直接影响到主体交叉的工程规模和行车安全,所以,设计纵坡应尽可能平缓一些。立体交叉引道和匝道的最大纵坡度应符合相应的规定值。机动车与非机动车在同一坡道上行驶时,最大纵坡度按非机动车行道的有关规定处理。立体交叉范围内的回头曲线的纵坡度宜小于或等于 2%。立体交叉范围内竖曲线设计,其半径和最小长度应按照道路纵断面设计的有关规定执行。非机动车道凸形或凹形竖曲线的最小半径为 500 m。立体交叉范围内的视距应符合行车视距要求。

4.1.4 匝道设计

1. 匝道端部的设计

匝道端部为匝道与干道相连接的部分,包括变速车道、锥形车道、分叉点交通岛等。匝道端部设计是立体交叉几何构造很重要的一部分,它与立体交叉的交通运行有着密切的关系,设计中应予以重视。

(1) 匝道口的设计。匝道口的设计具体分为匝道出口和进口的布置、分流点和合流点交通岛的布置、匝道端部出口或入口横断面的布置。

(2) 匝道口的净距。立体交叉范围内相邻匝道口之间的最小净距应符合相关规范的规定。

(3) 变速车道。变速车道包括加速车道和减速车道。变速车道的布置分为直接式变速车道和平行式变速车道两种形式。直接式变速车道适用于立体交叉直行方向交通量较少时;直行方向交通量较大时则采用平行式变速车道。变速车道与干线正常路段应设置一定的过渡段来衔接。

2. 匝道的"平、纵、横"设计

(1) 匝道的平面设计。匝道的半径是匝道平面设计的依据,它也将影响立体交叉规模的大小,城市道路立体交叉中匝道半径取决于立体交叉所在位置的地形和地物。为了不扩大拆迁面积和增加占地,匝道半径不宜过大,但匝道半径过小将影响立体交叉的使用效果,所以,匝道半径应符合具体规定。

我国《公路工程技术标准》(JTG B01—2014)中规定,高速公路、一级公路的超高横坡度不应超过10%,其他各级公路及有低速行驶情况不应超过8%,并规定冰冻积雪地区最大超高横坡度不宜大于6%。我国《城市道路工程设计规范(2016年版)》(CJJ 37—2012)规定最大超高横坡度按设计车速的高低,取值为2%~6%,对匝道平曲线超高又规定宜采用2%,最大不得超过6%。

(2) 匝道的纵断面设计。由于上下道路高差较大,匝道的纵坡度也较大,一般可取 4%;匝道与主干道连接处匝道的端部应设置小于2%的缓坡段,缓坡长度应大于缓坡与陡坡之间设置竖曲线的切线长度。单向匝道的纵坡度可以大于双向匝道,上坡匝道的纵坡度可以比下坡的稍大。匝道弯道的最大纵坡度,应符合合成坡度的规定。

(3) 匝道的横断面设计。匝道宜设计为单向行驶,若采用双向行驶,则应设置分隔带(交通量较小时,也可以用路面画线分隔)。单向行驶的匝道路面宽度不得小于 7 m,若为机、非混行则不宜小于 12 m,而且弯道处应加宽。城市立体交叉匝道上的人行道宽度不小于 3 m。

4.2 平面交叉设计

4.2.1 道路平面交叉口类型

平面交叉是相交道路在同一平面上相交的地方,一般不用于高速公路。平面交叉形式多样,运用灵活。根据平面交叉的几何形状,常见的平面交叉口可以分为十字形交叉口、T字形交叉口、Y字形交叉口、X字形交叉口、错位交叉口、复合式交叉口。

(1) 十字形交叉口是指两条道路以 90°交角垂直相交的交叉口。它是平面交叉中用得较多的一种形式,具有形式简单、交通组织方便、适用范围广、外形整洁、行车视线好等特点。

(2) T字形交叉口一般用于主要道路与次要道路的交叉,或一条尽头式道路与另一条道路搭接。

(3) Y字形交叉口通常用于道路的合流或分流处。

(4) X字形交叉口是两条道路以非 90°交角斜交的交叉口。平面交叉路线应为直线并尽量正交;必须斜交时,交叉角应大于 45°,若交叉角太小,则会增加交叉口的面积,导致行车视线不良,特别是出现斜方向的对向行车时,对交通安全及交通组织都不利;同时,交叉口面积增大,会增加车辆通过时间而降低通行能力。

(5)错位交叉口相邻两T字形或Y字形交叉口,相隔很近,形成错位的交叉形式。

(6)复合式交叉口是指五条或五条以上道路相交的交叉口形式。

同时,根据交叉口的交通组织形式和交通特性,平面交叉口又分为以下几种形式。

(1)加铺转角式。加铺转角式指用适当半径的圆曲线将相交道路的路基、路面直接相连的平面交叉形式。此类交叉口具有形式简单、占地少、造价低、设计方便、通行能力小等特点,适用于交通量小、车速低、转弯车辆少的三、四级公路或地方公路。若斜交角度不大,也可以用于转弯交通量较小的主要道路与次要道路的交叉。设计的关键是确定合适的加铺转角半径,以满足行车和通视的要求。

(2)扩宽路口式。扩宽路口式指为保证转弯车辆不影响其他车辆的正常行驶,在交叉口连接处增设变速车道和转弯车道的平面交叉形式。此类交叉口可减少转弯交通对直行交通的干扰,具有车速较高、交通事故少、通行能力大等优点,但其占地多、投资大,适用于交通量较大、转弯车辆较多的二级公路和城市主干道。设计的关键是确定扩宽车道数以满足交通量要求。

(3)分道转弯式。分道转弯式指设置交通岛、划分车道等措施,使单向右转或双向左、右转车流以较大的半径分道行驶的平面交叉形式。此类交叉口转弯车辆分道行驶,因此其行车速度和通行能力都较高。其适用于车速较高、转弯车辆较多的一般道路。设计的关键是确定较大的转弯半径,并设置合理的交通导流岛。

(4)环形交叉。环形交叉是指中央设置中心岛,用环道组织渠化交通,使进入环道的所有车辆一律按逆时针方向绕岛单向行驶,直至到达所要去的路口离岛驶出的平面交叉形式,俗称转盘。环形交叉适用于交通量适中,转弯车辆较多且地形较平坦时的3~5路交叉。设计时,主要解决中心岛的形状和半径、环道的布置和宽度、交织段长度、交织角、进出口曲线半径、入口车道数和视距要求等问题。

4.2.2 平面交叉口类型的选择

交叉口类型的选择涉及的因素较多,如交叉口现状、交通量及交通组成、地形地物和道路用地等,应根据具体情况进行具体分析,做出不同设计方案加以比较,择优选用。选择和改建交叉口的类型,应有利于减少或消除冲突点以及提高交叉口通行能力。

1. 交叉口类型选择的要求

(1) 既占地面积小又能安全迅速地通过最大交通量。
(2) 平面形式、断面组成应符合道路等级、交通量的要求。
(3) 交叉口立面设计既能满足排水、管线的要求,又与周围地形环境相适应。
(4) 具有合理的交通管理、导流及防护安全等措施。

2. 交叉口类型的选择和改建的原则

(1) 类型要尽量简单,应避免锐角相交。尽量采用正交十字形交叉或 T 字形交叉。
①适当改线,改 X 字形交叉口为十字形交叉口。
②改斜交为双 T 字形错位交叉口。
(2) 尽量使相邻交叉口之间的道路直通,对于斜交的平面交叉口,宜做部分改进和优化。
①改小交角为大交角(尽可能改为正交)。
②改 Y 字形交叉口为 T 字形交叉口。
(3) 主次分明,主流交通的道路线形应尽量顺直,任何一侧不宜有两条以上路段与之交会。例如,当交叉口的主流交通为左、右转弯时,此时其一侧有两条路线与之交会,这样,会影响主流方向的交通安全和通行能力。为此,可以把主流交通的转弯半径加大,待两条支路会合后,再与主流路线形成 T 字形交叉。
(4) 应尽量避免近距离的错位交叉。当相邻的两个 T 字形交叉口(错位交叉)之间的距离很短时,交织段长度很短,将影响进出错位交叉口的车辆不能顺利行驶,因此阻碍主干道上的直行交通,这时可把相邻的两个交叉口合二为一。
(5) 畸形和多条道路($n>4$)的交叉,应尽量避免或予以简化。
①设置中心岛,简化交通流。

②封路改道,把多路交叉或畸形交叉改为正交。

4.2.3 平面交叉口立面设计

1. 交叉口立面设计的要求

交叉口立面设计的目的,是要统一解决相交道路之间,以及交叉口和周围建筑物之间在立面位置上的行车、排水和建筑艺术三个方面的要求。设计要求包括以下几点。

(1) 使相交的道路在交叉口内有一个平顺的共同面,便于车辆和行人通行。

(2) 使交叉口范围内的地面水能迅速排除。

(3) 使车行道和人行道的各点标高可以与建筑物的地面标高相协调而具有良好的空间观感。

2. 交叉口立面设计的一般原则

交叉口的立面设计,在很大程度上取决于相交道路的等级、交通量、横断面形状、纵坡的方向和大小以及当地的地形情况。设计时,首先应照顾主要道路上的行车方便,在不影响主要道路行车方便的前提下,也应适当改变主要道路的纵横坡度,以照顾次要道路的行车方便。交叉口立面设计的一般原则如下。

(1) 主、次要道路相交,主要道路的纵横坡度一般均保持不变(非机动车道纵横坡度可变),次要道路的纵横坡度可适当改变。

(2) 同级道路相交,纵坡度一般不变,横坡度可变。

(3) 路口设计纵坡度不宜太大,一般不大于 2%,在困难情况下,不大于 3%。

(4) 交叉口立面设计标高应与四周建筑物地表标高相协调。

(5) 为了保证交叉口排水流畅,设计时至少应有一条道路的纵坡背向交叉口。如遇困难地形,如交叉口设在盆状地形,所有道路纵坡都向着交叉口时,必须预先考虑修筑地下排水管道和设置进水口。

(6) 合理确定变坡点和布置雨水口。在交叉口布置进水口,应不使地面水流过交叉口的人行横道,也不使地面水在交叉口内积水或流入另一条道路。为此,进水口应设置在交叉口人行横道的前面能截住来水的地方和立面设计的低洼处。

3. 交叉口立面设计的方法与步骤

交叉口立面设计的方法有方格网法、设计等高线法以及方格网设计等高线法三种。方格网法是在交叉口范围内以相交道路中心线为坐标基线打方格网,测出方格点上的地面标高,求出其设计标高,并标出相应的施工高度;设计等高线法是在交叉口范围内选定路脊线和划分标高计算线网,并计算其上各点的设计标高,勾绘交叉口设计等高线,最后标出各点施工高度。比较上述两种方法可见,设计等高线法比方格网法更能清晰地反映出交叉口的立面设计形状,但等高线上的标高点在施工放样时不如方格网法方便。为此,通常把以上两种方法结合使用,称为方格网设计等高线法。它可以取长补短,既能直观地看出交叉口的立面形状,又能满足施工放样方便的要求。下面以方格网设计等高线法为例,介绍交叉口立面设计步骤。在实际工作中,若采用方格网法,则不需要勾绘设计等高线;而采用设计等高线法时,可以不打方格,只加注一些特征点的设计标高即可。

(1) 收集资料。

① 测量资料,包括交叉口的控制标高和控制坐标,收集或实测 1∶500 或 1∶200 地形图,详细标注附近地坪及建筑物的标高。

② 道路资料,包括相交道路的等级、宽度、半径、纵坡、横坡等平纵横设计和规划资料。

③ 交通资料,包括交通量及交通组成(直行、左转、右转的比例)资料。

④ 排水资料,包括已建或拟建地上、地下排水管渠的位置和尺寸。

(2) 绘出交叉口平面图。交叉口平面图包括道路中心线、车行道的宽度、缘石半径和方格线。

(3) 确定交叉口的设计范围。交叉口的设计范围一般为缘石半径的切点以外 5~10 m(即相当一个方格)。这是考虑到自双向横坡逐渐过渡到单向横坡所需要的一定距离,并应与相交道路的路面标高完全衔接。

(4) 确定立面设计的图式。根据相交道路的等级、纵坡方向、地形和排水的要求,确定采用的立面设计等高线形式,并根据纵坡的大小和精度的要求,选定相邻等高线的高差 Δh,一般为 0.02~0.10 m,取偶数便于计算。

(5) 确定路段上的设计标高。首先,在车行道中心线上,根据设计纵坡度定出某一整数的设计标高位置,并选定相邻等高线的高差,然后计算出车行道中心线相邻等高线的水平间距,根据水平间距即可定出车行道中心线上其余的等高线位置。最后,定出等高线在街沟线上的位置。由于行车道横坡度的影响,等高线在街沟线上的位置向纵坡的上方偏移了一段水平距离,据此可定出车行道街沟线上其余的等高线位置。

(6)确定交叉口上的设计标高。

①选定交叉口范围内合适的路脊线和控制标高。

②确定标高计算线网并计算标高计算线上各点的设计标高。

(7)勾画交叉口上的设计等高线。参照已知的立面设计图式和形状,把各等高点连接起来,即得初步的以设计等高线表示的交叉口立面设计图。

(8)调整标高。按照行车平顺和排水迅速的要求,调整等高线的疏密和均匀变化,调整个别不合理的标高,补设进水口。检查方法:使用大三角板或直尺沿行车、横断面或任一方向,检查设计等高线分布是否合理,以判别纵坡度、横坡度和合成坡度是否满足行车和排水要求,再检查街沟线的纵坡能否顺利排水,以及进水口的布置是否合理。

(9)计算施工高度。根据等高线的标高,用补插法求出方格点上的设计标高,最后可以求出施工高度(等于设计标高减去地面标高),以符合施工要求。

第 5 章 路基设计与施工

5.1 一般路基设计

一般路基通常指在良好的地质与水文等条件下,填方高度和挖方深度不大的路基。通常认为一般路基可以结合当地的地形、地质情况,直接选用典型断面图或设计规定,不必进行个别论证和验算。对于超过规范规定的高填、深挖路基,以及地质和水文等条件特殊的路基,为确保路基具有足够的强度与稳定性,需要进行个别设计和验算。

5.1.1 路基横断面

路基可分为路堤、路堑和填挖结合路基(或称半填半挖路基)三种。路堤按高度分为矮路堤、一般路堤和高路堤三种。矮路堤高度低于 1.0 m,高路堤高于 18 m。河滩路堤有石砌护坡,有时加护坡道或护脚、护墙等。软土路堤两边设反压护道或护堤。

矮路堤常在平坦地区取土困难时选用。平坦地区地势低,水文条件较差,易受地面水和地下水的影响。设计时应注意满足最小填土高度的要求,力求不低于规定的临界高度,使路基处于干燥或中湿状态。路基两侧均应设边沟。

矮路堤的高度通常接近或小于路基工作区的深度,除填方路堤本身要求满足规定的施工要求外,天然地面也应按规定进行压实,达到规定的压实度,必要时进行换土或加固处理,以保证路基路面的强度和稳定性。

填方高度不大时,填方数量较少,全部或部分填方可以在路基两侧设置取土坑,使之与排水沟渠结合。为保护填方坡脚不受流水侵害,保证边坡稳定,可在坡脚与沟渠之间预留 1~2 m 甚至大于 4 m 宽度的护坡道。地面横坡较陡时,为防止塌方路堤沿山坡向下滑动,应将天然地面挖成台阶,或设置石砌护脚。

高路堤的填方数量大,占地多,为使路基稳定和横断面经济合理,须进行个别设计,高路堤和浸水路堤的边坡可采用上陡下缓的折线形式或台阶形式,如在边坡中部设置护坡道。

为防止水流侵蚀和冲刷坡面,高路堤和浸水路堤的边坡,须采取适当的坡面防护和加固措施,如铺草皮、砌石等。

路堑是开挖地面而成的路基,两旁设排水边沟。基本的路堑形式有全挖式、台口式和半山洞。

挖方边坡可视高度和岩土层情况设置成直线或折线。挖方边坡的坡脚处设置边沟,以汇集和排除路基范围内的地表径流。路堑的上方应设置截水沟,以拦截和排除流向路基的地表径流。挖方弃土可堆放在路堑的下方。边坡坡面易风化时,在坡脚处设置 $0.5 \sim 1.0$ m 的碎落台,坡面可采用防护措施。

陡峻山坡上的半路堑,路中线宜向内侧移动,尽量采用台口式路基,避免路基外侧的少量填方。遇有整体性的坚硬岩层,为节省石方工程,可采用半山洞路基。挖方路基处土层地下水文状况不良时,可能导致路面的破坏,所以对路堑以下的天然地基,要人工压实至规定的密实程度,必要时还应翻挖,重新分层填筑、换土或进行加固处理,加铺隔离层,设置必要的排水设施。

半填半挖路基是路堤和路堑的结合形式。位于山坡上的路基,通常取路中心的标高接近原地面的标高,以便减少土石方数量,保持土石方数量横向平衡,形成半填半挖路基。若处理得当,路基稳定可靠,是比较经济的断面形式。半填半挖路基兼有路堤和路堑两者的特点,上述对路堤和路堑的要求均应满足。

填方部分的局部路段,如遇原地面的短缺口,可采用砌石护肩。如果填方量较大,也可就近利用废石方,砌筑护坡或护墙,石砌护坡和护墙相当于简易式挡土墙,承受一定的侧向压力。有时填方部分需要设置路肩(或路堤)式挡土墙,确保路基稳定,进一步压缩用地宽度。石砌护肩、护坡与护墙,以及挡土墙等路基,如果填方部分悬空,而纵向又有适当的基岩,则可以沿路基纵向建成半山桥路基。

上述三类典型路基横断面形式各具特点,分别在一定条件下使用。由于地形、地质、水文等自然条件差异性很大,且路基位置、横断面尺寸及要求等,亦应服从于路线、路面及沿线结构物的要求,路基横断面类型的选择必须因地制宜。

5.1.2　路基的基本构造

路基的几何尺寸由高度、宽度和边坡组成。

1. 路基高度

路基的填挖高度由路线纵断面设计确定,它要考虑路线纵坡、路基稳定性和工程经济等要求。路基设计时要保证路基上部土层终年处于干燥或中湿状态,必须使路堤高度大于规定的最小填土高度。

高路堤和深路堑的土石方数量大,难于施工,边坡稳定性差,应尽量避免使用。必要时应作边坡稳定性的特殊设计,并进行技术经济比较。

2. 路基宽度

路基宽度根据设计交通量和公路等级而定。一般每个车道宽度为3.5~3.75 m,路肩每边为0.5~1.0 m,城镇近郊与非机动车比较集中处,路肩宽度可取为1~3 m,并铺筑硬路肩。各级公路路基宽度参见《公路工程技术标准》(JTG B01—2014)。

城市道路横断面,由于为城市交通服务,特别是机动车、非机动车、行人的混合交通,其一般由机动车道、非机动车道、人行道、绿带、排水设施及各种管线工程等组成。

城市道路横断面的基本形式有四种。

(1) 单幅路(一块板)。单幅路的所有车辆都在同一个车道上混合行驶,因而适用于机动车交通量不大,非机动车较少的次干路、支路以及用地不足、拆迁困难的旧城市道路。

(2) 双幅路(两块板)。双幅路由中间一条分隔带或绿带将车行道分为单向行驶的两条车行道。机动车和非机动车仍为混合行驶。适用于机动车交通量较大、非机动车较少、地形地物特殊或有平行道路可供非机动车通行的快速和郊区道路。

(3) 三幅路(三块板)。三幅路由两条分隔带把车行道分成三个车道,中间为机动车道,两边为非机动车道。适用于机动车交通量大、非机动车多;红线宽度大于40 m的道路。

(4) 四幅路(四块板)。四幅路由中间两个机动车道和两边非机动车道组成。适用于机动车速高、交通量大、非机动车多的快速路或红线宽度大于50 m的主干路。

城市道路横断面形式的选择须根据道路性质、等级,并考虑机动车、非机动车和行人的交通组织及城市用地等情况,因地制宜。

3. 路基边坡

路基边坡影响路基的整体稳定性,必须正确设计。路基边坡坡度可用边坡高度 H 与边坡宽度 b 之比值表示,若取 $H=1$ m,则边坡坡度记为 $H:b=1:m$,边坡坡度也可用边坡角 α 表示。

路堤边坡视土质、土的密实程度和边坡高度及水文条件而定。

沿河水淹路堤边坡视填料情况可采用 $1:2.0 \sim 1:1.75$,常水位以下部分可采用 $1:3 \sim 1:2$。路堤高度大于 12 m 时,应取两个坡度,上部坡度稍陡,下部坡度较缓。

土质路堑边坡视边坡高度、土的密实和潮湿程度而异。路堑较浅而干燥路段,边坡可陡些,反之则用较缓的边坡。砂类土和细粒土的挖方边坡高度不宜超过 20 m。

岩石边坡坡度应根据岩性、地质、岩石风化程度和边坡高度等因素分析确定。边坡高度小于 20 m 时,对各类硬质岩石,微风化和弱风化时边坡坡度为 $1:0.3 \sim 1:0.1$,强风化和全风化时为 $1:1.0 \sim 1:0.5$。对各类软质岩石,微风化和弱风化时为 $1:0.75 \sim 1:0.25$,强风化和全风化时为 $1:1.25 \sim 1:0.5$。边坡高度超过 20 m 时,宜作边坡稳定性分析,亦可作台阶式边坡,边坡平台宽度为 $1 \sim 3$ m。

5.1.3 路基工程附属设施

路基工程的附属设施主要有取土坑、弃土堆、护坡道、碎落台、堆料坪、错车道及护栏等。这些设施也是路基设计的组成部分,对保证路基稳定和交通安全具有重要作用。

1. 取土坑

路基填方应根据土石方填挖平衡原则,尽量从挖方取土。如须从取土坑借土,应对取土坑进行规划设计。取土坑应尽量设在荒坡、高地上,少占耕地,并与农业、水利和环保部门紧密联系,协调发展。

取土坑底纵坡不小于 0.5%,横坡度 2%~3%,并向外侧倾斜。取土坑边坡一般不宜陡于 $1:1.0$,靠路基一侧不宜陡于 $1:1.5$。

路侧取土坑边缘与路基边缘间应设置护坡道,一般公路为 $1 \sim 2$ m,高速公路和一级公路为 3 m。

2. 弃土堆

路基弃土应作规划设计,与当地农田建设和自然环境相结合,利用弃土改地造田。山坡弃土应注意避免破坏或掩埋下侧林木农田,沿河弃土应防止河床堵塞或引起水流冲毁农田房屋等。

弃土堆一般就近设在低地,或弃于地面下坡一侧。弃土堆宜堆成梯形横断面,边坡不陡于 1∶1.5,弃土堆坡脚与路堑堑顶之间的距离一般为 3～5 m,路堑边坡较高,土质较差时应大于 5 m。

3. 护坡道和碎落台

护坡道的作用是保护路基边坡。护坡道一般设在路堤坡脚或挖方坡脚处。边坡较高时亦可设在边坡上方或挖方边坡的变坡处。浸水路基的护坡道,可设在浸水线以上的边坡上。

护坡道宽度 d 至少为 1.0 m。当边坡高度 $A=3～6$ m 时,$d=2$ m;当 $A=6～12$ m 时,$d=2～4$ m。

碎落台设置于挖方边坡坡脚处,位于边沟外缘,有时亦可设在挖方边坡的中间,宽度为 1 m。其作用是给零星土石块下落时提供临时堆积,以免堵塞边沟,同时也起保护坡道的作用;此外,在弯道上也起到增大视距的作用。

4. 堆料坪和错车道

砂石路面需要经常性养护。养护用的砂石料可堆放在路堤边缘外的堆料坪上。堆料坪宽 2 m,长度为 5～10 m,每 50～100 m 设置一处。

错车道是为了单车道公路上会车和避让的需要而设置的。一般 200～500 m 设置一处,长度为 20～30 m,宽度为 2～3 m。

5. 护栏

不封闭的各级公路,当路堤高度大于 6 m 时,以及急弯陡坡、桥头引道等危险路段,应设置护栏。护栏分墙式和柱式两种。墙式护栏内侧应为路肩边缘,其材料应采用浆砌片(块)石或混凝土块,宽 40 cm,高出路肩 50～60 cm,每段长 200 cm,净间距 200 cm。墙式护栏用水泥砂浆抹面,外涂白色。

柱式护栏宜用钢筋混凝土制作,直径为 15～20 cm,高出路肩 70～80 cm,埋深约 70 cm。

柱式护栏中心距在平曲线路段为 200 cm,直线路段为 300 cm。柱式护栏应用涂料标出红白相间的条纹加反光材料标识,以利夜间行车安全。

5.2 路基稳定性设计

5.2.1 概述

路基常年在大气雨雪的作用下,土的黏聚力和内摩擦角减小,边坡可能出现滑坍失稳。因此,高填深挖路基、桥头引道和河滩路堤等都要作稳定性验算。

进行边坡稳定性验算前,要充分收集路基土的容重 γ、黏聚力 C 和内摩擦角 φ 的资料,其数值由试验确定,一般 $C=5\sim20$ kPa,$\varphi=20°\sim40°$,$\gamma=14\sim18$ kN/m³。

边坡验算时可假定松砂或砂性土边坡滑动面为平面,一般黏土的滑动面为圆曲面,滑裂面通过坡脚或变坡点。软土路基的滑裂面通过软土土基而交于坡脚点之外。几种边坡滑动面如图 5.1 所示。

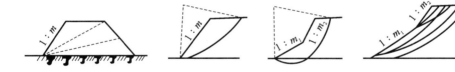

图 5.1 边坡的滑动

边坡验算时,除路堤自重外,还要考虑车辆荷载。设计的标准车辆以相应的车重按最不利位置排列,将车重换算为等效土层重量,土层的等效高度按式(5.1)计算:

$$h_0 = \frac{NQ}{\gamma BL} \tag{5.1}$$

式中:h_0 为当量土层高度,m;N 为横向分布车辆数,单车道 $N=1$,双车道 $N=2$;Q 为每一辆车的重力,kN;L 为汽车前后轴距,m;γ 为填土容重,kN/m³;B 为横向车辆轮胎外缘总距($B=Nb+(N-1)d$,b 为每一车辆轮胎外缘之间距,d 为相邻两车轮胎之间的净距),m。

5.2.2 边坡稳定性验算

1. 直线滑动面法

对砂土和砂性土路堤边坡的稳定性采用直线滑动面法验算,并假定滑裂面通过坡脚,如图 5.2 所示。

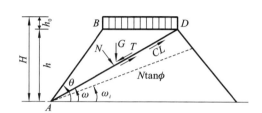
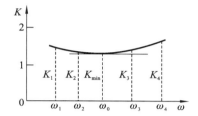

图 5.2 直线滑动面法验算图

取路基长度 1 m 计算,设滑裂土楔体 ABD 与等效土层的总重为 $G(\text{kN})$,滑裂体沿滑动面 AD 滑动,其稳定系数 K 按式(5.2)计算:

$$K = \frac{F}{T} = \frac{G\cos\omega\tan\varphi + CL}{G\sin\omega} \tag{5.2}$$

式中:F 为沿滑动面的抗滑力,kN;T 为沿滑动面的下滑力,kN;ω 为滑动面对水平面的倾角;C 为路堤土的黏聚力,kPa;φ 为路堤土的内摩擦角,度(°);L 为滑动面 AD 的长度,m。

验算时可作不同倾角 ω_i 的破裂面,求出相应的 K_i 并画出相应的 K_i-ω_i 曲线,与最小安全系数 $K_{\min}$ 对应的 ω_0,即危险破裂角。

通常以最小稳定系数 $K_{\min} \geqslant 1.25$ 来判定边坡稳定性。若是 $K_{\min} < 1.25$,则边坡不安全。此时可减缓边坡,降低路堤高度或修筑挡土墙,以增加边坡稳定性。

2. 圆弧滑裂面法

一般黏土路堤采用圆弧滑裂面法验算。假定取圆心 O 点,通过坡脚画圆弧 AB。弧面内取等分土条,条宽 2 m。

算出每个土条重量 Q_i,其在圆弧上的切向分力为 $T_i = Q_i \sin\alpha_i$,法向分力为 $N_i = Q_i \cos\alpha_i$,其中,α_i 为该弧段中心点的半径线至圆心垂线的夹角,$\alpha_i = \text{acrsin}(x_i/R)$($R$ 为圆弧半径,x_i 为弧段中心点距圆心竖线的水平距离,如图 5.3 所示)。每小段滑动面上反力为内摩擦力 $N_i \tan\varphi$ 中和黏聚力 Cl_i(l_i 为小段弧长),注意图中圆心竖线以左的切力向右,抵消部分滑动力,因此,绕圆心 O 的滑动力矩 $M_{滑动} = (\sum T_i - \sum T'_i)R$;绕圆心 O 的抵抗力矩 $M_{抗滑} = (\sum N_i \tan\varphi - \sum Cl_i)R$。

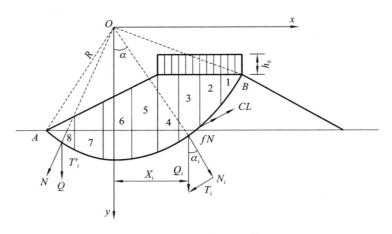

图 5.3 圆弧滑动面法验算图

在总长度为 L 的圆弧 AB 上,稳定系数

$$K = \frac{M_{抗滑}}{M_{滑动}} = \frac{\tan\varphi \sum Q_i \cos\alpha_i + CL}{\sum Q_i \sin\alpha_i} \tag{5.3}$$

然后,再定 O_2 点画圆弧,分条求 K_2,依次可求 $K_{\min}$,工程设计中确定圆心的方法是 $4.5H$ 法,如图 5.4 所示。

此法作图步骤首先由坡脚点 E 向下量路堤高 H 得 F 点,由 F 作水平线令 $FM=4.5H$ 得 M 点。由边坡斜度 $i_0=1/m$ 查辅助线角值表得 β_1,β_2 的值。再由 E 点沿 ES 线逆时针方向量 β_1 角画线;由 S 点沿水平线顺时针方向量 β_2 角画线,两线交于 I 点,连 IM 线。滑动圆弧的圆心均在此线上。

5.2.3 浸水路堤边坡稳定性验算

桥头引道、河滩路堤或季节性水淹的路堤,路堤中的水位随河水位而升降。涨水时的水位呈凹曲线,动水压力对边坡有利。退水时路堤中水位呈凸曲线,动水压力不利于边坡稳定。浸水路堤的浸润曲线图和动水压力如图 5.5 所示。

浸水路堤除了重力、荷载和浮力,还有渗透动水压力的作用。动水压力作用

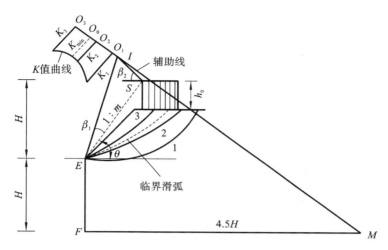

图 5.4　确定辅助线

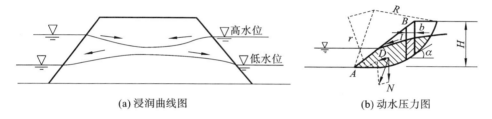

(a) 浸润曲线图　　　　(b) 动水压力图

图 5.5　浸水路堤的浸润曲线图和动水压力图

于浸润线与滑动面间的面积的重心,方向与水力坡降线平行,其值为

$$D = \Omega \gamma_0 I \tag{5.4}$$

式中:D 为动水压力,kN/m;Ω 为滑动面与浸润线间的面积,m^2;I 为水力坡度;γ_0 为水的容重,kN/m^3。

采用条分法验算的稳定系数为

$$K = \frac{M_{抗滑}}{M_{滑动}} = \frac{R(f\sum N + CL)}{R\sum T + D\gamma} = \frac{f_C \sum N_C + f_B \sum N_B + C_C \sum L_C + C_B \sum L_B}{\sum T_C + \sum T_B + \sum(\gamma/R)} \tag{5.5}$$

其中

$$N_C = \gamma_C \Omega_C \tag{5.6}$$

$$N_B = \gamma_B \Omega_B \tag{5.7}$$

式中:f_C 和 f_B 为浸润线以上和以下土体的内摩擦角的正切;C_C 和 C_B 为浸润线

以上和以下土体的黏聚力,kPa;L_C、L_B 为干燥和浸润土体圆弧的总长度,m;γ_C、γ_B 为干燥和润湿土体的容重,kN/m³;Ω_C、Ω_B 为干燥和润湿土条的断面积,m²;γ 为动水压力至圆心的垂直距离,m。

5.3 路基施工方法

5.3.1 土质路基施工方法

土质路基的挖填,首先应做好施工排水,包括开挖底面临时排水沟槽及设法降低地下水位,以便始终保持施工场地的干燥。对路基填筑范围内的地表障碍物,应事先予以拆除。

1. 填方路基施工

1) 基底的处理

为使填筑在天然地面上的路堤与原地面紧密结合,以保证填筑后的路堤不致产生沿基底的滑动和过大变形,在填筑路堤前,应根据基底的土质、水文、坡度、植被和填土高度采取一定措施对基底进行相应处理。

(1) 当基底为松土或耕地时,应先将原地面压实后再填筑。当基底原状土的强度不符合要求时,应进行换填处理,换填深度不得小于 30 cm,并分层压实。当路线经过水田、洼地和池塘时,应根据实际情况采取疏干、挖除淤泥、换填、桩基础、抛石挤淤等措施进行处理后方能填筑。

(2) 当基底土密实稳定,且地面横坡缓于 1:10,填方高度大于 0.5 m 时,基底可不处理;在路堤填方低于 0.5 m 的地段,应清除原地表杂草。当地面横坡为 1:10~1:5 时,应清除地表草皮杂物再进行填筑;当地面横坡陡于 1:5 时,消除草皮杂物后还应将原地面挖成不小于 1 m 的台阶,台阶向内设置坡度为 2%~4% 的倒坡。

2) 路堤填料的选择

路堤填筑不得使用淤泥、沼泽土、冻土、有机土、含草皮土、生活垃圾、树根和含有腐殖质的土作为填料。路堤通常是就近利用沿线土石作为填筑材料,选择填料时应尽可能选择当地强度高、稳定性好并利于施工的土石。一般情况下,碎石、卵石、砾石、粗砂等,都具有良好透水性且强度高、稳定性好,因此可优先采用。粉质砂土、粉质黏土等经压实后也具有足够的强度,故也可以采用。粉性土水稳性差,不宜作路堤填料;重黏土、黏性土、捣碎后的植物土等由于透水性差,作路堤填料时应慎重采用。

3) 填土路堤施工

路堤填筑分为分层填筑法、竖向填筑法和混合填筑法三种方法。

(1) 分层填筑法。路堤填筑必须考虑不同的土质,从原地面逐层填起并分层压实,每层填土的厚度可以按照压实机具的有效压实深度和压实度确定。分层填筑法又可分为水平分层填筑和纵坡分层填筑两种。

①水平分层填筑是常用的一种填筑方法。填筑时按照横断面全宽分成水平层次,逐层向上填筑,如原地面不平,应由最低分层填起,每填一层,经过压实符合规定要求之后,再填上一层,依次循环进行直至达到设计高程。

②纵向分层填筑宜于用推土机从路堑取土填筑距离较短的路堤,依纵坡方向分层,逐层向上填筑。原地面纵坡大于12%的地段常采取此法。

(2) 竖向填筑法。竖向填筑法是从路基一端或两端同时按照横断面的全部高度,逐步推进填筑,仅用于无法自下而上填筑的深谷、陡坡、断岩、泥沼等运土和机械无法进场的路堤。竖向填筑因填土过厚不易压实,施工时须采取必要的技术措施:选用振动式或夯实式压实机械;选用沉陷量较小、透水性较好及颗粒粒径均匀的砂石材料或附近开挖路堑的废石方,并一次填足路堤全宽度;暂时不修建较高级的路面,容许短期内自然沉落。

(3) 混合填筑法。混合填筑法是在深谷陡坡地段填筑路堤的一种方法,即在路堤下层竖向填筑,上层水平分层填筑,使上部填土经分层压实获得需要的压实度。混合填筑法适用于因地形限制或填筑堤身较高,不宜采用水平分层法和竖向填筑法自始至终进行填筑的情况。混合填筑法可以单机作业,也可以多机作业,一般沿线路分段进行,每段距离以20~40 m为宜,多用于地势平坦,或两侧有可利用的山地土场的场合。

4) 施工注意事项

在高等级公路施工中采用不同土质填筑路堤,是十分常见的,若将不同性质的土任意混填,会造成路基病害,因此,必须注意下列几点。

(1) 同土质应分层填筑,层次应尽量减少,每层总厚度最好不小于0.5 m,不得混杂乱填,以免形成水囊或滑动面。

(2) 透水性差的土填筑在下层时,其表面应做成一定的横坡(一般为双向

4%的横坡),以保证来自上层透水性填土的水分及时排出。

(3)为保证水分蒸发和排除,路堤不宜被透水性差的土层封闭,也不要覆盖在透水性较大的土所填筑的下层边坡上。

(4)根据强度与稳定性要求,合理安排不同土质的层位。不因潮湿及冻融而使其体积变化的优良土应填在上层,强度(形变模量)较小的土应填在下层。

(5)为防止相邻两段用不同土质填筑的路堤在交接处发生不均匀变形,交接处应做成斜面,并将透水性差的土填在斜面的下部。

(6)若填方分几个作业段施工,两段交接处不在同一时间填筑,则先填地段应按照1∶1坡度分层留台阶;若两个地段同时填筑,则应分层相互交叠衔接,其搭接长度不得小于2 m。

2. 挖方路基施工

路堑开挖前应做好截水沟,并视土质情况做好防渗工作。土方开挖不论工程量大小、开挖深度如何,均应该自上而下进行,不得乱挖超挖。严禁掏洞取土挖"神仙土"。土质路堑的开挖,根据路堑深度和纵向长度不同,其施工方法有横挖法、纵挖法和混合法三种。

1)横挖法

以路堑整个横断面的宽度和深度,从一端或两端逐渐向前开挖的方式称为横挖法。该法适宜于短而深的路堑。用人力按照横挖法开挖路堑时,可以在不同高度分几个台阶开挖,其深度视工作面与安全而定,一般宜为1.5~2.0 m。无论自两端一次横挖到路基高程或分台阶横挖,均应设置单独的运土通道及临时排水沟。机械开挖路堑时,边坡应配以平地机或人工分层修刮平整。

2)纵挖法

纵挖法有分层纵挖法、通道纵挖法和分段纵挖法三种。

(1)分层纵挖法。沿路堑全宽以深度不大的纵向分层挖掘前进的方法,该法适用于较长的路堑开挖。当采用此法挖掘的路堑长度较短(不超过100 m)、每层开挖深度不大于3 m、地面坡度较陡时,宜采用推土机作业;当采用此法挖掘的路堑长度较长(超过100 m)时,宜采用铲运机作业;较长、较宽的路堑可以使用铲运机配合运土机作业。

(2)通道纵挖法。先沿路堑纵向挖一通道,然后将通道向两侧拓宽,直至路堑边坡设计线。上层通道拓宽至路堑边坡后,再开挖下层通道,由此向纵深开挖直至路基设计高程。该法适用于路堑较长、较深,两端地面纵坡较小的土方路堑开挖。

(3) 分段纵挖法。沿路堑纵向选择一个或几个适宜处,将较薄一侧堑壁横向挖穿,使路堑分成两段或数段,各段再进行纵向开挖。该法适用于过长路堑,开挖土方运距远的傍山路堑,以及一侧的堑壁不厚的路堑开挖。

3) 混合法

当路线纵向长度和挖深都很大时,为扩大工作面,可以将横挖法和通道纵挖法混合使用,以增加工作面,提高作业效率。

5.3.2 石质路基施工方法

山区公路路基石方工程量大而且集中,给山区公路的施工带来麻烦。采取适用于山区公路石质路基的施工方法,是山区公路施工的关键。爆破是石质路基施工中的有效方法。

1. 常见爆破的方法

1) 小炮

小炮是用药量在 1 t 以下的爆破,主要包括钢钎炮、深孔爆破、裸露炮、药壶炮和猫洞炮。其爆破方法的采用应根据石方集中程度、地形、地质条件及路基断面形状等具体情况决定。

(1) 钢钎炮:炮眼直径和深度分别小于 7 cm 和 5 m 的爆破方法。用于工程分散、石方少的情况。

(2) 深孔爆破:炮眼孔径大于 75 mm、深度在 5 m 以上(一般为 8~12 m),使用延长药包的爆破。该法多用于石方数量较大且较集中的情况。

(3) 裸露炮:将药包置于被炸体表面或经清理的石缝中,药包表面用草皮或稀泥覆盖,然后进行爆破。该法仅用于破碎孤石或大块岩石的二次爆破。

(4) 药壶炮(葫芦炮):在炮眼底部用少量炸药经一次或多次烘膛,使炮眼底部扩大成药壶形(葫芦形),然后将炸药集中装入药壶中进行的爆破。葫芦炮炮眼较深(一般为 5~7 m),它适用于均匀致密黏土(硬土)、次坚石、坚石。对于炮眼深度小于 2.5 m 且节理发育的软石,地下水较发育或雨季施工时,不宜采用。

(5) 猫洞炮:炮眼直径为 0.2~0.5 m,深度为 26 m,炮眼呈水平或略有倾斜,用集中药包进行爆破的方法。它适用于硬土、胶结良好的古河床、冰碛层、软石和节理发育的次坚石、坚石,可以利用裂隙修成导洞或药室,这种炮型对大孤石、独岩包等爆破效果较佳。

2）大爆破

大爆破是指采用导洞和药室,用药量在1t以上的爆破。大爆破效率高、威力大,公路石方开挖一般不宜采用。当路线穿过孤独山丘,开挖后边坡不高于6m时,根据岩石产状和风化程度,确认开挖后边坡稳定后,方可采用大爆破方案。

2. 综合爆破的设计原则

为充分发挥各种爆破方法的特点,利用地形和地质的客观条件,在路基石方工程中,常采用综合爆破。综合爆破设计应遵循以下原则:

①在路基石方工程中,应充分利用地形和地质客观条件及石方集中程度,全面规划、重点设计、综合组织炮群;

②利用有利地形,扩展工作面;

③综合利用小炮群,分段、分批爆破。

（1）半填半挖斜坡地形,采用一字排炮;在自然坡度较缓的地形,先使用钢钎炮切脚,改造地形后再采用一字排炮。

（2）路线横切小山包时,采用钢钎炮三面切脚,改造地形后,再在中间用药壶炮爆破。

（3）路基加宽,阶梯较高地形,采用上下互相配合的小炮群。

（4）对拉沟路堑,采用两头开挖时,可以采用垂直炮眼揭盖、水平炮眼扫底的梅花炮。

（5）机械化清方时,如遇坚石,可以用眼深2m以上钢钎炮组成30～40个多排多层炮群,或采用深孔炮。在坚硬岩石中,为使岩石破碎程度满足清理土石方的要求,可以采用微差爆破或间隔药包。遇软石或节理发育的次坚石时,可以用松动爆破。

3. 爆破施工的一般注意事项

（1）进行爆破作业,必须由经过专业培训并取得爆破证书的专业人员施爆。

（2）爆破前,应查明地下有无管线,必须确保空中缆线、地下管线和施工区边界处建筑物的安全。在开挖附近有加油站、输气管等必须保证安全的建筑设施时,可采用人工开凿、化学爆破或控制爆破。

（3）当爆破施工可能对建筑物地基造成影响时,应在开挖层边界沿设计坡面打预裂孔（减震孔），孔深同炮孔深度，孔内不装药，孔间距不宜大于炮孔纵向间距的 1/2。

（4）炮位设计应充分考虑岩石的产状、类别、节理发育、溶蚀等情况，避免在两种硬度相差很大的岩石交界面设置炮孔药室。

（5）炮眼的装药量一般为炮孔深度的 1/3～1/2，特殊情况也不得超过 2/3。对松动爆破，装药量可以降到炮孔深度的 1/4～1/3。

（6）装药时间应尽可能短，避免炸药受潮。装药应自下而上，自里向外逐层码砌平稳、密实，不得在雨雪、大风、雷电、浓雾及天黑时进行。

（7）爆破后如有瞎炮，应由原施工人员参与处理。对于大爆破，应找出线头接上电源重新起爆，或者沿导洞小心掏出堵塞物，取出起爆体，用水灌浸药室使炸药失效，然后安全清除。爆破施工后，应及时清理松石、危石和堑内土石方，并修整坡面。坡面应顺直、圆滑、大面平整。凸出于设计线的石块，其凸出尺寸应不大于 20 cm，超爆凹进部分尺寸也应不大于 20 cm。对于软质岩石，凸出及凹进尺寸均应不大于 10 cm。

5.4　路基防护与加固

5.4.1　坡面防护

坡面防护主要是保护路基边坡表面，以免受到降水、日照、气温、风力等作用的破坏，从而提高边坡的稳固性，在一定程度上还可美化路容。坡面防护设施，一般不承受外力作用，要求坡体本身已趋于稳定。路基边坡表面应根据边坡的土质岩性、坡度、高度、当地的气候等情况选择防护措施，并及时进行防护。常用的坡面防护设施有植物防护、抹面填缝、石砌防护等类型。

1. 植物防护

植物防护是利用植被覆盖坡面，其根系能固结表土，以防水土流失，并可绿化道路。它适用于植物容易生长的土质，但要经常护理整修，注意严禁植物妨碍视距。植物防护一般采用种草、铺草皮、植树等方法。

2. 抹面填缝

岩石挖方边坡表面，可选用抹面、喷浆、勾缝、灌浆等方法进行处治，但不宜在严寒季节和雨天施工。

对易风化的岩石挖方边坡,要及时进行封面,以防风化剥落。比较完整而尚未剥落的软质岩层坡面,可用抹面来防护。抹面材料有石灰炉渣(体积比1∶2)、三合土(石灰、炉渣和黏土的质量比为1∶5∶1)或四合土(石灰、炉渣、黏土和砂的质量比为1∶9∶3∶6)等。抹面厚度视材料与坡面状况而定,一般为2~10 m。坡面不平的岩石边坡,宜用喷浆来防护,其厚度视岩石风化程度及喷浆材料而定。常用的喷浆材料为水泥石灰砂浆(水泥、石灰、砂和水的质量比为1∶1∶6∶3),浆层的厚度一般为1~2 cm。

对岩石较坚硬而不易风化的挖方边坡,为防止水分渗入岩石裂缝造成病害,可视裂缝的深浅与宽窄,分别予以灌浆和勾缝,一般采用水泥砂浆或水泥石灰砂浆;当裂隙宽深较大时,为保持岩体稳定,可用混凝土灌注。

3. 石砌防护

因遭受雨、雪水冲刷而易发生泥石流、溜方或严重剥落和碎落的路基边坡,均宜采用石砌坡面防护。石砌防护,分为护坡和护面墙(简称护墙)。

石砌护坡常用于较陡的土质边坡(坡度为1∶1~1∶0.75)和易风化或破碎的岩石边坡。石砌护坡有干砌片石和浆砌片石两种。干砌片石适用于边坡较缓或经常有地下水渗出的坡面。干砌片石层厚一般为0.25~0.35 m,下设厚0.10~0.20 m的碎石或砂砾垫层(具有平整、反滤、缓冲等作用)。浆砌片石层厚度为0.25~0.40 m,视边坡坡度和高度而异;每隔10~15 m应设一道沉降伸缩缝,分段进行铺砌,为排泄护坡背面的积水各应留有泄水孔,孔后设置反滤层;在冻胀变形较大的土质边坡上,也应设垫层。石砌护坡的坡脚应选用较大的石块砌筑,其基础埋置深度一般为护坡砌石厚度的1.5倍。

护墙是一种浆砌片石的防护层,但采取墙体的形式,适用于坡度较陡而易受风化或节理发达的岩石挖方边坡,以及边坡有松软夹层或易受冲刷和浸湿之处。护墙贴砌在坡面上,不承受墙后坡体的侧压力,故所防护的边坡应符合稳定要求,一般不陡于1∶0.3。护墙的基础应设在稳固的地基上,并埋至冻结线以下0.25 m。伸缩缝和泄水孔等布置与浆砌片石护坡相同。

5.4.2 堤岸防护

沿河路基和河滩路堤等堤岸,容易遭受水流的侵蚀、冲刷、淘空、浪击以及漂浮物碰撞等作用而破坏,应根据水流特性(流速和方向),河道的地形、地质、水文条件,采用直接加固岸坡,设置导治结构物(如丁坝、顺坝),有时也可改移河道,以避免水流冲毁路基。

常用的岸坡冲刷防护措施有植物防护、石砌护坡、抛石、石笼和挡土墙等。

1. 植物防护

水流方向与路线接近平行,不受各种洪水主流冲刷的季节性浸水的路堤边坡,可采用铺草皮等植物防护。平铺草皮的容许(不冲刷)流速为 1.2 m/s;叠砌草皮的容许流速可达 1.8 m/s。

河岸漫滩上植树,还可降低水流速度,促使泥沙淤积,改变水流方向,起到保护堤岸的作用。

2. 石砌护坡

干砌片石护坡可按流速大小分别采用单层或双层铺砌。这种措施适用于水流方向较平顺的河岸滩地边缘或不受主流冲刷的路堤边坡,容许流速为 2～4 m/s。

受主流冲刷、波浪作用强烈或有漂浮物撞击的路堤边坡,可用浆砌片石护坡,厚 0.3～0.6 m,容许流速可达 4～8 m/s。

石砌护坡坡脚基础,一般应埋置在冲刷线以下 0.5～1.0 m 处。当冲刷深度小于 1.0 m 时,常用漫石铺砌基础;较深时,可用浆砌片石脚墙基础。若不能将基础设置在冲刷线以下,则必须采取适当的防淘措施(如抛石、石笼等)。

3. 抛石

抛石防护适用于水流方向较平顺、无严重局部冲刷而被水浸的路堤边坡和河岸。抛石的边坡坡度和石块尺寸,应根据流速、水深、波浪等情况确定。抛石防护的容许流速为 3～5 m/s。

4. 石笼

受洪水急流冲淘和风浪侵袭的地段,以及缺乏大块石料的地区,可采用石笼防护。一般用竹木石笼和镀锌铁丝石笼;急流河段,当基础不易处理时,宜用钢筋混凝土框架石笼。

石笼用于防止冲淘时,一般应垂直于坡脚线平铺;若还要支挡坡体,则采用垒码的方式。石笼内装填的石块尺寸,应不小于石笼的网孔,一般为 0.05～

0.20 m。单个石笼的大小,以不被相应速度的水流冲动为宜。一般石笼防护的容许流速为 5~6 m/s。

5.4.3 软土地基加固方法

高等级公路的蓬勃发展对路基提出了更高的要求,近年来在软土地基上修筑的高等级公路越来越多,软土地基由于自身强度低,在高填方路堤自重作用下存在长期沉降,从而影响道路平整度,在桥头的不均匀沉降会造成桥头跳车等现象。因此,采取一定的措施对软土加固以确保地基具有足够的强度和稳定性是非常必要的。工程中常见的加固方法有以下几种。

1. 换填土层法

换填土层法是将湿软地基部分挖除,换填强度较大的砂、碎(砾)石、灰土或素土等。

换填土层可起到提高承载力、减少沉降量、加速软土层的排水固结、防止冻胀等作用。工程中常用的换填砂垫层厚度,一般为 60~100 cm,并要求以良好级配的中粗砂为主,颗粒不均匀系数不大于 5,含泥量不超过 5%。

2. 强夯法

强夯法是将数十吨的重锤从数十米高处自由落下,对软土地基进行强力夯实的一种方法。强夯法机理为,强夯过程中压缩土体中微气泡,土体孔隙减少,土体局部液化,强度下降至最小值,随后在夯击点周围出现径向裂隙并成为加速孔隙水压力消散的渠道,加速土体固结,继而因黏土的触变性,使土基强度得以恢复和增强。

常见的强夯法使用的夯锤重 10~20 t,底面积为 3~6 m²,自由落体高度为 10~20 m,加固深度可达 10~20 m,夯击中应正确拟定适宜的夯打遍数、每遍夯击次数及前后两遍夯击的时间间隔。

3. 排水固结法

排水固结法有砂井堆载预压法、降水预压法和真空预压法等,目前工程中常用的是砂井堆载预压法。

砂井堆载预压法通过在软土地基中加设砂井竖向排水通道或铺设砂垫层,运用堆载预压挤出土中过多水分,从而达到挤紧土粒和提高土基强度的目的。

工程实际中,砂井直径一般采用 20~30 cm,井距通常为井径的 8~10 倍。砂井在平面上一般布置成正方形或三角形。砂井成孔有沉管法和水冲法两类。砂井用砂以中粗粒为宜,含泥量不大于 3%,灌砂量应大于井管外径所形成体积的 95%。

近年来,在普通砂井基础上发展起来的袋装砂逐渐成为一项加固软土地基的新技术。

4. 挤密桩法

挤密桩法是在成孔的土基中灌以砂、碎石、灰土、土或石灰等材料,捣实而成直径较大、间距较小的群桩体,利用群桩横向挤紧作用,使土颗粒彼此挤密,达到减少孔隙、加固地基的目的。

按孔内填料不同,挤密桩又有砂桩、碎石桩、石灰桩之分。其布置和尺寸一般应通过计算而定,通常桩径为 20~30 cm,桩距为桩径的 35 倍。平面上常按梅花形布置,桩长则与加固土层厚度及加固要求有关。桩的成孔有冲击成孔和振动成孔等方法。振冲桩是以起重机吊起振冲器,在振动和高压水联合作用下,振冲器沉入土中一定深度,经过清孔用循环水带出孔中稠泥浆,向孔中逐段添加填料并振动挤密而形成。

除上述方法外,还有一些加固软湿地基的方法,如设置路堤反压护道、利用化学溶液加固地基、在软基上铺设土工布或格栅等。

第6章 路面设计与施工

6.1 沥青路面设计与施工

6.1.1 沥青混合料的强度特性

表征沥青混合料力学强度的参数是抗压强度、抗剪强度和抗拉(包括抗弯拉)强度。

一般沥青混合料均具有较高的抗压强度,而抗剪强度和抗拉强度则较低。因此,沥青路面的损坏,往往是由拉裂或滑移开始而逐渐扩展的。

1. 抗剪强度

沥青混合料的剪切破坏可按摩尔-库仑原理进行分析。材料在外力作用下如不产生剪切破坏,则应具备下列条件:

$$\tau_{max} < \sigma\tan\varphi + C \tag{6.1}$$

式中:τ_{max}为在外部荷载作用下,某一点所产生最大的剪应力,MPa;σ为在外部荷载作用下,在同一剪切面上的正应力,MPa;C为材料的黏聚力,MPa;φ为材料的内摩擦角,rad 或度(°)。

沥青混合料的抗剪强度主要取决于沥青与矿料相互作用而产生的黏聚力,以及矿料在沥青混合料中相互嵌挤而产生的内摩擦角。

沥青混合料的黏聚力取决于许多因素,其中主要的是沥青黏滞度、沥青含量与矿粉含量的比值,以及沥青与矿料相互作用的特性。沥青的黏滞度越高,黏聚力就越大,因为高黏滞度的沥青能使沥青混合料的黏滞阻力增大,因而具有较高的抗剪强度。随着沥青含量增加,矿料颗粒间自由沥青含量增加,沥青混合料的黏聚力随即下降。在沥青与矿料的相界面上,由于分子的吸附作用,越靠近矿料表面,沥青的黏滞度越高。因此,矿料的比表面积和矿料周围沥青膜的厚度对沥青混合料的黏聚力有很大的影响。矿料颗粒越小,比表面积越大,包裹矿料颗粒的沥青膜越薄,黏聚力就越大。沥青的表面活性越强,矿料对沥青的亲和性越好,吸附作用就越强烈,黏聚力也越大。碱性的矿料与沥青黏结时,会发生化学吸附过程,在矿料与沥青接触面上形成新的化合物,因而黏聚力较高。酸性的矿料与沥青黏结时,不会形成化学吸附过程,黏聚力就较低。

矿料的级配、颗粒的形状和表面特性,都对沥青混合料的内摩阻力产生影响。随着颗粒尺寸的增大,内摩阻力也就增大。颗粒表面粗糙、棱角尖锐的混合料,由于颗粒相互嵌紧,其内摩阻力要比圆滑颗粒的混合料大得多。此外,沥青混合料中沥青的存在总是会降低矿质混合料的内摩阻力。沥青含量过多时,不仅内摩阻力显著地降低,而且黏聚力也下降。

2. 抗拉强度

在气候较寒冷地区,冬季气温下降,特别是急剧降温时,沥青混合料发生收缩,如果收缩受阻,就会产生拉应力,若该应力超过沥青混合料的抗拉强度,路面就会产生开裂。

沥青混合料的抗拉强度,可以采用直接拉伸试验或间接拉伸——劈裂试验测定。沥青混合料劈裂试验施加荷载时大都是沿垂直直径的平面产生拉力劈裂而开始破坏,沥青混合料的极限抗拉强度可由式(6.2)求得:

$$S_t = 2P_{max}/\pi t d \tag{6.2}$$

式中:P_{max} 为破坏荷载,kN;t 为劈裂试件厚度,m;d 为劈裂试件直径,m。

沥青混合料在低温下的抗拉强度与沥青的性质、沥青含量、矿质混合料的级配、测试时的温度等因素有关。试验表明,沥青的黏滞度大或沥青含量较高时,沥青混合料具有较高的抗拉强度。密级配混合料的抗拉强度较开级配混合料高。在低温下沥青混合料的抗拉强度随温度降低而提高,形成一个峰值,即脆化点,低于脆化点后则强度下降。

3. 抗弯拉强度

沥青路面在行车重复荷载作用下,往往因路面弯曲而产生开裂破坏,因此,必须验算沥青混合料的抗弯拉强度。

沥青混合料的抗弯拉强度通过室内梁式试件在简支条件下的受力情况测定。

沥青混合料的抗弯拉强度为

$$\sigma_t = PL/bh^2 \tag{6.3}$$

式中:P 为最大荷载,kN;b 为试件宽度,m;h 为试件高度,m;L 为跨径,m。

沥青混合料的抗弯拉强度,取决于所用材料的性质(沥青的性质、沥青的用量、矿料的性质、混合料的均匀性)及结构破坏过程的加荷状况(重复次数、应力增长速度等)。此外,计算时期的温度状况对抗弯拉强度也有很大的影响。

6.1.2 沥青路面厚度设计

我国沥青路面设计方法采用双圆垂直均布荷载作用下的多层弹性层状体系理论,以路表面的回弹弯沉值和沥青混凝土层弯拉应力、半刚性及刚性材料基层底面弯拉应力为设计指标进行路面结构厚度设计。设计完成后,路面结构的路表弯沉和各结构层底弯拉应力均应满足设计指标要求。

1. 路面设计年限

路面设计年限应根据经济、交通发展情况及该公路在公路网中的地位,考虑环境和投资条件综合确定。若有特殊使用要求,可适当调整。设计年限是一个计算累计标准当量轴次的基准年限,不等于使用年限或路面的使用寿命。

2. 标准轴载及当量轴次换算

在路面设计时使用累计当量轴次的概念。但由于路面行驶的车辆类型很多,它们的轴载也不相同,必须选取一种标准轴载,并将各级轴载换算为标准轴载,从而计算设计年限内作用于路面的累计当量轴次。各国都根据本国国情确定标准轴载,我国路面设计以双轮组单轴轴载 100 kN 为标准轴载,用 BZZ-100 表示。当把各种轴载换算为标准轴载时,为使换算前后轴载对路面的作用达到相同的效果,应遵循两项原则:第一,换算以达到相同的临界状态为标准;第二,对某一种交通组成,不论以何种轴载的标准进行轴载换算,由换算所得轴载作用次数计算的路面厚度是相同的。根据此轴载换算原则,建立轴载换算计算公式。

3. 设计年限内设计车道上累计当量标准轴次

设计年限内一个车道通过的累计当量标准轴载 N_e 按式(6.4)计算:

$$N_e = \frac{[(1+\gamma)^t - 1] \times 365}{\gamma} \cdot N_1 \cdot \eta \qquad (6.4)$$

式中:N_e 为设计年限内一个车道通过的累计标准当量轴载,次/车道;t 为设计年限,年;N_1 为路面营运第一年双向日平均当量轴次,次/日;γ 为设计年限内交通量的平均年增长率,%;η 为车道系数。

4. 交通等级

路面结构在设计年限内承担交通荷载的繁重程度以交通等级来划分。我国交通量根据规定划分为轻交通、中等交通、重交通、特重交通 4 个等级。设计时,分别根据累计当量轴次 N_e(次/车道)或每车道路、每日大客车及中型以上各种货车交通量 N_n(辆/(d·车道))来划分交通等级。最后,取两种方法得出的较高的交通等级作为设计交通等级。

5. 沥青路面设计指标

我国现行《公路沥青路面设计规范》(JTG D50—2017)中规定:高速、一级、二级公路的路面结构设计,以路表面回弹弯沉值和沥青混凝土层层底拉应力及半刚性材料层的层底拉应力为设计指标;三级、四级公路的路面结构,以路表面设计弯沉值为设计指标。有条件时,宜对重载交通路面进行沥青混合料的抗剪切强度的检验。

6. 设计参数

在应用弹性层状体系理论进行路面结构计算时,必须确定路基土和路面各层材料的弹性模量值。工程上,通常采用承载板试验或弯沉测定的方法确定路基土和路面材料回弹模量值,并将这种回弹模量作为弹性模量。

(1) 路基回弹模量值。路基回弹模量是路面结构设计的重要参数,它的取值不同会直接影响路表弯沉和各层内力的计算结果。在进行新建公路初步设计时,路基回弹模量设计值宜根据查表(或现有公路调查)、现场实测、室内试验法等方法进行确定。当路基建成后,应在不利季节的路基最不利状况下实测各路段路基回弹模量代表值,以检验是否符合设计值的要求。

(2) 材料设计参数。路面材料的设计参数包括材料的回弹模量值和材料的弯拉强度值。我国现行《公路沥青路面设计规范》(JTG D50—2017)规定,沥青路面结构按路表弯沉值和容许层底弯拉应力两个指标控制设计厚度。无论采用哪项控制指标设计厚度,各结构层回弹模量均采用抗压回弹模量,并且应考虑路面结构层回弹模量的不利组合,即按照抗压回弹模量的设计值取用。

6.1.3 沥青路面的施工方法

1. 层铺法沥青表面处治的施工

(1) 清理基层。基层应清扫干净,使矿料大部分外露,并保持干燥,满足平整度要求。级配砂砾、级配碎石基层及水泥、石灰、粉煤灰等无机结合料稳定土或粒料的半刚性基层上须浇洒透层沥青,并且应尽早铺筑沥青面层。当用乳化沥青作为透层时,洒布后应待其充分渗透、水分蒸发后方可铺筑沥青面层,此段时间应在 24 h 以上。

(2) 洒布沥青。沥青洒布应均匀,并应按照洒布面积来控制单位沥青用量。沥青的浇洒温度根据施工温度及沥青标号选择。

(3) 铺撒矿料。洒布沥青后应趁热迅速铺撒矿料,按照规定用量一次撒足。撒料后应及时扫匀,要求全面覆盖一层,厚度一致,集料不重叠,且不露出沥青。

(4) 碾压。铺撒矿料后即用 60~80 kN 双轮压路机或轮胎压路机碾压 3~4 遍;压路机行驶速度开始为 2 km/h,以后可适当提高。双层式或三层式沥青表面处治的二、三层施工重复工序(2)、(3)、(4)。

(5) 初期养护。当发现表面处置层有泛油时,应在泛油处补撒与最后一层石料规格相同的嵌缝料,并扫匀,过多的浮动集料应扫出路面外,并不得搓动已经黏着就位的集料。如有其他破坏现象,也应及时进行修补。

除乳化沥青表面处治应待破乳后水分蒸发并基本成型后方可通车外,沥青表面处置层在碾压结束后即可开放交通。通车初期应设置专人指挥交通或设置障碍物控制行车,使路面全宽范围得到均匀压实。在路面完全成型前应限制行车速度不超过 20 km/h,严禁畜力车及铁轮车行驶。

2. 沥青贯入式路面施工

(1) 整修和清扫基层。
(2) 浇撒透层或黏层沥青。
(3) 铺撒主层矿料。颗粒大小要均匀,并检查松铺厚度。
(4) 碾压。主层集料撒铺后应采用 6~8 t 的钢筒式压路机进行 4~6 遍初压。碾压速度宜为 2 km/h,直到主层集料嵌挤稳定,无显著轨迹为止。
(5) 浇洒第一层沥青。若采用乳化沥青贯入,为防止乳液下漏过多,可以在主层集料碾压稳定后,先撒铺一部分上一层嵌缝料,再浇洒主层沥青。

(6) 趁热铺撒第一次嵌缝料,并扫匀。不足处应补撒。

(7) 碾压。嵌缝料扫匀后应立即用 8~12 t 钢筒式压路机进行碾压,轨迹重叠 1/2 左右,压 4~6 遍,直到稳定。碾压时随压随扫,使嵌缝料均匀嵌入。

(8) 浇洒第二层沥青,撒布第二次嵌缝料,然后碾压;再浇洒第三层沥青,铺撒封层料,最后碾压。采用 6~8 t 压路机碾压 2~4 遍,即可开放交通,沥青贯入式路面开放交通后的交通控制、初期养护等与沥青表面处治相同。

3. 乳化沥青碎石混合料路面施工

乳化沥青碎石混合料应采用拌和厂机械拌和,在条件受限制时也可在现场用人工拌制。混合料的拌和时间应保证乳液与集料拌和均匀。拌和时间通过试拌确定,机械拌和不宜超过 30 s(自矿料中加进乳液的时间算起),人工拌和不超过 60 s。

已拌好的混合料应立即运至现场进行摊铺。拌和与摊铺过程中已破乳的混合料,应予以废弃。拌制的混合料应用沥青摊铺机摊铺。若采用人工摊铺,应防止混合料离析。松铺系数可以通过试验确定。乳化沥青碎石混合料的碾压应符合下列要求:混合料摊铺后,应采用 6 t 左右的轻型压路机初压,碾压 1~2 遍,使混合料初步稳定,再用轮胎压路机或轻型钢筒式压路机碾压 1~2 遍。初压时应匀速进退,不得在碾压路段上紧急制动或快速启动。

当乳化沥青开始破乳,混合料由褐色转变成黑色时,用 12~15 t 轮胎压路机或 10~12 t 钢筒式压路机复压 2~3 遍后,晾晒一段时间待水分蒸发后,再补充复压至密实为止。

压实过程中如有推移现象,应立即停止碾压,待稳定后再碾压。如当天不能完全压实,应在较高气温状态下补充碾压。

压实成型后的路面应做好早期养护,并封闭交通 2~6 h。开放交通初期,应设置专人指挥。车速不得超过 20 km/h,并不得制动或掉头。严禁畜力车和铁轮车通过。

乳化沥青碎石混合料施工的所有工序,包括路面成型及铺筑上封层等,均必须在冻前完成。

4. 热拌沥青混合料路面施工

热拌沥青混合料路面包括沥青混凝土和热拌沥青碎石。沥青混凝土和沥青碎石的结构区别主要是混合料经标准压实后的空隙率,大于 10% 的为沥青碎石,反之则为沥青混凝土。

热拌沥青混合料路面的施工可分为沥青混合料的拌制与运输、现场铺筑两个阶段。

(1) 沥青混合料的拌制与运输。热拌沥青混合料可采用间歇式拌和机或连续式拌和机拌制。前者是在每盘拌和时计量混合料各种材料的重量,而后者则在计量各种材料之后连续不断地送进拌和器中拌和。为保证沥青混合料的质量稳定、沥青用量准确,高速公路和一级公路的沥青混凝土宜采用间歇式拌和机拌和。

沥青混合料制备过程中要特别注意控制温度。经拌和后的沥青混合料应均匀一致,无花白料,无结团成块或严重的粗、细料分离现象,不符合要求时不得使用,并应及时进行调整。热拌沥青混合料应采用较大吨位的自卸汽车运输,车厢应清扫干净。为防止沥青与车厢板黏结,车厢侧板和底板可以涂一薄层油水混合液(柴油与水的比例可达1∶3),但不得有余液积聚在车厢底部。

(2) 现场铺筑。面层铺筑前,应对基层或旧路面的厚度、密实度、平整度、路拱等进行检查,并清扫干净。为使面层与基层黏结好,在面层铺筑前4～8 h,在粒料类的基层上洒布透层沥青。若基层为旧沥青路面或水泥混凝土路面,则要在旧路面上洒布一层黏层沥青。热拌沥青混合料应采用机械摊铺。相邻两幅的摊铺应有5～10 cm宽度的摊铺重叠。当混合料供应能满足不间断摊铺时,也可采用全宽度摊铺机一幅摊铺。当高速公路和一级公路施工气温低于10 ℃,其他等级公路施工气温低于5 ℃时,不宜摊铺热拌沥青混合料。必须摊铺时,应采取一些相应的措施。

沥青混合料的压实应按初压、复压、终压三个阶段进行。分层压实厚度不得大于10 cm,压实后的沥青混合料应符合压实度及平整度的要求。

初压用6～8 t双轮压路机以1.5～2.0 km/h的速度先碾压2遍,使混合料得以初步稳定。复压采用10～12 t三轮压路机或轮胎式压路机复压4～6遍。碾压速度,三轮压路机为3 km/h,轮胎式压路机为5 km/h。复压是碾压过程的重要阶段,轮胎式压路机适用于复压阶段的碾压。终压是在复压之后用6～8 t双轮压路机以3 km/h的碾压速度碾压2～4遍,以消除碾压过程中产生的轨迹,并确保路表面的平整。

热拌沥青混合料路面应待摊铺层完全自然冷却,混合料表面温度低于50 ℃后,方可开放交通。

6.2 水泥路面设计与施工

6.2.1 水泥混凝土路面设计

1. 水泥混凝土路面结构设计内容

（1）路面结构组合设计。路面结构组合设计应根据该路的交通繁重程度，结合当地环境气候条件和材料供应情况来综合考虑。它包括各层的结构类型、弹性模量和厚度的确定。基层、垫层的设置应根据水泥混凝土路面的要求来进行。

（2）混凝土面板厚度设计。混凝土面板厚度设计，应按照设计标准的要求，确定满足设计年限内使用要求所需的混凝土面层的厚度。

（3）混凝土面板的平面尺寸与接缝设计。根据混凝土面层板内产生的荷载应力和温度应力进行板的平面尺寸设计，布设各类接缝的位置，设计接缝的构造，并采取有效措施提高接缝的传递荷载能力。

（4）路肩设计。高速公路和一级公路中间带和路肩路缘带的结构应与行车道的混凝土路面相同，并与行车道部分的混凝土面板浇筑成整体。路肩可以采用水泥混凝土面层或沥青混合料面层，其基（垫）层结构应满足行车道路面结构和排水的要求。一般公路的混凝土路面应设置路缘石或用沥青混合料加固路肩。

（5）普通混凝土路面配筋设计。普通混凝土路面板较大或交通量较大、地基有不均匀沉降或板的形状不规则时，可以沿板的自由边缘加设补强钢筋，在角隅处加设发针形钢筋或钢筋网，以阻止可能出现的裂缝。

（6）技术经济方案比较。结合施工工艺、工艺造价，进行综合比较，确定最佳方案。

2. 水泥混凝土路面结构组合设计

1）路面组合设计基本要求

水泥混凝土路面结构是由多个层次组成的复合结构，各结构层的功能和作用各不相同。路面板具有较高的承载和扩散荷载的能力，因此水泥混凝土路面对各结构层次的要求也与沥青类路面有较大区别。水泥混凝土路面结构组合设计的任务就是合理选择和安排各结构层(各层采用的材料和厚度),使整个路面结构不但能承受设计年限中交通荷载的反复作用,而且还能保证良好的路面使用性能和状态。其基本要求如下。

(1) 应依据公路等级、交通荷载、路基条件、当地温度和湿度状况以及使用性能要求,选择及组合与之相适应的水泥混凝土路面结构。

(2) 应使各个结构层的力学特性及其组成材料性质满足相应的功能要求。

(3) 应充分考虑各相邻结构层的相互作用、层间结合条件和要求及结构组合的协调与平衡。

(4) 应充分考虑地表水的渗入和冲刷作用,采取封堵和疏排措施,减少地表水渗入,防止渗入水积滞在路面结构内。基层应选用抗冲刷能力强的材料。

2) 面层

水泥混凝土面层是路面结构的主要承重层,同时,也是与车辆直接接触的表面层。因而,水泥混凝土面层应具有足够的强度、耐久性、表面抗滑性,以及耐磨、平整等良好的路用性能。面层宜采用设接缝的普通水泥混凝土。当面层板的平面尺寸较大或形状不规则,路面结构下埋有地下设施,位于高填方、软土地基、填挖交界段等有可能产生不均匀沉降的路段时,应采用接缝设置传力杆的钢筋混凝土面层。

3) 基层和底基层

水泥混凝土面层下的基层和底基层应具有足够的抗冲刷能力和适当的刚度。抗冲刷能力是其首要要求。不耐冲刷的基层表面,在渗入水和荷载的共同作用下,会产生冲刷、唧泥、板底脱空和错台等病害,导致路面不平整,并加速面板的断裂。应适度提高基层的刚度:一方面,提高基层刚度有利于改善接缝传荷能力,但其作用只能在基层未受冲刷的前提下才能得到保证;另一方面,提高基层刚度虽然可以增加路面结构的弯曲刚度,降低面层板的荷载应力,但也会增加面层板的温度翘曲变形(增加板底脱空区范围)和翘曲应力,对路面结构产生不利影响,并不一定能减少面层厚度。

4) 垫层

垫层主要设置在温度和湿度状况不良的路段上时,应在基层或底基层下设置垫层。

(1) 季节性冰冻地区,路面结构总厚度小于最小防冻厚度要求时,应设置防冻垫层,使路面结构免除或减轻冻胀和翻浆病害,使路面结构总厚度符合要求。

(2) 当路床土湿度较大时,水文地质条件不良的土质路堑宜设置排水垫层疏干路床土,以改善路面结构的支承条件。

5) 路基

水泥混凝土路面的路基应稳定、密实、均质,对路面结构提供均匀的支承。理论分析表明,通过混凝土路面结构传到路床顶面的荷载应力很小,因此,对路基承载能力的要求并不高。但当路基出现不均匀变形时,混凝土面层和下卧层之间会出现局部脱空,面层应力会由此增加而导致面层板的断裂。因此,对路基的基本要求是提供均匀的支承,即路面在环境和荷载作用下产生的不均匀变形小。

6.2.2 水泥混凝土路面施工方法

1. 小型机具施工

一般按照一个车道宽度进行施工,这有利于控制面板横向坡度和平整度,施工方便,同时也可以利用一侧基层或已建成的混凝土车道作为运输混合料的通道。

1) 安装模板

在摊铺混凝土之前,应先根据车道宽度安装纵向模板,模板可由 4～5 m 厚的钢板冲压制成,或由 3～4 mm 厚钢板与边宽 40～50 mm 的角钢或槽钢组合构成。模板底面与基层表面应密贴,以防漏浆;两侧用铁钎打入基层以固定位置,保证在混凝土振实时不松动或变形。模板内侧应均匀涂抹一层废机油、肥皂水或其他润滑剂,以便脱模。

2) 钢筋布设

(1) 传力杆的安设。混凝土连续浇筑时,胀缝传力杆常用钢筋支架法。传力杆的两端固定在钢筋支架上,支架脚插入基层内。对于混凝土板浇筑结束时设置的胀缝,宜用顶头木模固定传力杆的安装方法。继续浇筑邻板时,拆除挡板、横木及定位模板,设置胀缝板、木制压缝板条和传力杆套管。缩缝及横向施工缝处传力杆的安装,可以采用预制定位支架固定传力杆的方法。在钢筋下垫用 $\phi 8 \sim \phi 10$ 钢筋弯成的支架(支架反向弯脚各长 4 cm,每隔 50 cm 左右垫一支架),以支撑并固定传力杆的位置。

(2) 拉杆的安设。对于平缝处的拉杆,根据设计要求肋间距,在模板上制作拉杆置放孔;假缝处拉杆的安设可以采用钢筋支架预先固定在基层上。

(3) 边缘钢筋及角隅钢筋的布设。边缘钢筋通常用预制混凝土垫块垫托。垫块厚度一般以 4 cm 为宜,垫块间距不大于 80 cm。在浇筑混凝土过程中,钢筋中间应保持平直,不得变形挠曲,并防止移位。角隅钢筋应在混凝土浇筑振实至与设计厚度差 5 cm 左右时安放。距离胀缝和板边缘各为 10 cm,平铺就位后,即可继续浇筑上部混凝土。

3) 混凝土的拌制与运输

混合料的制备可采用在工地由拌和机拌制或在中心工厂集中制备而后用汽车运送到工地两种方式。在工地制备混合料时,要准确掌握配合比,特别要严格控制用水量。每天开始拌和前,应根据天气变化情况,测定砂、石材料的含水量,以调整拌和时的实际用水量;每次拌和所用材料应过秤。量配的精确度对水泥为 $\pm 1.5\%$,砂为 $\pm 2\%$,碎石为 $\pm 3\%$,水为 $\pm 1\%$。

每一工班应检查材料量配的精确度至少 2 次,每半天检查混合料的坍落度 2 次,混凝土拌和物每盘的搅拌时间应根据搅拌机的性能和拌和物的和易性确定。搅拌最长不得超过拌和物要求的最短搅拌时间的 3 倍。通常采用手推车或自卸汽车来运输混凝土拌和物。当运距较远时,宜采用搅拌车运输。混凝土混合料必须在初凝前运到摊铺地点,并有足够的摊铺、振实、整平和抹面的时间。混合料的卸料高度不得大于 1.50 m,以免发生离析;炎热干燥、大风或阴雨天气运输时,应加以覆盖;冬季施工运输时应有保温措施。每车卸料后必须及时清除车内的黏附残料。

4) 混凝土的摊铺和振实

混凝土板厚在 22 cm 以下时,可以一次摊铺捣实,当厚度超过 22 cm 时,可以分两次摊铺,下层摊铺厚度约为总厚度的 3/5(边摊铺、边整平、边振实),紧接着摊铺上层。

混凝土铺筑到一半厚度后,先采用 2.2 kW(或 3.0 kW)的平板式振捣器振捣一遍,然后加高铺筑混凝土到顶部,等初步整平后换用 1.2~1.5 kW 的平板式振捣器再振捣一遍。

凡振捣不到位的地方,如模板边缘、传力杆处、窨井及进水口附近等,均改用高频率插入式振捣器振捣。插入式振捣器严禁在传力杆上振捣,以免损坏邻板边缘混凝土。经平板振捣器整平后的混凝土表面,应基本平整,无明显的凹凸痕迹。然后用带有振捣器的、底面符合路拱横坡的振捣梁,将其两端放在侧模上,沿摊铺方向振捣拖平。随后,再用直径为 75～100 mm 的无缝钢管,将其两端放在侧模上,沿纵向滚压一遍。

5) 筑做接缝

(1) 胀缝。预先加工好钢筋支架,传力杆无沥青涂层的一端焊接在支架上,接缝板夹在两支架之间,将支架准确定位,用钢钎将支架与胀缝板锚固在基层上,浇筑混凝土。在混凝土硬化前,剔除胀缝板上部的混凝土,嵌入 2 cm×2 cm 的木条,修整好表面;在填缝之前,凿去接缝板顶部的木条,涂胶黏剂后,嵌入多孔橡胶条。

(2) 横向缩缝。横向缩缝即假缝,有切缝法、锯缝法两种方法筑做。①切缝法是在混凝土捣实整平后,利用振捣梁将"T"形振动刀准确地按缩缝位置振出一条槽,随后将铁制压缝板放入,并用原浆修平槽边。当混凝土收浆抹面后,再轻轻取去压缝板,并立即用专门抹子修整缝缘。②锯缝法是在结硬的混凝土中用锯缝机(带有金刚石或金刚砂轮锯片)锯割出要求深度的槽口。这种方法要求掌握好锯割时间,合适的时间视气候条件而定。

(3) 纵缝。纵向假缝可以采用切缝或锯缝法;平缝纵缝应在已浇混凝土板的缝壁涂刷沥青,并避免涂在拉杆上。浇筑邻板时,缝的上部应压成规定深度的缝槽。

6) 表面整修与防滑措施

水泥混凝土终凝前必须抹平其表面,使表面磨耗层(2～4 mm 的砂浆层)密实、平整。最好使用机械抹平。目前国产的小型电动抹面机有两种装置:装上圆盘即可进行粗光,装上细抹叶片即可进行精光。在一般情况下,面层表面仅需粗光即可。抹面结束后,有时还需要再用拖光带横向轻轻拖拉几次。

近年来,国内外采用一种有效的方法使混凝土具有粗糙抗滑的表面,即在已结硬的路面上,用锯槽机将路面锯割成深 5～6 mm、宽 2～3 mm、间距 20 mm 的小横槽。也可以在未结硬的混凝土表面塑压成槽,或压入坚硬的石屑来防滑。

7) 养护

养护的目的主要是防止混凝土的水分蒸发过快而产生收缩裂缝和保证水泥能充分进行水化作用。养护通常有湿法养护、塑料薄膜养护两种方法,养护期一般为 28 d。混凝土强度未达到设计要求前严禁硬质工具、器械等在上面拖拉,并严禁车辆通行。

8）拆模和填缝

拆模时间应能保证混凝土边角不因拆模而破坏，应根据气温和混凝土强度增长情况而定。所有接缝的上部均需要用填缝料封填。一般在养护期满后即可以进行填缝。未填缝前严禁车辆行驶，以免板边和角隅破坏。

2. 轨模式摊铺机施工

轨模式摊铺机施工，是由支撑在平底型轨道上的摊铺机将混凝土拌和物摊铺在基层上。它是水泥混凝土路面机械化施工中一种普遍的方法。轨模式摊铺机的整套机械在轨模上前后移动，并以轨模为基准控制路面的高程。摊铺机的轨道与模板同时进行安装，将轨道固定在模板上，然后统一调整定位，形成的轨模既是路面边模又是摊铺机的行走轨道。

1）混凝土的拌和与运输

采用轨模式摊铺机施工的，拌和设备应配有电子秤等可自动准确计量的供料系统；无此条件时，可以采用集料箱加地磅的方法进行计量。各种组成材料的计量精度应符合规定要求。用国产强制式搅拌机进行混凝土混合料拌和。通常，采用自卸汽车运输混凝土拌和物，拌和物坍落度大于 5 cm 时应采用搅拌车运输。

2）摊铺与振捣

轨模式摊铺机有刮板式、箱式和螺旋式三种。摊铺时，将卸在基层上或摊铺箱内的混凝土拌和物按照摊铺厚度均匀地充满轨道范围内。刮板式摊铺机本身能在轨道上前后自由移动，刮板旋转时将卸在基层上的混凝土拌和物向任意方向摊铺。这种摊铺机质量小，容易操作，使用较普遍，但摊铺能力较小。箱式摊铺机摊铺时，先将混凝土拌和物通过卸料机一次卸在钢制料箱内，摊铺机向前行驶时料箱内的混合料摊铺于基层上，通过料箱横向移动按松铺厚度准确、均匀地刮平拌和物。螺旋式摊铺机则由可以正向和反向旋转的螺旋布料器将拌和物摊平，螺旋布料器的刮板能准确调整高度。螺旋式摊铺机的摊铺质量优于前述两种摊铺机，摊铺能力较大。摊铺机摊铺时，振捣机跟在摊铺机后面对拌和物做进一步的整平和捣实。

3）表面整修

振捣密实的混凝土表面应进行整平、精光、纹理制作等工序的作业，使竣工后的混凝土路面具有良好的路用性能。表面整平用能纵向移动或斜向移动的表面整修机整平。整平时,应使整平机械前保持高度为 10~15 cm 的物料,并使物料向较高的一侧移动,以保证路面板的平整,防止出现麻面及空洞等缺陷。精光是对混凝土路面进行最后的精平,使混凝土表面更加致密、平整、美观。此工序是提高混凝土路面外观质量的关键工序之一。混凝土路面整修机配有完善的精光机械,只要在施工过程中加强质量检查和校核,便可以保证精光质量。制作纹理用纹理制作机在路面上拉毛、压槽或刻纹,纹理深度控制在 1~2 mm,纹理应与路面前进方向垂直,相邻板的纹理应相互沟通以便排水。纹理制作从混凝土表面无波纹水迹时开始,过早或过晚均会影响纹理质量。

4) 接缝施工

横向缩缝(假缝)一般采用锯缝法。假缝型纵缝应预先用钢筋支架将拉杆固定在基层上或用拉杆置放机在施工时将拉杆置入。假缝顶面的缝槽用锯缝机锯切。纵缝为平缝带拉杆时,应根据设计要求,预先在模板上制作拉杆置放孔,模板内侧涂刷隔离剂。缝槽顶面用锯缝机切割,深度为 3~4 cm,并用填缝料灌缝。混凝土的养护及填缝同小型机具施工。

3. 滑模式摊铺机施工

水泥混凝土路面滑模摊铺机施工技术是现代化、机械化和智能化的先进技术,是高速公路水泥混凝土路面施工技术的主要趋势和发展方向。滑模式摊铺机支撑在四个液压缸上,它可以通过控制机械上下移动来调整摊铺厚度。在摊铺机两侧设有随机移动的固定滑模板。滑模式摊铺机一次通过即可完成摊铺、振捣、整平等多道工序。

1) 测量放样、悬挂基准线

滑模式施工取消了固定模板,代之以随摊铺机一起运动的滑移式滑动模板。路面的高程、纵横坡度、板宽、平整度等以基准线作为基本参照系,通过滑模摊铺机上设置的传感器进行调整、控制。基准线一般比路面摊铺边缘宽 0.8~1.5 m,由于路面有横坡,因此,基准线高程并不是路面边缘高程。基准线固定桩间距,在直线段不超过 10 m,曲线段应加密到 5 m。准确测量定位后,将基准线固定桩(钢钎)牢固打入基层 10~15 cm。基准线精确定位后固定在钢钎上。基准线设置好以后,禁止扰动,特别是正在作业时,严禁碰撞和振动基准线,以确保摊铺质量。

2) 混凝土的搅拌和运输

滑模摊铺水泥混凝土路面必须采用强制式混凝土搅拌楼来生产混合料,以确保混合料的搅拌质量和生产效率。混凝土混合料的生产供应一般有预拌混凝土和现场搅拌站两种方式。为了适应滑模摊铺水泥混凝土路面的快速施工要求，一般要求采用装载 8 m³(20 t)以上的大型车辆来运输混凝土。一般情况下，混凝土运输应当在 45~60 min 完成，否则，即使没有到初凝时间，坍落度损失太大也不适宜滑模摊铺。

3）混合料的卸料、布料

滑模摊铺普通混凝土路面时，混凝土混合料直接卸在基层上，卸料分布应均匀。滑模摊铺机的前部有螺旋布料器或布料刮板，料堆高度不得高于摊铺机的进料挡板上边缘，以减小摊铺机的摊铺推进负荷。机前缺料时，可以用装载机或挖掘机补充送料，并要求供料与摊铺速度协调。当路面设计有缩缝传力杆、钢筋混凝土路面和要求连续滑模摊铺桥面时，均需要用布料机布料，从而加快施工速度，并保证混凝土路面的施工质量。布料宽度不得宽于滑模摊铺机宽度，布料的松铺厚度要适宜，松铺系数随坍落度大小而变化。布料机与滑模摊铺机的施工距离应控制在 5~10 m。

4）混凝土的摊铺

混凝土混合料布好后，在开始摊铺的 5 m 内，必须对所摊铺出的路面高程、厚度、宽度、中线、横向坡度等技术参数进行准确测量。根据测量结果及时、缓慢地在摊铺行进中进行微调。禁止停机调整，以免影响路面的平整度。摊铺机从起步到调整，到正常摊铺，应在 10 m 内完成。滑模摊铺机的摊铺速度取决于混凝土路面板是否振捣密实。由于滑模摊铺只能一次摊铺出高密实度的混凝土路面，而不可能回车反复制作，即使不符合要求，也无法补救，所以，摊铺过程中应尽可能使摊铺机缓慢、均匀、连续不断地作业。混合料正常的滑模摊铺速度应控制在 1~2 m/min 为宜。不容许料多追赶，然后随意停机等待，以及间歇摊铺情况的发生。

5）接缝施工

（1）纵缝。当一次摊铺多车道路面时，纵向假缝采用锯缝法制作，假缝处的拉杆用中间拉杆插入装置在摊铺时插入，纵向施工缝处的拉杆，在前一幅路面摊铺时，用摊铺机的侧向拉杆插入装置插入。

（2）横缝。带传力杆的假缝，可在摊铺机上配备传力杆自动插入装置(DBI)在施工时置入，或采用预制钢筋支架法固定传力杆，钢筋支架上部的混凝土应先采用手持振捣棒振捣密实，摊铺机通过时必须提高振捣棒，使其最低点位置在挤压板的后缘高度以上,以便不扰动传力杆。当混凝土强度达到设计值的25%～30%时,采用支架式硬切缝机切割。滑模摊铺水泥混凝土路面的胀缝施工,目前,国内外均采用"前置式胀缝支架施工法"。混凝土强度初步形成后,用刻纹机或拉毛机制作表面纹理。其养护、锯缝、灌缝等施工方法与轨模式摊铺机施工方法相同。

6.3 路面白改黑设计与施工

6.3.1 道路路面白改黑的出现

随着改革开放的进程不断推进,我国的经济发展迅速,城市化进程也在不断推进,道路不断扩建的同时,交通运输量也在不断提升,整个交通体系不断丰富,并且向着更加完善的方向发展。但是在道路使用的过程中,原本的路面经过长期的使用出现了一些问题,并且随着运输量的增加,城市道路路面的磨损情况也越来越严重,还有可能会出现裂缝问题,不仅会导致交通运转不畅,给人们带来不好的出行体验,同时,还有可能会危害到人们的出行安全。国家相关部门对这一情况非常重视,在深入了解我国城市道路现状的基础上,提出城市道路路面白改黑的理念,有效地优化了路面的质量。

6.3.2 道路路面白改黑的意义

首先,从经济效益角度而言,白改黑并不是简单地将原本的路面全部更换,而是以原有的城市路面为基础,开展重新修建的工作,这样能够充分发挥出原有路面的作用,提升了其利用率,有助于节约路面建设成本。其次,从技术角度而言,原本的水泥路面承载能力相对比较弱,一旦超出承载范围,或者使用的时间久了,很容易出现损坏问题,在进行维修时,势必会对于交通的顺畅造成不利影响。而白改黑进行建设的城市道路,本质上是一种复合型的道路,具有较强的优势,不仅更加坚固,有效延长了道路使用寿命,能够更好地满足人们日常出行的需求,同时,产生的噪声也更小,防滑能力强,不容易出现病害。

6.3.3 道路路面白改黑前期准备工作

进行城市道路路面白改黑的过程中,不能盲目,而是要先以现实情况为基础,进行前期的准备工作。首先需要对于城市道路中水泥路面的分布情况进行全面的了解,然后,需要划分区域,并且由专业工作人员前往现场具体核实现阶段水泥路面的状况,从而为后续的白改黑工作提供必要的依据。在进行查实的过程中,需要确认以下几点:首先,当前的水泥路面状况如何,是否存在损坏、裂缝等情况,这些都需要一一查实后进行详细的记录;其次,需要采用弯沉检测的方式,对于水泥路面进行详细的检测,确定水泥路面的受力强度,并且为了保障后续的白改黑工作顺利有序开展,还应当打开路面,进一步检查基层的情况;再次,需要检查水泥路面是否存在塌陷以及脱空等问题,确认是否需要进行填补工作;最后,还需要确定当前水泥路面的荷载值,确定其能否在此发挥出作用,是否具有较强的二次利用价值。在进行白改黑工作之前,需要将这几点注意事项一一确定,并且结合实际情况,采取适当的手段进行处理。比如原本的路面已经破损严重,无法使用,则需要进行相应的标记和清理工作,如果是有一些裂缝的情况,并没有出现极大的破坏,则需要结合实际情况进行修补,修补也有相应的标准和要求,需要严格执行。处理完成后,还应当进行细致的检查,确保没有任何问题。

6.3.4 道路路面白改黑施工思路

1. 路面高低错位的处理

原有的水泥路面经过长时间的使用,被风雨侵蚀,加上超负荷承载交通运输量,长此以往,路面会出现高低不均的情况,如果没有及时采取有效的措施进行处理,路面还有可能会裂开,出现错位,导致城市道路无法正常运转,影响到人们的日常出行,还存在一些安全隐患,对于人们的出行安全造成一定的威胁。当路面已经出现高低错位的情况,需要结合具体的程度进行处理,并且要求也比较严格。一般来说,错位情况比较轻微的,也就是在 5 mm 以内的错位,可以采用打磨的方式,使高低错位的位置恢复平整。错位情况相对严重一些,处于中等程度的,也就是 5~10 mm 的错位,可以采用凿低补平的方式,使得两侧的路面恢复平整。而当错位情况已经比较严重,在 10 mm 以上时,则需要对路面进行更换操作。

2. 路面裂缝的处理

经过长期的使用,原有的水泥路面可能出现裂缝问题,为了保障人们的出行安全,避免裂缝问题进一步扩大,这些裂缝也需要进行适当处理。一般来说,裂缝程度比较轻微的,在 3 mm 以下的裂缝,采用扩缝灌浆的方式进行填充。当裂缝已经达到了 3 mm,或者在 3 mm 以上,已经是比较严重的裂缝,则需要先检查裂缝中是否存在杂物,进行清除操作,并且还应当进行适当的扩展操作,一般是呈倒梯形,然后再进行灌缝黏结操作。而如果裂缝情况已经非常严重,达到了 15 mm 或者在 15 mm 以上的,则需要结合路面的情况,进行相应的切割处理,或者进行换板。

3. 路面塌陷、脱空的处理

路面塌陷或者脱空也是非常严重的问题,水泥路在长期使用过程中,存在超负荷使用的情况,并且在承载交通运输时,受力不均匀的情况是难免的,长此以往,路面就会出现塌陷或者脱空的问题,再加上天气情况的变动,路面的温度也会随之变动,处在不稳定的状态下,路面内部可能会出现灌水的问题。水流的影响,加上路面上承载的交通运输,尤其是城市道路常常需要承载一些大型的货车,导致路面出现严重的塌陷问题。针对此问题,需要进行修补,先结合路面状况进行钻孔,并且进行注浆操作,使路面恢复平整。当注浆填充完成后,为了保证没有失误,还应当由专业的工作人员进行二次详细的检查,确保没有问题,如果存在问题,则需要采取相应的手段进行补救。

4. 土工布的铺设

当上述的清理和修补工作完成后,则需要进行后续的流程,首先需要对于路面上的黏层油进行加热,当加热到标准的温度后,进行喷洒沥青操作,确保喷洒的时候与路面保持平行。当沥青喷洒完成后,需要利用专门的施工设备进行铺设工作,这个过程需要迅速完成。当铺设工作完成后,需要进行检查,对于设备铺设不合格或者存在问题的部分,需要采用人工的方式进行调整。当确保铺设完成,没有存在不合格的部分时,再利用压路机对于路面进行碾压,确保铺设的路面能够很好地与沥青结合起来。并且,在施工的过程中需要注意,这些工作不能出现断档,而是要连续地完成,这样才能够确保路面的质量,为人们的日常出行提供有力的保障。

5. 注意原路面与沥青的结合

白改黑设计理念提出后,各个城市广泛应用,并且也取得了良好的效果,但是在一些城市中,也出现了原路面与沥青不能很好结合的问题。而为了改善这一问题,在沥青填充时,防护工作是非常必要的。在进行沥青填充工作之前,需要先进行清理工作,包括灰尘杂物都应当清除,做好清除工作后,均匀喷洒沥青,然后再铺设土工布,这样能够很好地让原有的路面与沥青结合起来。并且在整个工作流程中,还应当格外重视碾压工作,碾压工作应当严格遵照标准进行,避免路面存在空隙,避免遇到下雨天气,路面空隙内出现积水,对于城市道路造成不利的影响。并且,为了确保施工的顺利进行,还应当加强监督工作,要由专业的工作人员进行操作,确保每一步的工作都细致地落实到位,切实解决原路面与沥青无法很好融合的问题,延长城市道路的使用寿命,保障道路的质量,为人们的出行提供良好的保障,带来良好的出行体验。

6.4　路面病害及其防治措施

6.4.1　沥青路面的病害与防治

1. 沥青路面的破坏

沥青路面的破坏大体上可分为两类:一类是结构性破坏,它是路面结构的整体或某一个或几个组成部分的破坏,严重时已不能承受车辆的荷载;另一类是功能性破坏,如路面的不平整等,使其不再具有预期的功能。这两类破坏不一定同时发生,但都是逐渐积累起来的。对于功能性破坏,可以通过修整、养护来恢复路面的平整性,以满足行车使用要求。但对结构性破坏,一般均须进行彻底的翻修。沥青路面所用的矿料质软和粒径规格不符合要求时,强度不足和劈裂作用往往使矿料压碎而导致路面破坏。夏季高温时,沥青材料黏滞度降低,在荷载作用下,可能造成路面表面泛油,也可使沥青材料与矿料一起挤动而引起面层车辙、推挤、波浪等变形破坏。在冬季低温下,沥青材料会由于收缩作用而产生脆裂破坏。在水分和温度作用下,沥青材料与矿料间的黏结力降低,沥青面层就会出现松散、剥落等破坏。

2. 沥青路面的病害与防治

沥青路面各种病害的成因比较复杂,由于环境、地点、气候条件的不同,病害的情况不一。现将沥青路面的几种主要病害与防治方法介绍如下。

（1）泛油。泛油大多是由于混合料中沥青用量偏多、沥青稠度太低，但有时也可能由于低温季节施工，表面嵌缝料散失过多，待气温变暖之后，在行车作用下矿料下挤、沥青上泛，表面形成油层而引起。沥青表面处治和沥青贯入式路面易产生此类病害。可以根据泛油的轻重程度，采取铺撒较粗粒径的矿料予以处治。

（2）波浪。波浪是指路面上形成有规则的低洼和凸起变形。波浪的产生，主要是由于沥青洒布不均形成油垄，沥青多处矿料厚、沥青少处矿料薄，再经过行车不断撞击而造成路面高低不平。交叉口、停车站、陡坡路段行车水平力作用较大的地方，易产生波浪变形。波浪变形处治较为困难，轻微的波浪可在热季采用强行压平的方法处治，严重的波浪则须用热拌沥青混合料填平。

（3）拥包。在行车水平力作用下，沥青面层材料的抗剪强度不足则易产生推挤拥包。这类病害大多是由于所用的沥青稠度偏低、用量偏多，或因混合料中矿料级配不好、细料偏多而产生。此外，面层较薄，以及面层与基层的黏结较差，也易产生推挤、拥包。这种病害一般只能采取铲平的办法来处治。

（4）滑溜。沥青路面滑溜主要是由于行车作用造成的矿料磨光，沥青面层中多余的沥青在行车荷载重复作用下泛油，也易形成表面滑溜。这类病害通常多采用加铺防滑封面来处治。

（5）裂缝。沥青路面裂缝的形式有纵向裂缝、横向裂缝、龟裂与网裂几种。沥青路面沿路线纵向产生开裂的原因主要有两种：一种是因填土未压实，路基产生不均匀沉陷或冻胀作用；另一种是沥青混合料摊铺时间过长，或接缝处理不当，接缝处压实未达到要求，在行车作用下形成纵向裂缝。冬季气温下降，沥青路面或基层收缩而形成的裂缝，一般为与道路中线垂直的横缝。土基干缩或冻缩产生的裂缝，亦以横缝居多。路面整体强度不足，沥青面层老化，往往形成闭合图形的龟裂、网裂。对较小的纵缝和横缝，一般用灌入热沥青材料加以封闭处理。对较大的裂缝，则用填塞沥青石屑混合料方法处理。对于大面积的龟裂、网裂，通常采用加铺封层或沥青表面处治。网裂、龟裂严重的路段，则应进行补强或彻底翻修。

（6）坑槽。沥青路面产生坑槽的原因是面层的网裂、龟裂未及时养护。基层局部强度不足，在行车作用下也易产生坑槽。坑槽处治的方法是将坑槽范围挖成矩形，槽壁应垂直，在四周涂刷热沥青后，从基层到面层用与原结构相同的材料填补，并予夯实。

(7) 松散。松散大多发生在沥青路面使用的初期。松散的原因是采用的沥青稠度偏低,黏结力差,用量偏少;或所用的矿料过湿、铺撒不匀;或所有嵌缝料不合规格而未能被沥青粘牢。基层湿软,则应清除松散的沥青面层后,重新压实,待基层干燥后再铺面层。

(8) 啃边。在行车作用和自然因素影响下,沥青路面边缘不断缺损,参差不齐,路面宽度减小,这种现象称为啃边。产生的原因是路面过窄,行车压到路面边缘而造成缺损,边缘强度不足,路肩太高或太低,雨水冲刷路面边缘等。对啃边病害的处治方法是设置路缘石、加宽路面、加固路肩。有条件时加宽路面基层到面层宽度外 20～30 cm。

3. 旧沥青路面再生利用

为了节约能源、减少环境污染、少占堆放废旧料用地和降低路面造价,近年来,许多国家都非常重视旧沥青路面的再生利用。旧沥青路面再生利用就是将旧沥青路面材料经过回收、破碎、加热、掺配新料和再生剂、拌和等处理后,恢复原有沥青路面材料的性能,然后在路面中再次使用。旧沥青路面再生利用方法,按再生材料制备场所的不同分为厂拌法和路拌法两种;按再生材料的用途可分为铺筑面层或底层;按再生材料加热情况又分为冷拌和热拌两类。

6.4.2 水泥混凝土路面病害与养修

1. 水泥混凝土路面的病害

水泥混凝土路面的使用性能在行车和自然因素的不断作用下逐渐变差,以至出现各种类型的损坏现象,大体分为接缝破坏和混凝土面板损坏两个方面,损坏性质也可分为功能损坏与结构性损坏两个范畴。

1) 接缝的破坏

(1) 挤碎。挤碎出现于横向接缝(主要是胀缝)两侧数十厘米宽度内。这是由于胀缝内的滑动传力杆位置不正确,或滑动端的滑动功能失效,或施工时胀缝内局部有混凝土搭连,或胀缝内落入坚硬的杂屑等原因,阻碍了板的伸长,使混凝土在膨胀时受到较高的挤压应力,当其超过混凝土的抗剪强度时,板即发生剪切挤碎。

(2) 拱起。混凝土面板在受膨胀而受阻时,某一接缝两侧的板会突然向上拱起。这是由于板收缩时缝隙张开,填缝料失效,坚硬碎屑等不可压缩的材料塞满缝隙,使板在膨胀时产生较大的热压应力,从而出现纵向压曲失稳。

(3) 错台。错台是指横向接缝两侧路面板出现的竖向相对位移。当胀缝下部嵌缝板与上部缝隙未能对齐,或胀缝两侧混凝土壁面不垂直,使缝旁两板在伸胀挤压过程中,会上下错开而形成错台。地面水通过接缝渗入基础使其软化,或者接缝传荷能力不足,或传力效果降低时,都会导致错台的产生。当交通量或基础承载力在横向各幅板上分布不均匀,各幅板沉陷不一致时,纵缝也会产生错台现象。

(4) 唧泥。汽车行经接缝时,由缝内喷溅出稀泥浆的现象称为唧泥。在轮载的频繁作用下,基层由于塑性变形累积而同面层板脱空,地面水沿接缝下渗而积聚在脱空的空隙内。在轮载作用下,积水变成有压水而同基层内浸湿的细料混搅成泥浆,并沿接缝缝隙喷溅出来。唧泥的出现,使面板边缘部分失去支承,因而往往在离接缝 1.5~1.8 m 处导致横向接缝。此外,纵缝两侧的横缝前后搓开、纵缝缝隙拉宽、填缝料丧失和脱落等也都属于接缝的破坏。

2) 混凝土板本身的破坏

混凝土板的破坏主要是断裂和裂缝。面板由于所受内应力超过了混凝土的强度而出现横向或纵向以及板角的断裂和裂缝。其原因是多方面的:板太薄或轮载太重;行车荷载的渠化作用(荷载次数超过允许值);板的平面尺寸太大,使温度翘曲应力过大;地基过量塑性变形使板底脱空失去支承;养护期间收缩应力过大;由于材料或施工质量不良,混凝土未能达到设计要求等。断裂裂缝破坏了板的结构整体性,使板丧失应有的承载能力。因而,断裂裂缝可视为混凝土面层结构破坏的临界状态。

2. 水泥混凝土路面的养护与维修

1) 填缝料的填补

填缝料常因高温被挤出而失落,日久老化而失去弹性,因此,一般在冬季缝隙增宽时增补或更新填缝料,使缝隙填料保持饱满不渗水的状态,避免屑杂物等不可压缩的材料混入。

2) 裂缝的修补

对较小裂缝,应及时将裂缝内的尘土清除干净,再灌填沥青砂或沥青玛𤩺脂封缝;或用环氧树脂胶结。对严重的裂缝,宜先将松动部分凿掉并清除干净后,在干燥情况下,用液体沥青涂刷缝壁,再填入沥青砂捣实、烫平,并以细砂覆盖。裂缝的修补工作宜在秋末冬初缝隙较宽时进行。

3) 麻孔、剥落、局部磨损和坑洞的修补

先将尘土碎屑清除干净,再用 1:2 水泥砂浆(水灰比 0.4~0.5)或硫黄水泥填补。硫黄水泥强度高,能与多种材料黏结快硬,无须养护,并有耐酸抗渗作用。有时也可用掺有 50% 浓度聚乙酸乙烯乳液的水泥砂浆进行修补;或先涂敷环氧树脂或水泥浆,然后用掺有早强剂的混凝土填补。

4) 大面积磨耗的处理

当磨损、剥落面积较大时,可用坚硬石料进行双层沥青表面处治。黏层油应用较稠的沥青,用量应稍多,以免剥落。对已磨光的路面,国外常铺上防滑沥青砂封层,或者用割槽机将路面割成小横槽,以恢复抗滑力。

5) 断裂的修理

根据断裂位置把混凝土板凿成深 0.05~0.07 m 的长方形槽,刷洗干净后,用水泥砂浆涂抹槽壁和底面,然后以混凝土填补。较彻底的办法是将凹槽壁凿至贯通整个板厚,并在凹槽边缘板厚中央打洞。洞深 0.1 m,直径 30~40 cm,水平间距 0.3~0.4 m。每个洞应先将其周围润湿,插入一根直径 18~20 cm、长约 0.2 m 的钢筋,然后用最大粒径为 5~10 mm 的细石混凝土填塞捣实。洞口留下 0.01~0.02 m 不浇筑,钢筋应一半伸出洞外。待细石混凝土硬结后,再将凹槽边壁润湿,涂刷水泥浆一道,然后将与原来相同的混凝土浇入格中夯捣密实。

6) 整仓修复

当裂缝分布遍及全板时,可将该板块击破翻除,必要时还应重做基层,再另浇筑新混凝土板。对于击破旧混凝土路面,我国有关单位研制一种移动式电动落锤式破路器,效果甚好。

7) 罩面

混凝土路面损坏后,可在其上以新混凝土罩面。为使新旧混凝土的结合良好,加铺前除清除旧面层表面并凿毛外,有时还可在旧路面上先涂敷环氧树脂,然后铺筑新混凝土层,以使新旧层之间达到完全结合。若在面层清扫后直接铺筑新混凝土罩面时,则属于部分结合的情况。如在铺筑新混凝土罩面之前,先加上一层油毛毡或其他材料作隔离层,这属于分离式的情况。当用沥青混合料进行罩面时,应有一定的罩面厚度,常用的厚度为 0.09~0.15 m,否则容易剥落,而且旧混凝土路面接缝和裂缝易反射到沥青层上。

3. 水泥混凝土路面的加铺

水泥混凝土路面和机场道面经过一段时间使用之后,行车轴载和轴次大大增加,可能会出现某些损坏,从而不能满足使用要求,因此需要加强。为了使混凝土路面加厚设计符合实际,既能适应结构强度要求,又不造成浪费,对旧混凝土路面强度特性和力学参数应进行必要的测试和评定,以便获取水泥混凝土路面的有关力学参数,包括基础回弹模量、混凝土面板的抗折强度和抗折弹性模量。旧水泥混凝土路面的强度和模量的评定简称为强度评定。

加铺层与原路面层间结合形式选择同原路面板的完好状况、接缝类型和状况、路拱坡度以及施工条件和造价有关。常用的结合形式有以下几种。

(1)结合式加厚层。结合式加厚层适用于旧混凝土板完好,或虽有损坏但已修复的情况,加厚层与原路面板路拱坡度一致。铺加厚层时,是将原面板表面凿毛,除掉碎屑,清洗干净,涂刷高分子黏结材料或掺有黏结剂的水泥浆,之后浇筑混凝土加厚层。加厚层筑缝应与原面板接缝对齐,且缝的类型应相同。目前修筑结合式加厚层费工费时,造价较高,限制了其在工程中的应用。

(2)直接式加厚层。直接式加厚层适用于旧混凝土面板完好,没有或只有少量裂缝的情况,加厚层与原路面板路拱大体相同。施工时将原面板表面清洗干净,直接在其上浇筑混凝土加厚层。加厚层接缝的位置和类型应与路面板一致。这种加厚层施工方便,造价不高,为工程单位大量采用。

(3)分离式加厚层。分离式加厚层适用于旧混凝土面板裂缝较多的情况。施工时,应将原面板上的碎屑杂物清扫干净,对严重损坏板块,查清原因,予以处理。在旧道面上铺沥青混凝土或油毛毡卷材,使之与加厚层分离。沥青混凝土常用沥青砂或细粒式沥青混凝土,厚2~3 cm。油毛毡1~2层,相接处搭接至少5 cm。加厚层的接缝宜与原面板接缝对齐,接缝类型可不相同。

当因纵坡调整或防冻要求在原混凝土路面板与加厚层之间设置较厚的隔离层时,可用沥青混凝土或水泥稳定料等材料修筑。旧混凝土路面修筑混凝土加厚层后成为双层混凝土路面,其力学模型属于弹性地基上双层板。研究表明,可采用弹性地基上不同层间接触假设的双层弹性薄板理论进行计算。同时得出,用等刚度原则将弹性地基双层板问题转换为弹性地基单层板计算是合理而简便的,这样在进行混凝土加厚层设计时,就可利用现行水泥混凝土路面设计规范的方法。根据实验结果和以往经验,各种层间结合形式的混凝土加厚层最小厚度可取:结合式 12 cm,直接式 14 cm,分离式 16 cm。

4. 水泥混凝土路面的快速修补

水泥混凝土路面的快速修补所选用的混凝土应具备以下性质。

(1) 有快硬高强的特性,以便在较短的养护期能满足开放通车的强度要求。由于快速修补材料初期强度增长较快,混凝土的强度应达到设计强度的 70%,即抗折强度达 3 MPa 时可放行通车。

(2) 初凝时间不少于 45 min,以利于施工操作。

(3) 具有便于施工的和易性。

(4) 与旧混凝土与砂浆有较高的黏结力,黏结抗折及黏结抗剪强度不少于修补材料自身强度的 50%。

(5) 硬化过程中收缩小,其干缩值宜小于 3‰。

(6) 28 d 龄期模量值与一般混凝土模量接近。

(7) 与旧混凝土颜色接近,以满足美观要求。

第7章 道路排水设计与施工

7.1 路基排水设计

7.1.1 地面排水

1. 边沟

边沟设置在挖方路基的路肩外侧或低路堤的坡脚外侧,多与路中线平行,用以汇集和排除路基范围内和流向路基的少量地面水。平坦地面填方路段的路旁取土坑,常与路基排水设计综合考虑,使之起到边沟的排水作用。边沟的排水量不大,一般不需要进行水文和水力计算,常选用标准横断面形式。边沟不宜过长,尽量使沟内水流就近排至路旁自然水沟或低洼地带,必要时设置涵洞,使边沟水横穿路基,从路基另一侧排出。

2. 截水沟

截水沟一般设置在挖方路基边坡坡顶以外,或山坡路堤上方的适当地点,用以拦截并排除路基上方流向路基的地面径流,减轻边沟的水流负担,保证挖方边坡和填方坡脚不受流水冲刷,又称为天沟。它适用于降水量较多且暴雨频率较高、山坡覆盖层比较松软、坡面较高、水土流失比较严重的地段,必要时可设置两道或多道截水沟。降水量少、冲刷不大的路段可以不设置截水沟。截水沟的位置,应尽量与绝大多数地面水流方向垂直,以提高截水效能和缩短沟的长度。截水沟应保证水流畅通,就近引入自然沟内排出,必要时配以急流槽或涵洞等泄水结构物,将水流引入指定地点。截水沟水流不应引入边沟,当必须引入时,应增大边沟横断面,并进行防护。沟底应具有0.5%以上的纵坡,沟底和沟壁要求平整密实、不滞流、不渗水,必要时予以加固和铺砌。截水沟的长度以200~500 mm为宜。

3. 排水沟

排水沟主要用于排除路基范围内边沟、截水沟或其他水源的水流,并将水流引至桥涵或路基范围以外的指定地点。当路线受到多段沟渠或水道影响时,为保护路基不受水害,可以设置排水沟或改移渠道,以调节水流,整治水道排水沟的布置,可以根据需要并结合当地地形等条件而定,离路基尽可能远些,距路基坡脚不宜小于 2.0 m,平面上应力求直接,需要转弯时也应尽量圆顺,做成弧形,其半径不宜小于 10~20 m,连续长度宜短,一般不超过 500 m,排水沟应具有合适的纵坡,以保证水流畅通,不致流速太大而产生冲刷,亦不可因流速太小而形成淤积,为此宜通过水文水力计算而择优选定。一般情况下,可以取 0.5%~1.0%,不宜小于 0.3%,也不宜大于 3%。

4. 跌水与急流槽

跌水与急流槽是人工排水沟渠的特殊形式,用于陡坡地段,沟底纵坡可达 45%,是山区公路的常见排水构造物。由于纵坡陡,水流速度快,冲刷力大,要求跌水与急流槽的结构必须稳固耐久,通常,应采用浆砌块石或水泥混凝土预制块砌筑,并具有相应的防护加固措施。

5. 倒虹吸与渡水槽

倒虹吸借助上下游沟渠水位差,利用势能使水流降落后再复升,经路基下部埋设的管道,水流流向路基另一侧。竖井式倒虹吸的水流在管道中多次垂直改变方向,水流条件较差,结构要求较高,管内易漏水和淤塞,也难以清理和修复,使用时必须合理设计,进行水力计算,同时要求保证施工质量,经常检查维修。

渡水槽相当于渡水桥,是穿过农田地区路段常用的过水形式之一,是当水道与路基设计标高相差较大,且路基两侧地形有利时,设置的沟通路基两侧水流的排水构造物。渡水槽由进出水口、槽身和下部支承三部分组成。渡水槽的受力特点与桥梁相似,其构造也与桥梁相似,渡水槽的主要作用是沟通水流,故除在结构上应具有足够强度外,在性能上还应满足排水的要求,以及防止冲刷和渗漏等。

7.1.2 地下排水

1. 暗沟

暗沟是引导地下水流的沟渠。其本身不起渗水、汇水作用,而是把路基范围内的泉眼或渗沟汇集的水流排到路基范围以外,使水不致在土基中扩散,危害路基。

2. 渗沟

渗沟是一种常见的地下排水沟渠。其作用是切断、拦截有害的含水层和降低地下水位,保证路基经常处于干燥状态。渗沟分为填石渗沟、洞式渗沟和管式渗沟三种形式。填石渗沟也称盲沟,一般用于流量不大、渗沟不长的路段,是公路上常用的一种渗沟,盲沟深度不超过 3 m,宽度一般为 0.7~1.0 m。管式渗沟设置于地下引水较长的地段。但渗沟过长时,应加设横向泄水管,将纵向渗沟内的水流分段迅速排除。沟底最小纵坡为 0.5%,以免淤塞。当地下水流量较大或缺乏水管时,可以采用洞式渗沟,洞孔大小依设计流量而定。

3. 渗井

渗井属于水平方向的地下排水设备。当地下存在多层含水层,其中影响路基的上部含水层较薄,排水量不大,且平式渗沟难以布置时,应采用立式(竖向)排水,设置渗井,穿过不透水层,将路基范围内的上层地下水引入更深的含水层中,以降低上层的地下水位或全部予以排除。鉴于渗井施工不易,单位渗水面积的造价高于渗沟,一般尽量少用。

7.2 路面排水设计

7.2.1 路面排水的设计原则

(1)降落在路面上的雨水,应通过路面横向坡度向两侧排流,避免行车道路面范围内出现积水。

(2) 在路线纵坡平缓、汇水量不大、路堤较低且边坡坡面不会受到冲刷的情况下,应采用在路堤边坡上横向漫流的方式排除路面表面水。

(3) 在路堤较高、边坡坡面未做防护而易遭受路面表面水流冲刷,或者坡面虽已采取防护措施但仍有可能受到冲刷时,应沿路肩外侧边缘设置拦水带,汇集路面表面水,然后通过泄水口和急流槽排离路堤。

(4) 当设置拦水带汇集路面表面水时,拦水带过水断面内的水面,在高速公路及一级公路上不得浸过右侧车道外边缘,在二级及二级以下公路上不得漫过右侧车道中心线。

7.2.2 路面表面排水

1. 分散漫流式路表排水

分散漫流式路表排水主要依靠路面及路肩的横坡及时将降水排出路面。这种排水方式一般适用于路线纵坡平缓、汇水量不大、路堤较低且边坡坡面不会受到冲刷的路段,主要用于等级较低的公路上。

2. 集中截流式路表排水

(1) 拦水带。拦水带是设置在沿路肩外侧边缘,用以拦截路面表面水,并与路肩和部分路面构成的浅三角形过水断面,间隔一定的距离设置一个泄水口,将水汇入边坡急流槽再排到路基坡脚以外的边沟或排水沟中。拦水带可以由沥青混凝土现场浇筑,或者由水泥混凝土预制块铺砌而成。采用水泥混凝土预制块拦水带时,应避免预制块影响路面内部水的排泄。拦水带的顶面应略高于过水断面的设计水面高。

(2) 泄水口。拦水带的泄水口可设置成开口(喇叭口)式。在纵坡坡段上,泄水口宜做成不对称的喇叭口,并在硬路肩边缘的外侧设置逐渐变宽的低凹区,低凹区的铺面类型与路肩相同,在平坡或缓坡上,泄水口可做成对称式。泄水口的泄水量以及各项尺寸(开口长度、低凹区宽度、下陷深度)可以按照现行《公路排水设计规范》(JTG/T D33—2012)中所述方法计算得到。

(3) 路肩急流槽。排除路肩积水用的急流槽,其纵坡应与所在的路基边坡坡度一致,槽身的横断面为槽形,多由水泥混凝土预制构件拼装砌筑而成。进水口为喇叭口式的簸箕形,出水口应设置消能设施,下端与路基下边坡的排水沟相接要顺适,防止水流冲出排水沟。

(4) 路肩排水沟。在路肩宽度较窄或爬坡车道占用了路肩过水断面,而路面的汇水宽度或汇水量都较大,拦水带的流水断面不足时,可以在土路肩上设置由 U 形水泥混凝土预制件铺筑的路肩排水沟,沟底纵坡同路肩纵坡,并不小于 0.3%。

3. 中央分隔带排水

1) 直线段中央分隔带排水

(1) 凸形中央分隔带。直线段路基,当中央分隔带用现浇薄层水泥混凝土、预制混凝土小块或其他材料封面时,可以不设置中央分隔带地下排水系统,只需在分隔带铺面上采用向两面外倾的横坡,坡度与路面横坡相同,将降落在分隔带的表面水排向两侧行车道,流入路面表面排水设施。若中央分隔带采用植草或灌木,视降雨量大小应设置地下排水系统。

(2) 凹形中央分隔带。

① 当凹形中央分隔带采用铺面封闭时,可采用浅碟式排水设施排除分隔带内积水,当凹形分隔带未采用铺面封闭时,可以采取以下两种方式排除分隔带内的积水。

a. 分隔带内倾的横向坡度使表面水流向分隔带中央低凹处,再利用路线纵坡排流到横向排水管的泄水口或横穿路界的桥涵水道中。分隔带横向坡度不得陡于 1:6,纵向排水坡度应大于 0.25%,并应做好防止分隔带表面水向下渗漏的处理。当水流速度超过地面土的允许流速时,应在过水断面宽度内对地面土进行防冲刷处理,防冲刷层可与防渗层一同考虑。

b. 采用石灰或水泥稳定土,或采用浆砌片石铺砌,层厚一般为 10~15 cm。当分隔带内的水流流量过大,超过分隔带低凹处汇水的允许范围时,应增设格栅式泄水口,并通过横向排水管排到桥涵或路界外。

② 中央分隔带的泄水口通常采用格栅式。格栅盖一般为铸铁式或钢筋混凝土。格栅铁条平行于水流方向,孔口的净泄水面积应占格栅面积的一半以上。格栅可以同周围地面齐平,也可以适当降低,并在其周围一定范围内做成低凹区,以增加泄水能力。泄水口的泄水量、间距或格栅上面的水深,可按现行《公路排水设计规范》(JTG/T D33—2012)确定。

2) 超高段中央分隔带排水

不论是凸形、凹形或封闭形中央分隔带,在超高路段,下半幅路的路面表面水自分隔带起流向路肩排出,而上半幅路面的表面水均须流向分隔带旁集中。沿分隔带旁集中的水流,视路面径流情况可以采用以下三种方式予以排除:①分隔带上设过水明槽;②分隔带内设置纵向排水沟;③封闭式刚性护栏底部设置孔洞。

7.2.3　路面结构内部排水

1. 一般要求

在进行路面内部排水系统的设计时,通常从泄水能力、渗流时间、耐久性三方面来综合考虑,只有同时满足了这三方面的要求,才能真正起到迅速排水的作用。这三方面的要求如下所述。

(1) 各种设施应具有足够的泄水能力,排除渗入路面结构内部的自由水。渗入量的估计和材料透水系数的测定精度较低,因此对设计泄水量通常采用大于 2 的安全系数,才能保证排水设施具有足够的泄水能力。

(2) 自由水在路面结构内的渗流时间不能太长,渗流路径不能太长。自由水滞留时间长,会使路面结构处于饱水状态时间变长,从而影响路面的使用寿命;在冰冻地区,滞留时间过长还会使水分在基层内结冰,从而损坏路面结构,并使排水受阻。渗入水在路面结构中的最大渗流时间,在冰冻地区应不超过 1 h,在其他地区时,重交通荷载等级不超过 2 h,轻交通时不超过 4 h。渗流水在路面结构内的渗流路径长度不宜超过 45 m。

(3) 排水设施要具有良好的耐久性。路面结构内部排水设施很容易被从路面结构、路基或路肩中流水带来的细粒逐步堵塞,应考虑采取反滤措施以防止细粒随流水渗入。同时为保证排水功能的持久性,各项设施要便于经常性的检查、清扫、疏通。

2. 排水设施

渗入路面结构内的自由水可以通过水平(向两侧路肩)渗流方式与垂直(向下)渗流方式逐渐排出,因此,通常可以采用两类排水设施:一类是在路肩结构内设置可使路面结构内的自由水横向排流出路基的设施,称为路面边缘排水系统;另一类是在路面结构内设置由透水性材料组成的排水层,根据排水层设置位置的不同,又分为排水基层和排水垫层两种排水系统。

(1) 路面边缘排水系统。路面边缘排水系统就是沿路面外侧边缘设置纵向集水沟和集水、出水管。渗入路面结构内的水分,先沿路面结构层的层间空隙或某一透水层次横向流入由透水性材料组成的纵向集水沟,并汇流入沟中的带孔集水管内,再由间隔一定距离的横向出水管排出路基。

(2)排水基层的排水系统。排水基层的排水系统是直接在路面面层下设置透水性排水基层,渗入路面结构中的水分先通过竖向渗流进入透水层,然后横向渗流到路基边坡以外,或进入纵向集水沟和管,再由横向出水管排引出路基的。自由水进入排水基层的渗流路径短,在高透水性材料中渗流的速度快,排水效果好,因此在高速公路和一级公路新建路面时可以采用此方案。排水基层在实施时通常采用全宽式与组合式两种。

(3)排水垫层的排水系统。当路基存在地下水、临时滞水或泉水时,为防止这些水进入路面结构,或者迅速排除因负温差作用而积聚在路基上层的自由水,可以直接在路基顶面设置由开级配粒料组成的全宽式透水性排水垫层,并根据具体情况相应配置反滤层、纵向集水沟和管、横向出水管等组成排水系统。具体布置方案为:当路基为路堤时,水向路基坡面外侧排流;当路基为路堑或半路堑时,挖方坡脚处须设置纵向集水沟、排水管和横向排水。

7.3 排水施工技术

7.3.1 路基路面排水系统施工中应注意的问题

公路路基路面病害种类繁多,其成因多种多样。其中,常见的一类病害就是地下水和地表水的侵蚀造成的路基沉陷坍塌,这不仅降低了路基和路面的承载力,也在很大程度上降低了路基的稳定性、减少了路面使用寿命。路基路面排水系统施工中容易出现的问题主要来源于以下几个方面。

1. 缺乏对于施工设计图纸的研究与检验

在路基路面排水系统施中,工程管理人员首先要做的工作应该是全面校核排水系统的设计是否科学与合理,并且要随时与工程设计单位专业技术人员进行沟通与交流,必要时应在道路工程设计单位与建设单位的许可下做出相应的补充或修改,以达到全面保障排水系统施工质量和使用效果的目标。但是大部分道路工程施工单位却忽视了对于施工设计图纸的研究与检验的环节,只是盲目地按图施工,往往造成不必要的施工质量不达标现象。

2. 施工质量检验标准难以得到落实

目前,我国对于路基路面排水系统施工质量的检验措施与方法普遍比较简单、落后,这与缺乏明确的施工质量检验标准是有极大关系的。我国颁布的《城镇道路工程施工与质量验收规范》(CJJ 1—2008)中明确指出:路基路面排水系统施工要以保障路面的排水,以及保证行车平稳为基本原则。路基路面排水系统施工中要求碎石、砾石路面的路拱坡度为2‰~4‰,各种当地材料加固路面或当地上坡改善土路面坡度为3‰~5‰。路面较窄或雨水少的地方可用较小值,路面较宽或雨水多的地方用较大值。但是部分道路工程项目施工中由于工程资金、施工技术等方面的限制,各地区擅自更改质量检验标准的现象时有发生,最终导致施工质量标准难以真正落实。

3. 缺乏严格的施工质量监理体系

虽然我国道路工程项目建设已经引入了较为科学的监理体制,但是在具体施工监理工作中仍然存在一定的弊端与缺陷,需要得到解决与控制,否则我国道路工程项目施工技术的应用将处于停滞不前的尴尬境地,甚至有可能被时代淘汰。路基路面排水系统施工中,对于质量的监理是十分重要的,其监理体系应包括施工工序、施工方法、质量控制方法,以及共用施工方法等基本监督与管理内容,这是时代发展的必然需求,也是我国工程建设行业技术发展观科学发展的必然路径。

7.3.2 路基路面排水系统施工技术措施

道路工程项目多是由国家财政统一拨款进行建设的,并且其质量是否达标直接关系到各省市、地区的经济建设工作,以及人民群众的生命财产安全等诸多重大社会问题。因此,对于路基路面排水系统施工质量的强化是十分必要的,并且具有深远的时代意义和历史意义。目前,通过对我国道路工程项目建设中长期积累的经验和教训进行分析与总结,得出强化路基路面排水系统施工质量的具体措施,主要有以下几个方面。

1. 注意对于施工地区水文、地质资料的搜集

在道路工程项目施工中,由于各地区水文、地质条件的差异,路基路面排水

系统施工的具体措施和方法也就自然会有所差异。道路工程项目施工单位若想全面保障路基路面排水系统的施工质量，就一定要注意对于施工地区水文、地质资料的搜集，这是施工组织与具体实施的基本要求之一。道路工程项目施工管理人员要积极收集现有的各方面水文、地质资料和记录，并进行系统的规划与分析，进而制定与之相适应的施工措施。另外，野外调查及坑探和钻探测试也很有意义。

2. 实施全过程、多角度的施工质量监理体制

在路基路面排水系统施工质量监理工作中，传统监理体制的弊端与缺陷已经逐渐暴露出来了。目前，在我国道路工程质量监理中，监理单位的工作重点普遍集中于施工工艺、技术、安全等方面，这样的监理只是片面的，难以真正起到应有的作用和意义。只有对路基路面排水系统施工实施全过程、多角度的施工质量监理体制，才能切实保障排水体系的施工质量达到国家相关质量标准。全过程监理主要是指监理工作在区分主次的基础上，要对施工中每一个具体环节和步骤都进行有针对性的质量检验；多角度监理则是指对于路基路面排水系统施工质量监理要立足于不同的检验角度，也就是对于排水系统各方面性能的综合评定与检测，这是现代监理体制发展的必然方向和趋势。

3. 有效利用天然的排水沟渠

在部分城乡道路施工中，道路工程沿线遍布着众多的天然沟渠，这些沟渠多是连接于附近的河流、湖泊、农田，是天然的路基路面排水"管道"，并且具有较好的排水效果和功能。

在路基路面排水系统施工过程中，一定要注意对于各类天然沟槽的有效利用，一般可采取"依沟设涵"的施工工艺，这是目前国内道路工程项目施工普遍采用的措施之一。大部分天然排水沟渠基本可以实现路基路面的排水需求，但是对于部分渠道较窄的天然沟渠则要进行适当的人工改动，使其满足路基路面排水系统的要求。对于天然排水沟渠的有效利用是十分有益的，既合理降低了工程项目施工成本，又为周边的农田灌溉，以及河流、湖泊的蓄水提供了有利的条件，达到"事半功倍"的目的。

4. 要充分利用当地农田排灌和水土保持等基本设施

近年来，随着水土保护工作逐渐得到社会的普遍关注与重视，我国各地均建设了为数众多的农田排灌和水土保持等基本设施,这是各地区实现排水的主要途径之一,也是地区排水管网的重要组成部分,其直接连接到各主要排水管道,具有较好的排水功能和效果。在路基路面排水系统施工中,施工单位一定要清楚工程项目所在地农田排灌和水土保持等基本设施的布局和功能,以方便在施工中有效、合理利用这类设施满足路基路面的排水需求。充分利用当地农田排灌和水土保持等基本设施,不但可以大幅度节省施工成本,而且能够达到更好的排水效果,进而达到提升道路质量的目标。

第8章 混凝土桥梁设计与施工

8.1 体外预应力混凝土桥梁设计方法分析

8.1.1 应用体外预应力混凝土桥梁设计的意义

体外预应力混凝土桥梁设计能够加强桥梁建筑物的硬度,并且这种预应力能够有效应用在桥梁的截面外,不仅能够有效减轻桥梁建筑物的重量,还能够加快工程的进度。以往的桥梁技术在于养护工作上存在困难,而体外预应力混凝土桥梁设计中能够对受腐蚀的建筑物进行替换,不仅提高了桥梁建筑物的安全性,也减少了施工实践的次数,从而降低了施工难度,有效改善了桥梁的结构性能。然而该桥梁技术也存在很多不足的地方。例如,桥梁建筑中的混凝土比较容易遭到损坏,并且这种桥梁技术的计算方法非常复杂,加工费用较高,因此需要不断优化桥梁技术的设计,才能有效提高工作效率,确保桥梁建筑物的质量。

8.1.2 体外预应力混凝土桥梁设计的优缺点

1. 体外预应力混凝土桥梁设计的优点

体外预应力设计模式主要是为了有效降低摩擦带来的损失,提高企业的经济效益,防止出现材料浪费。预应力筋设置在腹板的外侧,能够减少腹板的振动频率,并且更容易检查预应力筋的工作状态,阻止应力损失,有效降低了施工难度,也保证了建筑施工的精确性。体外预应力能够在结构的截面上施工,有效提高了建筑物的承载力,施工也比较容易,进而加快了施工的进度。由于可以在截面上施工,截面的尺寸可以控制,为建筑企业节约了原材料,并提高了桥梁的跨越能力。

2. 体外预应力混凝土桥梁设计的缺点

体外预应力混凝土桥梁设计技术在不断更新并完善,人们对其中可能存在的缺陷也更加重视。例如,体外的预应力结构的锚固是在建筑物端部,这就需要锚固端部以及转向块这两个方位与配筋配合良好,必须改变混凝土和易性和水灰比才能达到效果,并且此项技术不具备预警功能,若桥梁处于在极限状态,人们也不容易发现。体外预应力的计算也比较复杂,需要非常精确的计算结果才能施工。

8.1.3 体外预应力混凝土桥梁设计的方法

在体外预应力混凝土桥梁设计工作中要考虑很多因素,包括桥梁建筑物的重量、载重量等,如果一个环节出现了问题就会影响整个工程的顺利运行,还会使建筑物工程存在安全隐患。因此无论是在施工前还是在施工过程中,都要进行分析与计算,最大限度提高建筑工程的安全性和稳定性,并保证工程的质量。

1. 结合计算机技术完成技术分析工作

因为体外预应力混凝土桥梁设计需要精确的计算结果才能顺利施工,所以结合计算机技术来完成工作是非常有必要的。桥梁的截面、承载力、摩擦阻力等都要应用相关的方程式进行分析和计算,这样能够有效提高计算结果精度,并缩短了设计花费的时间。虽然此类方法比较复杂,工序较多,但是结果的精度非常高。

2. 有限元的技术分析

这种方法是把桥梁的实验数据和混凝土钢筋非线性的集合分析原理结合起来,这样就能够对桥梁工程进行简单的单元划分,计算出桥梁的受力状况。虽然此类方法的计算精确度不高,但是能够把受力状况较为仔细地呈现出来。

3. 有限元与计算机技术相互结合

如果将有限元方法与计算机技术结合起来,不仅能够提供精确的信息,还能够把原理过程详细体现出来,既提高了工作效率,也提高了工作质量,可以将其作为很好的应用方案。因此将混凝土钢筋非线性集合分析原理与桥梁的数据结合,再利用计算机进行计算,将有效提高分析的效率。

8.1.4 体外预应力混凝土桥梁转向结构设计方法

体外预应力桥梁中与预应力受力结构相联系的构件有两种:锚固横梁外钢

束以及转向结构。同时体外预应力桥梁中的转向结构还承担着对钢束的转向，如果转向结构出现问题，那么就会对桥梁的整体结构造成毁灭性的破坏。对转向结构的配筋设计主要是将有限元软件分析与拉压杆法相结合，但是该方式在计算过程中较为烦琐，因此本书主要介绍一种更为简便的转向结构配筋设计方法。在进行设计时可以先制作空间网格模型。该模型主要将转向结构当作竖向的一块板，并对每一块板进行梁格划分，划分后的梁格作为每块板的受力单元。通过这个模型，可以分析出箱梁中的梁格在钢束转换中的受力。该模型可以对结构中的受力状况进行直观分析并加强转向构造配筋。同时，可以通过ANSYS软件对空间网格模型进行准确性分析。转向结构的受力性能可以通过空间网格模型进行参数分析。对转向结构的受力性能有较大影响的参数主要有箱梁底板厚度、斜腹板斜率以及箱梁高度。在现场浇筑立模时，混凝土的拉力容易受到箱梁底板转向结构厚度的影响。因此，在设计中应该充分考虑这些影响因素，采取合理的转向结构形式。对转向结构平面框架进行分析时，箱梁腹板和顶板相交处是支座合理的设置位置。在对转向结构进行受力状况影响因素分析时，发现箱梁的顶板、腹板的纵向长度变化对其影响较小，因此，可以将箱梁简化为一个倒置的 T 形梁，并用底板代替受压翼缘。再根据相关规定对转向结构进行计算。在设计时，要充分考虑这些计算结果，确保转向结构的稳定性。

平行布置和错开布置是转向结构在转向管道双层布置中的两种形式，这两种形式的优缺点较为明显。平行布置与错开布置相比，其转向管道层中间的拉应力较小，但结构构造规整。而在上层体外钢束获得的偏心距方面，错开布置转向管道更能提高预应力效益。因此在实际设计中，要根据实际情况对其进行选择。

8.1.5　体外预应力混凝土桥梁锚固横梁配筋设计方法

体外预应力混凝土桥梁锚固横梁配筋设计方法，国内外均采用有限元实体单元分析与拉压杆法相结合的算法。

在对锚固横梁配筋设计方法进行分析时，可以直接采用 ANSYS 软件进行应力分析。体外预应力锚固横梁的形状、位置变化等都不相同，其配筋设计可以采用横梁内侧配筋设计和局部承压设计两种形式。相应规范对局部承压设计有明确的规定，在设计时，可以直接使用规范方法。在体外预应力混凝土桥梁锚固横梁配筋设计中，对横梁内侧受拉钢筋的设计方法主要采用拉压杆模型法。拉压杆模型分析步骤主要有以下几步。

（1）首先对结构的形状、支撑以及荷载等方面实现整体确定。为了方便分析，通常将立体的空间三维结构划分为不同的平面进行独立分析。

（2）对结构整体的静力进行分析，由此确定结构支撑反力。

（3）对结构进行划分，划分依据为圣维南原理，结构主要分为 B 区和 D 区。B 区能够建立起标准桁架模型，可以直接采用拉压杆模型法。D 区则需要结合自身实际情况分别建立拉压杆模型并对其进行设计。

（4）将 B 区和 D 区相结合形成完整的拉压杆模型，并计算出该模型中每个拉杆和压杆的轴力。

（5）校正每个杆件的承载能力并对拉杆进行配筋设计。

（6）实现对每个节点区以及钢筋的细节设计。

拉压杆模型法的计算结果比较安全，但是其针对锚固横梁的配筋拉杆模型的构建过程相当复杂。

8.2　混凝土桥梁设计中的 BIM 技术分析

8.2.1　BIM 技术平台

1. 工程量统计

Revit 软件可以自动统计项目的工程量，表 8.1 和图 8.1 是针对某混凝土连续梁桥段（35 m＋60 m＋35 m）结构框架工程量统计进行的展示。结构柱也按照此类方式进行统计，要注意的是除结构柱中的主墩外，其余部分现浇混凝土的强度等级均小于结构框架。

表 8.1　结构框架工程量统计明细表

族	材 质 名 称	体积/m³	长度/mm
Block 0	混凝土-现场浇筑混凝土-C55	61.53	2500
Block 0	混凝土-现场浇筑混凝土-C55	61.53	2500
Block 0	混凝土-现场浇筑混凝土-C55	61.53	2500
Block 0	混凝土-现场浇筑混凝土-C55	61.53	2500
Block 1	混凝土-现场浇筑混凝土-C55	22.33	2500
Block 1	混凝土-现场浇筑混凝土-C55	22.33	2500

续表

族	材 质 名 称	体积/m³	长度/mm
Block 1	混凝土-现场浇筑混凝土-C55	22.33	2500
Block 1	混凝土-现场浇筑混凝土-C55	22.33	2500
Block 2	混凝土-现场浇筑混凝土-C55	20.58	2000
Block 2	混凝土-现场浇筑混凝土-C55	20.58	2000

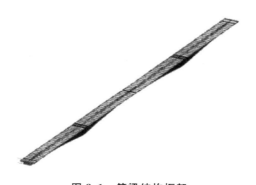

图 8.1 箱梁结构框架

2. 碰撞检查

碰撞检查是 BIM 技术在桥梁结构设计过程中的重要一环。利用 BIM 软件进行桥梁设计阶段的碰撞检查,有利于核实和检查设计图纸中的错误,可以防止施工作业中出现的错误。通过构建科学合理的模型,大大降低了施工中出错的可能性。运行碰撞检测结束后,会有两种情况:第一种是无碰撞时会弹出"无检测到冲突"的提示;第二种是发生碰撞则会出现冲突报告对话栏。针对第二种情况可以导出冲突报告来查看碰撞图元的类别和 ID 号,进行碰撞位置核实。在桥梁实际施工过程中,构件间直接发生交错的实体碰撞值得注意。利用 Revit 的三维可视化模型,可对混凝土连续梁桥段模型进行碰撞检测。

3. 模型的图纸输出

Revit 软件将生成的混凝土连续梁段施工图纸,用于实际的施工作业。不同于传统的图纸修改的返工方式,Revit 软件不仅可以修改相应模型的不足之处,还可以带动所有二维图纸的修改,极大地促进了施工进度,避免了返工带来的时间和经济的成本。图 8.2 展示了某混凝土连续梁桥段线框图,可以看到桥梁各构件的组成形式及变截面箱梁纵向钢束的情况。

图 8.2　混凝土连续梁桥段线框图

在实际的桥梁工程应用中,施工图纸主要包含梁施工图和柱施工图。梁施工图主要包括各类型的模板图和主要梁段的配筋图等。在进行 BIM 软件设置时要注意注释内容参数设置的正确性、匹配的族定义、梁的标注等,柱施工图同图 8.2。

待混凝土连续梁桥段各类型图纸布置完成后,还可以将二维结构模型导入 CAD 软件中进行修改,联动两个画图软件是 BIM 工程的一大优势。综上所述,利用 BIM 技术平台可以较大程度地发挥对桥梁的设计和校核的优势,对材料和构配件的用量有了初步计量,提高了设计人员的工作效率。此外,还要注意协同工作的重要性。

4. 协同工作

协同设计可以借助网络环境,由多个设计人员一起编制模型,共同完成一项设计任务。因此,实际桥梁工程建设中,协同设计应具有信息快速传递、流程布置明晰、工具设施齐全等特点。三维设计流程见图 8.3。

8.2.2　施工阶段的规划安排

在桥梁施工阶段,存在施工环境的复杂性、预制构件的多样性和施工进度的不可控性等问题。通过模拟施工进度、施工工序、资源管理、项目构件安装等进程,确保施工阶段合理性。施工阶段的信息化模拟,具体包含以下内容。

(1) 施工过程模拟。施工过程模拟主要包括施工工期模拟和施工动态模拟两个部分,施工工期模拟中可能会出现工期偏差,当出现该问题时可及时采取动

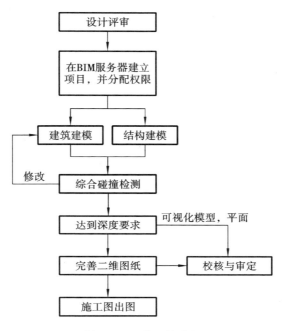

图 8.3 三维设计流程

态纠偏措施。提前展示项目施工过程,优化施工关键部位建造流程,可大大缩短工期。施工动态模拟利用 4D 模型进行可视化模拟施工过程,通过可视化操作指导,提高作业人员施工效率,为人员安全提供保障。一旦发现施工过程中存在不合理情况,可及时进行方案修改并再次进行模拟,从而确保施工过程安全合理。主要针对某混凝土连续梁桥段进行施工模拟,图 8.4 为实时施工模型 4D 模拟。

(2) 调用全自动建模程序中的文件对桥梁模型进行施工阶段模拟。对于本项目而言,桥梁段共有 20 种箱梁截面尺寸,分为 18 个施工阶段。

(3) 进度模拟优化。还应注意将模型的基本信息与进度计划集成,建立依据施工工期天数的进度模拟。BIM 技术平台可依据施工控制要求,通过时间节点,细化施工工序,进行施工进度模拟。本项目模拟的时间精确到"天",并将模拟对象精细到分项工程,并根据施工现场的实际情况进行实时调整,这样大大提高了进度管理的精细化程度。此外,通过对施工计划与实际进度的追踪和对比,能够得出最佳施工方案,以获得合理的进度安排,实现资源优化的目的。

(4) 建模分析一体化。混凝土桥梁段荷载的受力对合理成桥有着重要影

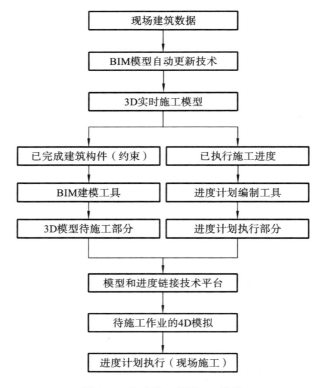

图 8.4 实时施工模型 4D 模拟

响。因此,计算二期荷载作用下桥梁段的内力变化情况,见图 8.5。通过计算结果修订三维模型,优化构件满足受力要求,从而实现建模和分析计算高效统一。

8.2.3 运维阶段

桥梁的运维阶段,需要通过在桥梁某些部位和测点架设的传感器,定期检测和读数,并将信息实时反馈到 BIM 平台中,集成桥梁信息并进行耐久监测和安全可靠度评价。依据安全分析结果,结合桥梁安全标准,对桥梁整体和局部结构进行规划,并进行桥梁安全评估和安全预警。如果桥梁出现质量问题,BIM 平台会及时反馈并发出警报,便于管理人员及时处理,实现桥梁安全运营。与此同时,在项目初期确定以全生命周期成本的优化设计准则,可以减少运维期间的成本,提高工程质量,从而实现降低能耗的战略目标。

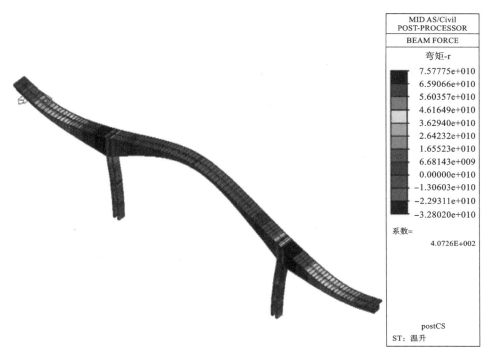

图 8.5　Midas 软件分析

8.3　混凝土桥梁裂缝成因及防控措施分析

8.3.1　混凝土桥梁产生裂缝的原因

1. 混凝土桥梁自身产生应力

混凝土桥梁承受多种荷载，使得桥体自身产生裂缝，产生裂缝的主要原因是应力和次应力的作用。桥体设计阶段，很多零件尺寸无法满足设计要求，钢筋与混凝土设计分布不合理，造成局部承受荷载力失调，容易出现裂缝。施工过程中，受多种技术因素的影响，次应力产生，特别是施工中没有考虑工艺设计，结构中未考虑开槽问题，多使用钢筋进行常规操作，这样就会在凿洞附近产生应力，造成裂缝。

2. 温度变化

桥梁须面对各种天气变化,因此会受到温度影响。大体积混凝土桥梁出现裂缝,主要是由于热胀冷缩对桥体结构产生影响,这种变形会产生结构应力,如果超出桥梁的承受强度,很容易产生裂缝,对混凝土结构造成影响,威胁桥梁结构安全。裂缝产生的原因是温度变化,强烈的温差会造成桥梁位移,如果桥梁长时间出现位移变化,就会造成纵向位移,很容易产生温度裂缝。特别是北方地区温度变化较大,雨雪天气会直接引起桥梁的温度变化,对混凝土结构造成严重影响,其内外部温度变化较大,从而引发桥面裂缝。混凝土桥梁的日常养护工作十分重要,采用蒸汽养护方式容易使混凝土骤冷或骤热,导致混凝土内外温度不均匀,形成裂缝。如果在冬季施工,保暖措施不到位也容易造成混凝土开裂。

3. 混凝土桥梁基础变化

很多桥梁基础建设对地质勘查工作不够重视,试验测试精度不够,导致桥梁基础结构安装不合理,使得桥梁结构产生较大荷载。桥梁基础发生变化,很容易出现裂缝,特别是在特殊气候条件下,会引发不良地质段出现地面沉陷,造成桥梁裂缝。

4. 混凝土材料影响

桥梁主要使用混凝土等原料建造,受材料质量影响,会产生裂缝。水泥是混凝土的主要原料,要想真正提高混凝土的耐久度,就必须合理确定水泥配比,选择含泥量小的水泥,满足混凝土施工要求。因为含泥量小的水泥含有稳定的孔隙率,能够使混凝土更加稳定、质量更好。加工混凝土时,可以适当添加一些材料进行补充,常见的物质包括煤灰和矿渣等,可有效改善混凝土保水性,降低孔隙率,提升混凝土强度和硬度,保证桥梁施工安全。

8.3.2 混凝土桥梁裂缝防控措施

1. 合理控制设计流程

应注重混凝土桥梁设计环节,统筹安排,重视安全工作。针对桥梁结构特点,考察施工状况,严格执行设计要求。设计要充分考虑裂缝的最大宽度,合理控制。重点分析裂缝位置,科学确定抗裂钢筋强度,减少结构约束,便于应力的释放。

2. 严格控制施工流程

混凝土桥梁施工中,应科学合理确定施工工艺,严格管理施工工作,保证施工水平。应合理安排钢筋安装、专用模板制作、混凝土浇筑、零件吊装等工作,对每一个环节进行严格管理,保证工程质量。浇筑混凝土时,应保证振捣时间,可以采用二次振捣措施,尽量排出混凝土中的气泡,提升安全系数。

3. 重视对施工温度的管理

要严格按照施工工期作业,保证各项工作在施工计划内完成。如遇到极端天气,需要调整工期,应保质保量完成各项工作,避免出现人员中暑或冻伤问题。应重视骨料的科学配比,使用中热硅酸盐水泥或低热矿渣硅酸盐水泥时,可加入塑化剂提高混凝土强度,降低水泥水化热和温差。夏季高温天气,应对每层混凝土的厚度进行控制,尽量减少浇筑层面,这样才能更好地散热。在寒冷冬季进行作业时,应注意保暖,避免长时间暴露。

4. 提升混凝土质量

混凝土桥梁工程建设中,混凝土是关键的材料之一,应增加混凝土保护层厚度,这样才能提高混凝土保护层质量,为桥梁安全施工打下坚实基础。要想提高混凝土工程质量,必须要严格按照配比进行调制,增加水分比例,有效提高混凝土孔隙率,还要增加灰分投入,这样才能使总体质量达到标准。通过增加水灰比,使混凝土毛细孔比例逐渐缩小,间接增大其中有益成分比例,减少其他物质占比,并将这些废弃物质从内部排出,提升其耐久性,最大限度提高混凝土使用寿命。要提高路桥工程钢筋与混凝土配比,有效增加混凝土保护层厚度,提升混凝土耐久性和安全性。混凝土桥梁设计中,桥梁混凝土地基施工尤为关键,只有保证混凝土地基安全施工,才能保证桥梁稳定,应根据地基不同位置情况有效解决地质问题,提升建设安全性和实用性。分析桥梁地基类型,识别不同地下环境,科学处理地基,主要方法是对地基进行夯实和挤密处理,再开展有效的加固处理。地基施工主要有以下几种方式:对地基深度进行分析估算,了解建筑环境和地面高度,确定地基施工深度,充分利用缓冲方法对路桥压力进行有效分解,消除外界压力,延长路桥地基使用寿命;实施地基保护措施,依靠地下连续墙进行辅助支撑,对地基进行安全处理;设计过程中,可以采取加固处理技术,人为加强路桥地基承载能力,最大限度加强地基承受能力,减小地基变形或沉降可能性;建议多使用箱形截面,这种截面形式能够有效提高整体结构刚度,减少混凝土桥梁疲劳振动。

8.4 大体积混凝土桥梁施工技术及质量控制

8.4.1 大体积混凝土施工技术

1. 材料选择

1)粗细骨料

首先,在选择粗骨料的过程中,一定要优先考虑孔隙率低、级配性能高的骨料,且骨料粒径的范围也要符合相关标准,不仅可以控制水泥材料成本,还能有效降低水化热,可以防止因为内外结构温差过大而产生的温缩裂缝等问题。其次,在选择细骨料首先要注意确保高级配性能,尽量选择中粗砂材料,这与选择粗骨料的作用一样,在降低水泥使用量的同时,可以避免由于水热化而产生的不良影响。

2)外加剂

使用减水剂可以提高混凝土和易性,增强混凝土流动性,优化混凝土的结构强度。使用缓凝剂可以延长凝结的时间,提高混凝土的塑性,为后期混凝土的浇筑奠定良好的基础,还可降低水热化反应,避免后期出现结构裂缝等严重问题。而使用引气剂能提高混凝土结构的内部稳定性,还可以消除混凝土内部的气泡,提升混凝土的耐久性,提高抗裂性能,确保混凝土在施工过程中符合工程需求。

3)水泥品种

降低水化热是当前消除混凝土裂缝问题的重要措施,水化热的存在,使得混凝土内外位置之间形成较大的温差,从而出现裂缝。在实际施工过程中,施工人员通常都采用矿渣硅酸盐水泥、粉煤灰硅酸盐水泥等,因为这些材料的水化热都较低,凝结时间较长,降低了裂缝的发生概率。

2. 科学配置混凝土

为了保证后期结构不出现裂缝问题,应做好混凝土结构施工前的配置工作。

首先，根据工程要求选择合适的水泥材料类型，通常硅酸盐水泥是大体积混凝土施工中选择较多的材料，这种水泥的水化热量较低，可以避免后期出现裂缝问题。其次，做好水热性检验工作，对水热化工作的检验可以降低后期结构中出现相关问题的概率。再次，在搅拌工作时，可以加入适量的粉煤灰等物料，提高混凝土的性能。最后，在施工前，要严格检验材料之间的配置比例是否科学达标。

3. 混凝土搅拌

在桥梁施工过程中进行混凝土的搅拌工作时，首先要保障材料配比率的合理，以设计标准为主，具体确定材料的投放顺序和具体的搅拌时间。材料的温度也是影响混凝土浇筑的因素，因此在进行施工前要合理控制好温度，必要时可以通过晾晒的形式，使材料的温度达到浇筑标准，从而有效避免温度不符合标准而引发的问题。如果是大体积混凝土结构，可以将冷却水、冰屑等作为水源进行混凝土搅拌，确保混凝土在入模时的温度达标。

4. 混凝土运输

在完成混凝土搅拌工作后，要采用专用的搅拌车将制作好并符合施工要求的材料运输到现场，再浇筑到需要的材料上。尽量选择距离较短的搅拌厂，避免因运输时间过长而产生离析问题。一旦混凝土出现离析等问题，就要进行二次搅拌，直到达到标准后才可以进行浇筑工作。

5. 混凝土浇筑

在浇筑混凝土时应注意以下几点。首先，应尽量选择夜间，因为夜间的温度低，可避免混凝土因为温度过高而产生问题。一般采用的都是泵送浇筑方式，大体积混凝土在进行浇筑工作时，必须要采用分层浇筑和振捣施工，其中每层标准厚度为 30 cm，且绝对不能超过 30 cm。其次，一定要在下层结构凝固前要完成上层结构的浇筑工作，以避免分层问题的发生。浇筑完成后的振捣工作也非常重要，在确保两个结构之间的混凝土黏结性能符合标准后，才可以进行插入式振捣工作，下层结构插入的距离为 8~10 cm。此外，混凝土表面水泥浆的处理应在填筑后进行，初凝前应使用铁筒进行二次碾压，并将木车压实平整，严格按设计要求做好保温、养护等工作。

6. 冷却管的布设

大体积混凝土的浇筑工作花费的时间较长，所以在整体浇筑工作未完成前，必须保障下层混凝土已完全凝结，同时水化热已完全释放。为了更快地将混凝土水化热释放完成，在浇筑工作之前，要在结构内部设置冷却管，加快水化热热量的散发，让内部结构的热量更快地释放出来，平衡内外结构之间的温度，降低裂缝问题发生的概率。

8.4.2 大体积混凝土结构裂缝产生原因

混凝土属于一种脆性材料，抗拉强度较小，但大体积混凝土的尺寸较大。在冷却过程中，混凝土会产生强拉伸应力。一般来说，混凝土只在表面加固，拉伸应力需要混凝土本身承担。

1. 温度原因

水化热问题是大体积混凝土中常见的问题之一，由于混凝土结构的外表面直接暴露在外，空气温度的影响会导致外部温度下降比内部下降更快速，形成强烈的内外温差，表面的拉应力自然大于内部的拉应力。因此，混凝土抗拉强度自然会受到影响，从而导致裂缝的出现。

2. 干缩裂缝

在完成大体积混凝土浇筑后，如果环境较为干燥，其中的水分就会快速流失，从而形成从外到内的干缩裂缝。这种裂缝的形式大部分为平行线或网状，宽度尺寸也较小。在产生干缩裂缝后，外部美观自然会受到影响，且混凝土自身承载性能、耐久性也会大大降低。

3. 荷载裂缝

如果外部荷载受到的影响较大，桥梁存在的裂缝问题就会更加严重，一旦大体积混凝土结构设计中存在的缺陷较为严重或施工工艺不符合标准，受力条件和理论上计算的数据会出现较大的偏差，从而引发裂缝问题。此外，如果配筋数量出错，结构性能就会受到影响，从而引发各种安全问题，阻碍施工进展。

4. 收缩裂缝

在大体积混凝土全部凝固前,表面水分流失速度会加速,将出现收缩和沁水现象的问题。如果不及时给表面结构提供充足的水分,表面拉应力就会受到影响,进而出现不均匀裂缝。

8.4.3 大体积混凝土桥梁施工建设中进行质量控制的策略

1. 针对混凝土裂缝做好质量控制

1）对现场温度进行合理控制

（1）温度检测。

为了确保大体积混凝土的温度参数得到有效控制,就要及时检测整体的温度,检测温度的原则是依据"底—中—表"。如果温度超过 25 ℃,就要及时采用缩小厚度尺寸的方法,确保温度的数值在标准范围之内;如果温度低于 25 ℃,就要及时采取升温措施,利用采暖方式提高温度。施工现场要根据具体的温度进行升温或降温工作,才会使混凝土结构稳定性更加坚固。在混凝土成型后,还要采取专业的防护措施,确保混凝土温度一直处于合理范围内,从而有效避免混凝土结构出现问题。

（2）混凝土的温度控制。

影响大体积混凝土温度参数的因素有很多,包括水、粗细骨料、砂等,所以一定要注意混凝土结构的初期温度,这样才能在材料制作过程中,针对现场需求合理调整混凝土的温度。

（3）养护温度控制。

为了保障混凝土结构不会发生严重的裂缝问题,后期养护工作十分重要,这个环节不容忽视,如果后期养护管理不合格,会使温度发生变化,从而使混凝土结构出现严重的问题。

2）全过程监测施工质量加强

原材料质量管理,确保每个环节的施工质量都符合标准,是质量控制的核心工作。同时,要定期检验施工材料是否满足要求,一旦发现材料不满足要求,就要退换货,严格禁止这些不合格材料流入工程中。在具体施工阶段,还要做好材料质量的检测工作,从而提高工程的整体质量。此外,要严格把控各个环节的质量工作,确保在每个环节中不会因为质量原因发生问题。

3）混凝土结构防裂措施

首先,做好混凝土材料入模温度工作,严格控制好入模前的温度,根据施工工艺设置对应的冷却管,确保温度都在标准之内。在进行浇筑阶段工作时,要及时向管内注入冷却水,然后依次在内部之间循环,这样可以有效保障混凝土温度在下降过程中不低于标准温度。

其次,在完成模板拆除施工后,要进行对应的防护工作,一般就是表面覆盖上一层塑料薄膜,然后进行洒水保湿工作,这样不仅可以使混凝土的温度固定在标准内,还能确保混凝土表面湿润度。在模板拆除后,严禁用冷水喷洒混凝土表面,这样会使得混凝土表面温度受到影响而再次降低,从而出现裂缝等问题。

4）改善约束条件

（1）根据工程施工的具体情况,选择合适的水灰比技术参数,将混凝土使用量降到最低,确保材料的高性能。

（2）为了增强混凝土结构的抗裂性,可以在混凝土范围内加入必要的防裂剂,以确保混凝土结构的稳定性。

（3）添加防裂剂时,要严格控制比例,根据施工标准添加,如果防裂剂的加入量过多,很有可能出现混凝土难以凝固的问题,这时就要重新组配,不仅会浪费材料,还会造成巨大的经济损失。

5）混凝土养护

混凝土的养护工作非常重要,对于大体积混凝土,在完成浇筑工作后,拆模后要立即在表面盖上一层薄膜,形成保温层,将内外结构温差控制在 25 ℃以内。在具体养护过程中,还要定期检查混凝土的抗压应力、温度应力等参数是否符合标准。

2. 对混凝土施工技术人员做好技术培训

在交通网络结构施工中,施工时间长,施工环境也较为恶劣,所以在施工前,工程管理人员必须严格做好技术审查和交底工作,然后根据施工人员的具体情况开展技术培训工作,确保每个环节的施工人员都能将混凝土桥梁质量的提升落实到具体工作中。

3. 施工前做好桥梁施工质量责任落实工作

桥梁施工时间较长,在施工过程中通常会出现很多检查人员,因此做好人员组织及责任落实情况非常必要,这也是提升大体积混凝土桥梁工程质量的重要影响因素。在具体施工过程中,应合理组织施工人员,将质量监控工作的具体任务落实到各层管理、施工人员中,确保每个环节都有质量监管人员。

第 9 章 钢-混组合梁桥设计与施工

钢-混组合梁桥是由钢梁和混凝土桥面板形成的组合结构桥梁，在使用荷载的作用下，通过钢梁和混凝土两者之间设置剪力键来共同受力和变形。特别是对于简支的钢-混凝土组合梁桥，位于上部的混凝土桥面板承担了由弯矩引起的纵向压应力，而位于下部的钢梁则主要承担了拉应力，这种组合形式充分发挥了两种不同性质材料的作用，使得结构的技术、经济效益最大化。正是由于钢-混组合梁桥存在着这样的优点，再加上其结构刚度高、便于工厂化生产、施工速度快等优势，近年来在国内工程上应用得也越来越多。

9.1 简支大跨钢-混组合梁桥设计分析

本节以一座即将建成的大跨径简支钢-混凝土组合梁桥为实例进行介绍，希望能为以后类似工程提供参考。

9.1.1 桥型的选择

该工程需要跨越城市主干路，自身的道路等级为一级公路兼顾城市主干路，桥宽为 36 m，且该桥所在地区地震较为频繁，抗震设防烈度较高。针对高烈度震区，考虑到抗震性能以及地震后的修复，简支梁桥显然是首选桥型。同时为避免现有道路改造并保通现有道路，需要选择 65 m 跨径跨越。但该跨径已超出混凝土简支梁桥的跨越能力，若选择混凝土连续梁桥，则施工周期长，对道路交通影响较大。而钢-混组合梁桥作为一种可工厂化预制、现场吊装拼接，桥面板现场浇筑的桥梁，其施工周期短，施工质量易于保证，与全钢结构相比可显著减少用钢量，增加整体刚度与稳定性，并对现有交通影响也较小，非常适合跨线桥。综合考虑以上因素，最终选定了简支钢-混组合梁桥作为本次工程的最终桥型。

65 m 简支钢-混组合梁桥采用了等宽、正交、简支钢箱-混凝土叠合梁，分别位于道路平面 $R=1000$ m 的圆曲线和直线段上，桥面设置 1.5% 横坡，通过各片钢箱梁的高差以及腹板高度来调整，使各片钢箱梁底部均在横桥向保持水平。

9.1.2 设计要点

1. 工程结构

1) 钢梁截面形式选择

在钢梁截面形式的选择上,选定了闭口箱形钢梁与桥面板组成箱形组合梁截面。

一般来说钢-混组合梁桥中钢梁常用的截面形式有钢板梁、闭口箱形钢梁、开口槽形钢梁、桁架梁。以钢板梁作为截面形式的钢-混组合梁桥构造设计简单,因此施工非常方便,并且梁高较低。但其许多构件外露,养护工作量大。由于此次钢梁跨径达 65 m,一般只用在小跨径组合梁上的钢板梁显然是不合适的。桁架截面虽然形式美观、实用,但其外露杆件多,节点设计复杂,后期养护的工作量也非常大,因此本次也未选择这种截面形式。

对于跨径较大的钢梁来说,开口槽形钢梁或闭口箱形钢梁与桥面板组成的箱形组合梁截面都是可以选择的,最终选择闭口箱形钢梁主要是考虑到以下三点:首先是施工过程中存在运输吊装的过程,闭口箱形钢梁相对于开口槽形钢梁来说显然稳定性更好;其次闭口箱形钢梁在混凝土桥面板施工时,钢梁部分顶板可直接作为混凝土桥面板的底模使用,而开口槽形钢梁却需要搭设底模,施工较为不便;最后是采用开口槽形钢梁时,其顶板板厚较闭口箱形钢梁更厚,焊接品质难以保证。

2) 钢梁的抗倾覆性能

在外部荷载作用下,钢-混组合梁桥一旦超过其固定的临界状态便会出现倾覆的问题。近些年来,我国便发生了多起与桥梁倾覆有关的桥梁安全事故,这些事故大多出现在路线线型为圆曲线的桥梁上,或者存在严重的重车偏载。发生倾覆问题时,整个结构绕轴翻转,在这种情况下,钢-混组合梁桥便成了一个机动体系。其中,最主要的便是计算抗倾覆系数,即稳定力矩和倾覆力矩的比值。在其他因素不变的情况下,支座间距越大,则稳定力矩和倾覆力矩的比值越大,桥梁结构的抗倾覆能力越强。尽管钢-混组合梁桥的抗倾覆能力总体来说较强,但为了避免出现倾覆破坏,在结构设计时还是需要对横向支座的间距进行合理设计,并对整桥进行偏载验算,防止再出现支座脱空等情况。

3) 钢梁的结构设计

为了提升箱形截面钢梁的稳定性、刚度和抗扭性能,全桥设置了多道横隔板、腹板、纵向加劲肋以及竖向加劲肋。同时为保证主梁的整体性及合理的受力性能,在主梁之间设置横向联系。设计时由受力和构造等因素确定合适的形式和间距。桥面板采用了C50自密实补偿收缩混凝土,为了保证钢-混组合梁桥结构的耐久性,需要在桥梁整体组装焊接完,并经检查合格后,再进行喷砂、涂装。

桥梁结构具体参数如下。单幅组合梁桥面宽17.75 m,横向设置4个箱室,腹板中心间距4.45 m。组合梁跨中梁高3.12 m,其中,钢梁内轮廓高度2.9 m(不包括板厚),混凝土板厚0.22 m。钢梁为预制钢箱梁,顶板通长布置,厚度16 mm,上设焊钉;单片梁底宽2.58 m,厚度20~40 mm;腹板为直腹板,厚度14~16 mm。腹板上布置有竖向及水平向腹板加劲肋,底板上布置有底板纵向加劲,断面形式见图9.1。其跨中设置7道横隔板,端部各设置1道端横隔板。

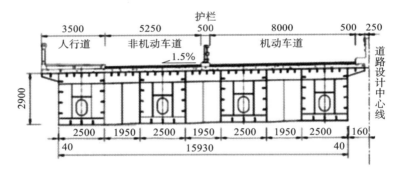

图9.1 钢-混凝土组合梁桥典型横断面(单位:mm)

钢-混组合梁桥的钢结构部分采用全焊接,钢梁由主梁、横隔梁及加劲肋组成,钢梁上翼缘顶面设置焊钉与混凝土桥面板连为整体。焊钉的作用是传递桥面板与钢梁之间的剪力,是混凝土板、钢梁联合受力的关键。本设计焊钉采用 $\phi 22 \times 180$ 圆柱头焊钉。

新建钢-混组合梁桥采用少支架钢梁吊装,桥面板全部采用现浇方式,待成桥后方可拆除支架。

4) 材料的选择

为减少混凝土收缩对结构产生的不利影响,65 m钢-混组合梁桥桥面板采用C50自密实补偿收缩混凝土。主体钢结构板材采用Q345D钢。对于厚度不小于20 mm的钢板要求采用探伤钢板,探伤标准按《厚钢板超声检测方法》

(GB/T 2970—2016)执行,探伤等级Ⅱ级。附属结构采用 Q235B 钢。螺栓等级为 10.9 级。其中连接件是叠合梁受力的关键部件,需要承受钢梁与桥面板结合面的剪力,并且在一定情况下还要考虑抗拉作用,因此在选用圆柱头焊钉连接件时,焊钉必须具有很好的抗剪、抗拉性能,其抗剪性能还应不受剪力方向影响,并具有结合良好、方便施工、易于焊接的优点。焊钉最终规格为 $\phi22$、ML15 的铆螺钢,通过高频电磁焊与主梁连接。

同时为保证结构具有良好的耐久性,本桥采用了油漆涂装的防护体系。在上漆前钢板的除锈质量会直接影响到涂装质量的好坏,因此必须严格控制,除锈应达到 Sa2.5 级。钢结构在制造厂内应完成全部底漆、中间漆及第一道面漆,以保证涂装的质量。对于钢结构安装完成后外表面第二道面漆必须严格到位,各涂层厚度必须达到设计要求。所有防腐涂层材料的质量标准应不低于现行国家标准,冷喷锌的干膜锌含量不低于 96%,并与后道涂层具有良好配套性。

5)抗震设计

由于本桥处于高烈度震区,合理的抗震体系设计尤为重要。经查阅已有的震后桥梁破坏资料,简支梁桥的破坏主要是支座与梁体发生了相对滑移,严重的则出现了落梁的情况,而对于下部结构,在梁高较低的情况下,其破坏程度较轻。本桥经过技术、经济等方面的综合比选,最终选择采用了减隔震结构体系。在地震作用下,支座会产生较大的水平力,常规支座很难满足要求,极易发生滑动破坏。因此在经过比选后,上部结构采用了抗震挡块等抗震措施,以防止落梁。支座则采用了 LNR 固定型矩形水平力分散型橡胶支座。该支座能够满足较大的剪切位移,且大位移剪切变形后没有残余变形,恢复能力强,并可与主梁、墩台有效连接,确保桥梁上部结构有效传力至下部结构,实现了桥梁下部结构水平力分散,各墩协同抵抗水平力。同时下部结构的配筋率也采用了可满足抗震要求的构造配筋。

6)施工方案的选择

通常钢-混组合梁桥有两种施工方法可以采用,分别是有支架法和无支架法。当采用有支架施工时,施工阶段的大部分或全部恒载将由落地支架承担,而此时钢梁和桥面板是不参与承受荷载的,直到混凝土桥面板与钢梁形成联合截面并拆除支架后,恒载及活载才转由联合截面承担;若采用无支架施工,则钢梁需要承担钢梁自身以及桥面板的重量,等到桥面板混凝土凝结并与钢梁形成组合截面以后,铺装、护栏等二期恒载及活载才由联合截面来承担。

因此采用无支架施工会导致用钢量的增加。但是由于本项目的特殊性，施工时需要保证下穿线路的正常交通，若采用满堂支架施工显然是不合适的。本项目最终根据现场实际情况并经方案比选，采用了设置临时墩的少支架施工方法。施工时临时墩之间的空间可供车辆通行，钢梁则利用临时墩进行分段拼接吊装，待浇筑混凝土桥面板并且混凝土凝结后再撤去临时支架。

9.1.3 计算分析

1. 计算模型的建立

上部结构采用 Midas Civil 进行了结构计算，其中混凝土板与钢主梁采用组合截面模拟；并利用 Midas Civil 的抗震分析功能对模型进行了抗震分析，依据结果进行了墩桩配筋设计。计算时根据桥梁施工流程划分结构施工阶段，根据荷载组合要求的内容进行内力、应力计算，验算结构在使用阶段的应力、强度、裂缝和挠度是否满足规范要求。

为简化计算分析过程，模型中只考虑活载作用于一片主梁，利用刚接板梁法计算横向分布系数（见图 9.2），并且考虑箱梁在活载偏载下的翘曲正应力，取偏载系数为 1.2。

图 9.2　计算模型渲染图

2. 考虑施工过程的整体计算

在进行整体计算时，需要考虑按照实际的施工过程进行施工阶段模拟分析。结合本项目的情况，在进行施工节段分析时主要建立了以下五个阶段：第 1 阶段为设临时墩并少支架架设钢梁，截面特性为组合截面中的钢梁特性；第 2 阶段为架设预制桥面板，并浇筑湿接缝等现浇混凝土；第 3 阶段为待现浇混凝土达设计强度后，桥面板已与钢梁联合成一体，撤掉临时墩，体系转换为单跨简支梁，截面特性为成桥时的钢-混凝土联合特性；第 4 阶段为桥面铺装、中央分隔带、护栏、人行道等二期恒载加载期，这些荷载按照实际情况作为外部荷载进行加载；第 5 阶段为成桥以后的桥面板混凝土收缩徐变期,该阶段的截面特性与上一阶段相同。成桥运营后考虑车辆、人群荷载以及混凝土桥面板的收缩徐变等的影响,钢梁及桥面板的应力结果见图9.3~图9.5。从以上计算结果看,钢梁及混凝土顶板强度都满足设计要求。

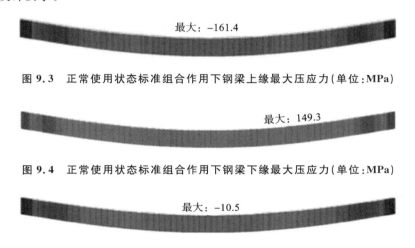

图 9.3　正常使用状态标准组合作用下钢梁上缘最大压应力(单位:MPa)

图 9.4　正常使用状态标准组合作用下钢梁下缘最大压应力(单位:MPa)

图 9.5　正常使用状态标准组合作用下混凝土上缘最大压应力(单位:MPa)

3. 挠度计算

钢-混组合梁桥的挠度应是施工阶段和使用阶段两者挠度的叠加,施工阶段主要是钢梁和混凝土桥面板自身重量导致的挠度以及二期恒载产生的挠度,而使用阶段的挠度则是在活载、混凝土收缩徐变等作用下产生的挠度。

本项目中经过计算,活载最大竖向挠度发生在主梁跨中,竖向位移最大为29 mm,仅为容许值(由汽车荷载(不计冲击力)引起的竖向挠度不得超过跨径的 $L/600$(其中 L 为梁的计算跨径,m))的27%,因此本桥的抗弯刚度较大。采用容许应力法计算了剪力钉的抗剪承载力,因此混凝土桥面板和钢梁间的连接刚度较强,即使计算考虑滑移效应引起的刚度折减,挠度仍有较大富余。

4. 稳定计算

钢-混组合梁桥的稳定性分析主要在两个阶段:首先是钢梁阶段,在这个阶段钢梁若为开口槽形则稳定性较差,需要对施工过程进行周密考虑,由于本项目中采用了闭口箱形,在该阶段稳定性方面较好;其次是钢梁和混凝土桥面板形成组合截面以后,该阶段稳定性一般都能满足要求。设计时需要使用空间有限元软件进行分析,通过合理设置底板纵向加劲肋、竖向加劲肋、横隔板等措施,防止顶底板及腹板局部屈曲,以使组合梁桥满足施工和运营的稳定性要求。

5. 抗剪连接件的验算

剪力连接件在钢-混组合结构中除了传递钢梁与混凝土桥面板之间的纵向剪力,还可以起到防止两者之间竖向分离的作用,因此剪力连接件是使钢梁与混凝土桥面板组合在一起协同工作的关键部件。本项目中采用了规格为 $\phi 22 \times 190$ 的剪力钉作为抗剪连接件。设计时可以先分别采用容许应力法和极限状态法计算需要剪力钉的个数,然后偏安全地取用剪力钉的数量。

9.2 钢-混组合箱梁桥的技术特征及设计要点

9.2.1 背景

随着我国经济建设的发展及交通运输量的增长,高速公路路网体系不断得到完善,也使得路线交叉、枢纽互通的跨线桥梁大量出现。以往的桥梁设计中,往往采用预制装配式结构或者现浇混凝土结构等形式进行路线的交叉设计,但这些结构形式都有待完善。预制装配式结构虽然能够减少对现场的施工干扰,保证建设质量,但跨越能力有限,景观效果较差;现浇施工结构形式能够满足跨越能力,但上部结构的施工工期较长,并且对当地环境造成很大的干扰,对交叉路线的交通也有一定的影响。

组合结构相对于传统的钢筋混凝土结构,可以极大地减少结构自重,增加跨越能力,并通过钢梁提供模板支撑,缩短建设工期的同时减少了对实地环境的影响,增加了结构的延性;相对于钢结构而言,可以显著地减少用钢量,增加结构的整体刚度和稳定性。在我国桥梁建设技术越加精细化发展,结构设计不断轻型化的背景下,组合结构具有显著的经济和社会效益,近年来成为广泛应用的桥梁结构形式。

组合结构桥梁一般是通过钢材和混凝土材料组合形成的,但其具体的结构形式具有多样性。例如,钢板组合梁桥、钢箱组合梁桥、钢桁组合梁桥等,其中钢箱组合梁桥延续了箱形梁抗弯及抗扭性能好、可施工性强、受力性能优异等特点,具有广阔的应用前景,特别是在高速公路的路线交叉中。

9.2.2　钢箱组合梁桥技术优势

钢-混组合梁桥突出优势就是充分利用了钢材和混凝土各自优异的力学性能，使得组合后的结构不仅发挥了各自材料特点，还有效地回避了两种材料的劣势。受拉区域充分发挥了钢材强度高和延性好的特点，解决了混凝土抗裂性差的问题；受压区域充分利用了混凝土抗压性能好的优势，桥面板可以利用混凝土材料很好地消散局部轮压作用，钢板受到混凝土的约束效应，很好地回避了屈曲和疲劳等问题。因此，钢材与混凝土的力学组合，实现了各自的优势互补。

钢箱组合梁桥具有以下显著的技术优势。

（1）结构重量小，跨越能力强。钢箱梁在满足截面抗弯和抗扭性能要求下，结构自重较小，因此其跨越能力显著增强，减小了下部结构的工程用量。同时也因为钢结构自重较轻，有效地减少了中墩支点的负弯矩，结构的梁高较一般连续梁低，可以减少桥下净空占据的面积，优化桥梁的外形。

（2）结构刚度好，桥面使用性能好。相对于钢箱梁桥，钢箱组合梁桥的结构刚度显著增大，具有很好的整体稳定性和安全性。同时混凝土板比钢正交异性板更适应重载交通，造价低，在使用一定年限后有更新的可能。

（3）可施工性强，使用寿命长。钢箱组合梁桥可以通过钢梁架设及桥面板预制分块实现连接，该施工方法可以形成标准化的工艺，利于大面积推广应用，采用现场拼装的施工工艺具有灵活、便捷、快速等优势，对地面交通影响小。此外，钢结构通过检查、维护和加强，寿命可达 100 年以上。

（4）抗震性能好且经济性好。由于其比混凝土桥结构自重轻，地震响应小，钢箱组合梁特别适合无支架施工，可以降低成本。相对于同等跨径的混凝土连续梁桥结构，钢-混组合梁桥的经济指标更低，一般可以降低工程量 5%～10%，且相对于同等跨度的连续梁桥经济指标可以降低 25%～30%。

9.2.3　钢-混组合箱梁桥的设计要点

钢-混组合箱梁桥的设计包含跨径布置、梁高选择、截面形式、构造设计等方面，需要在明确钢-混组合箱梁桥技术特征的基础上，明确设计要点与方法。

1. 跨径布置

桥梁跨径的布置需要根据实际情况对诸多因素进行综合考虑，需要兼顾设计的跨越要求、工程风险、施工建造难度等,特别是上部结构和下部结构建造的技术经济性。采用连续组合形式的钢-混组合箱梁桥,其能够适应的跨数及每一联的长度范围较为广泛,各种跨径的配置也相对自由,施工方法也具有多样性,可以采用顶推施工方法,也可以采用预制架设方法。考虑结构成型的受力特点,一般组合连续箱梁桥的跨径配置采用预应力连续梁桥的匹配关系,即边跨与中跨的跨径比例在 0.6~0.8。

2. 梁高选择

梁高的设计与结构受力特性直接相关,同时也是各种施工方法的考虑因素。考虑到组合箱梁桥施工方法的多样性,其高跨比波动范围较大,例如施工时有无临时墩和塔吊,对于梁高的影响很大。根据我国公路桥梁设计资料的总结,等高度梁的高跨比在 $1/25 \sim 1/16$,变高度梁的高跨比在支点处是 $1/23 \sim 1/15$,而在跨中区域是 $1/47 \sim 1/32$。

3. 截面形式

组合箱型梁桥的截面形式多样,早期主要采用多箱室截面,并且在各箱室之间设置横向联结,以方便运输和吊装。然而,多箱室截面难以适应组合箱梁桥向更大跨径发展,因此后续实践主要采用单箱室截面,可以适应桥梁宽度达到 20 m 的情况。

当桥梁宽度要求更高时,例如深山峡谷等环境,则可以通过以下三种方式来解决:①分幅建设;②增加箱室;③增加两侧挑臂长度。桥梁宽度在 20~30 m 时,采用整幅桥梁建设的方法对于结构的横向受力要求较高,应用分幅建设的方法将具有显著的效果。桥梁宽度在 20 m 以下时,采用单箱单室截面,并配合大悬臂加劲的设计思路,桥梁将具有良好的受力特点及美观性能。需要注意的是,上部截面形式的选择不同,对应的下部结构设计形式、建造技术、美观耐久等也有差异,需要综合考虑。

4. 构造设计

钢-混组合箱梁桥的构造涵盖钢梁、混凝土桥面板、钢-混连接等细节,对这些细节的构造处理建立在对结构受力特性的充分认识上。

1)钢梁的构造

钢梁的构造包括钢截面构造及加劲结构设计,组合截面的中性轴一般接近上翼缘混凝土板,这使得正弯矩区基本处于受拉状态,为取消腹板加劲提供了条件。此外,针对负弯矩区底板受压问题,可以附加混凝土板以减小截面受压区高度与压应力水平,降低该区域内的板件屈曲可能性。目前针对屈曲荷载的分析都是基于规范中的纯钢结构,以及四边简支、三边简支一边自由等约束形式,这对于组合桥梁的估计过于保守。随着计算分析理论的改进及相关研究成果的支持,可以增大翼缘板和腹板的尺寸,减少加劲肋数量,实现结构优化,降低材料消耗。

2)混凝土桥面板构造

混凝土桥面板直接暴露于外部环境中,受到环境侵蚀、气温变化及汽车荷载等作用,因此其耐久性能备受关注。桥面板根据施工方法、结构形式、结合方式等可以分类为预制桥面板、现浇桥面板和组合桥面板等形式,其中预制和现浇是目前主要应用形式,这两种施工方法下桥面板的收缩徐变性能差别很大,需要根据具体的建设条件进行选择。组合桥面板近年来受到重视,其不仅可以发挥混凝土桥面板的受力性能,还能实现桥面板与钢梁更好地连接,因此人们需要在积累现有研究经验的基础上对其进行深入的实践与分析。桥面板的设计对于结构受力、施工方法、建设成本等都有显著影响,需要在考虑结构安全性、耐久性、疲劳性等基础上,以技术经济指标合理为目标,综合比选确定。钢筋混凝土结构必然存在开裂风险,因此钢筋混凝土桥面板的开裂问题已经不可避免,但应该在更加深刻地认识基础上,采取有效措施降低开裂风险并减小裂缝宽度,避免开裂引发的结构安全性和承载力等方面的问题。

3)钢-混连接构造

随着组合结构的应用与发展,对于钢-混连接问题及其工作性能的认识也更加全面,同时对其连接构造要求也越来越高。钢-混连接区域不仅要承担剪力作用,还需要承担拉拔力;不仅要求满足承载能力使用要求,保证结构安全,还需要满足组合结构的整体工作性能,在正常使用情形下具有很好的工作性。连续组合箱梁桥中,从支点到跨中断面的受力状况变化很大,特别是在负弯矩区受力问题更加复杂,需要考虑适宜的连接件形式、布置范围、设置间距等参数,完全基于承载能力的理念设计连接件是不合适的。钢-混组合连接的形式主要有栓钉、型钢、组合式、嵌入式等。钢-混连接组合的目的是防止钢与混凝土使用时发生相对滑移,控制承载能力下的滑移量,同时需要抵抗桥面板的掀起效应,防止钢-混材料的脱离。

9.3 钢-混组合箱梁及桥面板整体现浇施工关键技术

9.3.1 工程概况

旬邑至陕甘界高速公路是国家高速公路银百线(G69)陕西境段,路线终点设赤道立体交叉枢纽工程,其B匝道桥上跨高速公路主线,从行车视角美学角度考虑,第二联(5~9号墩)跨径为(24+2×35+24) m,桥长118 m,设计为钢-混组合梁桥。设计荷载为公路-Ⅰ级,桥面宽度为2×0.5 m(护栏)+11.75 m(行车道),桥下净空5 m。下部结构采用柱式墩、肋板台、桩基础。本桥位于$R=300$ m的曲线上。全桥钢材采用Q345D,总重410 t,设左、右主纵梁,中间由横梁联系并设小纵梁。钢-混组合梁底板厚度由$t=14$ mm、16 mm、20 mm向外加厚;上翼板厚$t=25$ mm、16 mm,腹板厚$t=14$ mm、16 mm,腹板向内加厚,加劲板厚$t=20$ mm、16 mm。梁总高度1.70 m,其中钢箱梁高度1.30 m。桥面板由倒角15 cm厚过渡到40 cm,翼缘板悬臂厚度25 cm。桥面板钢筋225 t,C50无收缩混凝土518 m³。本桥梁采取了在墩顶设预抬值安装钢箱梁,翼板悬挑模架法现浇桥面板后落梁技术,就是钢箱梁在厂内分段加工,汽车运输至工地支架安装。采用箱梁安装在墩顶设预抬值,桥面板在钢箱梁上无支架现浇,翼缘板借用钢箱梁悬吊架法施工,最后在墩顶用千斤顶同步顶升落梁到设计桥梁高度成桥。箱梁设预抬值安装最终落梁对桥面板产生挤压应力,桥面板受力更好;翼缘板悬吊架法施工受力全部着力于钢箱梁上,模架受力在一个受力体系内完成,解决了满堂支架法施工与钢箱梁各自受力可能产生不同沉降的危害,整体受力效果好;同步顶升千斤顶,各点同步顶升、同步落梁对桥梁受力效果好。

9.3.2 钢桥预抬高度节段安装关键技术

钢箱梁分为A、B、C、D四种类型共七个梁段在工厂加工成型,汽车运输至工地现场,采用钢管墩式支架汽车吊安装焊接成整体。在节段拼装位置设钢管临时墩承载梁体。

1. 安装支架基础

黄土地基处理按照压实度不小于95%,承载力不小于250 kPa的标准,在地基上浇筑 250 cm×250 cm(长×宽),厚 60 cm 的 C20 混凝土基础,按照要求标准埋设钢管立柱法兰盘预埋件。

2. 钢管立柱支架

钢管立柱采用 ϕ478 圆钢管,根据混凝土基础顶面与钢箱梁安装高度,确定钢管立柱高度,钢管立柱按 200 cm×200 cm 间距在基础上呈正方形角点布置,与法兰螺栓连接,立柱间采用 ∟10 斜向剪刀撑交叉焊接连接,以保持稳定。钢管顶端焊接 20 mm 厚钢板,底面四周设加劲肋与钢管顶端焊接,在钢管顶部钢板上安装 I30 横梁,梁长与半幅梁底同宽。

3. 钢箱梁墩顶设预抬值节段安装

钢箱梁在墩顶设预抬值安装技术,就是在墩顶预抬一定高度,让桥梁形成一个向上的预拱度。本桥 6、7、8 号墩顶设 10、13、10 cm 预抬值,通过成桥下落达到设计标高,对桥面板混凝土产生挤压应力。相对于传统安装标高一次到位,虽存在二次落梁施工,但减少了因预制板铰缝施工后期带来的裂缝问题,延长整体式桥面板受力后的桥梁运行使用寿命,使梁板受力情况更好。施工时,在钢箱梁安装前,按照设计要求完成支座安装,在墩顶桥跨前、后设四处 ϕ235 钢管支墩,钢支墩上、下焊接 20 mm 厚钢板,墩顶钢支墩高度分别为 10、13、10 cm,其他各支点根据预拱度坐标计算高度设置,钢支墩内充混凝土填实以提高承载力。钢箱梁安装时,在墩顶部位,钢箱梁一端头部位落在钢支墩上,另一端头部位落在钢管临时墩中间部位,在工字钢横梁上用钢垫块调节安装高度。钢箱梁落在支架横梁上所有的钢支墩上,测量检查所设预抬值标高满足安装精度后,完成钢箱梁各节段二保焊焊接连接施工成整体,完成全桥钢箱梁安装。使钢箱梁安装相对于设计标高,整体形成了一个向上的预拱度。

9.3.3 悬吊模架法桥面板施工关键技术

1. 悬吊模架法施工技术

现有桥面板施工技术大多以落地满堂支架法进行施工,材料用量多,地基处理要求高,费时费工,施工成本高;再者桥面板荷载由钢箱梁与满堂支架二者共同受力,容易产生不均匀沉降,因此考虑利用钢箱梁纵、横梁悬吊模架法施工技术施工桥面板,桥面板荷载全部由钢箱梁承担,在一个受力体系内完成,克服了桥面板施工靠满堂支架与钢箱梁二者受力的不利因素,保证了施工质量,降低了施工成本。

1) 翼缘板悬吊模架法施工技术

钢箱梁翼缘板悬臂须现浇混凝土宽度 1.125 m,墩顶处厚度 40 cm,墩顶以外通过 15 cm 厚倒角过渡到边部 25 cm 板厚。经方案论证优选,采用悬臂端悬吊模架法施工技术。悬吊装置尾部采用顶、压、另一端部悬挂模板的技术方案,即采用双拼[12 槽钢长 200 cm 的吊模承重梁(纵向间距 150 cm)横桥向布置,在钢梁剪力钉内外两排位置采用 $\phi 48\times 3.5$ 钢管做承重梁支撑,并在承重梁内侧端部采用中 20U 型螺栓做拉杆,悬吊部位采用 3 道 $\phi 20$ 螺杆做吊杆,吊杆顶端穿过承重梁设中 $\phi 48\times 3.5$ 钢管锚固,吊杆下端采用双 $\phi 48\times 3.5$ 钢管悬吊蝴蝶卡锁定,在下端钢管上铺设断面 6 cm×8 cm 方木(间距 30 cm)纵向背肋,在方木上铺设 20 mm 厚竹胶板做模板,组成翼缘板悬吊架模系统。其荷载传递自上向下为:顶端悬挂钢管→吊模承重梁→吊杆→竹胶板→纵向方木背勒→横向钢管。

2) 悬吊模架法体系受力验算

(1) 荷载分类及计算。

①永久荷载(荷载分项系数取 1.2)。

钢筋混凝土比重取 26 kN/m³,结构高度 0.40 m,均厚 0.28 m。模板及支撑木方的自重:根据《建筑施工碗扣式钢管脚手架安全技术规范》(JGJ 166—2016),模板及木方的自重取 0.50 kN/m²。配件自重:脚手板自重标准值统一取 0.35 kN/m²;操作层的栏杆与挡脚板自重标准值统一取 0.14 kN/m²。

②可变荷载(荷载分项系数取 1.4)。

人员及施工设备荷载取 2.5 kN/m²;倾倒混凝土产生的冲击荷载取 4 kN/m²;振捣混凝土时产生的荷载取 2.0 kN/m²。

(2) 荷载效应组合计算。

支撑材料:底模为竹胶板,板底铺设方木,断面为 6 cm×8 cm,板下净距 30 cm,方木下为 $\phi 48\times 3.5$ 钢管。

荷载系数取值:静载系数 1.2,活载系数 1.4。

静载:q_1(翼缘板)$=26\times 0.28$(均厚) kN/m²$=7.28$ kN/m²;q_2(支架、模板系统自重)$=(0.35+0.14+1.1)$ kN/m²$=1.5$ kN/m²。

活载:q_3(人员及施工设备荷载)取 2.5 kN/m²;q_4(倾倒混凝土产生的冲击

荷载)取 4 kN/m²。

荷载效应组合计算：Q(翼缘板)$=1.2\times(q_1+q_2)+1.4\times(q_3+q_4)=[1.2\times(7.28+1.5)+1.4\times(2.5+4)]$ kN/m² $=19.636$ kN/m²。

双拼[12 跨径取距离 1.325 m，间距取最大值 1 m，按简支梁体系验算。

(3) 翼缘板悬吊架模受力验算。

吊架按 1 m 间距布置，每个吊架布置 3 根吊杆，悬臂板下荷载为：

$G_1=(7.28+1.5)$ kN/m²$\times1.25$ m$\times1$ m$/3=3.7$ kN——计算刚度用；

$G_2=19.636$ kN/m²$\times1.25$ m$\times1$ m$/3=8.2$ kN——计算强度用。

计算结果总结如下。

支点反力：$F_{max}=65$ kN。变形：$\delta_{max}=2.5$ mm$\leqslant L/400=1125/400$ mm$=2.8$ mm，满足要求。剪切应力：$\tau_{max}=34$ MPa$<[\tau]=125$ MPa，满足要求。组合应力：$\sigma_{max}=156$ MPa$<[\sigma]=215$ MPa，满足要求。各类杆件受力验算均满足施工要求。此种悬吊模架体系技术新颖，结构简单，节省材料，降低了成本。依靠钢箱梁承受翼缘板悬臂端混凝土施工，避免了碗扣式满堂支架体系施工造成的不均匀沉降问题，保证了施工质量。

3) 中缝悬托模架施工技术

两钢箱梁中缝悬浇施工利用钢箱梁自身受力，采用[12 号长 280 cm 双拼槽钢作为承重梁，布设于钢箱梁纵梁一侧的小横梁与小横梁间下翼缘板上，利用钢箱梁下翼缘板钢板顶面做支撑，安装纵向承重梁横向间距 100 cm，在承重梁上安装钢管支架底托，搭设 $\phi 48\times 3.5$ 竖向钢管支架，在钢管顶部设[12 分配梁，在分配梁上铺设间距 30 cm 的 6 cm$\times$8 cm 方木做背肋，其上铺设 15 mm 厚竹胶板，按照孔口四周向上倒角 15 cm 过渡，组成中缝悬托模架体系现浇混凝土底模施工。其模架施工结构技术新颖，节省材料，方便施工，安全可靠。

4) 钢箱梁内顶模架施工技术

在钢箱梁内顶口搭设普通钢管支架，铺设 15 mm 厚竹胶板，背肋采用间距 30 cm 的 6 cm$\times$8 cm 方木。模架设计时考虑钢筋混凝土荷载、模架自重、施工荷载要求。

2. 支架预压

支架预压采用小砂袋法进行，设计板厚 25 cm，每平米混凝土及钢筋自重约 0.824 t，按照 1.1 倍自重进行预压，砂袋采用人工配合吊车进行加载。边部翼缘板及箱间板位置每平米堆放 0.91 t 砂袋。支架预压目的是消除支架的非弹性变形和方木等的变形,从而获得支架在荷载作用下的弹性变形数据,确定合理的施工预拱度,以使箱梁在卸落支架后获得符合设计标高和线形。

3. 桥面板钢筋安装及混凝土浇筑

首先浇筑墩顶内置式盖梁部分混凝土,强度达到设计强度后,吊装绑焊桥面板钢筋完成,检验钢筋安装施工质量,浇筑桥面板无收缩混凝土。混凝土浇筑顺序为先浇筑跨中部分,由跨中向墩顶逐步浇筑,墩顶前、后 5 m 范围预留不浇筑,待桥面板混凝土强度达到设计强度的 90%,拆除钢箱梁安装时的钢管临时墩支架后,由钢箱梁全部承担桥梁荷载,再浇筑墩顶预留部分桥面板混凝土,完成第一次桥梁受力体系转换。

4. 支架拆除

人工拆除吊架系统、底模、侧模板。用作钢箱梁安装的临时墩支架拆除由两端向跨中逐步进行,以逐步拆除 5—6 跨、9—8 跨,再拆除 6—7 跨、8—7 跨的顺序,切割人员对称同步切割支墩顶钢垫块拆除,使钢桥全部荷载由 6、7、8 号墩顶钢支墩承担。吊车起吊拆除工字钢横梁、钢管,拆除混凝土基础。

9.3.4　同步顶升落梁关键技术

选择与墩顶梁体荷载相匹配的智能千斤顶,墩顶千斤顶的总顶升量不大于梁体计算荷载的 80%,本桥 7 号墩选用了 200 t 扁千斤顶 6 个,6、8 号墩分别采用 4 个,3 个墩顶依靠智能千斤顶实现同步顶升落梁技术。以 7 号墩千斤顶智能控制箱为主机,6、8 号墩千斤顶智能控制箱为辅机,通过无线信号传输命令,实现墩顶箱梁下方的若干千斤顶同步顶升、抽取钢支墩、同步回油,完成落梁到墩顶支座上。落梁时,若干千斤顶同步顶升,使钢箱梁与盖梁间的钢支墩不受力,抽取较高钢支墩,更换较低钢支墩,千斤顶回油,落梁于较低钢支墩上,然后,抽取部分位于千斤顶下方的顶升钢支墩,再安放千斤顶重复顶升,箱梁逐步下落,如此循环进行完成落梁,完成第二次桥梁受力体系转换。采用上述落梁方法,提高了梁体安装定位精度,防止了各墩各点不同步落梁易产生梁体扭曲变形的风险,并且落梁速度快,缩短了施工周期,节约了工程投入,保证了质量安全,在大体量落梁技术上取得了创新成果。

9.3.5 施工质量控制要点

1. 钢箱梁墩顶设预抬值安装焊接质量控制

在设置钢箱梁安装支架时,按照墩顶设计预抬值计算支架各支点处预拱度,合理设置支架高度,在钢箱梁安装时,严格按照计算预拱度标高安装就位。钢箱梁节段拼装需要满足规范规定的焊缝宽度和标高精度,相邻节段安装高差不大于 3 mm。电焊工须持证上岗,在钢箱梁正式焊接前,按照焊接材质、焊接环境、焊接温度完成焊接工艺评定,评定合格后才能进行大面积焊接施工。焊缝采取雷达探伤检验。

2. 吊架模安装质量控制

吊架模承重梁后端 U 型锚栓与剪力钉焊接要牢靠,焊缝饱满。钢管支撑安装要垂直,吊架承重的关键是靠承重梁内侧的一撑一拉杠杆原理受力作用,由外侧受拉吊杆传递模板承托吊架,施工时应认真检查各部位锚固受力牢靠不变形。

3. 桥面板现浇质量控制

按照质量评定标准要求验收桥面板钢筋安装质量,浇筑混凝土前将模内杂物清除干净,高压水枪冲洗,混凝土严格控制坍落度,混凝土分段连续完成浇筑,严格控制收面平整度在 5 mm 以内,并做好桥面早期保湿养护工作。

4. 同步顶升落梁质量控制

为了保证同步整体缓慢落梁,实施前应合理组织安排,统一指挥,发号施令,确保对称同步实施,千斤顶与钢支墩应保持垂直受力,拆、装要细心,防止受力偏移发生危险,施工人员要做好安全防护措施,确保落梁质量。

9.4 钢-混组合梁桥混凝土桥面板防裂施工问题

9.4.1 工程背景

某大跨径钢-混组合梁桥是 H 峡谷两侧的主要连接方式,桥梁总长 1.341

km,主桥部分中心桩号 K20+124,按照多跨径组合形式设计,主桥为钢-混组合结构,引桥为混凝土材料形成的简支 T 梁。主桥结构共包括 4 个悬浇连续 T 梁,各连续梁的规格并不相同,其中主悬浇 T 梁的最长悬臂为 134 m,次悬浇 T 梁悬臂长 65 m,左右幅箱梁按分幅原则和单箱单室结构设计。顶板厚 27.9 cm,跨中位置腹板厚 36 cm,到中支点处腹板厚度变成 50 cm,跨中底板厚度 30 cm,到墩顶变为 75 cm。该桥梁在运行过程中,主桥箱梁腹板先后出现大量裂缝,在靠近支座位置的边跨腹板处宽度 0.10~0.53 mm 的斜向裂缝较多,已超出《公路桥涵设计通用规范》(JTG D60—2015)对裂缝限值的相关规定。

9.4.2 箱梁验算结果及裂缝产生原因分析

1. 下缘正应力

在进行钢-混组合梁桥结构承载能力验算的过程中,先采用平面杆系进行上部结构验算,验算结果表明,上部结构正应力符合预应力混凝土桥面板应力要求。桥梁结构跨径较大,其对支座的不均匀沉降也不会发生较为明显的反应,在行车荷载和温度应力组合的最不利工况下,跨中断面下缘存在 2.2~2.5 MPa 的应力储备,边跨跨中下缘的压应力为 0.8~1.0 MPa。

2. 剪应力与拉应力

本桥梁剪应力和主拉应力设计显示,箱梁抗剪力不足,边支点处主拉应力与中支点处主拉应力存在 3.5~4.0 MPa 的差距,这都是导致腹板上斜裂缝发育的原因。边跨、中跨主拉应力较大,跨中某个狭小区域内拉应力较小,按照相关规范,在边支点周围及腹板从 50 cm 厚度转变为 36 cm 厚度的范围内,主拉应力比设计值和规范值大,从而导致主拉应力向斜向裂缝的产生。

3. 腹板厚度

按照相关规范,钢-混组合梁桥腹板厚度必须符合设计及规范要求,虽然该规定中并未包括箱梁和变截面连续梁,但出于大跨径梁桥结构的安全性考虑,腹板厚度必须得到保证。本桥梁结构腹板厚度明显不足,纵向预应力束并未弯折进腹板,尤其是边支点梁端预应力束并未向上弯起,抗剪力严重不足,导致腹板裂缝的产生。

4. 混凝土桥面板裂缝产生原因

通过对本桥梁及国内其他类桥梁结构的实地调查,可以将裂缝产生原因分为三种。

（1）Ⅰ类裂缝产生原因。

此类裂缝主要出现在主跨跨中和边跨跨尾,沿横桥向呈上下贯通形态,其主要由于跨中和边跨尾部轴向压应力不足,在混凝土干缩等不利因素的影响下,因桥面板拉应力而引发面板开裂。对于此类裂缝,应当在主梁中跨跨中和边跨等区域桥面板处设置纵向预应力。中跨跨中 1/3 跨径范围设置 7 根 15.2 mm 规格的钢束,边跨从过渡墩开始的 80 m 范围内设置 9 根 15.2 mm 规格钢束。根据结构应力分析结果,纵向预应力主要分布在桥面板横截面中性轴,并锚固于面板底面齿块。横向预应力主要分布在桥塔区域外的桥面板内并距桥面板丁顶面 8 cm、底面 18 cm。

全桥桥面板湿接缝完成后进行横向预应力张拉施工,边跨桥面板湿接缝全部完成后进行边跨纵向预应力张拉施工,中跨合龙段桥面板湿接缝完成后进行中跨纵向预应力张拉施工。

（2）Ⅱ类裂缝产生原因。

此类裂缝主要出现在主梁上斜拉索锚固处,与桥轴线成 45°角。此类裂缝出现的主要原因在于施工工艺不当,如钢柱梁悬拼阶段斜拉索未张拉、吊机松钩提前等,导致主梁悬臂根部的负弯矩太大,混凝土桥面板接缝在斜拉索锚固位置拉裂。

（3）Ⅲ类裂缝产生原因。

此类裂缝多出现在主梁上斜拉索锚固处混凝土现浇结构表面,并围绕锚点呈环状和放射状,其是锚点周围混凝土桥面板所承受的局部压应力过大以及锚点处混凝土收缩徐变等综合作用的结果。对于此类裂缝,应通过设置在箱型纵梁腹板外侧的钢锚箱将主梁位置斜拉索锚固在主梁上,并通过腹板将斜拉索索力传递至桥面板,使应力更加分散和均匀。钢锚箱设置在腹板处对混凝土桥面板内的纵横向钢筋、预应力等的连续性均不产生影响,能够确保桥面板结构的整体性。

9.4.3 钢-混组合梁桥混凝土桥面板防裂施工

1. 桥面板预制时的防裂

本桥梁预制桥面板厚 27.5 cm,平面面积 28.8 m²,其预制时为加强防裂,采用 7~9 cm 小坍落度吊斗施工方法,并按设计比掺加聚丙烯纤维材料,存放支座适应干缩的时间为 180 d,无空气混凝土均质性所对应的密度偏差在 15 kg/m³ 以内,含气量偏差在 1.0% 以内。

2. 现浇桥面板防裂

现浇桥面板防裂施工时除应满足通用规定,还应将压力泌水控制在 0.3 mL/cm² 以内,添加 UF-500 纤维素材料后采用圆环约束等方法进行试件抗裂性测试。现浇混凝土桥面板使用膨胀性混凝土,其 90 d 干缩率应不超出限值。混凝土桥面板钢筋网间距按照 15 cm 设置,钢筋网内收缩较为集中的一条裂缝宽度不超出 50 μm,所以本组合桥梁桥面板混凝土的 90 d 干缩率限制为 $50\times10^{-6}/(150\times10^{-3})=334\times10^{-6}$。

混凝土桥面板养护采用养护剂,桥面风速在 3~4 级,7~9 cm 小坍落度混凝土的表面易干缩,所以必须紧跟抹面,且抹面后随即喷洒养护剂以便形成防水膜。

3. 预制桥面板吊装

通过采用常规的 270°和 360°吊机虽能提升起重能力,增强通用性,但其结构自重较大,会导致柔性较大的组合梁主梁挠度和斜拉索应力增大,其结构自重若集中作用在横梁跨中位置,则会增大桥面板的拉应力,安装时的偏载也会引发主梁扭转,加剧桥面板裂缝的出现。本桥梁混凝土桥面板分段吊装,并通过悬臂整拼吊机完成安装,能最大限度减少传统吊机常规吊装方式下的桥面板裂缝,保证吊装施工质量。悬臂整拼吊机安装过程平稳,结构受力较为明确,受力计算和施工控制便于实施,挂篮总重量与底篮负载量之比为 0.7,且吊机作用点在斜拉索锚点附近,不会对主梁构件产生较大影响。

4. 桥面防护

本工程采用涂硅化剂的混凝土渗漏缺陷自修复技术进行桥面板表面的防护施工,并在施工过程中进行比较涂抹硅化剂和不涂抹硅化剂工况下混凝土桥面板性能的试验,结果表明,在混凝土桥面板表面均匀涂抹硅化剂后,面板层和铺装层的黏结性增强了 29.8%,面板层抗剪强度和抗压强度分别提升了 26.5% 和 7.84%,且面板裂缝能自我修复。

5. 其他防裂措施

跨合龙后的混凝土桥面板安装应当在有利的季节进行,在中跨合龙前应通过吨位较大的安装吊机或合龙在最大悬臂端配重,若桥面板跨合龙安装在清除全部施工荷载后的低温季节进行,会更有利于桥面板恒压应力的控制。

第 10 章 大跨径桥梁设计与施工

10.1 大跨径组合梁斜拉桥概念设计分析

10.1.1 背景

斜拉桥按加劲梁用材不同,可分为钢斜拉桥、混凝土斜拉桥和钢-混凝土组合梁斜拉桥。组合梁斜拉桥为组合结构与斜拉桥范畴的交集,是斜拉桥及组合结构各自发展到一定程度后的必然结果。斜拉桥的主梁采用组合结构,兼有混凝土结构和钢结构的优点:一方面解决了混凝土主梁的腹板及底板容易开裂,以及钢主梁正交异性钢桥面易疲劳及铺装易受损的难题;另一方面,主梁承受轴向压力,发挥了混凝土材料的优势。因此,组合梁斜拉桥具有较好的受力性能。

组合梁为斜拉桥结构体系内的重要构件,承受轴向压力及弯矩作用,与组合梁式桥相比,在受力特点上有较大区别。另外,正因为主梁结构形式的不同,组合梁斜拉桥与钢斜拉桥、混凝土斜拉桥相比,在受力性能、设计方法上亦有所不同。概念设计为桥梁设计之魂,本节重点明确大跨度组合梁斜拉桥概念设计中应考虑的主要技术问题。

10.1.2 合理跨径界限

传统认为,超过 700 m 的斜拉桥应当选择钢桥面形式。实际上,该结论是基于传统钢板组合梁抗风性能的不足而得出的。更大跨度桥梁采用的开口截面组合梁,受限于主梁自身抗扭刚度,较难适应桥面风速较高情况下抗风稳定性要求。由表 10.1 可见,流线型组合箱梁弥补了开口形组合板梁的不足,具有较高的风致稳定性。因此,组合梁斜拉桥最大跨度有望较大提高。

表 10.1　800 m 主跨组合梁斜拉桥颤振稳定性

主 梁 类 型	组合钢板梁	组合钢箱梁
桥面总宽/m	39	39
扭频/Hz	0.407	0.597
截面惯性半径/m	10.5	11.0
桥面质量与空气密度比	37.1	44.3
形状系数	0.4	0.7
攻角系数	0.85	0.80
颤振临界风速/(m·s^{-1})	60.4	162.9

组合梁桥面重量为钢箱梁桥面重量的 1.5～1.8 倍，钢斜拉桥正交异性桥面板及其铺装费用相对较高，组合梁斜拉桥拉索、基础等造价相对较高。定性而言，场地地质条件越好、地震烈度越低时，组合梁斜拉桥经济上越有优势。世界著名桥梁专家 Peter R. Taylor 认为在目前的技术条件下组合梁斜拉桥预计设计跨径为 1000 m，Holger Svensson 认为组合梁斜拉桥经济跨径范围为 400～900 m。笔者从结构静力强度、静力稳定、颤振稳定等多方面论证了 800～900 m 组合梁斜拉桥的可行性及良好的力学性能。在经济性能方面，通过与同等跨径钢箱梁斜拉桥相比，认为一般条件下，组合梁斜拉桥的经济跨径可达 900 m。以上研究，极大地扩展了组合梁斜拉桥与钢斜拉桥之间的跨径竞争范围。

10.1.3　总体布置及主要参数

1. 主梁形式

在组合梁斜拉桥合理跨径范围内，不同断面形式组合主梁亦各有其力学及经济合理区间。可根据场地风速条件及经济性，分别选用组合钢板梁(图 10.1(a))、半封闭组合箱梁(图 10.1(b))、整体式组合箱梁(图 10.1(c))所示。一方面应注意使钢底板的材料性能得到充分发挥，另一方面须满足颤振稳定性要求，在 600 m 以下跨径一般采用组合钢板梁，在 800 m 以上跨径一般采用扁平流线型整体式组合钢箱梁，中间桥跨范围则可采用分离式组合箱梁。当斜拉桥跨径达到千米级时，常规混凝土桥面板组合梁斜拉桥由于自重原因，经济优势将不复存在，静力稳定也将成为突出问题。目前正在发展带组合桥面板的组合梁斜拉桥新型结构，如图 10.1(d)所示，将进一步拓展组合梁斜拉桥的适用跨径。

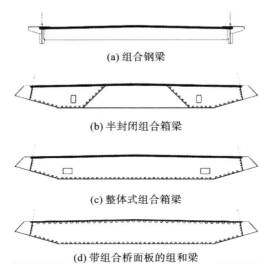

图 10.1 大跨组合梁斜拉桥典型主梁断面

大跨径斜拉桥一般都采用空间双索面布置形式,为主梁提供了较强的抗扭能力,此时梁高可尽量采用较小值,以取得较大的宽高比来减少风阻和涡振。但梁高也不能过小,适当的梁高可增强斜拉桥的鲁棒性,并保证在巨大的轴向压力下的屈曲问题。对千米级组合梁斜拉桥,尤其是在场地风速较大地区,轴力及横向风作用下近塔区主梁角点应力往往为设计控制因素。此时,增加主梁宽度可显著改善主梁的受力性能。另外,结合建设条件及孔跨布置,根据配重等需要,边跨可采用混凝土梁断面。

2. 桥塔形式

斜拉桥比梁式桥的跨越能力更大,是大跨度桥梁的主要桥型。索塔形式有柱形、门形、A 形、倒 Y 形等,见图 10.2。斜拉索布置有单索面、平行双索面、斜索面等。

3. 辅助墩的设置

一般而言,辅助墩对于大跨斜拉桥有着不可忽视的作用,不仅可以改善成桥状态下的静力、动力性能,同时还可争取边跨提前合龙,提高最不利悬臂施工状态的风致稳定性。但是,辅助墩的设置对组合梁斜拉桥在收缩徐变影响方面有其不利的一面。以目前的建桥经验,600 m 以下组合梁斜拉桥可不设置辅助墩,

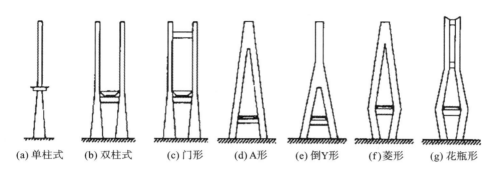

图 10.2 索塔横向造型基本形式
(a)单柱式；(b)双柱式；(c)门形；(d)A形；(e)倒Y形；(f)菱形；(g)花瓶形

如希腊里翁-安提里翁桥及青州闽江大桥。分析研究表明，对 600 m 以上特大跨组合梁斜拉桥，设置 2 个辅助墩与 1 个辅助墩相比，在活载作用下，斜拉桥刚度提高不明显，对塔、梁受力性能的改善幅度有限，通常设置 1 个辅助墩即可满足要求。当然，对 800 m 以上组合梁斜拉桥，可根据施工方面的要求，考虑更多辅助墩的设置。

4. 斜拉索及布置

1860 MPa 扭绞型平行钢丝拉索为桥梁行业重点发展的方向，目前技术已经成熟，并已在嘉绍大桥、港珠澳大桥得到了应用。大跨径斜拉桥采用高强钢丝，可以减少拉索用量从而改善经济性能，减小斜拉索的直径从而减小风载，降低最大单索重量从而降低运输、架设难度，应积极推广使用。

对现代大跨斜拉桥而言，斜拉桥的整体刚度由拉索变形控制，结构体系的力学平衡甚至较少需要主梁及主塔的抗弯刚度。当中跨作用荷载时，力通过对应拉索传递到塔顶，然后通过锚索传递到锚墩（边墩或辅助墩），边跨内部其他拉索几乎不承受荷载。边跨作用荷载时，力通过边跨对应拉索传递到塔顶，并通过锚索索力的减小来平衡。由此可见，锚索对斜拉桥的整体刚度具有重要意义，应尽量布置于边墩及辅助墩附近，从而改善斜拉桥结构的整体力学性能。

5. 塔梁约束体系

现代斜拉桥是多跨连续的柔性结构，不同的建桥条件需要不同的约束体系，以使结构的位移、静力和动力反应最佳。对特大跨径斜拉桥而言，塔梁纵向约束是一个关键问题，一般宜采用纵向弹性（阻尼）约束体系。纵向风、活载引起的塔底弯矩及梁端位移随纵向约束刚度的增加而减小,主梁收缩徐变、温度引起的塔底弯矩则随纵向约束刚度的增加而增加。应通过参数分析,使结构受力及位移响应最优。

10.1.4 受力特点及影响因素

组合梁斜拉桥桥面板剪力滞后、混凝土收缩徐变、钢-混界面滑移等多种效应互相关联,精细化分析才能对其准确模拟。概念设计中应抓住主要矛盾,适当简化。

1. 剪力滞后效应

目前各国规范对梁式桥桥面板有效宽度作了规定,但该规定并不适用于组合梁斜拉桥。组合梁斜拉桥主梁不仅承受弯矩而且承受轴力,因此分别对应有弯矩有效分布宽度及轴力有效分布宽度。弯矩有效分布宽度与有效跨度有关,而轴力有效分布宽度与拉索水平轴力的扩散相关。理论上讲,桥轴向同一位置有效分布宽度在不同施工阶段及成桥阶段不断变化,而且由于在正常使用状态及承载能力状态下主梁轴力、弯矩所占比例不同,桥面板有效宽度也理应有所区别。

同时考虑主梁两种有效分布宽度,在设计计算中会带来不便。相比之下,在弯矩和轴力共同作用下的桥面板有效宽度系数更易于实际操作。对组合梁斜拉桥桥面板统一有效宽度系数的研究表明,重庆江津观音岩长江大桥的有效宽度系数在 0.75~0.95,武汉二七长江大桥的有效宽度系数在 0.748~0.916。基于美国已建 18 座组合梁斜拉桥基本参数,在理论分析基础上,拟合出适合于组合梁斜拉桥的修正有效分布宽度折线图(见图 10.3),发现有效宽度仅与主梁竖向支座的纵向间距、桥面板板厚及桥面实际宽度有关。值得注意的是,主塔处主梁有无竖向支座,对该区域桥面板有效宽度影响较大。与国内相关研究相比,除支座附近有效宽度更为不利以外,国内外研究结论总体上较为吻合。

2. 收缩徐变效应

组合梁斜拉桥混凝土收缩徐变有其自身规律,其整体时变响应总体上是不利的,在结构设计时必须考虑。以两塔斜拉桥为例,成桥后混凝土收缩徐变将引起索力的变化,特别是边跨拉索索力会较大幅度地减小。索力改变将使主塔上塔柱水平力不再平衡,塔顶向中跨偏移,塔底出现向中跨侧顺桥向弯矩,主梁中

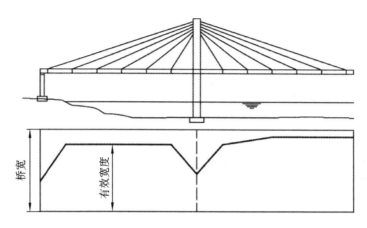

图 10.3　组合梁斜拉桥桥面板有效分布宽度

跨下挠,全长出现不同程度的负弯矩及轴向拉力。相应地,主梁桥面板产生不同程度的拉应力,钢主梁压应力则有较大幅度的增加。独塔斜拉桥则由于结构体系的不同,收缩徐变的影响相对较小。

组合梁斜拉桥主梁在承受负弯矩或轴向拉力时会表现出其不利的一面,为了减轻组合梁的收缩徐变效应,可延长混凝土桥面板龄期。另外,不同结构体系下组合梁斜拉桥的时效响应有所不同。在主塔处设置竖向支座时,主塔收缩徐变将使梁塔交接处主梁产生局部负弯矩峰值。设置辅助墩除使辅助墩附近主梁出现负弯矩峰值外,将使组合梁斜拉桥的整体时变效应更为明显。在体系确定时,单纯从时变效应角度来讲,全漂浮体系(主塔处无支座、不设置辅助墩)较其他体系更为合理。

3. 连接件设计及其滑移效应

混凝土桥面板与钢梁之间一般采用剪力钉连接,结合成整体后共同受力。对大跨组合梁斜拉桥,一方面应考虑剪力钉自身受力,另一方面须考虑其柔性对结构整体受力是否产生影响。

组合梁斜拉桥界面连接件设计时,应考虑竖向荷载、拉索索力、预应力、收缩徐变等荷载的作用及其组合,尤其应注意辅助墩处、拉索锚固点、预应力束端部等位置的剪力钉合理布置。在实际工程设计时,对于剪力钉滑移,主要考虑其对剪力钉自身受力的影响,而基本不须考虑对主梁钢结构及混凝土桥面板等其他结构静力响应的影响。

4. 非线性及稳定

对大跨斜拉桥,基于非线性有限元施工过程模拟得到的成桥状态,是进行结构运营荷载、动力、稳定等方面精确分析的基础。非线性可分为几何非线性及材料非线性。关于拉索垂度、$P\text{-}\delta$、大位移等几何非线性效应,组合梁斜拉桥与其他斜拉桥并无本质上的区别。混凝土材料的徐变、塔梁间纵向非线性约束、钢-混界面滑移等均属于材料非线性范畴。精确计算时,应对各项非线性效应进行同步计算,简单的叠加原理不再适用。千米级组合梁斜拉桥几何非线性效应研究表明,几何非线性使结构活载效应均有不同程度增加,影响系数在15%以内,收缩徐变工况受几何非线性的影响相对较小,影响系数在5%以内。

随着斜拉桥跨径的不断增大,桥塔高耸化、主梁纤细化使稳定问题更为突出。在不同的施工阶段及成桥阶段,不同斜拉桥在不同的荷载条件下,塔、梁均可能成为稳定控制因素。由于主梁自重原因,对千米级组合梁斜拉桥应重点关注主梁面内失稳问题。

10.1.5 合理成桥及施工状态

合理成桥状态是缆索承重桥梁设计中关键的问题,包括几何构型和在恒载、索力及预应力作用下的内力分布,通常由结构的功能需求和设计者的经验确定。对钢斜拉桥、混凝土斜拉桥、组合梁斜拉桥,在合理成桥状态确定时,应采用不同的原则。对钢斜拉桥,可考虑运营期活载等的作用,通过调整成桥状态,使最不利组合下结构内力分布得到优化,达到节约钢材的目的。对混凝土斜拉桥,主梁存在徐变问题,往往采用刚性支点连续梁法确定成桥状态,致力于徐变效应最小化。组合梁斜拉桥混凝土桥面板同样存在徐变问题,成桥状态一般按刚性支点连续梁法近似确定。采用该方法时,为防止桥面板开裂,可在主梁轴力较小区段布置一定的预应力钢筋,按不容许开裂的方法设计。当然,也可以通过索力调整的方法,在成桥时将主梁预设一定的正弯矩。

传统的组合钢板梁斜拉桥技术成熟,常采用先安装工字形钢梁,再分块吊装预制桥面板,然后浇筑湿接缝的方法形成整体。对超大跨径组合钢箱梁斜拉桥则一般采用节段全断面整体预制方法。对钢斜拉桥及混凝土斜拉桥,理论上每根斜拉索仅张拉一次即得到刚性支点连续梁下的成桥状态,组合梁斜拉桥由于存在钢-混结合步骤,通常须采用两步张拉法。结合前的初次张拉索力应尽量避免使不利的弯曲应力及变形锁定在钢主梁内,结合后的第二次张拉索力则可根据成桥状态倒推分析得到。施工控制中两步张拉法可使徐变的不利影响及不确定性降至最低,桥面线形更易控制,以顺利地实现理想成桥状态。

10.2 小曲线半径的大跨径钢-混组合梁桥设计

10.2.1 概述

钢-混组合梁由钢主梁和混凝土桥面板组合而成,具有跨径大,重量轻,经济性相对较好等优势,近年来运用日益广泛。特别是因为其跨越能力较强,可以单孔跨越既有道路,同时钢结构可以采用顶推施工,对桥下道路的通行影响较小,在既有道路增设跨线桥梁时,越来越多地采用钢-混组合结构。在昆明市某高速公路的立体交叉节点提升改造工程中需要增设两条匝道,其中 A 匝道设置 2 m×76 m 钢-混组合梁桥跨越既有高速。该桥桥面宽度为 10 m,平面位于 $R=233.5$ m 的圆曲线及其缓和曲线上。该桥以约 60°的大角度斜交上跨既有高速,该高速为进出昆明的主要干道,不具备封闭施工的条件,因此采用先顶推架设钢结构,再浇筑混凝土桥面板的施工方法。本桥跨径大,负弯矩区桥面板裂缝控制难度较高;平曲线半径较小,弯桥效应突出;桥下不断交施工,保通和施工安全压力较大。综合来看,本桥设计和施工难度均较高。

10.2.2 整体设计

1. 技术标准

本桥的设计规范采用公路体系,设计荷载为公路Ⅰ级,环境类别为Ⅰ类,设计安全等级为一级,设计基准期为 100 年,设计车速为 50 km/h,桥面标准宽度为 0.5 m(护栏)+9 m(车行道)+0.5 m(护栏)=10 m。

2. 结构形式

为增强结构的抗扭性能,主梁截面为箱形截面,全宽 10 m,横向跨中设置一道小纵梁。桥面板横向支承于槽形梁和小纵梁上翼缘,挑臂长度 1.75 m,横向计算跨径 3.25 m;挑臂端部板厚 18 cm,横向跨中板厚 25 cm,翼缘板上方厚 35 cm。钢结构顶宽 6.5 m,底宽 5.1 m,腹板高 3.1~3.13 m,腹板斜率为 4.2,顶板厚度为 20～50 mm,底板厚度为 20～40 mm,腹板厚度为 16～20 mm,底板设有 9 道 20 mm×240 mm 板式加劲肋。小纵梁高度 600 mm,上翼缘宽度 600 mm,厚度 14 mm,下翼缘宽度 250 mm,厚度 20 mm,腹板高度 560 mm,厚度 10 mm。

钢主梁端支点设置实腹式端横梁,中支点位置设置实腹式中横梁,跨间每隔 5 m 设置 1 道箱内横撑,箱内横撑为空腹式桁架结构。桁架杆件为⌊100×8 规格的双肢角钢,为增强杆件的单肢稳定性,在杆件中部设置一块填板。

3. 中支点顶底板双结合构造

中支点底板位于受压区,稳定问题突出,设计中一般采用加厚底板和加大加劲肋尺寸的方式提高其屈曲稳定性。本桥在中支点两侧各 5 m 范围内底板上浇筑 40 cm 厚的 C50 混凝土,形成顶底板双层组合结构,利用混凝土抗压能力好的特性,改善了中支点底板的受力,同时减小了中支点底板的钢板厚度。

10.2.3 负弯矩区混凝土桥面板抗裂措施

负弯矩区桥面板裂缝控制一直是钢-混组合梁桥的设计难点,本桥由于跨径较大,负弯矩区桥面板开裂风险更为突出。常规预应力在组合梁桥中施加效率不高,并且小半径桥梁中预应力次效应突出,因此本桥并未使用预应力,而是采用以下手段控制负弯矩区桥面板裂缝。

(1) UHPC 混凝土。本桥在中支点两侧各 15%跨径(11.5 m)范围内,桥面板采用 U150 级的 UHPC 混凝土,UHPC 混凝土具有显著优于普通钢筋混凝土的性能,其正常使用状态下的抗拉承载力设计值可达 6.4 MPa,并且经过蒸汽养护之后,后期的收缩效应相较普通混凝土也大大降低。

(2) 中支点强迫位移。支点强迫位移法是钢-混组合梁常用的施加预应力的手段。本桥在混凝土桥面板混凝土养护完成后,由千斤顶控制使中支点下落 35 cm,该步骤可使中支点顶板混凝土产生约 4 MPa 的压应力储备。以往采用强迫位移法施工时,一般是先将钢梁顶起,待混凝土浇筑完成后,再将结构下落,施工难度较大,结构中产生的次内力也比较复杂。本桥在钢结构加工时,就将中支点钢结构预抛高 35 cm,钢结构架设时,将其直接放置在高出永久支座 35 cm 的临时支座上,待混凝土桥面板施工完成后,再将其下落至永久支座,省略了顶升的步骤,使施工更便捷,对结构的影响也更可控。

(3) 收缩补偿混凝土。根据结构计算分析,混凝土收缩是大跨度钢-混组合梁桥桥面板拉应力的主要来源之一。根据目前的《公路钢混组合桥梁设计与施工规范》(JTG/T D64—01—2015)计算,成桥十年后收缩量如果等效为降温的话,往往相当于混凝土桥面板单独降温超过 40 ℃,因此收缩在桥面板中产生的拉应力是十分可观的。本桥桥面板采用收缩补偿混凝土,要求其在 28 d 时的限制收缩率大于等于 0(空气中养护)。为保证收缩补偿混凝土早期膨胀性能的充分发挥,桥面板养护时要求采用毛毡覆盖,并包裹塑料薄膜封闭,养护周期不少于 14 d。

(4)控制桥面板浇筑顺序。钢-混组合梁桥桥面板的浇筑顺序对桥面板的拉应力有明显影响。当浇筑跨中混凝土时,相当于在跨中加载,将在中支点处产生负弯矩,从而使桥面板受拉。因此一般而言,跨中桥面板应当先于中支点处浇筑。本桥设计时桥面板分两次浇筑,第一次浇筑中支点两侧各 11.5 m 范围外混凝土,第二次浇筑中支点两侧各 11.5 m 范围内的 UHPC 混凝土。

10.2.4　钢-混组合桥面板设计

常规组合梁桥一般采用支架模板浇筑混凝土桥面板,本桥由于上跨既有高速,支模和拆模不仅施工周期长,而且对桥下道路的通行存在较大安全隐患。因此本桥采用钢-混组合桥面板,不需要在现场进行模板作业,显著提升了施工的便捷性和安全性。本桥曲线半径较小,在顶推过程中会产生较大的扭矩,组合桥面板的钢底板在钢结构架设之前就焊接于槽形梁顶面,使结构形成闭口截面,增强结构在顶推过程中的抗扭性能。这里所述的组合桥面板,是由钢底板和混凝土桥面板通过剪力钉连接成整体的一种新型桥面构造。钢底板横向支承于钢纵梁上翼缘,下方按照 40 cm 间距设置横向加劲,顶面按照纵横向 20 cm 的间距设置 $\phi 13 \times 80$ 焊钉,钢底板及其加劲均采用 6 mm 板厚。由于横向加劲高厚比较大,将其端部弯折以提升其屈曲稳定性。钢底板在施工时作为浇筑混凝土的支承,在成桥后作为结构的一部分参与全桥受力。经验算,在浇筑混凝土时钢底模挠度约为 1.7 mm,刚度满足施工要求。

本桥采用小曲线半径的大跨径钢-混组合梁跨越既有高速,存在弯桥效应突出、负弯矩区桥面板裂缝控制难度较高、施工保通压力大等技术难点,可采用以下技术措施:①采用单箱单室截面,增强截面的抗扭性能;②通过采用 UHPC 混凝土、中支点强迫位移和控制桥面板浇筑顺序等措施,增强负弯矩区桥面板的抗裂性能;③采用钢-混组合桥面板,不需要现场支模和拆模,提升了施工便捷性和桥下道路通行的安全性,钢底模焊接于钢梁顶面形成闭口截面,提升了钢结构在小半径顶推时的受力性能。

10.3 大跨径预应力混凝土连续梁施工控制技术

10.3.1 大跨径预应力混凝土连续梁施工控制的重要意义

大跨径预应力混凝土连续梁施工控制是保障公路桥梁建设施工质量的重要措施。对大跨径预应力混凝土连续梁施工过程进行严格的控制，能够切实提升大跨径预应力混凝土连续梁施工的质量。大跨径预应力混凝土连续梁上部结构施工过程中采用多阶段、多工序的自架设体系施工技术，会导致桥梁结构内部、标高与相关的设计要求存在差异。针对这种情况，需要采用相关的分析程序对大跨径预应力混凝土连续梁的多阶段、多工序自架设施工方式进行模拟，然后根据不同施工时期的内力和变形得出相应的预计值，将预计值与大跨径预应力混凝土连续梁施工过程中的实际值进行对比，找到存在差异的地方，并进行针对性的改正和调整，保证大跨径预应力混凝土连续梁施工符合相关的设计标准，确保大跨径预应力混凝土连续梁的施工质量。

加强大跨径预应力混凝土连续梁施工控制能确保桥梁的安全使用。在公路建设过程中，对大跨径预应力混凝土连续梁的关注热点集中在其结构的稳定性和使用安全性方面。因此，为了有效保障大跨径预应力混凝土连续梁运行结构的安全、可靠，必须加强相关的施工控制，对大跨径预应力混凝土连续梁施工过程中的材料、技术、工期等进行严格的控制，并且在桥梁建设完成之后设定永久信息观察记录点，对大跨径预应力混凝土连续梁投入使用情况进行定期的检查和检测，为桥梁的维护和保养提供可靠的资料依据，从而更好地保障大跨径预应力混凝土连续梁在公路建设中的效能，确保桥梁的安全、稳定、舒适性能。

10.3.2 大跨径预应力混凝土连续梁施工控制技术的相关内容

1. 主要内容

对大跨径预应力混凝土连续梁施工控制的主要内容包括应力监控、施工线性监控和温度监控三个方面。

（1）应力监控。在大跨径预应力混凝土连续梁施工过程中，要在大跨径预应力混凝土连续梁上部结构控制面上设定应力测量装置，通过应力测量装置对大跨径预应力混凝土连续梁施工过程中截面应力的变化情况进行实时监控。应力监控的重点集中在大跨径预应力混凝土连续梁的结构以及桥梁建成之后的受力能力是否符合桥梁设计的要求和标准。如果通过应力监测发现大跨径预应力混凝土连续梁施工过程中出现了应力超出设计允许范围的情况，需要及时查找和分析原因，并且制定相应的解决方案和措施，实现对大跨径预应力混凝土连续梁应力的合理控制。另外，在大跨径预应力混凝土连续梁施工过程中，要根据施工的顺序对施工完成的桥梁部分进行应力状态分析，并且对下一个施工部分可能会出现的应力问题进行预测，根据预测的结果调整相关的施工参数，确保大跨径预应力混凝土连续梁的整体应力状况符合桥梁设计的标准要求。

（2）施工线性监控。大跨径预应力混凝土连续梁施工线性监控是桥梁结构施工控制的重要基础内容。在大跨径预应力混凝土连续梁施工的每一个过程中都要对箱梁的竖向挠度、横向的位移参数等进行严格的施工控制，并且对施工过程中的参数进行严格、及时的监控。一旦发现偏差，应及时分析出现偏差的原因，根据原因采取相应的纠正、调整措施。同时，需要加强对相关人员的培训和教育，避免在后续的施工工序中再次出现类似问题。

（3）温度监控。根据相关研究发现，温度是影响大跨径预应力混凝土连续梁结构应力和结构线形的重要因素，因此加强大跨径预应力混凝土连续梁施工过程中的温度监控成为施工控制的主要内容之一。在大跨径预应力混凝土连续梁施工过程中，太阳照射产生的温度会在桥梁的主梁顶和底板之间形成温差，而温差的存在则可能导致主梁挠曲的问题，进而引发桥梁墩身两端的温差，造成墩身偏移。太阳照射是不可控制的外力因素，具有很强的不确定性，在进行大跨径预应力混凝土连续梁挠度理论计算时，无法有效地对太阳照射要素进行计算，因此对于温度监控主要依靠大跨径预应力混凝土连续梁施工过程的综合分析和控制。比如在进行大跨径预应力混凝土连续梁标高测量时，通常选择日出之前的时段，能够有效避免太阳照射产生的温差对测量结果的影响。

2．主要方法

（1）事后调整控制法。如果在大跨径预应力混凝土连续梁施工过程中出现了桥梁结构状态与设计标准存在差异的问题，则需要采取相应的事后补救方式进行调整。采取科学的事后调整方式,促使大跨径预应力混凝土连续梁施工与设计保持一致。

(2)预测控制法。预测控制法主要用在大跨径预应力混凝土连续梁施工无法满足预期目标的情况。其需要对当前影响大跨径预应力混凝土连续梁结构状态的各种相关因素进行综合分析,从而得出对大跨径预应力混凝土连续梁在每一个施工阶段前、施工后状态的分析结果,然后根据预测分析结果采取相应的控制措施,以确保大跨径预应力混凝土连续梁施工能够按照设计的目标和要求进行施工。

(3)自适应控制法。自适应控制法是大跨径预应力混凝土连续梁施工控制的一种常用方法。若大跨径预应力混凝土连续梁施工过程中出现控制系统参数与实际参数存在差距的问题,会导致大跨径预应力混凝土连续梁实际施工结构与设计要求之间存在出入。在这种情况下,需要对各个相关的参数进行分析和修正,从而指导大跨径预应力混凝土连续梁在符合设计参数要求的情况下进行科学施工。

3. 施工流程

按照一定的流程开展大跨径预应力混凝土连续梁施工控制工作,能够切实保障大跨径预应力混凝土连续梁施工控制的效果。通常情况下,对大跨径预应力混凝土连续梁施工的控制主要根据以下方面进行流程控制。

首先,对相关的资料进行收集,包括大跨径预应力混凝土连续梁的设计文件、采取的施工工艺以及混凝土试验结果、大跨径预应力混凝土连续梁施工挂篮单数等。其次,进入施工现场了解相关的实际情况,比如了解和掌握大跨径预应力混凝土连续梁现浇梁的时间、尺寸,施工现场的温度以及预应力张拉情况等。再次,对大跨径预应力混凝土连续梁项目测量实施施工控制,主要通过截面应力和节点挠度进行施工控制。最后,对大跨径预应力混凝土连续梁施工的相关参数进行分析、识别,通过先进的分析方式对系统误差进行判定等。

4. 监测控制

(1)通过应力对主梁进行施工监测。在进行大跨径预应力混凝土连续梁主梁施工的过程中,由于施工状况不同,截面应力也不同,必须在每一个截面上安装能够进行稳定读数的、具有良好性能的应力传感器件,目前常用的就是弦式应变计,以此对大跨径预应力混凝土连续梁的施工应力进行监测。在进行数据测量的过程中,通常采用加密测量次数结合变量分段测量累积的方法。

(2) 通过变形对箱梁挠度进行施工控制。悬臂浇筑箱梁合龙施工顺序以及合龙后箱梁内重分布的内力大小会对变形产生直接的影响。因此在大跨径预应力混凝土连续梁施工过程中,要对混凝土浇筑前后的主梁标高、挂篮行走前后的挠度以及预应力钢筋张拉前后的挠度进行监控和观测。另外,还要加强对变形断面的监测,主要是对每一节段箱梁的悬臂端、各跨跨中截面以及桥墩的支点截面按照每 3 个变形监测点监测一个断面的方式进行变形监测。在进行箱梁挠度变形监测的同时,对箱梁是否存在扭曲、变形进行观测。

(3) 加强线性监控。在大跨径预应力混凝土连续梁两侧的大地控制网设定相应的基准点、测量点,运用全站仪对墩顶的坐标、标高进行测量,以此作为线性监控的基准点。同时对全部的墩顶设置相应的水平基准点和轴线基准点,按照每 10 d 一个周期进行测量观察,监测桥墩是否出现沉降。

10.4 高墩大跨径刚构桥施工关键技术与管理

刚构桥优越性比较明显,当前获得了比较广泛的应用。对于刚构桥来讲,多数属于高墩大跨径结构,运用于山区、河谷等地势比较复杂的条件中。但是其在运用过程中,往往会在跨度与墩高增大的影响下,使整体施工难度增加。因此在施工时应重视关键环节控制,加强施工检测,使合龙段在质量上得到充分的保证,进而确保成桥以后的稳定性。

10.4.1 刚构桥的基本特点

刚构桥主要运用柔性桥墩,进而使主梁、墩梁固结,属于 T 形刚构桥和连续梁桥之间结合的新型体系,不需要使用大型支座,并且行车比较舒适,跨越能力较强,已经成为大跨度桥梁在建设时的首选桥型,其特点主要体现在以下几方面。

(1) 刚构桥无须设置伸缩缝,在行车时更为平顺;无须展开支座设置或养护、更换支座,从而节约使支座费用;无须进行体系转换,可以为施工提供便利。

(2) 刚构桥属于多次镇定结构,在预应力作用、混凝土收缩等多种因素影响下,墩台会出现沉降不均问题,导致纵向位移出现。为了减小纵向位移影响下的墩中弯矩,一般情况下,刚构桥会运用水平抗推方式处理刚度小的双薄壁墩以及高墩,并且双薄壁墩可以发挥削减将墩顶实际负弯矩峰值的作用。

（3）刚构桥为墩梁固结，力学性能较好，梁中内力可以进行合理分布。针对墩刚度进行合理选择，可以减少主梁弯矩，增大跨径。在活载影响和作用下，刚构桥在正弯矩方面与连续梁桥相比更小，二者在负弯矩方面较为接近；在恒载影响和作用下，二者弯矩较为接近。由于墩梁固结影响，桥墩厚度明显减小。同时其在抗震性能方面也比较好，各个墩可以对水平地震力进行均摊，无须制动墩承受或使用抗震支座。

（4）墩梁固结能够为悬臂施工提供便利，省去桥梁施工过程中体系转换须展开的临时固结。刚构桥的薄壁墩为柔性，因此主墩应采用有效防撞措施。

10.4.2　高墩大跨径刚构桥施工关键技术

1. 0号块和边跨直线段

在施工过程中，应考虑托架、预埋件安装、预埋件设计、垫梁、底膜支架，保证结构受力时的合理性，体现安装便利性。同时应注重对当前设备的应用，减少费用投入与设备投入，体现明显的社会效益。具体实施时，墩身各侧须搭设三角形桁架，数量为五片，间距保持在1.4 m，墩身进行施工时，可以运用预埋件使墩身和托架连在一起，进而使施工时荷载可以传递到墩身。在桥墩为薄壁墩情况下，为预埋件实际受力效果得到充分保证，应使预埋件穿过墩身。

为了使预埋件下方混凝土承受较大竖向力，预埋件之下50 cm内可以布置钢筋网。对于直线段来讲，可以运用挂篮施工方式，在浇筑最后一个构件，并实施预应力张拉情况下，可以对挂篮进行前移，前移距离为与一个标准段相等的长度，然后将主桁架以及原本主桁架安装，拼装结束之后将挂篮前移，结构可以在力量传递作用下对桁架承受的荷载组合进行控制。

2. 主桥合龙段

合龙段进行施工时，可以将挂篮作为模板。展开混凝土浇筑时，为尽量避免温差过大产生的影响，浇筑时间应进行科学控制，一般情况下，为2～3 h，为了使混凝土在浇筑时的质量得到充分保证，浇筑过程中可以运用微膨胀混凝土。在混凝土强度达到要求情况下，可以针对预应力展开钢束张拉。主桥进行合龙时，可以通过两步进行。第一步为针对边跨展开合龙，然后实施中跨合龙，在合龙时应确保桥梁在线形方面与实际要求相符，进而保证解封位置混凝土不会出现施工裂缝以及收缩裂缝。合龙段展开混凝土浇筑时可以运用挂篮模板，侧模与底模的加固模式和普通段在加固时的方法相同。为了防止混凝土受到收缩、外部环境的作用与影响,中跨合龙时应运用合理措施对合龙口间距进行控制。在实际施工时,可以将劲性骨架设置在合龙段位置,劲性骨架可以在外界温度发生变化时,控制自由端产生的自由伸长,进而防止合龙部分产生压力影响混凝土强度,并且合龙段要在正式进行混凝土浇筑之前展开临时锁定,刚性支撑梁应保持紧撑状态。

3. 悬臂施工

进行悬臂施工过程中,应控制挠度。刚构桥施工时,挠度发生的变化比较复杂,此时挠度主要由挂篮后变形、T构体系挠度、活载挠度等构成。计算挠度时比较复杂,须根据施工进度展开反复计算,并对数据进行校核,进而调整立模标高。设置主梁预拱度时,应包括挂篮预抛高、预变位、成桥徐变等多个方面。为了正确控制主梁变位,施工时应对主梁变形进行有效测量,一般情况下,主梁中梁顶标高为主要控制目标。实际施工时,会运用统一方式在悬臂端和翼缘板边缘二者之间距离为10~20 cm位置,运用短钢筋作为高程观测在实施时的基准点。开展悬臂浇筑时,主要控制预应力进行张拉之前和张拉以后的标高、立模标高等,同时应尽量控制温度,避免混凝土开裂。

对于主梁结构,预应力管道以及钢筋实际分布比较密集,为充分保证混凝土在浇筑时的质量,应做好对混凝土的和易性以及施工控制。一般情况下,底板坍落度空载应处于12~14 cm,顶板与腹板坍落度应控制在14~16 cm,浇筑时应结合梁体具体部位,针对容易出现变形的部位优先浇筑,尽量保证浇筑时的对称性。

混凝土振捣时运用高频振捣方式,应对振捣时间进行控制,时间多数在15~30 s,并且在振捣时不应对其进行平均,防止混凝土出现离析问题,浇筑应保证不间断,进行单层浇筑时,厚度应处于30 cm左右,单次浇筑时,往往混凝土体积比较大,因此浇筑结束之后应展开收浆作业,进而确保桥面横坡度以及标高可以和设计需求之间相适应。

4. 挠度主要影响因素

(1) 挂篮变形。悬臂梁进行浇筑时,会明显影响挠度,对于挂篮变化,可以运用预压试验以及计算方式获取,这两者预压试验获得的数据会更加准确,因此在施工时应充分重视预压试验,保证挂篮变形值在获得时的准确性,进而对立模标高进行合理调整。

（2）混凝土实际弹性模量。弹性模量会对立模标高产生比较直接的影响。结合规范要求，受短期荷载影响，全预应力构件应运用 085EI，E 表示混凝土实际弹性模量，而 I 表示换算界面呈现出的惯性矩，弹性模量选择对于结构计算和结构分析产生的影响比较大，但是施工过程中弹性模量要想实现统一比较困难。多数情况下，实验得出的弹性模量普遍偏大，因此施工时应结合规范要求以及实验数据，这样才能接近实际情况。

（3）主梁结构自重与尺寸。模板定位、施工放样等存在的误差会造成主梁构件在结构尺寸方面的实际值和设计值存在误差。一般情况下，单个误差不会明显影响主梁挠度，但是如果不对其进行控制，误差便会累积，进而对整体挠度产生影响。因此在施工时应严格遵循施工设计要求，严格控制主梁结构具体尺寸，并且，可以将误差转化成混凝土在容量方面的问题，然后对误差进行修正。

（4）预应力钢束。悬臂浇筑有自身施工特点，预应力钢束中心和悬臂梁中心比较接近，因此针对预应力管道进行定位时，应尽量保证其精确性，一旦预应力管道在定位上出现误差，便会使梁体误差数倍出现。预应力进行张拉时，多数运用两端张拉方式，实际实施时两端张拉同步实现比较困难，因此张拉时变位和设计值出现的出入较大。为了使预应力在张拉开时的整体效果得到充分保证，应针对张拉工艺进行改进。

10.4.3 高墩大跨径刚构桥结构问题及应对措施

目前大跨连续刚构桥高墩失稳的问题较为常见。结构失稳是指在外力作用影响下，结构的整体平衡性能下降，一旦此时有外界干扰影响，将会导致结构的形变问题加剧，严重时导致结构破坏。通常情况下，结构失稳问题主要包括分支点问题及极值点问题：当外界荷载超过某一额定标准时，除通过原有的方式维持平衡外，还可通过其他方式保持平衡，这类问题为分支点问题；当外界荷载超过额定标准时，结构形变已无法继续维持平衡，结构承受荷载能力受到破坏，这一问题为极值点问题。多项因素均会导致结构失稳，例如桥墩高度、桥墩截面及横梁设置等。

为了避免结构失稳问题出现，应做好以下几点工作。

（1）在大跨连续刚构桥高墩结构设计期间，应通过建立实体模型的方式分析并计算相应的数据信息，必要时还应做好局部模型受力分析工作，随后方可开始大跨连续刚构桥高墩结构设计。

(2)一般情况下,跨中径向力最大,因此应做好跨中加强筋的设置工作。

(3)可将横隔板设置在跨中处,提高结构整体强度。

(4)当径向力大时,可将预应力钢筋设置在底板处或将预应力管道设置在局部位置,降低径向力的局部传递。

(5)在波纹管设置过程中,应确保位置科学准确,避免径向力过于集中。

10.4.4 高墩大跨径连续刚构桥施工管理措施

施工管理是指施工单位在项目工程建设期间,通过系统管理方法、科学管理理论与现代管理技术,对施工环节加以组织、规划、监督及控制等全过程管理工作。从项目工程施工环节来看,项目工程的管理工作主要涵盖招投标工作、前期准备工作、施工环节、竣工验收工作、售后服务工作等。下面主要对高墩大跨径刚构桥前期准备工作及施工环节加以论述,分析高墩大跨径刚构桥施工管理要点。

1. 前期准备工作

在施工准备阶段,项目经理应根据高墩大跨径刚构桥施工规模、施工复杂程度、施工专业要求及施工地域范围,做好人员组织分配工作,拟定科学合理的施工环节管理制度及规范,确保各项管理工作能够得到有效落实。此外,还应编写相应的施工组织计划与质量计划,对前期准备环节与施工环节加以指导。在现场准备过程中,应根据施工现场的实际情况,确保施工过程安全、有序、文明。施工组织设计是施工环节展开的基础,在准备过程中应做好施工组织设计工作。

项目经理及项目总工应做好高墩大跨径刚构桥施工组织设计管理工作,并安排具有施工经验的人员对编制过程进行完善,使施工组织设计内容更加科学合理且符合实际。在实际应用过程中,许多项目工程施工组织形式的实质作用无法得到有效发挥;在实际施工过程中,科学合理的施工组织设计未得到有效落实。笔者根据自身工作经验总结出,为了提高高墩大跨径刚构桥施工组织设计的可行性,充分发挥出施工组织设计的积极作用,应做好以下几点工作。

(1)应根据高墩大跨径刚构桥项目实际情况做好项目分解工作,以各子项目为基础,展开施工组织编制工作,确保编制内容与工程实际相一致。

(2)应根据项目工程规模复杂程度及环境特征等要素,对施工组织设计加以完善。

(3)当施工组织设计完成后,应获取相应的审批,随后使相关人员展开学习,确保各技术人员能够掌握核心要点。

2. 施工环节管理

对于高墩大跨径刚构桥施工环节管理工作来说,系统性强,能够在一定程度上反映管理人员的综合能力及管理工作的精细化水平。管理人员可应用施工现场动态管理模式,通过专业的管理措施及先进的管理技术,实现高墩大跨径刚构桥施工进度、施工质量、施工成本等管理目标。在施工环节管理期间,应做好以下几点工作。

(1)应做好项目布置及总平面布局工作。在项目总体布置及总平面布局设计过程中,应以当地地形条件、地质条件等要素为基础,因地制宜,提高布局的紧凑性,避免土地浪费问题的出现。此外,还应以工程量大小为基础,对钢筋加工场地、混凝土搅拌场地进行设置,确保位置科学合理。同时应做好施工点连接便道的建设工作,确保项目内外道路能够实现衔接,为施工环节的展开打下坚实的基础。

(2)应做好施工现场管理工作。项目部应使各施工人员及技术人员掌握施工图纸内容,明确设计人员设计要点,做好相应的技术交底工作,避免在施工过程中出现错误行为,使施工质量及施工进度受到影响。同时,应安排专业的施工班组进场作业。对于特殊作业人员来说,应确保持证上岗,避免施工环节的展开受到影响。由于高墩大跨径刚构桥施工环节复杂,多项因素均会导致施工质量受到影响,管理人员应养成良好的责任意识,落实各项管理要点,对施工环节加以约束及规范。在高墩大跨径刚构桥施工过程中,施工环节涉及多项施工材料,应做好相应的材料管理工作:在材料入场前,应对其出厂证明及合格报告进行检验;在材料入场后,应做好相应的分类管理工作,确保材料存储环境干燥通风;在材料领用过程中,应通过完善的材料领用制度,对领用环节加以规范,避免出现多领或漏领的问题。

第 11 章　桥梁工程基本施工技术

11.1　砌筑工程施工

11.1.1　砌筑方法

1. 基本程序

砌筑工程施工应分层进行,各砌层应先砌外圈定位行列,然后砌筑里层拱圈,砌块应与里层砌块交错连成一体,各砌层的砌块均要安放稳固,砌块间砂浆饱满,黏结牢固,不得直接贴靠或出现空腔。其基本程序为先砌角石,再砌面石,最后砌腹石。

（1）角石用以确定建筑物的位置和形状,选石时应选择比较方正的大石块,砌筑时应先行试放,必要时须稍加修凿,然后铺灰安砌。角石的砌筑位置必须准确,角石砌好后,就可把样线移挂到角石上。

（2）面石的砌筑应选择长短不等的石块,以便与腹石交错衔接。面石的外露面应比较平整,厚度略同角石。面石的砌筑同角石砌筑一样,也要先行试放和修凿,然后铺好砂浆,将石翻回坐砌,并使灰浆挤紧。

（3）腹石可用较小的石块分层填筑,填筑前先铺坐浆。

2. 砌筑分类

根据砌筑工艺的不同,砌筑工程主要采用铺浆法砌筑和挤浆法砌筑两种。

1）铺浆法砌筑

采用铺浆法砌筑时,应先满铺一层砂浆,然后安放片石,使劲推紧,每层高度视石块尺寸确定,一般应不超过 0.4 m,并随时选择厚度适合的石块,用作砌平整理,在大的石缝空隙处先填满较稠的砂浆,用灰刀或捣固棒插实,选用适当的小石块填塞,再用手锤轻击填实。禁止把小石块铺完后采用灌浆的方法,以免造成干缝和空隙,影响质量。竖缝砂浆应先在已砌石块侧面铺放一部分,然后于石块放好后填满捣实。用小石子混凝土塞竖缝时,应以扁铁捣实。

2)挤浆法砌筑

挤浆法一般分层砌筑,每分层的高度宜为0.7～1.2 m。分层与分层间的砌缝应大致砌成水平,即每3～4层石块找平一次,分层内的每层石块,按石块高低不平形状,安砌上层石块,不必铺通层找平砂浆。每砌一块片石,均应先铺坐浆,再将石块安上,经左右轻轻揉动,再用锤子轻击石块,将灰缝砂浆挤压密实。在已砌好片石侧面继续安砌时,应在相邻侧面先抹砂浆,再砌片石,并用手挤压抹浆下面和侧面,用锤子轻击,使下面和侧面的砂浆挤实。

11.1.2 桥梁工程砌体施工技术

1. 基本要求

为了使砌体强度高、整体性好,能够有效抵抗外力,桥梁工程砌筑应符合以下要求。

(1)在地下水位以下或处于潮湿土壤中的石砌体应采用水泥砂浆砌筑。当遇有侵蚀性水时,水泥种类应按设计规定选择。

(2)采用分段砌筑时,相邻段的高差不宜超过1.2 m,工作缝位置宜在伸缩缝或沉降缝处。同砌体当天连续砌筑高度不宜超过1.2 m。

(3)砌体应分层砌筑,各层石块应安放稳固,石块间的砂浆应饱满且黏结牢固,石块不得直接贴靠或留有空隙。砌筑过程中,不得在砌体上用大锤修凿石块。

(4)在已砌筑的砌体上继续砌筑时,应将已砌筑的砌体表面清扫干净和润湿。

2. 浆砌片石

浆砌片石应分层砌筑,砌体下部宜选用较大的片石,转角及外缘处应选用较大且方正的片石。砌筑时宜以2～3层片石组成一个砌筑层,每个砌筑层的水平缝应大致找平,竖缝应错开。

灰缝宽度不宜大于4 cm。采用坐浆法进行片石砌筑应自外边开始,片石应大小搭配、相互错叠、咬接密实,较大的缝隙中应填塞小石块。砌片石墙必须设置拉结石,拉结石应均匀分布,相互错开,每 0.7 m² 墙面至少应设置一块。

3. 浆砌块石

块石砌体一般应分层平砌,每层石料高度应基本一致,外圈定位行列和镶面块石一般丁顺相同或两顺一丁排列。用作镶面的块石,外露面四周应加以修凿,其修凿进深不得小于 7 cm。镶面丁石的长度不得短于顺石宽度的 1.5 倍。每层块石的高度应尽量一致,每砌筑 0.7~1.0 m 应找平一次。砌筑镶面石时,上下层立镶错开的距离应大于 8 cm。砌筑填心石时,灰缝应错开。水平灰缝宽度不得大于 3 cm,垂直灰缝宽度不得大于 4 cm。较大缝隙中应填塞小块石。

4. 浆砌料石

浆砌料石施工前,应按块材及灰缝厚度预先计算层、选好料,砌筑时应严格控制平面位置和高度,具体应符合下列规定。

(1) 每层镶面石按规定配好石料后,再用坐浆法顺序砌筑,并应随砌填塞立缝。

(2) 一层镶面石砌筑完毕,方可砌填心石,其高度应与镶面石齐平,如采用水泥混凝土填心石,镶面石可先砌 2~3 层后再浇筑混凝土。

(3) 每层镶面石均应采用一丁一顺砌法,宽度应均匀。相邻两层立缝错开距离不得小于 10 cm;在丁石的上层和下层不得有立缝;所有立缝均应垂直。

5. 砌体勾缝及养护

为保护灰缝,增强美观度,浆砌石的外露面应进行勾缝。勾缝即指在砌体砂浆凝固前,先将缝内深度不大于 2 cm 的砂浆刮去,待砌体达到一定强度后,用水将缝内冲洗干净,再用强度等级较高且较稠的砂浆填塞,在缝面压实、抹光。砌体勾缝,一般采用凸缝或平缝,当浆砌较规则的块材时,可采用凹缝。砌体勾缝及养护应符合下列规定。

(1) 砌筑时应及时把砌体表面的灰缝砂浆向内剔除 2 cm,砌筑完成 1~2 日内应采用水泥砂浆勾缝。如设计规定不勾缝,则应随砌随将灰缝砂浆刮平。

(2) 勾缝前应封堵脚手架眼,剔凿瞎缝和窄缝,清除砌体表面黏结的砂浆、灰尘和杂物等,并将砌体表面洒水润湿。

(3) 砌体勾缝形式、砂浆强度等级应符合设计要求。设计无规定时,块石砌体宜采用凸缝或平缝;细料石及粗料石砌体应采用凹缝。勾缝砂浆强度等级不得低于 M10。

(4) 砌石勾缝宽度应保持均匀，片石勾缝宽宜为 3～4 cm；块石勾缝宽宜为 2～3 cm；料石、混凝土预制块缝宽宜为 1～1.5 cm。

(5) 块石砌体勾缝应保持砌筑的自然缝，勾凸缝时，灰缝应整齐，拐弯圆滑流畅、宽度一致，不出毛刺，不得空鼓脱落。

(6) 料石砌体勾缝应横平竖直、深浅一致，十字缝衔接平顺，不得有瞎缝、丢缝和黏结不牢等现象，勾缝深度应较墙面凹进 5 mm。

(7) 砌体在砌筑和勾缝砂浆初凝后，应立即覆盖洒水，湿润养护 7～14 d，养护期间不得碰撞、振动或承重。

6. 砌筑工程冬期施工技术

当工地昼夜平均气温连续 5 d 低于 5 ℃或最低气温低于 -3 ℃时，即进入冬期施工。砌筑工程冬期施工工艺应符合下列要求。

(1) 在暖棚内砌筑时，须符合下列规定。

①砂浆的温度不得低于 15 ℃，砌块的温度应在 5 ℃以上，棚内地面处温度不得低于 5 ℃。

②砌体保温时间应以砂浆达到其抗冻强度的时间为准。

③应洒水养护，保持砌体湿润。

(2) 采用抗冻砂浆砌筑时，应符合下列规定。

①抗冻砂浆宜优先选用硅酸盐水泥或普通硅酸盐水泥和细度模数较大的砂。

②抗冻砂浆的温度不得低于 5 ℃。

③用抗冻砂浆砌筑的砌体，应在砌筑后加以保温覆盖，不得浇水。

④抗冻砂浆的抗冻剂掺量可通过试验确定。

⑤桥梁支座垫石不宜采用抗冻砂浆。

(3) 砌筑工程冬期施工，其用料及施工工艺除按一般有关规定进行外，尚应符合冬期施工的规定要求。

①砂浆强度未达到设计强度的 70% 时，不得使其受冻。

②砌块应干净，无冰雪附着。砂中不得有冰块或冻结团块。遇水浸泡受冻的砌块不得使用。

③砂浆宜采用普通硅酸盐水泥，水温不得超过 80 ℃。当使用 60 ℃以上的热水时，宜先将水和砂稍加搅拌后再加水泥，水泥不得加热。

④砂浆宜在暖棚内机械拌制,搅拌时间不得小于 2 min。砂浆的稠度宜较常温适当增大,以 4～6 cm 为宜。

⑤砂浆应随拌随用,每次拌和量宜在 0.5 h 内用完。已冻结的砂浆不得使用。

⑥施工中应根据施工方法、环境气温,通过热工计算确定砂浆砌筑温度。石料、混凝土砌块表面与砂浆的温差不宜大于 20 ℃。

⑦掺加外加剂砌筑承重砌体时,砂浆强度等级应较常温施工提高一级。

11.2 钢筋工程施工

11.2.1 钢筋加工

1. 钢筋除锈

钢筋加工前,应将钢筋表面的油渍漆污和用锤敲击时能剥落的浮皮铁锈等清除干净。钢筋除锈的目的是保证钢筋与混凝土之间有可靠的握裹力,钢筋除锈处理可分为以下 3 种情况。

(1) 不做除锈处理。当钢筋表面有淡黄色轻微浮锈时可不必处理。

(2) 除锈处理。对于大量的钢筋除锈,可在钢筋冷拉或钢筋调直过程中完成;少量的钢筋除锈可采用电动除锈机或喷砂法;局部除锈可采用人工用钢丝刷或砂轮等方法,也可将钢筋通过砂箱往返搓动除锈。

(3) 不使用。如除锈的钢筋表面有严重的麻坑、斑点等已伤蚀截面,应降级使用或剔除不用,带有蜂窝状锈迹的钢筋不得使用。

2. 钢筋调直

钢筋重制前应先调直,钢筋调直的方法包括机械调直、冷拉调直和人工调直。钢筋宜优先使用机械方法调直。

目前,常用的钢筋调直机具有钢筋除锈、调直和下料剪切三个功能,因此也称为钢筋调直切断机。钢筋调直时,应根据钢筋的直径选用调直模和传送压辊,恰当掌握调直模偏移量和压辊的压紧程度,并要求调直装置两端的调直模与前后导轮处于同一轴心线,钢筋表面伤痕应不使截面积减少 5% 以上。

采用冷拉法进行调直时,HPB235 钢筋冷拉率不得大于 2%;HRB335、HRB400 钢筋冷拉率不得大于 1%。

钢筋人工调直可采用锤直或扳直的方法进行。锤直时,可把钢筋放在工作台上用锤敲直。扳直时,把钢筋放在卡盘扳柱间,把有弯的地方对着扳柱,然后用扳手卡口卡住钢筋,扳动扳手就可使钢筋调直。

3. 钢筋切断

(1) 钢筋切断分为人工切断与机械切断两种。

(2) 钢筋切断应符合下列要求:①应将相同规格钢筋长短搭配,合理统筹配料,一般先断长料,后断短料,以减少损耗;②避免用短尺量长料,产生累积误差;③切断后的钢筋断口不得有劈裂、缩头、马蹄形或起弯现象,否则应切除。

4. 钢筋弯曲成型

钢筋弯曲成型应在常温下进行,严禁将钢筋加热后弯曲,具体应符合下列要求。

(1) 受力钢筋弯制和末端弯钩均应符合设计要求。

(2) 箍筋末端弯钩的形式应符合设计要求。箍筋弯钩的弯曲直径应大于被箍主钢筋的直径,且 HPB235 钢筋不得小于箍筋直径的 2.5 倍,HRB335 不得小于箍筋直径的 4 倍。弯钩平直部分的长度,一般结构不宜小于箍筋直径的 5 倍,有抗震要求的结构不得小于箍筋直径的 10 倍。

(3) 钢筋弯曲成型过程中应采取防止油渍、泥浆等物污染和防止受损伤的措施。

①画线。钢筋弯曲前,应画出形状复杂钢筋的各弯曲点,画线应从钢筋中线开始向两端进行,将不同角度的弯曲调整值在弯曲操作方向相反的一侧长度内扣除。为保证画线准确,画线时应考虑钢筋的弯曲类型、弯曲伸长值、弯曲曲率半径、操作工具与弯曲程序等因素。

②试弯。钢筋成批弯曲操作前,首先对各种类型的弯曲钢筋都要试弯一根,待检查合格后,再进行成批弯曲。

③弯曲成型。钢筋弯曲成型分为手工弯曲和机械弯曲两种。

11.2.2 钢筋连接

钢筋常用的连接方法有三种:绑扎连接、焊接连接和机械连接。除施工或构造条件有困难可采用绑扎接头外,应尽量采用焊接接头和钢筋机械连接接头,以保证钢筋的连接质量、提高连接效率和节约钢材。

1. 钢筋绑扎连接

钢筋绑扎是利用混凝土的黏结锚固作用实现两根锚固钢筋的应力传递的。绑扎接头的钢筋直径不宜大于 28 mm,轴心受拉和小偏心受拉构件不应采用绑扎接头。钢筋采用绑扎接头时,应符合下列规定。

（1）受拉区域内,HPB235 钢筋绑扎接头的末端应做成弯钩,HRB335、HRB400 钢筋可不做弯钩。

（2）直径不大于 12 mm 的受压 HPB235 钢筋的末端,以及轴心受压构件中任意直径的受力钢筋的末端,可不做弯钩,但搭接长度不得小于钢筋直径的 35 倍。

（3）钢筋接头处,应在中心和两端至少 3 处用绑丝绑牢,钢筋不得滑移。

（4）受拉钢筋绑扎接头的搭接长度,应符合规定;受压钢筋绑扎接头的搭接长度,应取受拉钢筋绑扎接头长度的 70%。

（5）施工中钢筋受力分不清受拉或受压时,应符合受拉钢筋的规定。

2. 钢筋焊接连接

钢筋焊接连接宜优先采用闪光对焊焊接接头应符合《钢筋焊接及验收规程》(JGJ 18—2012)的有关规定。钢筋闪光对焊应符合下列规定。

（1）每批钢筋焊接前,应先选定焊接工艺和参数,进行试焊,在试焊质量合格后,方可正式焊接。

（2）闪光对焊接头的外观质量应符合下列要求:①接头周缘应有适当的镦粗部分,并呈均匀的毛刺外形;②钢筋表面不得有明显的烧伤或裂纹;③接头边弯折的角度不得大于 3°;④接头轴线的偏移不得大于 $0.1d$(d 为钢筋直径),并不得大于 2 mm。

（3）在同条件下经外观检查合格的焊接接头,以 300 个作为一批(不足 300 个,也应按一批计),从中切取 6 个试件,3 个做拉伸试验,3 个做冷弯试验。

（4）拉伸试验应符合下列要求:①当 3 个试件的抗拉强度均不小于该级别钢筋的规定值,至少有 2 个试件断于焊缝以外,且呈塑性断裂时,应判定该批接头拉伸试验合格;②当有 2 个试件抗拉强度小于规定值,或 3 个试件均在焊缝或热影响区发生脆性断裂时,则一次判定该批接头为不合格;③当有 1 个试件抗拉强度小于规定值,或 2 个试件在焊缝或热影响区发生脆性断裂,且其抗拉强度小于钢筋规定值的 1.1 倍时,应进行复验。复验时,应再切取 6 个试件,复验结果,当仍有 1 个试件的抗拉强度小于规定值,或 3 个试件在焊缝或热影响区呈脆性断裂,且其抗拉强度小于钢筋规定值的 1.1 倍时,应判定该批接头为不合格。

(5) 冷弯试验芯棒直径和弯曲角度应符合规定。冷弯试验时应将接头内侧的金属毛刺和镦粗凸起部分消除至与钢筋的外表齐平。焊接点应位于弯曲中心,绕芯棒弯曲 90°。3 个试件经冷弯后,在弯曲背面(含焊缝和热影响区)未发生破裂,应评定该批接头冷弯试验合格;当 3 个试件均发生破裂,则一次判定该批接头为不合格;当有 1 个试件发生破裂,应再切取 6 个试件,复验结果,仍有 1 个试件发生破裂时,应判定该批接头为不合格。

(6) 焊接时的环境温度不宜低于 0 ℃。冬期闪光对焊宜在室内进行,且室外存放的钢筋应提前运入车间,焊后的钢筋应等待完全冷却后才能运往室外。在困难条件下,对以承受静力荷载为主的钢筋,闪光对焊的环境温度可降低,但最低不得低于 −10 ℃。

(7) 直径为 10~40 mm 的 HPB235 级、HPB300 级、HRB335 级和 HRB400 级钢筋焊接宜采用帮条电弧焊,应符合下列规定。①接头应采用双面焊缝,在脚手架上进行双面焊困难时方可采用单面焊。②当采用搭接焊时,两连接钢筋轴线应一致。双面焊缝的长度不得小于 $5d$,单面焊缝的长度不得小于 $10d$(d 为钢筋直径)。③当采用帮条焊时,帮条直径、级别应与被焊钢筋一致,帮条长度:双面焊缝不得小于 $5d$,单面焊缝长度不得小于 $10d$(d 为主筋直径)。帮条与被焊钢筋的轴线应在同一平面上,两主筋端面的间隙应为 2~4 mm。④搭接焊和帮条焊接头的焊缝高度应等于或大于 $0.3d$,并不得小于 4 mm;焊缝宽度应等于或大于 $0.7d$(d 为主筋直径),并不得小于 8 mm。⑤钢筋与钢板进行搭接焊时应采用双面焊接,搭接长度应大于钢筋直径的 4 倍(HPB235 钢筋)或 5 倍(HRB335、HRB400 钢筋)。焊缝高度应等于或大于 $0.35d$,且不得小于 4 mm;焊缝宽度应等于或大于 $0.5d$(d 为钢筋直径),并不得小于 6 mm。⑥采用搭接焊、帮条焊的接头,应逐个进行外观检查。焊缝表面应平顺、无裂纹、夹渣和较大的焊瘤等缺陷。⑦在同条件下完成并经外观检查合格的焊接接头,以 300 个作为一批(不足 300 个,也按一批计),从中切取 3 个试件,做拉伸试验。

3. 钢筋机械连接

通过钢筋与连接件的机械咬合作用或钢筋端面的承压作用,将一根钢筋中的力传递至另一根钢筋的连接方法称为钢筋连接。其具有施工简便、工艺性能良好、接头质量可靠、不受钢筋焊接性的制约、可全天候施工、节约钢材和能源等优点。

钢筋采用机械连接接头时,应符合下列规定。

(1) 从事钢筋机械连接的操作人员应经专业技术培训,考核合格后方可上岗。

(2) 钢筋采用机械连接接头时,其应用范围、技术要求质量检验及采用设备、施工安全、技术培训等应符合《钢筋机械连接技术规程》(JGJ 107—2016)的有关规定。

(3) 当混凝土结构中钢筋接头部位温度低于-10 ℃时,应进行专门的试验。

(4) 钢筋检验应由国家、省部级主管部门认定有资质的检验机构进行,并应按国家现行标准《钢筋机械连接技术规程》(JGJ 107—2016)规定的格式出具试验报告和评定结论。

(5) 带肋钢筋套筒挤压接头的套筒两端外径和壁厚相同时,被连接钢筋直径相差不得大于5 mm。套筒在运输和储存中不得腐蚀和沾污。

(6) 同一结构内机械连接接头不得使用两个生产厂家提供的产品。

(7) 在同条件下经外观检查合格的机械连接接头,应以每300个为一批(不足300个也按一批计),从中抽取3个试件做单向拉伸试验,并作出评定。如有1个试件抗拉强度不符合要求,应再取6个试件复验,如再有1个试件不合格,则该批接头应判为不合格。

11.2.3 钢筋安装

1. 钢筋骨架制作与组装

(1) 钢筋骨架的焊接应在坚固的工作台上进行。

(2) 组装时应按设计图纸放大样,放样时应考虑骨架预拱度。简支梁钢筋骨架预拱度宜符合规定。

(3) 组装时应采取控制焊接局部变形措施。

(4) 骨架接长焊接时,不同直径钢筋的中心线应在同一平面上。

2. 钢筋网片电焊阻

(1) 当焊接网片的受力钢筋为HPB235钢筋时,如焊接网片只有一个方向受力,受力主筋与两端的两根横向钢筋的全部交叉点必须焊接;如焊接网片为两个方向受力,则四周边缘的两根钢筋的全部交叉点必须焊接,其余的交叉点可间隔焊接或绑焊相间。

(2) 当焊接网片的受力钢筋为冷拔低碳钢丝,而另一方向的钢筋间距小于 100 mm 时,除受力主筋与两端的两根横向钢筋的全部交叉点必须焊接外,中间部分的焊点距离可增大至 250 mm。

3. 钢筋现场绑扎

(1) 钢筋的交叉点应采用绑丝绑牢,必要时可辅以点焊。

(2) 钢筋网的外围两行钢筋交叉点应全部扎牢,中间部分交叉点可间隔交错扎牢。但双向受力的钢筋网,钢筋交叉点必须全部扎牢。

(3) 梁和柱的箍筋,除设计有特殊要求外,应与受力钢筋垂直设置;箍筋弯钩叠合处,应位于梁和柱角的受力钢筋处,并错开设置(同一截面上有两个以上箍筋的大截面梁和柱除外);螺旋形箍筋的起点和终点均应绑扎在纵向钢筋上,有抗扭要求的螺旋箍筋,钢筋应伸入核心混凝土中。

(4) 矩形柱角部竖向钢筋的弯钩平面与模板面的夹角应为 45°;多边形柱角部竖向钢筋弯钩平面应朝向断面中心;圆形柱所有竖向钢筋弯钩平面应朝向圆心。小型截面柱当采用插入式振捣器时,弯钩平面与模板面的夹角不得小于 15°。

(5) 绑扎接头搭接长度范围内的箍筋间距:当钢筋受拉时应小于 $5d$,且不得大于 10 mm;当钢筋受压时应小于 $10d$,且不得大于 200 mm。

(6) 钢筋骨架的多层钢筋之间,应用短钢筋支垫,确保位置准确。

4. 钢筋混凝土保护层厚度

钢筋的混凝土保护层厚度,必须符合设计要求。设计无规定时应符合下列规定。

(1) 普通钢筋和预应力直线形钢筋的最小混凝土保护层厚度不得小于钢筋公称直径,后张法构件预应力直线形钢筋不得小于其管道直径的 1/2,且应符合规定。

(2) 当受拉区主筋的混凝土保护层厚度大于 50 mm 时,应在保护层内设置直径不小于 6 mm、间距不大于 100 mm 的钢筋网。

(3) 钢筋机械连接件的最小保护层厚度不得小于 20 mm。

(4)应在钢筋与模板之间设置垫块,确保钢筋的混凝土保护层厚度,垫块应与钢筋绑扎牢固、错开布置。

11.3 模板、支架和拱架工程施工

11.3.1 模板、支架和拱架制作与安装

在模板、支架和拱架安装前,应根据施工图纸与施工现场条件编制模板工程施工组织设计或施工方案,绘制模板加工图和各部位模板安装图,据此进行模板、支架和拱架的制作与安装。

1. 模板、支架和拱架制作

为保证安全与质量、合理施工,组织钢模板的制作应符合《组合钢模板技术规范》(GB/T 50214—2013)的规定。采用其他材料作模板时,应符合下列规定。

(1)钢框胶合板模板的组配面板宜采用错缝布置。

(2)高分子合成材料面板、硬塑料或玻璃钢模板,应与边肋及加强肋连接牢固。

2. 模板、支架和拱架安装

模板、支架和拱架的安装质量关系到工程的施工质量与施工安全,因此,安装时应严格按以下规定执行。

(1)模板与混凝土接触面应平整、接缝严密。

(2)支架立柱必须落在有足够承载力的地基上,立柱底端必须放置垫板或混凝土垫块。支架地基严禁被水浸泡,冬期施工必须采取防止冻胀的措施。

(3)支架通行孔的两边应加护桩,夜间应设警示灯。施工中易受漂流物冲撞的河中支架应设牢固的防护设施。

(4)安装拼架前,应对立柱支承面标高进行检查和调整,确认合格后方可安装。在风力较大的地区,应设置风缆。

(5)安设支架、拱架过程中,应随安装随架设临时支撑。采用多层支架时,支架的横垫板应水平,立柱应铅直,上下层立柱应在同一中心线上。

(6)支架或拱架不得与施工脚手架、便桥相连。

(7) 安装模板应符合下列规定。

①支架、拱架安装完毕,经检验合格后方可安装模板。

②安装模板应与钢筋工序配合进行,妨碍绑扎钢筋的模板,应待钢筋工序结束后再安装。

③安装墩、台模板时,其底部应与基础预埋件连接牢固,上部应采用拉杆固定。

④模板在安装过程中,必须设置防倾覆设施。

(8) 当采用充气胶囊作空心构件芯模时,模板安装应符合下列规定。

①胶囊在使用前应经检查确认无漏气。

②从浇筑混凝土到胶囊放气止,应保持气压稳定。

③使用胶囊内模时,应采用定位箍筋与模板连接固定,防止上浮和偏移。

④胶囊放气时间应经试验确定,以混凝土强度达到能保持构件不变形为准。

(9) 采用滑模应符合《滑动模板工程技术标准》(GB/T 50113—2019)的规定。

(10) 浇筑混凝土和砌筑前,应对模板、支架和拱架进行检查和验收,合格后方可施工。

11.3.2 模板、支架和拱架拆除

为了加快模板周转的速度,减少模板的总用量,降低工程造价,模板应尽早拆除,以提高模板的使用效率。但模板拆除时不得损伤混凝土结构构件,应确保结构安全。在进行模板设计时,要考虑模板的拆除顺序和拆除时间。

1. 拆除顺序

(1) 模板、支架和拱架拆除应按设计要求的程序和措施进行,遵循"先支后拆、后支先拆"的原则。支架和拱架,应按几个循环卸落,卸落量宜由小渐大。每一循环中,在横向应同时卸落,在纵向应对称均衡卸落。

(2) 预应力混凝土结构的侧模应在预应力张拉前拆除;底模应在结构建立预应力后拆除。

2. 拆除时间

(1) 非承重侧模应在混凝土强度能保证结构棱角不损坏时方可拆除,混凝土强度宜为 2.5 MPa 及以上。

(2) 芯模和预留孔道内模应在混凝土抗压强度能保证结构表面不发生塌陷和裂缝时,方可拔出。

(3) 钢筋混凝土结构的承重模板、支架和拱架的拆除,应符合设计要求。

(4) 浆砌石、混凝土砌块拱桥拱架的卸落应符合下列规定。

① 浆砌石、混凝土砌块拱桥应在砂浆强度达到设计要求强度后卸落拱架,设计未规定时,砂浆强度应达到设计标准值的80%以上。

② 跨径小于10 m的拱桥宜在拱上结构全部完成后卸落拱架;中等跨径实腹式拱桥宜在护拱完成后卸落拱架;大跨径空腹式拱桥宜在腹拱横墙完成(未砌腹拱圈)后卸落拱架。

③ 在裸拱状态卸落拱架时,应对主拱进行强度及稳定性验算,并采取必要的稳定措施。

拆除模板、支架和拱架时不得猛烈敲打、强拉和抛扔。模板、支架和拱架拆除后,应维护整理,分类妥善存放。

11.4 混凝土工程施工

11.4.1 混凝土拌制与运输

1. 混凝土拌制

混凝土拌制就是对水、水泥和粗、细骨料等原材料进行掺和、搅拌,使之形成质地均匀的混凝土拌和物的过程。

混凝土拌制应采用机械集中拌制,拌制程序及要求如下。

(1) 投料。混凝土投料宜采用自动计量装置并应定期进行检测保证计量准确。混凝土原材料应分类放置,不得混淆和污染。拌制混凝土所用各种材料应按质量投料。

投料顺序应从提高搅拌质量减少叶片和衬板的磨损、减少拌和物与搅拌筒的黏结、减少水泥飞扬、改善工作环境等方面综合考虑。

常用的投料方法有一次投料法和二次投料法:一次投料法是在上料斗中先装石子,再加水泥和砂,然后一次投入搅拌机;二次投料法通常分两次加水,两次搅拌。

（2）搅拌。使用机械拌制时，自全部材料装入搅拌机开始搅拌起，至开始卸料止，延续搅拌的最短时间应符合规定。

混凝土搅拌后，应对搅拌质量进行检查，要求混凝土拌和物应均匀颜色一致，不得有离析和泌水现象。混凝土拌和物均匀性的检测方法应符合《建筑施工机械与设备混凝土搅拌机》(GB/T 9142—2021)的规定。混凝土拌和物的坍落度，应在搅拌地点和浇筑地点分别随机取样检测，每一工作班或每一单元结构物应不少于2次。评定时应以浇筑地点的测值为准。如混凝土拌和物从搅拌机出料起至浇筑入模的时间不超过15 min，其坍落度可仅在搅拌地点取样检测。

拌制高强度混凝土时必须使用强制式搅拌机，减水剂宜采用后掺法。加入减水剂后，混凝土拌和物在搅拌机中继续搅拌的时间：当用粉剂时不得少于60 s；当用溶液时不得少于30 s。

2. 混凝土运输

混凝土在运输过程中应采取防止发生离析、漏浆、严重泌水及坍落度损失等现象的措施。用混凝土搅拌运输车运输混凝土时，途中应以每分钟2~4转的慢速进行搅动。当运至现场的混凝土出现离析、严重泌水等现象时，应进行第二次搅拌。经二次搅拌仍不符合要求的混凝土，则不得使用。

11.4.2 混凝土浇筑

混凝土浇筑要保证混凝土的均匀性、密实性，结构的整体性，结构外形尺寸准确，结构及钢筋、预埋件的位置正确，拆模混凝土表面平整、密实。

浇筑混凝土前，应对支架、模板、钢筋和预埋件进行检查，确认符合设计和施工设计要求。模板内的杂物、积水钢筋上的污垢应清理干净。模板内面应涂刷隔离剂，并不得污染钢筋等。

1. 混凝土卸落

自高处向模板内倾卸混凝土时，为防止混凝土离析，其自由倾落高度不得超过2 m；当倾落高度超过2 m时，应通过串筒溜槽或振动溜管等设施下落；倾落高度超过10 m时应设置减速装置。

2. 混凝土浇筑

混凝土应按一定厚度、顺序和方向水平分层浇筑，上层混凝土应在下层混凝土初凝前浇筑、捣实;上下层同时浇筑时,上层与下层前后浇筑距离应保持 1.5 m 以上。

浇筑混凝土时,应采用振动器振捣。振捣时不得碰撞模板、钢筋和预埋部件。振捣持续时间宜为 20～30 s,以混凝土不再沉落、不出现气泡、表面呈现浮浆为准。

混凝土的浇筑应连续进行,如因故间断,其间断时间应小于前层混凝土的初凝时间。

3. 施工缝留设与处理

当浇筑混凝土过程中,间断时间超过相关规定时,应设置施工缝,并应符合下列规定。

(1) 施工缝宜留置在结构受剪力和弯矩较小、便于施工的部位,且应在混凝土浇筑之前确定施工缝不得呈斜面。

(2) 先浇混凝土表面的水泥砂浆和松弱层应及时凿除。凿除时的混凝土强度,水冲法应达到 0.5 MPa;人工凿毛应达到 2.5 MPa;机械凿毛应达到 10 MPa。

(3) 经凿毛处理的混凝土表面,应清除干净,在浇筑后续混凝土前,应铺 10～20 mm 同配比的水泥砂浆。

(4) 重要部位及有抗震要求的混凝土结构或钢筋稀疏的混凝土结构,应在施工缝处补插锚固钢筋或石榫;有抗渗要求的施工缝宜做成凹形、凸形或设止水带。

(5) 施工缝处理后,应待下层混凝土强度达到 2.5 MPa 后,方可浇筑后续混凝土。

4. 混凝土浇筑方案

混凝土浇筑方案应根据结构整体性要求、体积大小、钢筋疏密和混凝土供应等情况确定,一般采用全面分层、分段分层、斜面分层三种浇筑方案。

11.4.3　混凝土养护

混凝土养护是为混凝土的水泥水化、凝固提供必要的条件,包括时间、温度、湿度三个方面,以保证混凝土在规定的时间内,达到预期的准确性能指标。桥梁工程混凝土养护方法包括洒水养护、涂刷薄膜养护剂养护和塑料覆盖养护。施工现场应根据施工对象、环境、水泥品种、外加剂以及对混凝土性能的要求,制定具体的养护方案,并应严格执行方案规定的养护制度。

1. 洒水养护

洒水养护即用草帘、砂、土等覆盖刚浇筑的混凝土,通过洒水使其保持湿润,覆盖时不能损伤或污染混凝土的表面。常温下混凝土浇筑完成后,应及时覆盖并洒水养护。混凝土洒水养护的时间,采用硅酸盐水泥、普通硅酸盐水泥或矿渣硅酸盐水泥的混凝土,不得少于 7 d;掺用缓凝型外加剂或有抗渗等要求以及采用高强混凝土,不得少于 14 d。使用真空吸水的混凝土,可在保证强度条件下适当缩短养护时间。当气温低于 5 ℃时,应采取保温措施,并不得对混凝土洒水养护。

2. 涂刷薄膜养护剂养护

涂刷薄膜养护剂养护适用于缺水地区的混凝土结构或不易洒水养护的大面积混凝土结构。它是将过氯乙烯树脂塑料溶液用喷枪喷涂在新浇筑的混凝土表面上,溶剂挥发后在混凝土表面形成一层塑料薄膜,将混凝土与空气隔绝,阻止混凝土中水分的蒸发,以保证水化作用继续进行。薄膜在养护完成一定时间后要能自行老化脱落,否则不宜喷洒在以后要进行粉刷的混凝土表面上。在夏季,薄膜成型后要防晒,否则易产生裂纹。采用涂刷薄膜养护剂养护时,养护剂应通过试验确定,并应制定操作工艺。

3. 塑料膜覆盖养护

养护是在有条件的情况下,采用不透水气的塑料薄膜,把混凝土表面敞露的部分全部严密地覆盖起来,保证混凝土在不失水的情况下得到充足的养护。这种养护方法的优点是不必浇水、操作方便、能重复使用、提高混凝土的早期强度、加速模板的周转,但应该保持薄膜布内有凝结水。

采用塑料膜覆盖养护时,应在混凝土浇筑完成后及时覆盖严密,保证膜内有足够的凝结水。

第12章 桥梁下部结构施工技术

12.1 桥梁基础施工

12.1.1 明挖扩大基础施工

1. 一般基础开挖的规定

刚性扩大浅基础的施工常采用明挖法,其施工顺序和主要工作包括基础定位放样、基坑的开挖、坑壁支撑、基坑排水、基坑检验和基底土的处理、基础砌筑及基坑的回填等工序。基础开挖的规定如下。

(1) 在基础开挖开始之前应先检查、测量基础平面位置和现有地面标高。在未完成检查测量之前不得开挖。为便于开挖后的检查校核,基础轴线控制桩应延长至基坑外加以固定。

(2) 开挖应进行到图纸指定的标高,最终的开挖深度依据设计期间进行的钻探和土工试验,并结合基础开挖的实际调查资料来确定。在开挖的基坑未经有关部门批准之前,不得浇筑混凝土或砌筑圬工。

(3) 在原有建筑物附近开挖基坑时,应按《公路工程施工安全技术规范》(JTG F90—2015)的规定,采取有效防护措施,使开挖工作不致危及附近建筑物的安全,所采用的防护措施须经安全部门同意。基坑周围不得堆放建筑材料、设备和危及基坑安全的杂物。

(4) 所有从挖方中挖出的材料,如果认为适用,可用作回填或铺筑路堤,或按相关部门批示的其他方法处理。

(5) 在基桩处的基坑开挖,应在打桩之前完成。

(6) 必要时,挖方的各侧面应始终予以可靠的支撑。

(7) 所有基础挖方都应始终保持良好的排水,在挖方的整个施工期间都不致遭受水的危害。凡是在低于已知地下水位的地方进行开挖并构成基础时,必须提交一份建议用于每个基础的排水方法以及为此而采取的各项措施的报告,并取得相关部门的批准。

(8) 在施工期间应维护天然水道并使地面排水畅通。

(9) 基坑开挖至图纸规定基底标高后,如发现基底承载力达不到图纸规定的承载力要求,应根据实际钻探(或挖探)及土壤实验资料提出地基处理的方案,报告监理部门审查,并按监理部门的批示处理。

2. 基础的定位放样及施工

基础定位放样,就是将设计图纸上的墩、台位置和尺寸标定到实际工地上去,这主要是测量问题。定位工作可分为垂直定位和水平定位两个方面。垂直定位是定出墩台基础各部分的标高,可借助于施工现场的水准基点进行;水平定位是定出基础在平面上的位置。定位桩随着基坑的开挖必将被挖去,所以还必须在基坑位置以外不受施工影响的地方,订立定位桩的护桩,以备在施工中能随时检查基坑和基础位置是否正确,而基坑外围通常可用龙门板固定,或在地面上以石灰线标出。为避免雨水冲坏坑壁,基坑顶四周应做好排水,截住地表水,基坑下口开挖的大小应满足基础施工的要求,对于渗水的土质,基底平面尺寸可适当加宽 50~100 cm,便于设置排水沟和安装模板,其他情况可适当调整加宽尺寸,不设基础模板时,按设计平面尺寸开挖。

3. 基础的排水

基础工程必须防止地下水和地表水的渗透和浸湿,各种水流经基础有侵蚀、解体等作用,会导致构筑物质量受到较大的影响,以致破坏。此外,在施工中将会遇到很多困难,特别是深水区操作,既影响工期,又不能保证质量。因此,基础施工的防水和排水极为重要。现在应用较多的排水方法有表面排水法和井点降水法两种。

1) 表面排水法

表面排水法是基坑整个开挖过程及基础砌筑和养护期间,在基坑四周开挖集水沟汇集坑壁和基底的渗水,并引向一个或多个比集水沟挖得更深一些的集水坑的方法。集水沟和集水坑应在基础范围以外,在基坑每次下挖以前,必须先挖集水沟与集水坑,集水坑的深度要大于抽水机吸水龙头的高度,在吸水龙头上罩竹筐围护,以防土体塞入龙头。这种排水方法设备简单、费用低,一般土质条件下均可采用。当地基土为饱和粉细砂土等黏聚力较小的细料土层时,抽水会引起流砂现象,造成基坑的破坏与坍塌,因此应避免采用表面排水法。

2）井点降水法

井点降水是人工降低地下水位的一种方法,故又称井点降水法。它是在基坑开挖前,在基坑四周埋设一定数量的滤水管(井),利用抽水设备抽水使所挖的土始终保持干燥状态的方法。采用的井点类型有轻型井点、喷射井点、电渗井点、管井井点、深井井点等。

一般该方法用于地下水位比较高的施工环境中,是土方工程、地基与基础工程施工中的一项重要技术措施,能疏干基土中的水分、促使土体固结、提高地基强度,同时可以减少土坡土体侧向位移与沉降、稳定边坡、消除流砂、减少基底土的隆起,使位于天然地下水以下的地基与基础工程施工能避免地下水的影响,提供比较干燥的施工条件,还可以减少土方量、缩短工期、提高工程质量和保证施工安全。

4. 水中围堰的修建

围堰是指在水力工程建设中,为建造永久性水力设施,修建的临时性围护结构。其作用是防止水和土进入建筑物的修建位置,以便在围堰内排水、开挖基坑、修筑建筑物。一般主要用于水工建筑中,除作为正式建筑物的一部分外,围堰一般在用完后拆除。在桥梁基础施工中,当桥梁墩、台基础位于地表水位以下时,可根据当地材料修筑成各种形式的土堰;在水较深且流速较大的河流,可采用木板桩或钢板桩(单层或双层)围堰,目前多使用双层薄壁钢围堰。围堰既可以防水、围水,又可以支撑基坑的坑壁。

1）围堰分类

围堰应符合以下要求:在材料强度、结构稳定性及防止冲刷等方面应有足够的可靠性;尽量减少渗漏水;水中围堰的堰顶标高一般要求在施工水位 0.7 m 以上。围堰可用土、石、木、钢、混凝土等材料或预制件修建,在基础工程中通常以材料命名,也有以结构形式命名的。例如利用下沉沉井作为防水围堰,称沉井围堰,中国江西九江长江大桥使用的双壁钢围堰即属此类。常用的围堰有下列几种。

（1）土围堰。用土堆筑成梯形截面的土堤,迎水面的边坡坡度不宜大于1∶2(竖横比,下同),基坑侧边坡度不宜大于1∶1.5,通常用砂质黏土填筑。土围堰仅适用于浅水、流速缓慢及围堰底为不透水土层处。为防止迎水面边坡受冲刷,常用片石、草皮或草袋填土围护。在产石地区还可做堆石围堰,但外坡用土层盖面,以防渗漏水。

(2) 木板桩围堰。深度不大,面积较小的基坑可采用木板桩围堰。为了防渗漏,板桩间应有榫槽相接。当水不深时,可用单层木板桩,内部加支撑以平衡外部压力;当水较深时,可用双壁木板桩,双壁之间用铁拉条或横木拉紧,中间填土。其高度通常不超过 6 m。

(3) 木笼围堰。在河床不能打桩、流速较大,同时盛产木材和石料的地区,可用木笼做围堰的堰壁。最常用的形式是用方木做成透空式木笼,迎水面设多层木板防水,就位后,在笼内填石。为减少与河床接触处的漏水,一般用麻袋盛土或混凝土堆置在木笼堰壁外侧。近年来也有用钢筋混凝土预制构件装配的笼式围堰。

(4) 钢板桩围堰。钢板桩围堰是一种常用的板桩围堰。钢板桩是带有锁口的一种型钢,其截面有直板形、槽形及 Z 形等,有各种尺寸及联锁形式。常见的有拉尔森式、拉克万纳式等。其优点为强度高,容易打入坚硬土层;可在深水中施工,防水性能好;能按需要组成各种外形的围堰,并可多次重复使用。因此,它的用途广泛,在桥梁施工中常用于沉井顶的围堰,管柱基础、桩基础及明挖基础的围堰等。这些围堰多采用单壁封闭式,围堰内有纵横向支撑,必要时可加斜支撑成为一个围笼。如中国南京长江大桥的管柱基础,曾使用钢板桩圆形围堰,其直径 21.9 m,钢板桩长 6 m,待水下混凝土封底达到强度要求后,抽水筑承台及墩身,抽水设计深度达 20 m。在水工建筑中,一般施工面积很大,则常做成构体围堰。该围堰由许多互相连接的单体构成,每个单体又由许多钢板桩组成,单体中间用土填实。围堰所围护的范围很大,不能用支撑支持堰壁,因此每个单体都能独自抵抗倾覆、滑动和防止联锁处的拉裂。常用的有圆形及隔壁形等形式。

(5) 锁口管柱围堰。我国于 1957 年在湖北省明山水库,将有锁口的直径 1.55 m 的钢筋混凝土管柱连成一排,作为防渗墙。20 世纪 60 年代以后,日本发展的钢锁口管柱围堰是将钢管柱联锁成为一个整体,可建成任何形状。若将它作为永久基础使用,则称钢锁口管柱沉井基础,如 1978 年开始建造的大和川斜张桥,水中 3 个主墩就是用锁口钢管柱围成直径 30~33 m、入土深 40~50 m 的这种基础。

(6) 混凝土围堰。一般在河床无覆盖层的岩面,且水压较高处使用混凝土围堰。它的主要特点是耐冲刷、安全性高、防透水性好,可以考虑作为永久性结构物的一部分,但施工较困难。一般主要用于水工建筑中,其他土木工程中较少采用。

2）其他分类

按围堰与水流方向的相对位置分为横向围堰和纵向围堰；按导流期间基坑是否允许淹没分为过水围堰和不过水围堰。

围堰施工应严格按照施工方法和施工工艺流程组织施工，应注意以下几点：堰底内侧坡脚距基坑顶缘距离应不小于 1.0 m；围堰填筑前应清理堰底处的树根、草皮、石块等杂物，如有冰块必须彻底清除，填筑时应自上游开始至下游合龙；应先在顶部支撑，才可抽水逐层安设支撑；应防止锁口损坏和自重引起的变形，在堆存期间应防止变形和锁口内积水，并采用坚固夹具；应在锁口内填充防水混合料，再用油灰和棉絮填塞接缝。

5. 基底检验规定与处理

1）基底检验

基底检验的主要内容包括检查基底平面位置、尺寸大小、基底标高；检查基底土质均匀性、地基稳定性及承载力等；检查基底处理和排水情况；检查施工日志及有关试验资料等。按《公路桥涵施工技术规范》(JTG/T 3650—2020)的要求，基底平面周线位置允许偏差不得大于 20 cm，土质基底标高允许偏差不得超过 5 cm、石质基底标高允许偏差不得超过 20 cm。

基底检验根据桥涵大小、地基土质复杂情况（如溶洞、断层、软弱夹层、易溶岩等）及结构对地基有无特殊要求等，按以下方法进行。

（1）小桥涵的地基，一般采用直观或触探方法，必要时进行土质试验。特殊设计的小桥涵对地基沉陷有严格要求，且土质不良时，宜进行荷载试验。对经加固处理后的特殊地基，一般采用触探或做密实度检验等。

（2）大、中桥和填土 12 m 以上涵洞的地基，一般由检验人员用直观、触探、挖试坑或钻探（钻深至少 4 m）试验等方法，确定土质容许承载力是否符合设计要求。对地质特别复杂，或在设计文件中有特殊要求，或虽经加固处理又经触探、密实度检验后尚有疑问时，应进行荷载试验，确认符合设计要求后，方可进行基础结构物施工。

2）基底处理

基底处理的主要方法有换填土法、挤密土法、胶结土法、土工聚合物法、桩体挤密法、砂井法、袋装砂井法、预压法加固地基、强夯法、电渗法、振动水冲法、深层搅拌桩法、高压喷射注浆法、化学固化剂法等。对于一般软弱地基土层加固处理方法可归纳为以下 4 种类型。

（1）换填土法。将基础下软弱土层全部或部分挖除，换填力学物理性质较好的土。

（2）挤密土法。用重锤夯实或砂桩、石灰桩、砂井、塑料排水板等方法，使软弱土层挤压密实或排水固结。

（3）胶结土法。用化学浆液灌入或粉体喷射搅拌等方法，使土壤颗粒胶结硬化，改善土的性质。

（4）土工聚合物法。用土工膜、土工织物、土工格栅与土工合成物等加筋土体，以限制土体的侧向变形，增加土周压力，有效提高地基承载力。

6. 基础的施工

桥梁基础的作用是承受上部结构传来的全部荷载，并把它们和下部结构荷载传递给地基。因此，为了全桥的安全和正常使用，要求地基和基础要有足够的强度、刚度和整体稳定性，使其不产生过大的水平变位或不均匀沉降。

与一般建筑物基础相比，桥梁基础埋置较深，作用在基础上的荷载集中而强大，加之浅层土一般比较松软，很难承受住这种荷载，故有必要把基础向下延伸，使其置于承载力较高的地基上。对于水中墩台基础，由于河床受到水流的冲刷，桥梁基础必须有足够的埋深，以防冲刷基础底面（简称基底）而造成桥梁沉陷或倾覆事故。一般规定桥梁的明挖、沉井、沉箱等基础的基底按其重要性和维修加固难度，应埋置在河床最低冲刷线以下至少 2 m。对于冻胀土地基，基底应在冻结线以下至少 0.25 m。对于陆地墩台基础，除考虑地基冻胀要求外，还要考虑生物和人类活动及其他自然因素对表土的破坏，基底应在地面以下不小于 1.0 m。对于城市桥梁，常把基础顶置于最低水位或地面以下，以免影响市容。基顶平面尺寸应较墩台底的截面尺寸大，以利施工。在水中修建基础，不仅场地狭窄、施工不便，还经常遇到汛期威胁及漂流物的撞击。在施工过程中如遇到水下障碍，还须进行潜水作业。因此，修建水中基础，一般工期长、技术复杂、易出事故、工程量大，造价常常占到整个桥梁造价的一半，桥梁基础的修建在整个桥梁工程中占有很重要的地位。

为建造基础而开挖的基坑，其形状和开挖面的大小可视墩台基础及下部结构的形式、施工条件的要求，挖成矩形的坑槽，基坑的深度视基础埋置深度而定。基坑开挖的断面是否设置坑壁围护结构，可视土的类别性质、基坑暴露时间长短、地下水位的高低以及施工场地大小等因素而定。开挖基坑时常采用机械与人工相结合的施工方法,它不需要复杂的机具,技术条件较简单易操作,常用的机具多为位于坑顶由起吊机操纵的挖土斗和抓土斗,大方量的特大基坑也可用铲式挖土机、铲运机和自卸车等。基坑采用机械挖土,挖至距设计标高约0.3 m时,应采用人工补控修整,以保证地基土结构不被扰动破坏。具体工序如下。

1) 准备工作

在开挖基坑前,应做好复核基坑中心线、方向和高程的工作,并应按地质水文资料,结合现场情况,决定开挖坡度、支护方案以及地面的防水、排水措施。放样工作系根据桥梁中心线与墩台的纵横轴线,推算出基础边线的定位点,再放线画出基坑的开挖范围。基坑底部的尺寸较设计平面尺寸每边各增加 0.5~1.0 m,以便于支撑、排水与立模板(坑壁垂直的无水基坑坑底,可不必加宽,直接利用坑壁作基础模板亦可)。

2) 基坑开挖

(1) 坑壁不加支撑的基坑。

对于在干涸河滩、河沟中,或经改河或筑堤能排除地表水的河沟中,在地下水位低于基底,或渗透量少、不影响坑壁稳定,以及基础埋置不深、施工期较短、挖基坑时不影响邻近建筑物安全的场所,可选用坑壁不加支撑的基坑。

黏性土在半干硬或硬塑状态,基坑顶无活荷载,稍松土质,基坑深度不超过 0.5 m,中等密实(锹挖)土质基坑深度不超过 1.25 m,密实(镐挖)土质基坑深度不超过 2.0 m 时,均可采用垂直坑壁基坑。基坑深度在 5 m 以内,土的湿度正常时,采用斜坡坑壁开挖或按坡度比值挖成阶梯形坑壁,每梯高度以 0.5~1.0 m 为宜,可作为人工运土出坑的台阶。基坑深度大于 5 m 时,坑壁坡度适当放缓,或加做平台。土的湿度影响坑壁的稳定性时,应采用该湿度下土的天然坡度或采取加固坑壁的措施。当基坑的上层土质适合敞口斜坡坑壁条件时,下层土质为密实黏性土或岩石可用垂直坑壁开挖,在坑壁坡度变换处应保留至少 0.5 m 的平台。

(2) 坑壁有支撑的基坑。

当基坑壁坡不易稳定并有地下水,或放坡开挖场地受到限制,或基坑较深、放坡开挖工程数量较大、不符合技术经济要求时,可根据具体情况,采取加固坑壁措施,如挡板支撑、钢木结合支撑、混凝土护壁及锚杆支护等。混凝土护壁一般采用喷射混凝土。根据经验,一般喷护厚度为 5~8 cm,一次喷护 1~2 h。一次喷护如达不到设计厚度,应等第一次喷层终凝后再补喷,直至达到要求厚度为止。喷护的基坑深度应按地质条件决定,一般不宜超过 10 m。

12.1.2　沉入桩基础施工

打入桩又叫沉入桩,是靠桩锤的冲击能量将预制桩打(压)入土中,使土被压挤密实,以达到加固地基的作用。沉入桩所用的基桩主要为预制钢筋混凝土桩和预应力混凝土桩。沉入桩的施工方法主要包括锤击沉桩、振动沉桩、射水沉桩、静力压桩以及钻孔埋置桩等。

其特点如下:
①桩身质量易于控制,质量可靠;
②沉入施工工序简单,工效高,能保证质量;
③易于水上施工;
④多数情况下施工噪声和振动的公害大,污染环境;
⑤受到运输和起吊等设备条件限制,单节长度有限。

1. 沉入桩的预制

预制桩是在工厂或施工现场制成的各种材料、各种形式的桩(如木桩、混凝土方桩、预应力混凝土管桩、钢桩等),用沉桩设备将桩打入、压入或振入土中。建筑施工领域采用较多的预制桩主要是混凝土预制桩和钢桩两大类。混凝土预制桩能承受较大的荷载、坚固耐久、施工速度快,但其施工对周围环境影响较大,常用的有混凝土实心方桩和预应力混凝土空心管桩。采用的钢桩主要是钢管桩和 H 型钢桩两种,都在工厂生产完成后运至工地使用。

1)钢筋混凝土实心桩

钢筋混凝土实心桩,断面一般呈方形。桩身截面一般沿桩长不变,实心方桩截面尺寸一般为 200 mm×200 mm~600 mm×600 mm。钢筋混凝土实心桩桩身长度限于桩架高度,现场预制桩的长度一般为 25~30 m;限于运输条件,工厂预制桩的桩长一般不超过 12 m,否则应分节预制,然后在打桩过程中予以接长,接头不宜超过 2 个。钢筋混凝土实心桩的优点是长度和截面可在一定范围内根据需要选择,其在地面上预制,制作质量容易保证,承载能力高,耐久性好,因此,工程上应用较广。材料要求:钢筋混凝土实心桩所用混凝土强度等级不宜低于

C30；采用静压法沉桩时，可适当降低，但不宜低于C20；预应力混凝土桩的混凝土强度等级不宜低于C40；主筋根据桩断面大小及吊装验算确定，一般为4～8根，直径12～25 mm，不宜小于14 mm；箍筋直径为6～8 mm，间距不大于200 mm，打入桩顶2～3d（d为箍筋直径）长度范围内箍筋应加密，并设置钢筋网片；预制桩纵向钢筋的混凝土保护层厚度不宜小于30 mm，桩尖处可将主筋合拢焊在桩尖辅助钢筋上，在密实砂和碎石类土中，可在桩尖处包以钢板桩靴，以加强桩尖。

2）混凝土管桩

混凝土管桩一般在预制厂用离心法生产，桩径有$\phi300$、$\phi400$、$\phi500$等，每节长度8 m、10 m、12 m不等，接桩时，接头数量不宜超过4个。管壁内设中$\phi12$～$\phi22$，主筋10～20根，外面绕以$\phi6$螺旋箍筋，多以C30混凝土制造。混凝土管桩各节段之间的连接可以用角钢焊接或法兰螺栓连接。用离心法成型，混凝土中多余的水分由于离心力而甩出，故混凝土致密、强度高，抵抗地下水和其他腐蚀的性能好。混凝土管桩应达到设计强度100%后，方可运到现场打桩。堆放层数不超过三层，底层管桩边缘应用楔形木块塞紧，以防滚动。

3）预制桩吊送

钢筋混凝土预制桩应在混凝土达到设计强度等级的70%后，方可起吊，达到设计强度等级的100%后，才能运输和打桩。如提前吊运，必须采取措施并经过验算合格后才能进行，起吊时必须合理选择吊点，防止桩身在起吊过程中过弯而损坏。当吊点少于或等于3个时，其位置按正负弯矩相等的原则计算确定；当吊点多于3个时，其位置按反力相等的原则计算确定。长20～30 m的桩，一般采用3个吊点。

4）预制桩运输与堆放

打桩前，桩从制作处运到现场，并应根据打桩顺序随打随运。桩的运输方式：当运距不大时，可用起重机吊运；当运距较大时，可采用轻便轨道小平台车运输。严禁在场地上直接推拉桩体。堆放桩的地面必须平整、坚实，垫木间距应与吊点位置相同，各层垫木应位于同一垂直线上，堆放层数不宜超过4层。不同规格的桩，应分别堆放。预应力管桩达到设计强度后方可出厂，在达到设计强度及14 d龄期后方可沉桩。预应力管桩在节长小于等于20 m时宜采用两点捆绑法，大于20 m时采用四吊点法。预应力管桩在运输过程中应满足两点起吊法的位置，并垫以楔形掩木防止滚动，严禁层间垫木出现错位。

2. 沉入桩的施工设备

预制桩的沉桩方法有锤击法、静力压桩法、振动法等。锤击法是利用桩锤的冲击克服土对桩的阻力,使桩沉到预定持力层。这是一种常用的沉桩方法。打桩设备主要有桩锤、桩架和动力装置三部分。

1) 桩锤

桩锤对桩施加冲击力,将桩打入土中。主要有落锤、单动汽锤、双动汽锤、柴油锤、液压锤,目前应用较多的是柴油锤。柴油锤利用燃油爆炸推动活塞往复运动而锤击打桩,活塞质量从几百公斤到数吨。用锤击沉桩宜重锤轻击。若重锤重击,则锤击功大部分被桩身吸收,桩不易打入,且桩头易被打碎。锤重与桩重宜有一定的比值,或控制锤击应力,以防桩被打坏。

2) 桩架

桩架是支持桩身和桩锤,将桩吊到打桩位置,并在沉桩过程中引导桩的方向,保证桩锤沿着所要求的方向冲击的打桩设备。常用的桩架形式有以下 3 种。

(1) 滚筒式桩架。行走靠两根钢滚筒在垫木上滚动。优点是结构比较简单、制作容易,但在平面转弯、调头方面不够灵活,操作人员较多。适用于预制桩和灌注桩施工。

(2) 多功能桩架。多功能桩架的机动性和适应性很大,在水平方向可做 360°旋转,导架可以伸缩和前后倾斜,底座下装有铁轮,底盘在轨道上行走。适用于各种预制桩和灌注桩施工。

(3) 履带式桩架。以履带起重机为底盘,增加导杆和斜撑组成,用以打桩。移动方便,比多功能桩架更灵活,可用于各种预制桩和灌注桩施工。

3. 沉入桩的施工

打桩时,由于桩对土体的挤密作用,先打入的桩被后打入的桩水平挤推而造成偏移和变位、或被垂直挤拔造成浮桩,而后打入的桩难以达到设计标高或入土深度,造成土体隆起和挤压,截桩过大。所以,群桩施工时,为了保证质量和进度,防止周围建筑物破坏,打桩前应根据桩的密集程度,桩的规格、长短以及桩架移动是否方便等因素来选择正确的打桩顺序。常用的打桩顺序:由一侧向单一方向进行;自中间向两个方向对称进行;自中间向四周进行。

打桩推进方向宜逐排改变,以免土壤朝一个方向挤压,而导致土壤挤压不均匀。对于同一排桩,必要时还可采用间隔跳打的方式。对于大面积的桩群,宜采用后两种打桩顺序,以免土壤受到严重挤压,使桩难以打入,或使先打入的桩受挤压而倾斜。大面积的桩群宜分成几个区域,由多台打桩机采用合理的顺序进行打设。打桩时对不同基础标高的桩,宜先深后浅;对不同规格的桩,宜先大后小,先长后短,宜防止桩的位移或偏斜。

打桩机就位后,将桩锤和桩帽吊起,然后吊桩并送至导杆内,垂直对准桩位缓缓送下插入土中,垂直偏差不得超过 0.5%;然后固定桩帽和桩锤,使桩、桩帽、桩锤在同一铅垂线上,确保桩能垂直下沉。在桩锤和桩帽之间应加弹性衬垫,桩帽和桩顶周围应有 5~10 mm 的间隙,以防损伤桩顶。

打桩开始时,应先采用小的落距(0.5~0.8 m)做轻的锤击,使桩正常沉入土中 1~2 m 后,经检查桩尖不发生偏移,再逐渐增大落距至规定高度,继续锤击,直至把桩打到设计要求的深度。最大落距不宜大于 1 m,用柴油锤时,应使锤跳动正常。在打桩过程中,遇有贯入度剧变、桩身突然发生倾斜、移位或有严重回弹、桩顶或桩身出现严重裂缝或破碎等异常情况时,应暂停打桩,及时研究处理。

打桩有"轻锤高击"和"重锤低击"两种方式。这两种方式,所做的功相同,得到的效果却不相同。轻锤高击,所得的动量小,而桩锤对桩头的冲击力大,因而回弹也大,桩头容易损坏,大部分能量均消耗在桩锤的回弹上,故桩难以入土;相反,重锤低击,所得的动量大,而桩锤对桩头的冲击力小,因而回弹也小,桩头不易被打碎,大部分能量都可以用来克服桩身与土的摩阻力和桩尖的阻力,故桩很快入土。此外,重锤低击的落距小,可提高锤击频率,打桩效率也高,对于较密实的土层,如砂土或黏性土也能较容易地穿过,所以打桩宜采用"重锤低击"。

4. 试桩试验

打桩质量评定包括两个方面:一是能否满足设计规定的贯入度或标高的要求;二是桩打入后的偏差是否在施工规范允许的范围内。

1) 贯入度或标高必须符合设计要求

桩端达到坚硬、硬塑的黏性土、碎石土,中密以上的粉土和砂土或风化岩等土层时,应以贯入度控制为主,以桩端进入土层深度或桩尖标高作为辅助参考;若贯入度已达到而桩端标高未达到,应继续锤击 3 阵,其每阵 10 击的平均贯入度应不大于规定的数值;桩端位于其他软土层时,以桩端设计标高控制为主,将贯入度作为辅助参考。

上述贯入度是指最后贯入度,即施工中最后 10 击内桩的平均入土深度。贯入度的大小应通过合格的试桩或试打数根桩后确定,它是打桩质量标准的重要控制指标。最后贯入度的测量应在下列正常条件下进行:桩顶没有破坏;锤击没有偏心;锤的落距符合规定;桩帽与弹性垫层正常。打桩时如桩端达到设计标高而贯入度指标与要求相差较大,或者贯入度指标已满足,而标高与设计要求相差较大,说明地基的实际情况与原来的估计或判断有较大的出入,属于异常情况,都应会同设计单位研究处理,以调整其标高或贯入度控制的要求。

2)平面位置或垂直度必须符合施工规范要求

桩打入后,桩位的允许偏差应符合规范的规定,预制桩(钢桩)桩位的允许偏差必须使桩在提升就位时对准桩位,桩身垂直;桩在施打时,必须使桩身、桩帽和桩锤三者的中心线在同一垂直轴线上,以保证桩的垂直入土;短桩接长时,上下节桩的端面要平整,中心要对齐,如发现断面有间隙,应用铁片垫平焊牢;打桩完毕基坑挖土时,应制定合理的挖土方案,以防挖土而引起桩的位移或倾斜。

12.1.3 钻孔桩基础施工

1. 场地准备工作

灌注桩是指在工程现场通过机械钻孔、钢管挤土或人力挖掘等手段在地基土中形成桩孔,并在其内部放置钢筋笼、灌注混凝土而做成的桩。依照成孔方法不同,灌注桩又可分为沉管灌注桩、钻孔灌注桩和挖孔灌注桩等几类。钻孔灌注桩是按成桩方法分类而定义的一种桩型。特点:与沉入桩中的锤击法相比,施工噪声和振动要小得多;能建造比预制桩直径大得多的桩;在各种地基上均可使用;施工质量的好坏对桩的承载力影响很大;混凝土是在泥水中灌注的,因此混凝土质量较难控制。施工前应根据施工地点的水文、工程地质条件及机具、设备、动力、材料、运输等情况,布置施工现场。具体如下。

(1)场地为旱地时,应平整场地、清除杂物、换除软土、夯打密实,钻机底座应布置在坚实的填土上。

(2)场地为陡坡时,可用木排架或枕木搭设工作平台,平台应牢固可靠,保证施工顺利进行。

(3)场地为浅水时,可采用筑岛法,岛顶平面应高出水面1~2 m。

(4)场地为深水时,根据水深、流速、水位涨落、水底地层等情况,采用固定式平台或浮动式钻探船。

2. 钻孔成桩施工准备

(1) 钻孔场地应清除杂物、换除软土、平整压实。

(2) 开钻前按照施工图纸要求在选定位置进行试桩,根据试桩资料验证设计采用的地质参数,并根据试桩结果确定是否调整桩基设计。根据地层岩性等地质条件、技术要求确定钻进方法和选用合适的钻具。

(3) 对钻机各部位状态进行全面检查,确保其性能良好。

(4) 浅水基础利用草袋围堰构筑工作平台。

3. 钻孔方法

钻孔灌注桩的施工,有泥浆护壁施工法和全套管施工法两种。

1) 泥浆护壁施工法

冲击钻孔、冲抓钻孔和回转钻削成孔等均可采用泥浆护壁施工法。该施工法的过程:平整场地→泥浆制备→埋设护筒→铺设工作平台→安装钻机并定位→钻进成孔→清孔并检查成孔质量→下放钢筋笼→灌注水下混凝土→拔出护筒→检查质量。施工工序如下。

(1) 施工准备。

施工准备包括选择钻机、钻具,场地布置等。钻机是钻孔灌注桩施工的主要设备,可根据地质情况和各种钻孔机的应用条件来选择。

(2) 钻孔机的安装与定位。

安装钻孔机的基础如果不稳定,施工中易产生钻孔机倾斜、桩倾斜和桩偏心等不良影响,因此要求安装地基稳固。对地层较软和有坡度的地基,可用推土机推平,再垫上钢板或枕木加固。

为防止桩位不准,施工中重要的措施是定好中心位置和正确安装钻孔机。对有钻塔的钻孔机,先利用钻机的动力与附近的地笼配合,将钻杆移动,大致定位,再用千斤顶将机架顶起,准确定位,使起重滑轮、钻头或固定钻杆的卡孔与护筒中心在同一垂线上,以保证钻机的垂直度。钻机位置的偏差不大于 2 cm,对准桩位后,用枕木垫平钻机横梁,并在塔顶对称于钻机轴线上拉上缆风绳。

(3) 埋设护筒。

钻孔成败的关键是防止孔壁坍塌,当钻孔较深时,在地下水位以下的孔壁土在静水压力下会向孔内坍塌,甚至发生流砂现象。钻孔内应保持孔壁地下水位高的水头,增加孔内静水压力,以防止坍孔。护筒除起到这个作用外,同时有隔离地表水、保护孔口地面、固定桩孔位置和钻头导向作用等。

制作护筒的材料有木、钢、钢筋混凝土三种。护筒要求坚固耐用,不漏水,其内径应比钻孔直径大(旋转钻约大 20 cm,潜水钻、冲击或冲抓锥约大 40 cm),每节长度 2~3 m,一般常用钢护筒。

(4)泥浆制备。

钻孔泥浆由水、黏土(膨润土)和添加剂组成,具有浮悬钻渣、冷却钻头、润滑钻具、增大静水压力,并在孔壁形成泥皮,隔断孔内外渗流,防止坍孔的作用。调制的钻孔泥浆及经过循环净化的泥浆,应根据钻孔方法和地层情况来确定泥浆稠度。泥浆稠度应视地层变化或操作要求机动掌握,泥浆太稀,排渣能力小、护壁效果差;泥浆太稠,会削弱钻头冲击功能,降低钻进速度。

(5)钻孔。

钻孔是一道关键工序,在施工中必须严格按照操作要求进行,才能保证成孔质量。首先要注意开孔质量,为此必须对好中线及垂直度,并压好护筒。在施工中要注意不断添加泥浆和抽渣(冲击式用),还要随时检查成孔是否有偏斜现象。采用冲击式或冲抓式钻机施工时,附近土层因受到振动而影响邻孔的稳固。所以钻好的孔应及时清孔,下放钢筋笼和灌注水下混凝土。钻孔的顺序也应事先规划好,既要保证下一个桩孔的施工不影响上一个桩孔,又要使钻机的移动距离不要过远和相互干扰。

(6)清孔。

钻孔的深度、直径、位置和孔形直接关系到成桩质量与桩身曲直。为此,除了钻孔过程中密切观测监督,在钻孔达到设计要求深度后,应对孔深、孔位、孔形、孔径等进行检查。在终孔检查完全符合设计要求时,应立即进行孔底清理,避免隔时过长以致泥浆沉淀,引起钻孔坍塌。对于摩擦桩,桩径小于等于 1.5 m 时,要求在灌注水下混凝土前沉渣厚度不大于 20 cm;桩径大于 1.5 m 或桩长大于 40 m 时,灌注水下混凝土前沉渣厚度不大于 30 cm;对于支承桩,灌注水下混凝土前沉渣厚度不大于 5 cm。

(7)灌注水下混凝土。

清孔之后,就可将预制的钢筋笼垂直吊放到孔内,定位后要加以固定,然后用导管灌注混凝土,灌注时混凝土不要中断,否则易出现断桩现象。

2)全套管施工法

全套管施工法的施工顺序:平整场地→铺设工作平台→安装钻机→压套管→钻进成孔→安放钢筋笼→放导管→浇筑混凝土→拉拔套管→检查成桩

质量。

全套管施工法的主要施工步骤除不需泥浆及清孔外,其他的与泥浆护壁法类同。压入套管的垂直度,取决于挖掘开始阶段的 5～6 m 深时的垂直度,因此应使用水准仪及铅锤校核其垂直度。

4. 钻孔故障及处理措施

1)塌孔

预防措施:根据不同地层,控制使用好泥浆指标;在回填土、松软层及流砂层钻进时,严格控制速度;地下水位过高,应升高护筒,加大水头;地下障碍物处理时,一定要将残留的混凝土块处理清除;孔壁坍塌严重时,应探明坍塌位置,用砂和黏土混合回填至坍塌孔段以上 1～2 m 处,捣实后重新钻进。

2)缩径

预防措施:选用带保径装置钻头,钻头直径应满足成孔直径要求,并应经常检查,及时修复;易缩径孔段钻进时,可适当提高泥浆的黏度,对易缩径部位也可采用上下反复扫孔的方法来扩大孔径。

3)桩孔偏斜

预防措施:保证施工场地平整,钻机安装平稳,机架垂直,并注意在成孔过程中定时检查和校正;钻头、钻杆接头逐个检查调正,不能用弯曲的钻具;在坚硬土层中不得强行加压,应吊住钻杆,控制钻进速度,用低速度进尺;对地下障碍物预先处理干净,对已偏斜的钻孔,控制钻速,慢速提升,下降往复扫孔纠偏。

5. 钢筋骨架吊放及预防措施

1)钢筋笼安装与设计标高不符

预防措施:钢筋笼制作完成后,注意防止其扭曲变形;钢筋笼入孔安装时要保持垂直;混凝土保护层垫块设置间距不宜过大;吊筋长度精确计算,并在安装时反复核对检查。

2)钢筋笼的上浮

钢筋笼上浮的预防措施:严格控制混凝土质量,坍落度控制在(18±3)cm,混凝土和易性要好;混凝土进入钢筋笼后,混凝土上升不宜过快;导管在混凝土内埋深不宜过大,严格按照规范控制在 2～6 m,提升导管时,不宜过快,防止导管钩将钢筋笼带上等。

6. 混凝土的灌注及预防措施

（1）混凝土采用 200～300 mm 钢导管灌注，导管采用吊车分节吊装，丝扣式快速接头连接。灌注前，对导管进行水密性试验和承压试验。

（2）安装储料斗及隔水栓，储料斗的容积要满足首批灌注下去的混凝土埋置导管深度的要求，封底时导管埋入混凝土中的深度不得小于 1 m；首批混凝土方量是根据桩径和导管埋深及导管内混凝土的方量而定，将混凝土搅拌运输车内的混凝土倒入封底料斗内，由专人统一指挥，待全部准备好后将隔水栓拉起进行封底，同时混凝土搅拌运输车快速反转，加快出料速度。

（3）灌注开始后应紧凑连续地进行，不得中断，同时要防止混凝土从漏斗内溢出或从漏斗外掉入孔底；在灌注过程中，技术人员应经常检查孔内混凝土面的位置和混凝土质量，掌握拆除导管时间，严格控制导管埋深，防止导管提漏或埋管过深拔不出而出现断桩；使导管埋入混凝土内的深度始终保持在 2～6 m，并做好灌注记录；测深时采用专用测绳及测锤，每测一次都应用钢尺检查深度，以钢尺测量为准，探测至混凝土面时手感有石子碰撞测锤为准，否则为砂浆或沉渣。

（4）灌注混凝土时，要保持孔内水头，防止出现坍孔。

（5）桩身混凝土灌注顶面高出设计桩顶高程 0.8～1.0 m，以保证桩头质量。

7. 钻孔灌注桩质量检验要求

（1）混凝土质量的检查和验收，应符合规范的规定。每桩试件组数一般为 2 组。

（2）对规定的钻孔桩，采用无破损检测法，进行桩的质量检验和评价。小桥选有代表性的桩或重要部位的桩进行检测；中桥、大桥及特大桥的钻孔桩，应逐根进行检测。

（3）在工地配备能对全桩长钻取 70 mm 直径或较大芯样的设备和经过训练的工作人员，也可以分包给经验丰富的钻探队来承担钻取芯样的工作。

（4）若设计对桩有规定或在施工中遇到的任何异常情况证明桩的质量可能低于要求的标准，应采用钻取芯样对桩进行检验，以检验桩的混凝土灌注质量。对支承桩应钻到桩底 0.5 m 以下。钻芯检验应在监理部门的指导下进行，检验结果若不合格，则应视为废桩。

（5）当监理部门对每一根成桩平面位置的复查试验结果及施工记录都认可后,监理部门应以书面形式进行批准,在未得到监理部门的批准前,不得进行该桩基础的其他工作。

12.1.4 沉井与沉箱基础施工

沉井基础是以沉井法施工的地下结构物和深基础的一种形式,是先在地表制作成一个井筒状的结构物(沉井),然后在井壁的围护下从井内不断挖土,使沉井在自重作用下逐渐下沉,达到预定设计标高后,再进行封底,构筑内部结构。广泛应用于桥梁、烟囱、水塔的基础;水泵房、地下油库、水池竖井等深井构筑物和盾构或顶管的工作井。技术上比较稳妥可靠,挖土量少,对邻近建筑物的影响比较小,沉井基础埋置较深,稳定性好,能支撑较大的荷载。沉井是一个无底无盖的井筒,一般由刃脚、井壁、隔墙等部分组成。

沉井按其截面轮廓分,有圆形、矩形和圆端形三类。

（1）圆形沉井水流阻力小,在同等面积下,同其他类型相比,周长最小,摩阻力相应减小,便于下沉;井壁只受轴向压力,且无绕轴线偏移问题。

（2）矩形沉井和等面积的圆形沉井相比,其惯性矩及核心半径均较大,对基底受力有利;在侧压力作用下,沉井外壁受较大的挠曲应力。

（3）圆端形沉井对支撑建筑物的适应性较好,也可充分利用基础的圬工,井壁受力也较矩形有所改善,但施工较复杂。

使用材料:有木沉井,砖、石沉井,混凝土沉井,钢筋混凝土沉井和钢沉井等。木沉井用木材较多,现很少采用。砖、石沉井过去多用于中小桥梁,现在常用的是钢筋混凝土沉井,或底节为钢筋混凝土,钢沉井多用于大型浮运的沉井。

外壁:沉井的外壁可做成铅直形、台阶形或斜坡形。斜坡形虽可减少周围的摩阻力,但下沉过程中容易倾斜;台阶形便于加高井壁。沉井的内部可根据需要作隔墙,划分成几个取土井,但取土井必须对称设置,以利均衡挖土或纠正偏斜;取土井尺寸,须能容纳机械挖土斗自由上下。

1. 沉井的制作

陆地下沉井均采用就地制造。在浅水中,下沉井应先做围堰,填土筑岛出水面,再就地制造;在深水处,下沉井一般均采用在岸边陆地制造,浮运就位下沉。

就地制造沉井,井壁多为实体,自重较大,而刃脚部分面积小,重心较高,为使其在制造过程中不致因地面下沉而引起沉井开裂或倾倒,过去多在地面整平后,先铺垫木,以增加承压面积,再立模板制造沉井,下沉前应边抽垫木,边用砂将刃脚处填实,然后再挖土下沉。现今则用砂土夯实做成刃脚土模,表面抹层水泥,在土模内制造刃脚部分,既节约木料,又简化施工工艺。如我国枝城长江大桥引桥桥墩基础的沉井刃脚部分,就是用此法灌注的。

水中沉井的施工:筑岛法——水流速不大,水深在 4 m 以内;浮运沉井施工——水流速较大,水深较深。

2. 沉井施工

沉井施工步骤:场地平整,铺垫木,制作底节沉井;拆模,刃脚下一边填塞砂、一边对称抽拔出垫木;均匀开挖下沉沉井,底节沉井下沉完毕;建筑第二节沉井,继续开挖下沉并接筑下一节井壁;下沉至设计标高,清基;沉井封底处理;施工井内设计和封顶等。

沉井下沉分排水下沉和不排水下沉两种。在软弱土层中须采用不排水下沉,以防涌砂和外周边土坍陷,造成沉井倾斜及位移,必要时采取井内水位略高于井外水位的施工方法。出土机械可使用抓土斗、空气吸泥机、水力吸泥机等。近年来各国发展用锚桩及千斤顶将沉井压下的方法。此外,还有用大直径钻机在井底钻挖的方法,如日本在圆形沉井内采用臂式旋转钻机,在硬黏土层内开挖,直径可达 11 m,由沉井外的监视器反映操作情况及下沉速度。

沉井到达设计标高后,一般用水下混凝土封底。井孔是否填充,应根据受力或稳定要求决定,可填砂石或混凝土,但在低于冻结线 0.25 m 以上的部分应用混凝土或圬工填实,沉井基础的最后一道工序是灌注顶盖。

沉井外壁和土的摩擦力是沉井下沉的主要阻力,为克服这种阻力,一是加大沉井壁厚或在沉井上部增加压重,二是设法减少井壁和土之间的摩擦力。减少摩擦力的方法很多,常用的有射水法、泥浆套法及壁后压气法。

(1) 射水法。在沉井下部井壁外面,预埋射水管嘴,在下沉过程中射水以减小周边阻力。

(2) 泥浆套法。在沉井井壁和土层之间灌满触变泥浆以减少摩擦力,触变泥浆是用黏性土、水、化学处理剂等按一定配合比搅拌而成,当静置时它处于"凝胶"状态,沉井下沉时受到搅动,又恢复"溶胶"状态而大大减少摩擦力。

(3) 壁后压气法。在井壁内预埋管路,并沿井壁外侧水平方向每隔一定高度设一排气龛,在下沉过程中,沿管路输送的压缩空气从气龛内喷出,再沿井壁上升,从而减少摩擦力。初步资料表明:在粉细砂层及含水量较大的黏性土层中,可以减少摩擦力30%以上,下沉速度加快(与气龛数和喷气量有关),且无泥浆套法的缺点,可在水中施工,不受冲刷的影响,但在卵石层及硬黏土层内效果较差。

3. 浮式沉井施工

浮运的沉井,在陆地先做底节,以减轻质量,在浮运到位后再接筑上部。为增加沉井的浮力便于浮运,常采取以下3种方法。

(1) 在钢沉井内加装气筒,浮运到位后,在沉井内部空间填充混凝土并接高沉井,为控制吃水深度,可在气筒内充压缩空气,待沉入河底预定位置后,再除去气筒顶盖,挖泥(或吸泥)下沉。此法用钢量大,制造安装都较复杂,宜用于深水大型沉井。美国旧金山奥克兰湾桥第一次采用此法,该桥最大的沉井为 $60 \text{ m} \times 28 \text{ m}$,内装55个直径4.5 m的气筒。中国在南京长江大桥也曾使用 $18.26 \text{ m} \times 22.42 \text{ m}$、底节高11.65 m的钢沉井,内有20个直径3.2 m的气筒,浮运就位后,以钢筋混凝土将沉井接高至5 m,中间隔墙全部用预制件。

(2) 将沉井做成双壁式使其能自浮,到位后在壁内灌水或灌注混凝土下沉。这种沉井可用钢、木或钢筋混凝土制造。我国1972年在四川宜宾岷江公路桥,将制造钢丝网水泥船的经验用于造双壁浮运沉井。沉井外径12 m,高7.5 m,双壁厚1.3 m,网壁厚3 cm,中间一层钢筋网,4~6层钢丝网上抹水泥砂浆,重60 t,采用岸边制造,滑道下水,拉锚定位,灌水下沉。这种材质的沉井具有较高的弹性和抗裂性,以后在四川南充嘉陵江大桥及湖南益阳桥修建时都曾经使用。

(3) 在沉井底部加临时底板以增加浮力,待到位沉入河底后,再拆除底板,挖泥下沉。如因风振而破坏的美国塔科马海峡桥(其水中桥墩基础为钢筋混凝土沉井,尺寸是 $20.1 \text{ m} \times 36.6 \text{ m}$)曾用此法施工。

在深水处,采用浮式沉井施工时,有关沉井下水、浮运及悬浮状态下接高、下沉等,必须加以严密控制。各类浮式沉井在下水前,应对各节浮式沉井进行水密性试验,合格后方可下水。应制定下水方案:采用起吊下水时,应对起重设备进行检查,在河岸有适合坡度;采用滑称、牵引等方法下水时,必须严防倾覆。必须对浮运、就位和落河床时的稳定性进行检查:浮式沉井定位落河床前,应考虑潮水涨落的影响,对所有锚碇设备进行检查和调整,使沉井安全准确落位;浮式沉井落河床后,应尽快下沉,并使沉井达到保持稳定的深度;随时观察沉井的倾斜、移位及河床冲刷情况。

4. 沉箱基础施工

沉箱下沉前应具备以下条件：
①所有设备已经安装、调试完成，相应配套设备已配备完全；
②所有通过底板管路均已连接或密封；
③基坑外围回填土已结束；
④工作室内建筑垃圾已清理干净；
⑤井壁混凝土已达到强度。

下沉过程中箱内的各种设备应架设牢固，箱外浇筑平台、脚手架等应不与箱壁连接。沉箱下沉加气应在沉箱下沉至地下水位以下 0.5～1 m 开始加气，施工现场应有备用供气设备。沉箱施工时，应首先保证工作室内气压的相对稳定，工作室内气压原则上应与外界地下水位相平衡。沉箱在穿越砂性土等渗透性较高土层时，应维持气压略低于地下水位的水平。挖机取土下沉时应先在井格中央形成锅底，逐步均匀向周围扩大，应避免掏挖刃脚处土体，保证此处的土塞高度。当沉箱偏斜达到允许值的 1/4 时应进行纠偏。沉箱的助沉措施，可采用触变泥浆和压重措施，不宜使用空气幕助沉。

5. 施工事故及应急措施

沉井施工时出现的问题主要有瞬间突沉、下沉搁置、沉井悬挂。

1）瞬间突沉

现象：沉井在瞬时间内失去控制，下沉量很大或增长很快，出现突沉或急剧下沉，严重时往往使沉井产生较大的倾斜或使周围地面塌陷。

原因分析：在软黏土层中，沉井侧面摩阻力很小，当沉井内挖土较深，或刃脚下土层掏空过多时，沉井失去支撑，常导致突然大量下沉或急剧下沉；当黏土层中挖土超过刃脚太深，形成较深锅底，或黏土层只局部挖除，其下部存在的砂层被水力吸泥机吸空时，刃脚下的黏土一旦被水浸泡而造成失稳，会引起突然塌陷；当采用不排水下沉，施工中途采取排水迫沉时，突沉情况尤为严重；当遇有粉砂层时，由于动水压力的作用，井筒内大量涌砂，产生流砂现象，造成急剧下沉。

预防措施：在软土地层下沉的沉井可增大刃脚踏面宽度，或增设底梁以提高正面支承力；挖土时，在刃脚部位宜保留约 50 cm 宽的土堤，控制均匀削土，使沉井挤土缓慢下沉；在黏土层中严格控制挖土深度（一般为 40 cm），不使挖土超过刃脚，可避免出现深的锅底将刃脚掏空；黏土层下有砂层时，防止把砂层吸空；控制排水高差和深度,减小动水压力,使其不能产生流砂或隆起现象,或采取不排水下沉的方法施工。

2) 下沉搁置

现象:沉井被地下障碍物搁住或卡住,出现不能下沉或下沉困难的现象。

原因分析:沉井下沉局部遇孤石、大块卵石、矿渣块、砖石、混凝土基础、管线、钢筋、树根等,以致搁置、卡住,造成沉井难以下沉;下沉中遇局部软硬不均地基或倾斜岩层。

预防措施:施工前做好地基勘察工作,对沉井壁下部 3 m 以内的各种地下障碍物,下沉前挖井取出;对局部软硬不均地基或倾斜岩层,采取先破碎开挖较硬土层或倾斜岩层,再挖较弱土层,使其均匀下沉。

治理方法:遇较小孤石,可将四周土掏空后取出;遇较大孤石或大块石、地下沟道等,可用风动工具或用松动爆破方法破碎成小块取出。炮孔距刃脚不小于 50 cm,其方向须与刃脚斜面平行,药量不得超过 200g,并设钢板、草垫防护,不得用裸露爆破。钢管、钢筋、树根等可用氧气烧断后取出。不排水下沉,爆破孤石,除打眼爆破外,也可用射水管在孤石下面掏洞。

3) 沉井悬挂

现象:沉井下沉过程中,刃脚下部土体已经掏空,而沉井的自重仍不能克服摩阻力下沉,产生悬挂现象,有时将井壁拉裂。

原因分析:井壁与土壁间的摩阻力过大,沉井自重不够,下沉系数过小;沉井平面尺寸过小,下沉深度较大,遇较密实的土层,其上部有可能被土体夹住,使其下部悬空,有时将井壁拉裂。

预防措施:使沉井有足够的下沉自重;下沉前应验算沉井的下沉系数,应不小于 1.1~1.25;加大刃脚上部空隙,使井壁与土体间有一定空间,以避免被土体夹住。

治理方法:用 0.2~0.4 MPa 的压力流动水针沿沉井外壁缝隙冲水,以减少井壁和土体间的摩阻力;在井筒顶部加荷载,或继续浇筑上节筒身混凝土增加自重和对刃口下土体的压力,但应在悬空部分下沉后进行,以免突然下沉破坏模板和混凝土结构;继续第二层碗形挖土,或挖空刃脚土,必要时向刃脚外掏深 100 mm;在岩石中下沉,可在悬挂部位进行补充钻孔和爆破。

12.1.5　地下连续墙基础施工

1. 地下连续墙的分类与特征

目前挖槽机械发展很快,与之相适应的挖槽工法层出不穷,有不少新的工法已经不再使用膨润土泥浆;墙体材料已经由过去以混凝土为主而向多样化发展,不再单纯用于防渗或挡土支护,越来越多地作为建筑物的基础,所以很难给地下连续墙一个确切的定义。一般地下连续墙可以定义为利用各种挖槽机械,借助于泥浆的护壁作用,在地下挖出窄而深的沟槽,并在其内灌注适当的材料而形成一道具有防渗(水)、挡土和承重功能的连续的地下墙体。

地下连续墙的分类如下。

(1) 按成墙方式可分为桩排式、槽板式、组合式。

(2) 按墙的用途可分为防渗墙、临时挡土墙、永久挡土(承重)墙、作为基础用的地下连续墙。

(3) 按墙体材料可分为钢筋混凝土墙、塑性混凝土墙、固化灰浆墙、自硬泥浆墙、预制墙、泥浆槽墙(回填砾石、黏土和水泥三合土)、后张预应力地下连续墙、钢制地下连续墙。

(4) 按开挖情况可分为地下连续墙(开挖)、地下防渗墙(不开挖)。

地下连续墙施工振动小、噪声低,墙体刚度大、防渗性能好,对周围地基无扰动,可以组成具有很大承载力的任意多边形连续墙,以代替桩基础、沉井基础或沉箱基础。对土壤的适应范围很广,在软弱的冲积层、中硬地层、密实的砂砾层以及岩石的地基中都可施工。初期用于坝体防渗,水库地下截流,后发展为挡土墙、地下结构的一部分或全部。房屋的深层地下室、地下停车场、地下街、地下铁道、地下仓库、矿井等均可应用。

2. 地下连续墙施工工艺流程

在挖基槽前先做保护基槽上口的导墙,用泥浆护壁,按设计的墙宽与深分段挖槽,放置钢筋骨架,用导管灌注混凝土置换出护壁泥浆,形成一段钢筋混凝土墙。逐段连续施工成为连续墙。施工主要工艺为导墙→泥浆护壁→成槽施工→水下灌注混凝土→墙段接头处理等。

1) 导墙

导墙通常为就地灌注的钢筋混凝土结构。主要作用是保证地下连续墙设计的几何尺寸和形状;容蓄部分泥浆,保证成槽施工时液面稳定;承受挖槽机械的荷载,保护槽口土壁不被破坏,并作为安装钢筋骨架的基准。导墙深度一般为 1.2～1.5 m。墙顶高出地面 10～15 cm,以防地表水流入而影响泥浆质量。导墙底不能设在松散的土层或地下水位波动的部位。

2) 泥浆护壁

通过泥浆对槽壁施加压力以保护挖成的深槽形状不变,灌注混凝土把泥浆置换出来。泥浆材料通常由膨润土、水、化学处理剂和一些惰性物质组成。泥浆的作用是在槽壁上形成不透水的泥皮,从而使泥浆的静水压力有效地作用在槽壁上,防止地下水的渗入和槽壁的脱落,从而保持壁面的稳定,同时泥浆还有悬浮土渣和将土渣携带出地面的功能。在砂砾层中成槽,必要时可采用木屑、蛭石等挤塞剂防止漏浆。泥浆使用方法分静止式和循环式两种。泥浆在循环式使用时,应用振动筛、旋流器等净化装置。在指标恶化后要考虑采用化学方法处理或废弃旧浆,换用新浆。

3) 成槽施工

成槽的专用机械有旋转切削多头钻、导板抓斗、冲击钻等。施工时应视地质条件和筑墙深度选用。一般土质较软,深度在 15 m 左右时,可选用普通导板抓斗;对密实的砂层或含砾土层,可选用多头钻或加重型液压导板抓斗;在含有大颗粒卵砾石或岩基中成槽,以冲击钻为宜。槽段的单元长度一般为 6～8 m,通常结合土质情况、钢筋骨架质量及结构尺寸、划分段落等决定。成槽后须静置 4 h,并使槽内泥浆比重小于 1.3。

4) 水下灌注混凝土

采用导管法按水下混凝土灌注法进行,但在用导管开始灌注混凝土前为防止泥浆混入混凝土,可在导管内吊放一管塞,依靠灌入的混凝土压力将管内泥浆挤出,混凝土要连续灌注并测量混凝土灌注量及上升高度。溢出的泥浆送回泥浆沉淀池。

5) 墙段接头处理

地下连续墙由许多墙段拼组而成,为保持墙段之间连续施工,接头采用锁口管工艺,即在灌注槽段混凝土前,在槽段的端部预插一根直径和槽宽相等的钢管,即锁口管,待混凝土初凝后将钢管徐徐拔出,使端部形成半凹榫状。也有根据墙体结构受力需要而设置刚性接头的,以使前后两个墙段连成整体。

3. 地下连续墙的检测

地下连续墙槽底的沉渣必须清理,清理后的沉渣厚度不大于200 mm。地下连续墙水下混凝土必须连续浇筑,严禁发生中断或导管进水现象。每槽段实际浇筑混凝土的数量严禁小于计算体积。超声波地下连续墙检测仪利用超声探测方法,将超声波传感器侵入钻孔中的泥浆里,可以很方便地对钻孔四个方向同时进行孔壁状态监测,可以实时监测连续墙槽宽、钻孔直径、孔壁或墙壁的垂直度、孔壁或墙壁坍塌状况等;可以帮助改善钻孔质量、减少工作时间、降低工程费用;输出清晰的孔以及槽壁图像,是目前几种常见同类进口设备所无法比拟的。目前超声波钻孔检测仪无论从成图清晰度、检测数据的准确,还是机械性能等方面已经完全可以取代进口设备,而且检测图像更直观、清晰,对泥浆的适应能力更强。

12.2 桥梁墩台施工

12.2.1 墩台混凝土工程

1. 混凝土的浇筑和养护

1) 混凝土的浇筑

为保证混凝土浇筑时不产生离析现象,混凝土自吊斗口下落的自由倾落高度不得超过2 m,浇筑高度如超过3 m必须采取措施,用串筒或溜槽等。浇筑混凝土时应分段分层连续进行,浇筑层高度应根据混凝土供应能力、一次浇筑方量、混凝土初凝时间、结构特点、钢筋疏密综合考虑决定,一般为振捣器作用部分长度的1.25倍。使用插入式振捣器应快插慢拔,插点要均匀排列,逐点移动,顺序进行,不得遗漏,做到均匀振实。移动间距不大于振捣作用半径的1.5倍(一般为30~40 cm)。振捣上一层时应插入下一层5~10 cm,以使两层混凝土结合牢固。振捣时,振捣棒不得触及钢筋和模板,表面振动器(或称平板振动器)的移动间距应保证振动器的平板覆盖已振实部分的边缘。

浇筑混凝土应连续进行,如必须间歇,其间歇时间应尽量缩短,并应在前层混凝土初凝之前,将次层混凝土浇筑完毕。间歇的最长时间应按所用水泥品种、气温及混凝土凝结条件确定,一般超过 2 h 应按施工缝处理(当混凝土凝结时间小于 2 h 时,则应当执行混凝土的初凝时间)。浇筑混凝土时应经常观察模板、钢筋、预留孔洞、预埋件和插筋等有无移动、变形或堵塞情况,发现问题应立即处理,并应在已浇筑的混凝土初凝前修整完好。

柱浇筑前底部应先填 5～10 cm 厚与混凝土配合比相同的减石子混凝土,柱混凝土应分层浇筑振捣,使用插入式振捣器时每层厚度不大于 50 cm,振捣棒不得触动钢筋和预埋件。柱高在 2 m 之内,可在柱顶直接下灰浇筑,超过 2 m 时,应采取措施(用串筒)或在模板侧面开洞口安装斜溜槽分段浇筑。每段高度不得超过 2 m,每段混凝土浇筑后将洞模板封闭严实并箍牢。柱子混凝土的分层厚度应当经过计算确定,并且应当计算每层混凝土的浇筑量,用专制料斗容器称量,保证混凝土的分层准确,并用混凝土标尺杆计量每层混凝土的浇筑高度,混凝土振捣人员必须配备充足的照明设备,保证振捣人员能够看清混凝土的振捣情况。柱子混凝土应一次浇筑完毕,如须留施工缝应留在主梁下面。浇筑完后,应及时将伸出的搭接钢筋整理到位。

2) 混凝土的养护

(1) 覆盖浇水养护。

根据外界气温在混凝土浇筑完后 3～12 h 内,用草帘、芦席、麻袋等适当材料将混凝土表面覆盖,并经常浇水保持湿润,大部分混凝土工程采用该种养护方法。

覆盖浇水养护应符合以下规定:混凝土的浇水养护时间,对采用硅酸盐水泥、普通硅酸盐水泥或矿渣硅酸盐水泥拌制的混凝土,不得少于 7 d;对掺用缓凝型外加剂或有抗渗性要求的混凝土,不得少于 14 d;当采用其他品种水泥时,混凝土的养护应根据所采用水泥的技术性能确定。

浇水次数应根据能保持混凝土处于湿润的状态来确定,混凝土的养护用水与拌制水相同。当日平均气温低于 5 ℃时,不得浇水。

(2) 塑料薄膜养护。

将塑料薄膜直接覆盖在混凝土构件上,使混凝土与空气隔绝,水分不再被蒸发,采用双层薄膜,下层用黑色,上层用透明的,四周必须压严。该法优点是不必浇水,操作方便,能重复使用,能提高混凝土的早期强度,加速模具的周转。

(3) 薄膜养护液养护。

将可成膜的溶液喷洒在混凝土表面上,溶液挥发后在混凝土表面凝结成一层薄膜,使混凝土表面与空气隔绝,封闭混凝土中的水分不再被蒸发,而完成水化作用。适用于表面积大的混凝土施工或浇水养护困难的情况。常用塑料薄膜养护剂有氯乙烯-乙烯养护剂和过氯乙烯树脂塑料薄膜养护剂。

(4)加热养护。

为了加快混凝土预制构件的强度增长速度,提高模具的周转速度,预制构件常采用加热养护方法。

(5)蒸汽养护。

施工现场多采用地下的养护坑上覆盖养护罩或简易的帆布、油布。蒸汽养护分为4个阶段:静停阶段,指混凝土浇筑完毕至升温前在室温下先放置一段时间,一般2~6 h;升温阶段,混凝土由原始温度上升到恒温阶段,温度急速上升会使混凝土表面因体积膨胀太快而产生裂缝,因此升温速度必须控制好,一般为10~25 ℃/h(干硬性混凝土为35~40 ℃/h);恒温阶段,是混凝土强度增长最快的阶段,一般恒温时间为5~8 h,恒温加热阶段应保持90%~100%的相对湿度,恒温的温度应随水泥品种不同而异,普通水泥的养护温度不得超过80 ℃,矿渣水泥、火山灰水泥可提高到90~95 ℃;降温阶段,在此阶段内,混凝土已经硬化,如降温过快,混凝土会产生表面裂缝,因此降温速度应予控制,一般情况下构件厚度在10 cm左右时,降温速度每小时不大于20~30 ℃。为避免由于蒸汽温度骤然下降而引起混凝土构件产生裂缝变形,必须严格控制升温和降温的速度,出槽的构件温度与室外温度相差不得大于40 ℃,当室外为负温度时,不得大于20 ℃。施工现场常采用坑式蒸气养护,可间歇式生产,其设备简单。

(6)太阳能养护。

用透光材料搭设的养护棚(罩),直接利用太阳能加热养护棚(罩)内的空气,使棚内混凝土能在足够的温度和湿度下进行养护,获得早期强度。现在常用的养护方法为棚罩式、覆盖式等。棚罩式养护是在混凝土构件上加盖养护棚罩,棚罩的材料可用透明玻璃钢、聚酯薄膜、聚乙烯薄膜等。其中以透明玻璃钢和透明塑料薄膜为佳,棚的形式有单坡、双坡、拱形等,棚罩内的空腔不易过大,一般略大于混凝土构件即可。覆盖式养护是在混凝土成型、表面略平后,其上覆盖塑料薄膜进行养护,塑料薄膜为黑色,应采用耐老化的,接缝应采用热黏合,采用搭接时,搭接长度应大于30 cm,覆盖时应紧贴四周,用沙袋或其他重物压紧盖严,防止被风吹开。

2. 特殊外形墩台混凝土施工

对于特殊外形混凝土墩台,为了增强墩身混凝土表面光洁度、美观度,墩身模板采用厂制定型钢模,经试拼检查各项指标合格后,方可用于墩身。台身采用竹胶板作模板,模板内设拉杆,模板外用两根槽钢作为拉杆的带木。模板的下部固定在承台上,上部用钢丝绳与地面上的钢管桩进行拉结,以稳固模板上部。在承台上搭设钢管脚手架作施工平台。

墩身模板采用两个半圆形拼装而成,模板接缝采用企口形式,接缝间挤夹海绵条,节段联结采用高强螺栓。对顶部为变截面的圆柱形墩身,分节制作,变截面部分单独制作,然后进行拼接,以满足墩身的变化要求。墩(台)身模板的组装和拆除分别采用汽车吊配合作业。安装模板时先搭设脚手架,便于施工人员操作。垂直度控制通过在墩柱四周设置缆风绳用花篮螺丝调整。校正后缆风绳不拆除,为保证浇筑混凝土时模板不移动,四周与钢管脚手架连接并打入钢管斜撑支撑固定。模板下缘与水平层间设单面黏结海绵止浆条,防止烂根。在混凝土强度达到设计强度 75% 时进行拆模,松开缆风绳和固定撑,松开连接螺丝,用吊车缓缓将半片模板吊出,及时清理干净及整体堆放。

支立模板时采用整体组拼法。整体组拼后的模板用汽车起重机吊装就位,并用经纬仪调整横纵方向及垂直度,用缆风绳加固保证混凝土施工时无扰动。钢筋采用钢筋场统一加工的半成品,现场拼接或绑扎工艺。主筋接长采用搭接焊,两接长钢筋要保证轴线在一条直线上,并保证同一截面接头数量小于主筋数量的 50%。墩柱钢筋施工时,采用搭设临时支架的方式防止骨架筋的整体偏移。在固定墩柱钢筋时,采用锤球对中的方式,防止钢筋的偏斜和中心的移位。钢筋骨架保护层使用与设计等厚度同级别的弧形垫块绑于骨架上实现。采用弧形垫块的目的是防止拆模后表面存有垫块痕迹,影响混凝土表面质量。

混凝土施工前在立柱模板与承台交接处以砂浆堵漏,防止振捣时底部发生漏浆,要求砂浆量必须保证充塞密实。要求现场控制坍落度,以避免产生混凝土表面灰线。混凝土由罐车运输至现场,使用吊车加料斗或混凝土泵车的形式进行混凝土浇筑,用插入式振捣器分层振捣,混凝土浇筑自由下落高度严格控制小于 2 m,当柱高大于 2 m 时,为防止下落高度过大造成混凝土离析,利用溜管或串筒等设施下落。每次浇筑高度不得超过 30 cm,立柱混凝土必须一次连续浇筑完,及时养护,确保混凝土外观质量优良。根据立柱高度选用合适长度的振动棒,振动棒间距为 30~35 cm,振捣深度一般插入前层 5~10 cm,振捣程度直至混凝土表面泛浆并不再冒气泡、水泡。振捣时尽量避免碰撞钢筋及模板,不得出现漏振、重复振捣。当混凝土浇筑至设计标高时用木抹子抹平,在初凝前进行第二次收面抹光。严禁超低、高抹面交活和顶面混凝土出现收缩裂缝现象。混凝土浇筑完后,及时对裸露面进行覆盖,待初凝后进行洒水养护。在墩台身混凝土的强度达到设计要求后,采用汽车吊由上而下进行模板及支架的拆除;拆除后继续洒水养护,养护时间不得少于 14 d。

12.2.2 高墩台施工

1. 高墩台施工特点及准备工作

高墩台施工的特点是施工难度大,技术含量高,对操作人员素质要求严格;高空作业,更容易产生安全隐患和发生各类安全事故。高墩台施工准备工作如下。

1) 混凝土配合比设计

混凝土宜采用半干硬或低流动混凝土,要求和易性好,不易产生离析、泌水现象,坍落度应控制在 3~5 cm,混凝土出模强度宜控制在 $0.2~0.4 N/mm^2$,以保证混凝土出模后既能易于抹光表面,不致拉裂或带起,又能支承上部混凝土的自重,不致流淌、坍落或变形。

2) 滑模施工的组织设计

高墩台施工是一项综合性工艺,为此必须做好详细的施工组织计划,制定可靠的质量保证措施,设立完善的安全保证体系,以保证连续作业和施工质量。

3) 模板制作及滑模系统

模板装置由滑模系统、提升系统、操作平台系统三部分组成。滑模系统由全钢模及提升架组成,钢模均使用定型大钢模板,模板中间采用螺栓连接。围圈应有一定的刚度,围圈接头应采用刚性连接,并上下错开布置附着在钢模板上连成整体,以防模板变形。提升系统由液压控制台、千斤顶油路及支承杆组成。操作平台系统由外挑架及吊架组成,外挑架采用钢管连接,以增加整体刚度,外设防护栏杆,挂安全网。

4) 机具设备的选择

爬杆用材以前常用 25 mm 的圆钢,后因其承压能力小,较易发生弯曲而被同截面的 48 mm×3.5 mm 钢管取代。钢管位置一般取决于墩台的截面,爬杆应尽量处于混凝土的中心,其数量由起重计算确定,应做到受力均匀,提升同步并具有一定的安全储备,通常其间距为 1.5~2.5 m。同时滑模提升也应做到垂直、均衡一致,各提升架之间的高差不大于 5 mm。为此浇筑混凝土时应严格保持均匀平衡,每层厚度要严格控制,混凝土布料也要对称,钢筋上料要按施工要求分成小批,对称地堆放在平台上,以防止滑模在不均匀荷载作用下倾斜,并应随时对滑模的水平结构变形进行检查,以便及时调整加固。

2．滑升模板施工

滑升模板法施工时,模板固定在工作平台上,随墩身的施工而逐渐提升、逐段浇筑混凝土。滑升模板法施工具有施工进度快、混凝土质量好、安全可靠等优点,故广泛应用于高墩台、桥塔的施工。当桥梁跨越深谷时,必须采用高桥墩,这种情况下常采用滑升模板法进行墩身施工。

1）滑升模板的构造

滑升模板主要由工作平台、模板和提升设备三大部分组成。工作平台是整个滑升模板的骨架,由顶架、操作平台、吊架、混凝土平台等组成。它既提供施工操作的场地,又把各组成部分连接在提升设备的顶杆上。其中顶架用以承受整个模板和操作平台的荷载,并传递给顶杆;操作平台提供施工操作场地;吊架位于整个滑升模板的下方,供施工人员对混凝土进行表面整饰和养护等操作。

模板悬挂在工作平台上,如果桥墩是空心墩,则模板由内模和外模组成;如果桥墩向上收坡,可在模板上连接收坡丝杆,用于调节内外模板间距。提升设备由千斤顶和顶杆组成,千斤顶用于提供向上的提升力,把整个滑升模板设备向上提升;顶杆一端固定于墩台混凝土中,另一端穿过千斤顶,承受施工过程中的全部荷载。

2）滑升模板的施工

滑升模板的施工是一个连续、循环的过程,主要包括组装滑升模板、浇筑混凝土、滑升模板等工序。

（1）组装滑升模板。

组装滑升模板大致步骤如下：

①在基础顶面定出桥墩中心线,垫好垫木;

②在垫木上安装工作平台的内钢环,再依次安装辐射梁、外钢环、立柱、顶杆、千斤顶等;

③提升设备,撤去垫木,安装模板就位;

④待模板滑升至一定高度后安装吊架。

设备组装完毕后,必须进行全面检查,及时纠正偏差。

(2) 浇筑混凝土。

滑升模板法施工宜浇筑低流动性或半干硬性混凝土,浇筑时应分层、分段、对称进行,分层厚度以 200～300 mm 为宜,浇筑后混凝土表面距模板上缘宜有不小于 100 mm 的距离。

混凝土脱模时的强度控制在 0.2～0.5 MPa,混凝土中可掺入适量早强剂,以加速提升。脱模后 8 h 左右开始养护。吊架上环绕墩身有带小孔的水管,用水管进行混凝土的湿法养护。

(3) 滑升模板。

滑升模板分为初次滑升阶段和正常滑升阶段。模板初次滑升的程序:初次浇筑混凝土厚度为 600～700 mm,分 3 次浇筑;待强度达到滑升要求后,初次滑升 20～50 mm,再浇筑 300 mm 混凝土,滑升 100～150 mm;以后进入正常滑升阶段,每浇筑一层混凝土向上滑升同样高度。

滑升模板法施工要求连续作业,如施工过程出现暂停,必须每隔 1 h 左右将模板略微提升,避免混凝土和模板粘连。施工过程中还必须穿插进行钢筋绑扎、顶杆接长、预埋件的处理、混凝土表面整饰、检查中线等工作。滑升模板法施工时,高空作业施工人员应随时注意施工安全,严格执行高空作业安全制度。

3. 翻板式模板施工

墩身模板采用液压自升平台翻模,内外模板共设三节,循环交替翻升。当第三节混凝土灌注完成后,提升工作平台,拆卸并提升第一节模板至第三节上方,安装、校正后,浇筑混凝土,依此周而复始。当临近墩顶联结处时,在墩身上预埋托架、支立墩帽模板、浇筑墩帽混凝土,混凝土浇筑用泵送入模、插入式振捣器振捣,用软塑管缠绕墩身喷水养护。施工中因大风、大雨或其他原因必须停工时,充分做好停工处理。停工前将混凝土面摊平,振捣完毕,控制好工作平台提升高度,防止平台提升过高而影响其稳定性。复工时加强中线水平观测,新旧混凝土接缝按规定处理,再继续进行施工。

1) 墩身模板

模板分上、下两节,接缝采用对接接头,模板制作尺寸误差小于 2 mm、倾斜角偏差小于 1.5 mm、孔位误差小于 1 mm。为确保工程质量,在厂内统一加工。施工过程中,两节模板交替轮番往上安装,每一节都立在已浇筑混凝土的模板上。

圆形空心墩内模采用组合钢模拼装,内外模间设带内纹的对拉螺栓,以便利于拆模和避免墩身混凝土内形成孔洞。墩身内腔每隔一定高度便预设型钢作支撑梁,上面搭设门式脚手架作为装拆内模和浇筑混凝土工作平台之用。安装和拆卸模板,提升工作平台以及钢筋等物品的垂直运输均由塔吊完成。墩身外侧设施工电梯,用于人员的运送。

2) 钢筋工艺

墩身竖向钢筋采用挤压套管连接方法。钢筋长度均为 9.0 m,但在高度上将一半数量的接头错开 4.5 m,这样每节混凝土外露钢筋有高低两层。施工时,先在长钢筋上点焊一道箍筋,并依靠已立好的内模将钢筋调整到正确位置,然后以此为定位筋安装接长钢筋。

3) 拆模

在安装钢筋的同时,可以开始拆下面一节外模工作。拆模时用手拉葫芦将下面一节模板与上面一节模板上下挂紧,同时另设两条钢丝绳拴在上下节模板之间。拆除左右和上面的连接螺栓,下节模板脱落。脱模后放松,使拆下的模板由钢丝绳挂在上节的模板上。然后逐个将四周各模板拆卸并悬挂于上节模板上。这样将拆模工作和钢筋安装工作同时进行,节约了时间,也减少了对塔吊工作时间的占用。

4) 模板位置调整

当模板组拼成形后,所有螺栓不必拧紧,留出少量松动余地。如模板前后方向偏斜可通过手拉葫芦调整至正确位置,左右偏斜的调整则在模板底边靠倾斜方向的一端塞加垫片实现。模板之间的缝隙塞有橡胶条,因而不会漏浆。调整完毕后,拧紧全部螺栓,即可浇筑混凝土。

5) 混凝土施工

混凝土的垂直运输采用输送泵一次输送到位。泵管则利用模板对拉螺栓留在墩身内的螺母安装固定架,由下而上固定在墩柱壁上。由于运送高度大,要求混凝土既要保持较大的流动性又要达到设计强度,对各种水泥、外加剂及配合比进行了多次实验,并依泵送情况随时调整。在振捣时,加强振捣确保混凝土密实度,真正做到内实外美。

6) 施工中墩身施工测量控制

用极坐标定位法、铅垂线控制法、悬挂钢尺水准测量和三角高程间接法分别对墩身进行平面和标高定位。

4. 爬升式模板施工

1）爬架设施

爬架设施主要由架体结构、提升设备、附着支撑结构和防倾、防坠装置等组成。利用少量不落地的附于墩身上的脚手架，以墩身为支承点，利用提升设备沿着墩身上下移动。

附着支撑结构：爬架的附着支撑结构采用导轨式。轨道用钢轨或普通槽钢背靠背焊接而成，利用埋设于钢筋混凝土墩身中的预埋件附着于墩壁上，每两根轨道两两互相平行，保证爬架上的连接器不用改变距离就可实现从墩底爬升到墩顶。

架体结构：每幅爬架用角钢焊接成钢骨架，各爬架既可以互相连接成整体，又可以单独爬升，保证爬升过程中既可以整体爬升，又可以个别调整。

连接器：连接器是爬架和轨道的连接部分，通过连接器实现爬架在轨道上爬行，连接器用厚钢板制作。

提升设备和升降装置：提升设备采用可移装的液压千斤顶，这种液压千斤顶油缸行程为 450 mm，速度为 200 mm/min，每走一个行程后，用穿销固定，使缸体恢复原位，然后开始另一个顶升行程。可用于单段或多段的提升。完成提升后，可拆移至另外一段架体。

防倾和防坠装置：为防止架体倾斜，每幅爬架架体上设置了两排共 6 幅连接器。为防止架体突然坠落，每幅架体的连接器下部都设置了 FZ25 型爬架防坠器，这样每幅架体上有 6 幅防坠器。

2）模板

根据桥墩特点，制作大块全钢模板，每套模板分为 3 节，每节模板按 6 m 高制作，每次浇筑混凝土 6 m 高。为避免留下明显的接茬缝，拆模时不拆最上一层模板，留作下次立模的基础。

3）作业台座

爬架上共有三层作业台座。最上一层作业台座为墩内爬架最上端互相连接起来搭设的台座，这层台座主要用来存放一些小型机具及工人在上绑扎钢筋或进行立模作业；中间一层作业台座为主要作业台座，这层作业台座是各爬架附着端互相连接起来形成的作业台座，工人在这层作业台座上可实现爬升模板、绑扎钢筋、立拆模、调整模板、临时存放模板、安拆对拉螺栓、检查防坠装置等作业；最下一层作业台座是吊挂在爬架下的作业台座，工人在该层作业台座上可实现安拆轨道、修补混凝土、检查爬架完好状态及防坠器等作业。

4）安设轨道

利用埋于墩身内的预埋螺母，将轨道附在桥墩上，也可利用桥墩对拉螺栓将轨道固定于桥墩上。

5）绑扎钢筋

钢筋在加工厂加工好后运至现场吊至墩位处进行绑扎，钢筋绑扎或焊接时的搭接长度符合施工规范要求，同一截面的接头数量不超过规定的数量，钢筋安装完后，周边钢筋交错绑扎上圆形混凝土垫块，以避免拆模后混凝土表面有垫块的痕迹。

6）混凝土的灌注

混凝土在搅拌站集中拌和，通过混凝土搅拌运输车水平运输至墩台处，再由混凝土输送泵泵送入模，插入振动棒振捣密实。

7）拆模及混凝土的养护

工人将模板一块一块地拆下，暂时放在中层操作台座上，最上一层模板不需拆除。拆模后马上需要进行混凝土的养护，当气温较高时，采用塑料薄膜包裹、膜内浇水养护。

8）爬架的爬升

墩身模板拆除，轨道附设后，进行爬架的爬升。利用可移装的液压千斤顶一端安于轨道上的销孔中，另外一端安于爬架上，一个行程可爬升约 450 mm。每走完一个行程后用穿销固定，使缸体恢复原位，然后开始另一个顶升行程。

9）模板的提升

操作工人利用爬架立柱上设置的手动导链将模板提起，然后立模。从基础到墩身，再到墩顶的整个施工过程中，每层模型应严格检查，复核断面和高程尺寸，确保墩位正确。

5. 混凝土浇筑与养护

1）混凝土浇筑

混凝土浇筑应遵守相应的施工规范，特别应注意：混凝土在浇筑前应对施工中涉及的吸水性物件做相应的处理,以避免混凝土水分被吸收,影响混凝土的质量。混凝土应在初凝之前浇筑,且不能有离析现象,若有离析现象,则应重新搅拌才能浇筑,且浇筑过程也应避免产生离析现象。在浇筑立柱等结构物时,应在底部浇筑一层50~100 mm水泥砂浆(配合比与混凝土中的砂浆相同),这样可避免产生蜂窝麻面现象。混凝土浇筑时,应按结构要求分层进行,随浇随捣。一般结构的混凝土整体浇筑时,应尽可能连续进行,避免间断施工。混凝土浇筑后初期,应防止混凝土受振动或撞击。

2)混凝土养护

混凝土浇筑完毕后,为减少水分蒸发,应避免日光照射,且应防风吹和淋雨等,可用活动的三角形罩棚将混凝土板全部遮起来,等到混凝土板表面的泌水消失后,可采取用湿草帘或麻袋等物覆盖表面,并每天洒水2~3次,最短养护时间为7 d。天气突变时,要改变养护方式,防止起灰、起泡等现象。如遇大风,要提前养护。当天气温度下降时,应适当延迟拆模时间。

6. 高墩台 施工注意事项

1)高墩台竖直度的控制

高墩台竖直度允许偏差为墩台高度的0.3%,且不超过20 mm。为此,在正常的施工中,每滑升1 m就要进行一次中心校正,滑升中如发现偏扭,应查明原因,逐一纠正。方法一般是将偏扭一方的千斤顶相对提高2~4 cm后逐步纠正,每次纠正量不宜过大,以免产生明显的弯曲现象。

2)操作平台水平度的控制

控制操作平台的水平度是滑模施工的关键之一,如果操作平台发生倾斜,将导致墩台扭转和滑升困难。为避免平台倾斜,平台上材料堆放要均匀,并应注意混凝土浇筑是否顺利,还要经常进行观测和调整。具体做法是用水平仪观察各千斤顶高差,并在支承杆上划线标记千斤顶应滑升到的高度,在同一水平面上的千斤顶其高不宜大于20 mm,相邻千斤顶高差不宜大于10 mm。

3)模板安装准确度的控制

滑升模板经组装好直到施工完毕,中途一般不再拆装模板,组装前要检查起滑线以下已施工的基础或结构的标高和几何尺寸,并标出结构的设计轴线、边线和提升架的位置等。

4)爬杆弯曲度的控制

必须防止爬杆弯曲,否则会引起严重的质量和安全事故。爬杆负荷要经过计算确定,如果负荷过大或脱空距离过大,就会引起爬杆弯曲,平台倾斜也会使爬杆弯曲。若爬杆弯曲程度不大,可用钢筋与墩台主筋焊接固定,以防再弯;若弯曲较大,应切去弯曲部分,再补焊一截新杆;弯曲严重时,应切去上部,另换新杆,新杆与混凝土接触处应垫 10 mm 厚钢靴。

第 13 章　桥梁上部结构施工技术

13.1　梁(板)桥施工

13.1.1　钢筋混凝土简支梁桥的施工技术

1. 概述

1）就地浇筑施工

就地浇筑施工是一种古老的施工方法,它是在桥孔位置搭设支架,并在支架上安装模板,绑扎及安装钢筋骨架,预留孔道,并在现场浇筑混凝土与施加预应力的施工方法。由于施工须用大量的模板支架,以前一般仅在小跨径桥或交通不便的边远地区采用。随着桥跨结构形式的发展,出现了一些变宽的异形桥、弯桥等复杂的混凝土结构,加之近年来临时钢构件和万能杆件系统的大量应用,在其他施工方法都比较困难或经过比较,施工方便、费用较低时,也常在中、大跨径桥梁中采用就地浇筑的施工方法。

就地浇筑施工方法的特点如下。

(1) 桥梁的整体性好,施工平稳,可靠,不需大型起重设备。

(2) 施工中无体系转换。

(3) 预应力混凝土连续梁桥可以采用强大预应力体系,使结构构造简化,方便施工。

(4) 需要使用大量施工支架,跨河桥梁搭设支架影响河道的通航与排洪,施工期间支架可能受到洪水和漂浮物的威胁。

(5) 施工工期长,费用高,需要有较大的施工场地,施工管理复杂。

2）装配式梁桥

一般地说,用预制安装法施工的装配式梁桥与就地浇筑的整体式梁桥相比,有如下特点。

(1) 缩短施工工期。构件预制可以提早进行,在下部结构施工的同时进行预制工作,做到上、下部结构平行施工。

(2) 节约支架、模板。装配式梁桥往往采用无支架或少支架施工。另外,构件在预制场或工厂内预制时,采用的模板和支架易于做到尽量简便、合理,并可考虑更多的反复周期使用。

(3) 提高工程质量。装配式梁桥的构件在预制的过程中较易于做到标准化和机械化。

(4) 需要吊装设备。主要预制构件的重量,少则几吨或十几吨,一般为几十吨,这就要求施工单位有相应的吊装能力和设备。

(5) 用钢量略为增大。

综上所述,装配式梁桥与整体式梁桥的造价比较,要根据具体情况来具体分析。当桥址地形条件下难以设立支架,且施工队伍有足够的吊装设备,桥梁的工程数量又相当大,这时采用装配式施工将是经济合理的。

2. 施工支架与模板

1) 支架类型及构造

就地浇筑混凝土梁桥的上部结构,首先应在桥孔位置搭设支架,以支撑模板、浇筑的钢筋混凝土,以及其他施工荷载的重量。支架有满布式木支架、满布式钢管脚手架、钢木混合的梁式支架、梁支柱式支架及万能杆件拼装支架与装配式公路钢桥桁节拼装支架等形式。

(1) 满布式木支架。

满布式木支架常用于陆地或不通航的河道,或桥墩不高、桥位处水位不深的桥梁。其形式可根据支架所需跨径的大小等条件,采用排架式、人字撑式或八字撑式。排架式为简单的满布式支架,主要由排架及纵梁等部件构成,其纵梁为抗弯构件,因此,跨径一般不大于4 m。人字撑式和八字撑式的支架构造较复杂,其纵梁须加设人字撑或八字撑为可变形结构。因此,须在浇筑混凝土时适当安排浇筑程序并保持均匀对称地进行,以防发生较大变形。木支架的跨径可达8 m。

满布式木支架的排架,可设置在枕木上或桩基上,基础须坚实、可靠,以保证排架的沉陷值不超过规定。当排架较高时,为保证支架横向的稳定,除在排架上设置撑木外,尚应在排架两端外侧设置斜撑木或斜立柱。

满布式支架的卸落设备一般采用木楔、木马或砂筒等,可设置在纵梁支点处或桩顶帽木上面。

（2）钢木混合支架。

为加大支架跨径,减少排架数量,支架的纵梁可采用工字钢,其跨径可达10 m。但在这种情况下,支架多改用木框架结构,以加强支架的承载力及稳定性。

（3）万能杆件拼装支架。

用万能杆件可拼装成各种跨度和高度的支架,其跨度须与杆件本身长度成倍数。

用万能杆件拼装的桁架的高度,可为2 m、4 m、6 m或6 m以上。当高度为2 m时,腹杆拼为三角形;高度为4 m时,腹杆拼为菱形;高度超过6 m时,则拼为多斜杆的形式。用万能杆件拼装墩架时,柱与柱之间的距离应与桁架之间的距离相同。柱高除柱头及柱脚外,应为2 m的倍数。

用万能杆件拼装的支架,在荷载作用的变形较大,而且难以预计其数值。因此,应考虑预加压重,预压重量相当于灌注混凝土的重量。

万能杆件的类别、规格及容许应力,可参阅有关资料。

（4）装配式公路钢桥桁节拼装支架。

用装配式公路钢桥桁节,可拼装成桁架梁和塔架。为加大桁架梁孔径和利用墩台作支撑,也可拼成八字斜撑,以支撑桁架梁。桁架梁与桁架梁之间,应用抗风拉杆和木斜撑等进行横向联结,以保证桁架梁的稳定。

用装配式公路钢桥桁节拼装的支架,在荷载作用下的变形很大,因此,应进行预压。

（5）轻型钢支架。

桥下地面较平坦、有一定承载力的梁桥,为节省木料,宜采用轻型钢支架。轻型钢支架的梁和柱,以工字钢、槽钢或钢管为主要材料,斜撑、联结系等可采用角钢。构件应制成统一规格和标准;排架应预先拼装成片或组,并以混凝土、钢筋混凝土枕木或木板作为支撑基底。为了防止冲刷,支撑基底须埋入地面以下适当的深度。为适应桥下高度,排架下应垫以一定厚度的枕木或木楔等。

为便于支架和模板的拆卸,纵梁支点处应设置木楔。

（6）墩台自承式支架。

在墩台上留下承台式预埋件,上面安装横梁及架设适宜长度的工字钢或槽钢,即构成模板的支架。这种支架适用于跨径不大的梁桥,但支立时仍须考虑梁的预拱度,支架梁的伸缩以及支架和模板的卸落等所需条件。

(7) 模板车式支架。

这种支架适用于跨径不大、桥墩为立柱式的多跨梁桥的施工。在墩柱施工完毕后即可立即铺设轨道，拖进孔间，进行模板的安装。这种方法可简化安装工序和节省安装时间。

当上部构造混凝土浇筑完毕，强度达到要求后，模板车即可整体向前移动，但移动时须将斜撑取下，将插入式钢梁节段推入中间钢梁节段内，并将千斤顶放松。

2）模板构造

跨径不大的肋板梁，一般用木料制成。安装时，首先在支架纵梁上安装横木（分布杆件），横木上钉底板；然后，在其上安装肋梁的侧面模板及桥面板的底板。肋梁的侧面模板系钉于肋木之上。桥面板底板的横木则由钉于上述肋木上的托板承托。肋木后面须钉以压板，以支撑肋梁混凝土的水平压力。为减少现场的安装工作，肋梁的侧面模板及桥面板的底板（包括横木），可预先分别制成镶板块件。

当上部构造的肋梁较高时，其模板一般须采用框架式；梁的侧模及桥面板的底模，用木板或镶板钉于框架之上即可。但当梁的高度超过一定范围（1.5 m 左右）时，梁下部混凝土的浇筑和捣实宜从侧面进行，此时，梁的一侧的模板须开窗口或分两次装钉。

3）模板和支架的制作与安装

(1) 模板及支架在制作和安装时的注意事项。

①构件的连接应尽量紧密，以减少支架变形，使沉降量符合预计数值。

②为保证支架稳定，应防止支架与脚手架和便桥等接触。

③模板的接缝必须密合；如有缝隙，须塞堵严密，以防跑浆。

④建筑物外露面的模板应涂石灰乳浆、肥皂水或无色润滑油等润滑剂。

⑤为减少施工现场的安装拆卸工作和便于周转使用，支架和模板应尽量制成装配式组件或块件。

⑥钢制支架宜制成装配式常备构件，制作时应特别注意构件外形尺寸的准确性，一般应使用样板放样制作。

⑦模板应用内撑支撑，用对拉螺栓销紧。内撑有钢管内撑、钢筋内撑、硬塑料胶管内撑等。

(2) 制作及安装质量要求。

支架和模板制作应符合设计图纸的要求,面板可以用 4～6 cm 的冷轧钢板或厚 18 cm 以上的木胶合板。为增加周转次数,胶合板的面上要有高分子材料覆膜。胶合板面板不得使用脱胶空鼓、边角不齐、板面覆膜不全的板材。

(3) 支架和模板的安装。

①安装前按图纸要求检查支架的自制模板的尺寸与形状,合格后才准进入施工现场。

②安装后不便涂刷脱模剂的内侧木板应在安装前涂刷脱模剂,顶板模板安装后,布扎钢筋前涂刷脱模剂。

③支架结构应满足立模标高的调整要求。按设计标高和施工预拱度立模。

④承重部位的支架和模板,必要时应在立模后预压,消除非弹性变形和基础沉降。预压重力相当于之后浇筑混凝土的重力。当结构分层浇筑混凝土时,预压重力可取浇筑混凝土重量的 80%。

⑤相互连接的模板,木板面要对齐,连接螺栓不要一次锁紧,整体检查模板线形。发现偏差,及时调整后再锁紧连接螺栓,固定好支撑杆件。

⑥模板连接缝间隙大于 2 cm 应用灰膏类填缝或贴胶带密封。预应力管道锚具处空隙大时用海绵泡沫填塞,防止漏浆。

⑦主要起重机械必须配备经过专门训练的专业人员操作,指挥人员、司机、挂钩人员要统一信号。

⑧遇 6 级以上大风时,应停止施工作业。

4) 施工预拱度

(1) 确定预拱度时应考虑的因素。

在支架上浇筑梁式上部构造时,在施工时和卸架后,上部构造要发生一定的下沉和产生一定的挠度。因此,为使上部构造在卸架后能满意地获得设计规定的外形,须在施工时设置一定数值的预拱度。在确定预拱度时,应考虑下列因素:

①卸架后上部构造本身及一半活载所产生的竖向挠度 δ_1;

②支架在荷载作用下的弹性压缩 δ_2;

③支架在荷载作用下的非弹性变形 δ_3;

④支架基底在荷载作用下的非弹性沉陷 δ_4;

⑤由混凝土收缩及温度变化而引起的挠度 δ_5。

(2) 预拱度的计算。

上部构造和支架的各项变形值之和,即为应设置的预拱度。各项变形值可按下列方法计算和确定。

①桥跨结构应设置预拱度,其值等于恒载和一半静活载产生的竖向挠度 δ_1。当恒载和静活载产生的挠度不超过跨径的 1/1600 时,可不设预拱度。

②满布式支架,当其杆件长度为 L(m)、弹性模量为 E(N/m^2)、压力为 δ(N/m^2)时,其弹性变形为

$$\delta_2 = \frac{\delta \cdot L}{E} \tag{13.1}$$

当支架为桁架等形式时,应按具体情况计算其弹性变形。

③支架在每一个接缝处的非弹性变形,在一般情况下,横纹木料为 3 mm;顺纹木料接缝为 2 mm;木料与金属或木料与圬工的接缝为 1~2 mm;顺纹与横纹木料接缝为 2.5 mm。

卸落设备砂筒内砂粒压缩和金属筒变形的非弹性压缩量,根据压力大小、砂子细度模量及筒径、筒高确定。一般 20 t 压力砂筒为 4 mm;40 t 压力砂筒为 6 mm;砂子未预先压紧者为 10 mm。

(3) 预拱度的设置。

根据梁的挠度和支架的变形所计算出来的预拱度之和,为预拱度的最高值,应设置在梁的跨径中点。其他各点的预拱度,应以中间点为最高值,以梁的两端为零,按直线或二次抛物线比例进行分配。

3. 钢筋骨架的安装

1) 骨架制作

在支架上浇筑钢筋混凝土梁时,为减少在支架上的钢筋安装工作,梁内的钢筋宜预先在工厂或桥梁工地制成平面或立体骨架;当梁的跨径较大时,可预先分段制成骨架;当不能预先制成骨架时,则钢筋的接长应尽可能预先进行。制作钢筋骨架时须焊扎坚固,以防在运输和吊装过程中变形。

多层钢筋焊接时,可采用侧面焊缝,使之形成平面骨架,焊接缝设在弯起钢筋的弯起点处。如斜筋弯起点之间的距离较大,应在中间部分适当增加短段焊缝,以便有效地固定各层主钢筋。

2) 钢筋接头

(1) 直径不大于 25 cm 的螺纹钢筋或光圆钢筋,均可采用绑扎搭接;受压钢

筋搭接长度,应取受拉钢筋搭接长度的70%。

(2)钢筋接头应设置在内力较小处,并错开布置。绑扎搭接的接头数量,在同一截面内,对受拉钢筋不宜超过受力钢筋的1/4;对受压钢筋不宜超过受力钢筋的1/2。接头相互间的距离,如不超过钢筋直径的30倍,均视为在同一截面内。

(3)采用搭叠式电弧焊接时,钢筋端部应预先折向一侧,使两接合钢筋在搭接范围内轴线一致,以减少偏心。搭接时双面焊缝的长度不小于$5d$(d为钢筋直径),单面焊缝的长度不小于$10d$。

(4)采用夹焊式焊接时,夹杆总面积不小于被焊钢筋的面积。夹杆长度,如用双面焊缝,应不小于$5d$,如用单面焊缝,应不小于$10d$。

3)钢筋骨架的拼装

用焊接的方法拼接骨架时,应用样板严格控制骨架位置。骨架的施焊顺序,宜由骨架的中间到两边,对称地向两端进行,并应先焊下部后焊上部,每条焊缝应一次成形,相邻的焊缝应分区对称地跳焊,不可顺方向连续施焊。

为保证混凝土保护层的厚度,应在钢筋骨架与模板之间错开放置适当数量的水泥砂浆垫块、混凝土垫块,骨架侧面的垫块应绑扎牢固。

4)钢筋骨架的运输和吊装

运输预制钢筋骨架时,骨架可放在平车上或在骨架下面垫以滚轴,用绞车拖拉。运输道路可根据现场条件,或设在桥上或设在桥侧面;孔数较多时,以设在桥侧面为宜。由桥侧面运进和吊装时,侧面模板应在骨架入模后再安装。用起重机吊装骨架时,为防骨架弯曲变形,宜加设扁担梁。

5)钢筋骨架质量要求

钢筋骨架除应按规定对加工质量、焊接质量及各项机械性能进行检验外,还应检查其焊扎和安装的正确性。

4.混凝土工程

原材料在进场前,应先自检,做好混凝土配合比设计,并经监理部门验证批准后才能进场,具体内容如下。

1)原材料的检查

(1)水泥的检查与保管。

①水泥进场前应抽取样品进行检验,并报请监理部门检验,经其同意后才能

进场,进场的水泥应按其品种、强度等级、证明文件(质保书)以及出厂时间等情况分批进行检查,验收。

②入库的水泥应按品种、强度等级、出厂日期分别堆放,并竖立标志。做到先到先用,并防止混掺使用。

③为了防止水泥受潮,现场仓库尽量密封。包装水泥存放时,应垫离地面30 cm,四周离墙在 30 cm 以上。临时露天暂存水泥时,应用防雨篷布盖严,底板须垫高。

④水泥储存时间不宜过长,以免结块降低强度。常用水泥在出厂超过 3 个月视为过期水泥,使用时必须重新检验确定强度等级。因为水泥在正常环境存放超过 3 个月,强度会降低 10%～20%;存放 6 个月,强度会降低 15%～30%。

⑤受潮、结块水泥一般不得用在结构工程中。

(2) 细集料。

①细集料的选择。选择细集料时,应优先选择级配良好、质地坚硬、颗粒洁净的河砂。当没有河砂时,也可用山砂或机制砂。无论哪一种砂,均应分别检验。各项指标均满足《公路桥涵施工技术规范》(JTG/T 3650—2020)方可使用。

②试验。对细骨料进场使用前,根据规范应完成:筛分、含泥量、有机质以及压碎值试验,必要时还要进行坚固性试验。试验应按《公路工程集料试验规程》(JTG E42—2005)的规定进行。

(3) 粗集料。

粗细集料对混凝土质量有较大的影响,使用干净、坚硬、具有耐久性的集料很重要。桥梁施工粗集料的颗粒级配,最好是连续级配,可以采用连续级配与单粒级配配合使用。只有在特殊情况下,确保混凝土不出现离析时,才可用单粒级配。

同细集料一样,选用的粗骨料必须满足《公路桥涵施工技术规范》(JTG/T 3650—2020)中的各项指标要求,并且现场取样进行筛分、杂质含量、强度、针片状含量等试验,只有当试验结果满足规范要求时才能使用。

无论是粗集料还是细集料,在进场前必须抽验,填写进场材料检验申请单,经检验合格后,方可进场使用。

此外,组成混凝土的材料还有水及外加剂。人畜可用的洁净水可用来拌制混凝土。主要的外加剂类型有普通和高效减水剂、早强减水剂、缓凝减水剂、引气减水剂、抗冻剂、膨胀剂、阻锈剂和防水剂等。混合材料包括粉煤灰、火山灰质材料、粒化高炉矿渣等。混合材料的技术条件可以参考《公路桥涵施工技术规范》(JTG/T 3650—2020)。但应注意在预应力钢筋混凝土结构中不得使用加气剂、加气型减水剂及掺加氯化钠、氯化钙等氯盐,各组成材料中引入的氯离子一般不超过水泥用量的0.06%。

2) 混凝土配合比

由于大部分桥梁施工远离城市,特别是中、小桥以及涵洞工程混凝土数量不大,基本上都是采用现场拌制混凝土,除非城市桥梁施工才采用商品混凝土(预拌混凝土)。因此,工程技术人员要设计并控制好现场混凝土配合比,确保混凝土质量。

配合比的设计是依据设计图纸中混凝土强度等级进行的,详细内容可参考人民交通出版社于2020年出版的书籍《道路建筑材料》。选择配合比的原则:在具有适合作业要求的和易性范围内,应尽量减少单位用水量,并根据试验确定配合比。

由于计量、搅拌、养护、浇筑以及骨料的含水量等方面原因,施工现场拌制混凝土时与试验室存在着一定的差异,因此,试配强度应大于设计标准强度。

另外,在做配合比试验时,所有材料都应当与施工用料相同,否则试配将是无效的。为了节约水泥与改善和易性,缩短或延长凝结时间,提高耐冻性,应积极使用外加剂。

3) 混凝土拌制

混凝土拌制通常以机械为主,人工为辅,主要的基本工程工作量一般为机械拌制,工程中少量的塑性混凝土一般采用人工拌制。

(1) 机械拌制。靠搅拌机完成,常用的机械有自落式搅拌机和强制式搅拌机两种。自落式搅拌机用于拌和塑性混凝土,强制式搅拌机用于拌和半干硬性混凝土。搅拌机使用前应清扫干净,否则搅拌机内部有灰浆黏着硬化,会缩短机器的正常使用寿命,影响拌合料的质量。当搅拌机长久未用时,使用时应先放入一部分砂、石搅拌一会儿,然后倒去,以除去搅拌机内的锈等杂质。给搅拌机喂料误差控制如下:水泥、外加剂干料±2%,粗细骨料±3%,水、外加剂溶液±2%。喂料顺序应根据机器类型、骨料种类等具体情况确定。对于强制式拌和机:先加砂,再加水泥,最后加石料,上料后提起料斗,把全部原料倒入搅拌机内拌和,同时打开进水阀,直到搅拌机拌和至各材料混合均匀、颜色一致再出料。混凝土最短搅拌时间可参考有关规范。

对于大桥或特大桥以及混凝土数量较多时,应设置混凝土拌和站,各种混凝土采用集中拌制,电子计量,利于混凝土的质量控制。

(2) 人工拌制。速度慢,劳动强度大,仅用于小量的辅助或修补工程。

4) 混凝土的运输

混凝土应以最少的转运次数、最短的距离,迅速地从拌制地点运往浇筑地点,避免发生离析、泌水和灰浆流失现象,坍落度前后相差不得超过30%;否则,应进行二次拌制。混凝土运输时间不宜超过时间限制允许值。

(1) 在桥面上运输。对于跨径不大的桥梁,可在上部结构模板上运输混凝土。用手推车或小型机动斗车运输时,须在模板上铺跳板和马凳,并随着浇筑工作的推进逐一撤除;用轻轨斗车运输时,模板上须放置混凝土短柱或铁支架,上搁纵梁、横木、面板,再铺铁轨。混凝土短柱和铁支架可留在混凝土体内。

(2) 索道吊机和运输。索道吊机一般沿顺桥方向跨越全部桥跨设置,可设一条或两条索道,在桥的横向可用牵引的方法或搭设平台分送混凝土。此法适用于河谷较深或水流湍急的桥梁。

(3) 在河滩上运输。当桥下为较平坦的河滩时,可用汽车或轻轨斗车进行水平运输,用吊机进行垂直和横向运输。进行水平运输(顺桥向)和垂直运输(上、下方向)时,宜用同一活底吊斗装载混凝土并将其送入模板,避免倒料。不得已需要先将料放在平台上,然后进行分送时,应经过重新拌和后再分送与浇筑。

(4) 水上运输。在较大、可通航的河流上,可在浮船上设置水上混凝土工厂和吊机,以供应混凝土并将其运送到浇筑部位。须另用小船运送混凝土时,应尽可能使用同一装载混凝土的工具。

5) 混凝土的浇筑

浇筑前应对模板、钢筋以及预埋件的位置进行检查。

(1) 混凝土的浇筑速度。

为了保证浇筑混凝土的整体性,防止在浇筑上层混凝土时破坏下层混凝土,浇筑层次的增加须有一定的速度,须使次一层的浇筑能在先浇筑的一层混凝土初凝以前完成。

(2) 混凝土的浇筑顺序。

在考虑主梁混凝土的浇筑顺序时,不能使模板和支架产生有害的下沉;为了使混凝土振捣密实,应采用相应的分层浇筑;当在斜面或曲面上浇筑混凝土时,一般应从低处开始。

①简支梁混凝土的浇筑。

a. 水平分层浇筑。对于跨径不大的简支梁桥,可在钢筋全部扎好以后,将梁和桥面板沿一跨全长内水平分层浇筑,在跨中合龙。分层的厚度视振捣器的能力而定,一般为 0.15~0.3 m;当采用人工捣实时,可采用 0.15~0.2 m。为避免支架不均匀沉降的影响,浇筑工作应尽量快速进行,以便在混凝土失去塑性以前完成。

b. 斜层浇筑。跨径不大的简支梁桥混凝土的浇筑,还可用斜层法从主梁两端对称向跨中进行,并在跨中合龙。T形梁和箱形梁采用斜层浇筑的顺序。当采用梁式支架、支点不设在跨中时,应在支架下沉量大的位置先浇混凝土,使应该发生的支架变形及早完成。采用斜层浇筑时,混凝土的倾斜角与混凝土的稠度有关,一般为 20°~25°。

较大跨径的简支梁桥,可用水平分层或斜层法先浇筑纵横梁。待纵横梁浇筑完毕后,再沿桥的全宽浇筑桥面板混凝土。在桥面板与纵横梁间,应按设置工作缝处理。

c. 单元浇筑法。当桥面较宽且混凝土数量较大时,可分成若干纵向单元分别浇筑。每个单元的纵横梁可沿其长度方向水平分层浇筑或用斜层法浇筑,在纵梁间的横梁上设置工作缝,并在纵横梁浇筑完成后填缝连接。之后,桥面板可沿桥全宽全面积一次浇筑完成,不设工作缝。桥面板与纵横梁间设置水平工作缝。

②空心板梁混凝土的浇筑

小跨径的连续梁(板)桥,一般采用从一端向另一端分层、分段的浇筑程序。

6)混凝土的振捣

混凝土的振捣分人工振捣(用铁钎)和机械振捣两种。人工振捣一般用于坍落度大、混凝土数量少或钢筋过密部位的振捣。大规模的混凝土浇筑,必须用机械振捣。

机械振捣设备有插入式、附着式、平板式振捣器和振动台等。平板式振捣器用于大面积混凝土施工,如桥面、基础等;附着式振捣器可设在侧模板上,但附着式振捣器是借助振动模板来振捣混凝土,故对模板要求较高,而振捣效果不是太好,常用于薄壁混凝土部分振捣,如梁肋上和空心板两侧部分;插入式振捣器常用的是软管式的,当构件断面有足够的地方插入振捣器,而钢筋又不太密时,采用插入振捣器的振捣效果比平板式和附着式都要好。振捣时应注意以下几点。

(1)严禁利用钢筋振动进行振捣。

(2) 每次振捣的时间要严格掌握。插入式振捣器,一般只要 15～30 s,平板式振捣器要 25～40 s。

7) 混凝土养护及模板拆除

(1) 混凝土的养护。

混凝土浇筑完成后,应及时进行养护。在养护期间,应使其保持湿润,防止雨淋、日晒、受冻及受荷载的振动、冲击,以促使混凝土硬化,并在获得强度的同时,防止混凝土干缩引起裂缝。为此,对于混凝土外露面,在表面收浆、凝固后即用草帘等物覆盖,并应经常在覆盖物上洒水,洒水养护时间不少于《公路桥涵施工技术规范》(JTG/T 3650—2020)规定的时间。

当日平均气温低于 5 ℃ 或日最低气温低于 −3 ℃ 时,应按冬期施工要求进行养护。

(2) 拆除模板和落架。

当混凝土强度达到设计强度的 25% 以后,可拆除侧面模板;达到设计强度的 50% 后,可拆除跨径 3 cm 以内的桥梁的模板;达到在桥跨结构净重作用下所必需的强度且不小于设计强度的 70% 以后,可拆除各种梁的模板。

梁体的落架程序应从梁挠度最大处的支架节点开始,逐步卸落相邻两侧的节点,并要求对称、均匀、有顺序地进行;同时,要求各节点应分多次进行卸落,以使梁的沉落曲线逐步加大到梁的挠度曲线。通常简支梁桥和连续梁桥可从跨中向两端进行,悬臂梁桥则应先卸落挂梁及悬臂部分,然后卸落锚跨部分。

13.1.2 装配式简支梁的运输、安装和连接

1. 装配式简支梁的运输

1) 对构件混凝土强度的要求

装配式预制构件在移运、堆放时,混凝土的强度应不低于设计对吊装所要求的强度,并且不宜低于设计强度标准值的 75%。对于预应力混凝土构件,其孔道水泥浆的强度应不低于设计要求。如无设计规定,应不低于 30 MPa。

2) 构件移运前的准备工作

(1) 构件拆模后应检查外形实际尺寸,伸出钢筋、吊环和各种预埋件的位置及构件混凝土的质量。如构件尺寸误差超过允许限度,伸出钢筋、吊环的预埋件位置误差超过规定,或混凝土有裂缝、蜂窝、露筋、毛刺、鼓面、掉角、榫槽等缺陷,

应修补、处理,务必使构件形状正确、表面平整,确保安装时不致产生困难。

(2)尖角、凸出或细长构件在移运、堆放时,应用木板或相应的支架保护。

(3)安装时须测量高程的构件,在移运前应定好标尺。

(4)分段预制的组拼构件应注上号码。

3)吊移工具的选择

构件预制场内的吊移工具设备可视构件尺寸、质量和设备条件,采用 A 形小车、平板车、扒杆、龙门架、拖履(走板)、滚杠、聚四氟乙烯滑板、汽车吊、履带吊等工具设备,其构造、计算方法、竖立方法及使用注意事项,可参阅相关规定。

4)吊运时的注意事项

(1)构件移运时的起吊点位置,应按设计的规定布置。如设计无规定,对上、下面有相同配筋的等截面直杆构件的吊点位置,一点吊可设在离端头 0.293L 处,两点吊可设在离端头 0.207L 处(L 为构件长度)。其他配筋形式的构件,应根据计算决定。

(2)构件的吊环应顺直,如发现弯扭必须校正,使吊钩能顺利套入。吊绳交角大于 60°时,必须设置吊架或扁担,使吊环垂直受力,以防吊环折断或破坏吊环周边混凝土。如用钢丝绳捆绑起吊,应用木板、麻袋等垫衬,以保护混凝土的棱角和钢丝绳。

(3)板、梁、柱构件移运和堆放时的支撑位置,应与吊点位置一致,并应支撑牢固。

起吊及堆放板式构件时,注意不得将上、下面吊错,以免折断。

用千斤顶顶起构件时,必须用木垛保险。构件运输时应有特制的固定支架,构件应按受力方向竖立或稍倾斜放置,注意防止倾覆。如平放,两端吊点位置必须设置垫方木,以免产生正、负弯矩,超过设计要求而断裂。

(4)使用平板拖车或超长拖车运输大型构件时,车长应能满足支撑点间距要求。构件装车时须平衡放正,使车辆承重对称、均匀。构件支点下即相邻两构件间,须垫上麻袋或草帘,以免损坏车辆和构件相互碰撞。为适应车辆在途中转弯,支点处须设活动转盘,以免扭伤混凝土。

构件装上平板拖车的垫木上后,与构件中部设一立柱,用钢丝绳穿过两端吊环,中间搁在立柱上,并以花篮螺丝将钢丝绳收紧,这样构件在运输途中不会产生负弯矩。为防止构件倾倒或滑移,还应另外采取固定措施。

5)成垛堆放装配式构件时的注意事项

(1)堆放构件的场地应平整、压实,不能积水。

(2) 构件应按吊运及安装次序顺号堆放,并注意在相邻两构件之间留出适应通道。

(3) 堆放构件时,应按构件刚度及受力情况平放或竖放,并保持稳定。小型构件堆放,应以其刚度较大的方向作为竖直方向。

(4) 构件堆垛时应设置在垫木上,吊环应向上,标志应向外。构件混凝土养护期未满的,应继续洒水养护。

(5) 水平分层堆放构件时,其堆垛高度按构件强度、地基承压力、垫木强度以及堆垛的稳定性而定。一般大型构件以 2 层为宜,不宜超过 3 层;板、桩和盖梁,不宜多于 6 层。

(6) 堆放构件须在吊点处设垫木,层与层之间应以垫木隔开,多层垫木位置应在一条垂直线上。

(7) 雨季和春季冻融期间,必须注意防止地面软化下沉,造成构件折裂损坏。

6) 移运工具设备

常用移运工具设备如下。

(1) A 型小车。

A 型小车可用木料或钢材制作,起重运输能力为 2~10 kN。A 型小车适用于小型构件的场内运输。使用方法是将车架前端抵住构件,抬高车柄使 A 字架向前倾斜,吊钩钩住构件,压下车辆,使构件离开地面并靠在 A 字架上,即可用人力推动小车行走。空车运输时,则可将车轮移至后面的轴座上。

(2) 轨道平板车。

轨道平板车应设有转盘装置,以便装上构件后能在曲线上安全运行。同时,还应设置制动装置,以便在发生意外时能制动刹车,保证安全。轨道平车的构造。

轨道平板车的临时铁路线的轨距有 1435 mm、1000 mm、750 mm 和 600 mm 多种,钢轨质量也不等,均视承载质量大小和设备条件而定。场内铁路线纵坡,宜尽量设平坡;须设纵坡时,宜控制在 2% 以内。

运输构件时以两辆平车装载构件,平车应设在构件前后吊点的下面。牵引钢丝绳挂在前面平车上,前、后平车间应用钢丝绳连接。或从整个构件的下部缠绕一周后,再引向导向滑车至绞车。这样即使构件与平车之间稍有滑动,也不致倾覆。

(3) 扒杆。

扒杆在场内主要作为出坑用,即把构件从预制的底座上吊移出来。各种扒杆的构造、计算和使用时需注意的地方,可参阅相关资料。

(4) 龙门架(龙门吊机)。

用龙门架起吊移运构件出坑,横移至预制构件运输轨道,再卸落在运输平车或汽车上,较其他设备使用方便。龙门架的构造形式有固定式和活动式两种。用于起吊预制构件出坑的龙门架,都采用活动式。这种吊机由底座、腿架和横梁、跑车组成,运行在专用轨道上,操作时分构件上、下升降,跑车横向运行,以及龙门架整体纵向运行三个方向运动,其动力可用人力或电力。

龙门架运行及构件起吊,则根据吊荷载大小选用不同起重能力的卷扬机。各种结构的龙门架的构造,可参阅相关资料。

(5) 拖履(走板)、滚杠、聚四氟乙烯滑板。

聚四氟乙烯俗称塑料王,是一种热塑料,成型品色泽洁白,半透明,有蜡状感觉。能耐高温和低温,可在-180 ℃~250 ℃范围内长期使用,有较强的化学稳定性,除融熔金属钠和液氟外,能耐其他一切化学药品,即使在高温下也不与强酸、浓碱和强氧化剂发生反应,也不为水浸湿和泡胀。制成模压板作为滑板(简称四氟板)时,其摩擦系数很低,起动阶段为 0.04,它与铸铁及钢的干摩擦和静摩擦系数也很低,而且在摩擦过程中,静摩擦和动摩擦系数很接近。它的抗压强度也很高,为 12.5~24.5 MPa,表面布氏硬度为 3.41~3.82。

由于聚四氟乙烯具有以上的特性,国内外将其用做桥梁活动支座,用于顶推法架桥或墩台上横移大梁。在构件预制场内,也可用四氟板代替走板和滚杠,作为移动构件的滑板。

(6) 汽车、轮胎式吊机和履带式吊机。

这些吊机通称运行式回转吊机。其中,汽车式吊机是把起重机构装在载重汽车底盘上,由汽车发动机供给动力,起重操纵室和行驶驾驶室是分开的,底盘两侧设有支腿,以扩大支撑点,增加稳定性。它的优点是机动性高,行驶速度快,可与汽车编队行驶,转移灵活、方便。作业时应放下支腿,一般不宜负荷行驶。它的缺点是要求较好的路面及支撑点。轮胎式吊机与汽车式吊机的区别在于:前者是装在特别的轮胎盘上的回转台上,不论起重量大小,一般全机只有一台发动机,起重和行驶在一个驾驶室内操纵,行驶速度较低,一般不超过 30 km/h,没有外伸支腿,可吊较小的荷重行驶,也要求较好路面。履带式吊机由回转台和行驶履带两部分组成。在回转台上装有起重臂、动力装置、绞车和操纵室,在其尾部装有平衡重。回转台能绕中心轴线转动360°,履带架既是行驶机构,也是起重机的支座。它的优点是起重量大,可在崎岖不平及松软、泥泞的施工场地行驶,稳定性较好;缺点是行驶速度慢,一般不超过 20 km/h,自重大,对路面有破坏作用。

2. 装配式梁桥的安装

预制梁(板)的安装是预制装配式混凝土梁桥施工中的关键性工序,应结合施工现场条件、工程规模、桥梁跨径、工期条件、架设安装的机械设备条件等具体情况,以安全可靠、经济简单和加快施工速度等为原则,合理选择架梁的方法。

对于简支梁(板)的安装设计,一般包括起吊、纵移、横移、落梁(板)就位等工序;从架设的工艺来分,有陆地架梁、浮吊架梁和利用安装导梁、塔架、缆索的高空架梁法等方法。

必须注意的是,预制梁(板)的安装既是高空作业,又须用复杂的机具设备,施工中必须确保施工人员的安全,杜绝工程事故。因此,无论采用何种施工方法,施工前均应详细、具体地研究安装方案,对各承力部分的设备和杆件进行受力分析和计算,采取周密的安全措施,严格执行操作规程,加强施工管理和安全教育,确保安全、迅速地进行架梁工作。同时,安装前应将支座安装就位。

1) 陆地架梁法

(1) 移动式支架架梁法。

此法是在架设孔的地面上,顺桥轴线方向铺设轨道,其上设置可移动支架,预制梁的前端搭在支架上,通过移动支架将梁移运到要求的位置后,再用龙门架或人字扒杆吊装;或者在桥墩上设枕木垛,用千斤顶卸下,再将梁横移就位。

利用移动支架架设,设备较简单,但可安装重型的预制梁;无动力设备时,可使用手摇卷扬机或绞盘移动支架进行架设。但不宜在桥孔下有水、地基过于松软的情况下使用,一般也不适宜桥墩过高的场合,因为这时为保证架设安全,支架必须高大,因而此种架设方法不够经济。

(2) 摆动式支架架梁法。

本法是将预制梁(板)沿路基牵引到桥台上并稍悬出一段,悬出距离根据梁的截面尺寸和配筋确定。从桥孔中心河床上悬出的梁(板)端底下设置人字扒杆或木支架。前方用牵引绞车牵引梁(板)端,此时支架随之摆动而到对岸。

为防止摆动过快,应在梁(板)的后端用制动绞车牵引制动。用摆动式支架架梁法较适宜于桥梁高跨比稍大的场合。当河中有水时,也可用此法架梁,但须在水中设一个简单小墩,以供立置木支架。

(3) 自行式吊机架梁法。

由于大型的自行式吊机的逐渐普及,且自行式吊机本身有动力、架设迅速、可缩短工期,不需要架设桥梁用的临时动力设备,不必进行任何架设设备的准备工作,也不需要如其他方法架梁时所具备的技术工种,一般中小跨径的预制梁(板)的架设安装越来越多地采用自行式吊机。自行式吊机架梁可以采用一台吊机架设、两台吊机架设、吊机和绞车配合架设等方法。

当预制梁重量不大,而吊机又有相当的起重能力,河床坚实无水或少水,允许吊机行驶、停搁时,可用一台吊机架设安装。这时,应注意钢丝绳与梁面的夹角不能太小,一般以 $45°\sim 60°$ 为宜;否则,应使用起重梁(扁担梁)。

对跨径不大的预制梁,吊机起重臂跨径 10 m 以上且起重能力超过梁重的 1.5 倍时,吊机可搁放在桥台后路基上架设安装,或先搁放在一孔已安装好的桥面上,架设安装下一孔的梁(板)。

用两台吊机架梁法是用两台自行式吊机各吊住梁(板)的一端,将梁(板)吊起并架设安装。此法应注意两吊机的互相配合。

吊机和绞车配合架梁。预梁一端用拖履、滚筒支垫,另一端用吊机吊起。前方用绞车或绞盘牵引预制梁前进。梁前进时,吊机起重臂随之转动。梁前端就位后,吊机行驶到后端。提起梁后端,取出拖履滚筒,再将梁放下就位。

(4) 跨墩或墩侧龙门架架梁法。

本法是以胶轮平板拖车、轨道平车或跨墩龙门架将预制梁运送到桥孔;然后,用跨墩龙门架或墩侧高低脚龙门架将梁吊起,再横移到梁设计位置,然后落梁就位,完成架梁工作。

搁置龙门架脚的轨道基础,要按承受最大反力时能保持安全的原则进行加固处理。河滩上如有浅水,可在水中填筑临时路堤;水稍深时可考虑修建临时便桥,在便桥上铺设轨道。并应与其他架设方法进行技术经济比较,以决定取舍。

用本法架梁的优点是架设安装速度较快,河滩无水时也较经济,而且架设时不需要特别复杂的技术工艺,作业人员较少。但龙门吊机的设备费用一般较高,尤其在高桥墩的情况下。

跨墩龙门架的架梁程序:预制梁可由轨道平车运送至桥孔,如两台龙门架吊机自行且能达到同步运行,也可利用跨墩龙门架,将梁吊着运送到桥孔,再吊起横移落梁就位。

墩侧高低脚龙门架其架设程序与跨墩龙门架基本相同。但预制梁必须用轨道平车或胶轮平车拖板运送至桥孔。一孔各片梁安装完毕后,将 1 号墩的龙门架拆除运送到 3 号墩安装使用,以后如此循环使用。为了加快预制梁吊起横移就位速度,可准备三台高低脚龙门架,设置在 1、2、3 号墩侧。待第一跨各梁安装完毕,可即安装第二跨;与此同时,将 1 号墩龙门架运送到 4 号墩安装。这种高低脚龙门架较跨墩龙门架可减少一条轨道,一条腿的高度也可降低,但增加运、拆、装龙门架的工作量,并需要多准备一台龙门架。

2) 浮运架梁法

浮运架梁法是将预制梁用各种方法移装到浮船上,并浮运到架设孔以后就位安装。采用浮运架梁法时,河流须有适当的水深,水深应根据梁重而定,一般宜大于 2 m;水位应平稳或涨落有规律,如潮汐河流;流速及风力不大;河岸能修建适宜的预制梁装卸码头;具有坚固适用的船只。浮运架梁法的优点是桥跨中无须设临时支架,可以用一套浮运设备架设安装多跨同跨径的预制梁,较为经济,且架梁时浮运设备停留在桥孔的时间很少,不影响河流通航。浮运架梁法采用以下两种方法。

(1) 移动式支架架梁法。

此法是将预制梁装船浮运至架设孔再起吊安装就位。装梁上船一般采用引道栈桥码头,用龙门架吊着预制梁上船。若装载预制梁的船本身无起吊设施,可用另外的浮吊吊装就位,或用装设在墩顶的起吊设施吊装就位。

将预制梁装载在一艘或两艘浮船中的支架枕木垛上,使梁底高度高于墩台支座顶面 0.2~0.3 m,然后,将浮船拖运至架设孔,充水入浮船。浮船吃水加深,降低梁底高度,使预制梁安装就位。在有潮汐的河流或港湾上建桥时,可利用潮汐水位的涨落来调整梁底标高,以安装就位。若潮汐的水位高差不够,可在浮船中配合排水、充水解决。因此,浮船应配备足够的水泵,以保证及时、有效地排水和充水,并且在装梁时,应进行水泵的性能试验。

预制梁较短、重量较轻时,可装载在一艘浮船上。如预制梁较长且又重,可装载在两艘浮船上或以多艘浮船连成两组使用。不论浮船多少,预制梁的支撑处不宜多于两处,并由荷载分布确定。预制梁支撑处两端伸出长度,应考虑浮船进入架设孔是否便利;同时,应考虑因两端伸出在支撑外产生的负弯矩,在浇筑梁体时适当加固,防止由负弯矩而产生的裂纹、损坏。

(2) 浮船支架拖拉架梁法。

此法是将预制梁的一端纵向拖拉滚移到岸边的浮船支架上,再用如移动式支架架梁法沿桥轴线拖拉浮船至对岸,预制梁也相应拖拉至对岸。当梁前端抵达安装位置后,用龙门架或人字扒杆安装就位。

预制梁装船的方法,应根据梁的长度、重量、河岸的情况,选用不同的方法。对于河边有垂直驳岸、预制梁不太长又不太重时,可采用大起重量、大伸幅的轮胎式或履带式吊机将梁从岸上吊装到浮船上,或用大起重量、大伸幅的浮吊将梁从岸上吊装到浮船上。必须建栈桥码头时,可用栈桥码头将预制梁纵向拖拉上船。也可用栈桥码头横移预制梁上船,但此时必须与河岸垂直修建两座栈桥,其间距等于预制梁的长度。

用栈桥码头纵向拖拉将梁装船,栈桥码头必须与河岸垂直。栈桥上铺设轨道,轨道一端接梁预制场轨道,另一端接浮船支架上轨道。栈桥码头宜设在桥位下游,因为向上游牵引浮船比向下游要稳当些。栈桥的高度、长度,应根据河岸与水位的高差、水下河床深度、浮船最大吃水深度、浮船支架高度等因素确定。

在预制梁被拖拉上第一艘浮船的过程中,随着梁移出栈桥端排架的长度增加,浮船所支撑的梁重也逐渐增加。为了维持梁处于水平位置,就必须在与梁向前拖拉的同时,不断地将浮船中先充入的压舱水相应排出,以逐渐增加浮船的浮力,使浮船在载重逐渐增加时,浮船的吃水深度保持不变。因此,水泵的能力和排水速度,应根据梁的重量和拖移的速度来决定。浮船可用缆索和绞车拉动,或拖船牵引至架设孔。

用栈桥码头横移梁上船。预制梁经过栈桥横向移运到两个龙门吊机之间后,就可用卷扬机将梁提升起来;然后,将两艘浮船连系的浮船支架拖入,再将梁落放在浮船支架上。浮船中线宜与预制梁中线相垂直。

当栈桥排架较高,浮船支架高度稍低于栈桥上梁底高度时,可不必用卷扬机或龙门架提升预制梁,而采用先将浮船充水,增加吃水深度。待浮船拖到梁下的预定位置后,再用水泵将浮船中压舱水排出,使浮船升高,将梁托起在支架上。但完全靠充水、排水来升降浮船支架高度比较费时,可与千斤顶联合使用。但在浮船支架拖运途中,必须撤除千斤顶,以免梁发生翻倒现象。

3) 高空架梁法

(1) 联合架桥机架梁(蝴蝶架架梁法)。

此法适用于架设安装 30 m 以下的多孔桥梁,其优点是完全不设桥下支架,不受水深流急影响,架设过程中不影响桥下通航、通车。预制梁的纵移、起吊、横移、就位都较方便。缺点是架设设备用钢量较多,但可周转使用。

联合架桥机由两套门式吊机、一个托架(即蝴蝶架)、一根两跨长的钢导梁三部分组成。钢导梁由贝雷装配,梁顶面铺设运梁平车和托架行走的轨道,由门式吊机和工字梁组成,并在上下翼缘处及接头的地方,用钢板加固。门式吊机顶横梁上设有吊梁用的行走小车。为了不影响架梁的净空位置,其立柱做成拐脚式(俗称拐脚龙门架)。门式吊机的横梁标高,由两根预制梁叠起的高度加平车及起吊设备高度确定。蝴蝶架是专门用来托运门式吊机转移的,它由角钢组成。整个蝴蝶架放在平车上,可沿导梁顶面轨道行走。

联合架桥机架梁顺序如下。

①在桥头拼装钢导梁,梁顶铺设钢轨,并用绞车纵向拖拉导梁就位。

②拼装蝴蝶架和门式吊机,用蝴蝶架将两个门式吊机移运至架梁孔的桥墩(台)上。

③由平车轨道运送预制梁至架梁孔位,将导梁两侧可以安装的预制梁用两个门式吊机起吊,横移并落梁就位。

④将导梁所占位置的预制梁临时安放在已架设好的梁上。

⑤用绞车纵向拖拉导梁至下一孔后,将临时安放的梁用门式吊机架设就位,完成一孔梁的架设工作,并用电焊将各梁连接起来。

⑥在已架设的梁上铺接钢轨,再用蝴蝶架顺序将两个门式吊机托起并运至前一孔的桥墩上。

如此反复,直至将各孔梁全部架设好为止。

（2）双导梁穿行式架梁法。

本法是在架设孔间设置两组导梁,导梁上安设配有悬吊预制梁设备的轨道平车和起重行车或移动式龙门吊机,将预制梁在双导梁内吊着运到规定位置后,再落梁、横移就位。横移时,一种方法是将两组导梁吊着预制梁整体横移;另一种方法是导梁设在桥面宽度以外,预制梁在龙门吊机上横移,导梁不横移,这比第一种横移方法安全。

双导梁穿行式架梁法的优点与联合架桥机法相同,适用于墩高、水深的情况下架设多孔中小跨径的装配式梁桥,但不需蝴蝶架,而配备双组导梁,故架设跨径可较大,吊装的预制梁可较重。

两组分离布置的导梁,可用公路装配式钢桥桁节、万能杆件设备或其他特制的钢桁节拼装而成。两组导梁内侧净距应大于待安装的预制梁宽度。导梁顶面铺设轨道,供起重行车吊梁行走。导梁设三个支点,前端可伸缩的支撑设在架桥孔前方墩桥上。

两根型钢组成的起重横梁,支撑在能沿导梁顶面轨道行走的平车上,横梁上设有带复式滑车的起重行车。行车上的挂链滑车,供吊装预制梁用。其架设顺序如下。

①在桥头路堤上拼装导梁和行车,并将拼装好的导梁用绞车纵向拖拉就位,使可伸缩支脚支承在架梁孔的前墩上。

②先用纵向滚移法把预制梁运到两导梁间,当梁前端进入前行车的吊点下面时,将预制梁前端稍稍吊起,前方起重横梁吊起,继续运梁前进至安装位置后,固定起重横梁。

③用横梁上的起重行车将梁落在横向滚移设备上,并用斜撑柱以防倾倒;然后,在墩顶横移落梁就位(除一片中梁处)。

④用以上步骤并直接用起重行车架设中梁。

如用龙门吊机吊着预制梁横移,其方法同联合架桥机架梁。此法预制梁的安装顺序是先安装两个边梁,再安装中间各梁。全孔各梁安装完毕并符合要求后,将各梁横向焊接联系;然后,在梁顶铺设移运导梁的轨道,将导梁推向前进,安装下一孔。

重复上述工序,直至全桥架梁完毕。

(3) 自行式吊车桥上架梁法。

在预制梁跨经不大,重量较轻且梁能运抵桥头引道上时,可直接用自行式伸臂吊车(汽车吊或履带吊)来架梁。但是,对于架桥孔的主梁,当横向尚未连成整体时,必须核算吊车通行和架梁工作时的承载能力。此种架梁方法简单、方便,几乎不需要任何辅助设备。

(4) 扒杆纵向"钓鱼"架梁法。

此法是用立在安装孔墩台上的两副人字扒杆,配合运梁设备,以绞车互相牵吊,在梁下无支架、导梁支托的情况下,把梁悬空吊过桥孔,再横移落梁、就位安装的架梁法。

用此法架梁时,必须以预制梁的重量和墩台间跨径为基础,在竖立扒杆、放倒扒杆、转移扒杆或架梁或吊着梁进行横移等各个工作阶段,对扒杆、牵引绳、控制绳、卷扬机、锚碇和其他附属零件进行受力分析和应力计算,以确保设备的安全。还须对各阶段的操作安全性进行检查。

本法不受架设孔墩台高度和桥孔下地基、河流水文等条件影响,不需要导梁、龙门吊机等重型吊装设备而可架设 40 m 以下跨径的桥梁,扒杆的安装移动简单,梁在吊着状态时横移容易,且也较安全,故总的架设速度快。但本法需要技术熟练的起重工,且不宜用于不能设置缆索锚碇和梁上方有障碍物处。

3. 装配式混凝土梁(板)的横向连接

装配式钢筋混凝土和预应力混凝土简支梁(板)的施工工序:装配式梁(板)等构件预制→构件移运堆放→运输→预制梁(板)架设安装→横向连接施工→桥面系施工。

装配式混凝土简支梁(板)桥横向一般由多片主梁(板)组成。为了使多片装配式主梁(板)能连成整体,共同承受桥上荷载,必须使多片主梁(板)间有横向连接,并且有足够的强度。

1) 装配式混凝土板桥的横向连接

装配式板桥的横向连接常用企口混凝土铰接和钢板连接等形式。板与板之间的连接应牢固、可靠,在各种荷载作用下不松动、不解体,以保证各预制装配式板通过企口混凝土铰接缝或焊接钢板连接成整体,共同承受车辆荷载。

(1) 企口混凝土铰接缝。

企口混凝土铰接缝是在板预制时,在板两侧(边板为一侧)按设计要求预留各种形状的企口(如棱形、漏斗形、圆形等)。预制板安装就位后,在相邻板间的企口中浇筑纵缝混凝土,铰接缝混凝土应采用 C30 以上细骨料混凝土,施工时注意插捣密实。实践证明,这种纯混凝土铰已能保证传递竖向剪力,使各预制板共同参与受力。有的还从预制板中伸出钢筋,相互绑扎后填塞铰接缝混凝土,并浇筑在桥面铺装混凝土中。

(2) 焊接钢板连接。

由于企口混凝土铰接需要现场浇筑混凝土,并须待混凝土达到设计强度后才能作为整体板桥承受荷载。为了加快施工进度,可以采用焊接钢板的横向连接形式。

板预制时,在板两侧相隔一定距离处预埋钢板,待预制板安装就位后,用一块钢板焊在相邻两块预埋钢板上,形成铰接构造。焊接钢板的连接构造沿纵向中距通常为 0.8～1.5 m,在桥跨中间部分布置密集,向两端支点逐渐变疏。

2) 装配式混凝土简支梁桥的横向连接

预制装配式混凝土简支梁桥,待各预制梁在墩台安装就位后,必须进行横向连接施工,把各片主梁连成整体梁桥,才能作为整体桥梁,共同承担恒载和动载。实践证明,横向连接刚度越大,各主梁共同受力性能越好,因此,必须重视横向连接施工。装配式简支梁桥的横向连接,可分成横隔梁的横向连接和翼缘板的横向连接两种情况。

(1) 横隔梁的横向连接。

通常在设有横隔梁的简支梁桥中,均通过横隔梁的接头把所有主梁连接成整体。接头要有足够的强度,以保证结构的整体性,并确保在桥梁运营过程中接头不致因荷载反复作用和冲击作用而发生松动。横隔梁接头通常有扣环式接头、焊接钢板接头和螺栓接头等形式。

①扣环式接头。扣环式接头是在梁预制时,在横隔梁接头处伸出钢筋扣环(按设计计算要求布置),待梁安装就位后,在相邻构件的扣环两侧安装上腰圆形的接头扣环,再在形成的圆环内插入短分布筋后现浇混凝土封闭接缝,接缝宽度为 0.2~0.6 m,通过接缝混凝土将各主梁连成整体。

随着装配式混凝土梁主梁间距的加大,为了缩减预制梁的外形尺寸和吊装重量,T 形梁的翼缘板和横隔梁都采用这种扣环式横向连接形式,以达到既经济、施工吊运又较简单的目的。

②焊接钢板接头。在预制 T 形梁横隔接头处下端两侧和顶部的翼缘内预埋接头钢板应焊在横梁主筋上。当 T 形梁安装就位后,在横隔的预埋钢板上再加焊盖接钢板,将相邻 T 形梁连接起来,并在接缝处灌注水泥浆封闭。

这种接头强度可靠,焊接后立即能承受荷载,但现场要有焊接设备,而且有时须在桥下仰焊,施工较困难。

③螺栓接头。为简化接头的现场施工,可采用螺栓接头。预埋钢板同焊接钢板接头,钢盖板不是用电焊,而是用螺栓与预埋钢板连接起来,然后用水泥砂浆封闭。为此,钢板上要预留螺栓孔。这种接头不需要特殊机具,施工迅速,但在运营中螺栓易松动,挠度较大。

(2) 翼缘板的横向连接。

以往具有横隔梁的装配式 T 形梁桥中,主梁间通过横梁连成整体,T 形梁翼缘板之间不连接,翼缘板是作为自由悬臂处理的。目前,为改善翼缘板的受力状态,翼缘板之间也进行横向连接。另外,无横隔梁的装配式 T 形梁桥,主梁通过相邻翼缘板之间的横向连接连成整体梁桥。

翼缘板之间通常做成企口铰接式的连接。由主梁翼缘板内伸出连接钢筋,横向连接施工时,将此钢筋交叉弯制,并在接缝处再安放局部的钢筋网;然后,浇筑桥面混凝土铺装层。也可将主梁翼缘板内的顶层钢筋伸出,连接施工时将它弯转并套在一根纵向通长的钢筋上,形成纵向铰;然后,浇筑桥面铺装混凝土。接缝处的桥面铺装层内应安放单层钢筋网,计算时不考虑铺装层受力。这种连接构造由于连接钢筋较多,给施工增加了一些困难。

3)装配式混凝土梁(板)桥横向连接施工注意事项

横向连接施工是将单个预制梁(板)连成整体,使其共同受力的关键施工工序。施工时必须保证质量,并应注意以下几点。

(1)相邻主梁(或板)间连接处的缺口,填充前应清理干净,接头处应润湿。

(2)填充的混凝土和水泥浆应特别注意质量。在寒冷季节,要防止较薄的接缝或小截面连接处填料热量的损失,这时应采取保温和蒸汽养护等措施,以保证填料硬化。在炎热天气,要防止填料干燥太快,黏固不牢,以致开裂。若接缝处很薄(约 5 mm),可用灰浆或灌入纯水泥浆。

(3)横向连接处有预应力筋穿过时,接头施工时应保证现浇混凝土不致压扁或损坏力筋套管。套管的内冲洗,应在接头混凝土浇筑后进行。

(4)钢材及其他金属连接件,在预埋或使用前应采取防腐措施,如刷油漆或涂料等。也可用耐腐蚀材料制造预埋连接件。焊接时,应检查所用钢筋的可焊性,并应由熟练焊工施焊。

13.1.3 预应力混凝土简支梁桥的施工技术

1. 施加预应力的方法

施加预应力一般是靠张拉在混凝土中配置的高强度钢筋来实现的。目前,在桥梁工程中常用的方法有先张法和后张法两种。

2. 先张法施工

先张法生产工序少、效率高,适宜工厂化大批量生产。张拉钢筋时,只需夹具,不需锚具,预应力钢筋自锚于混凝土之中。但先张法需要专门的张拉台座,构件中钢筋一般只能采用直线配筋,施加的应力较小,一般只适合于制作跨径在 25 m 内的中小跨径梁(板)。

1)张拉台座

张拉台座是先张法生产的主要设备之一,它承受预应力筋的全部张拉力,因此,须有足够的强度、刚度和稳定性。台座按构造形式分为墩式和槽式两类。

(1)墩式台座。

墩式台座是靠自重和土压力来平衡张拉力所产生的倾覆力矩,并靠土的反力和摩擦力来抵抗水平位移。其适用于地质条件良好、张拉线较长的状况,由台面、承力架、横梁和定位钢板等组成。

台面是制作构件的底模,要求平整、光滑。一般采用在夯实平整的土基上浇一层 5~8 cm 的 C15~C20 素混凝土,并每隔 10~20 m 留伸缩缝,且沿长度方向有 0.3% 的坡度,以利于排水。

承力架也叫传力墩,它要承受全部的张拉力,须保证变形小、经济、安全和操作方便,可因地制宜。横梁是将预应力筋张拉力传给承力架的构件,常用型钢设计制成,应保证其刚度和稳定性,避免受力后产生变形和挠曲。定位钢板用来固定预应力筋的位置,其圆孔位置按梁体预应力筋的设计位置确定,孔径比预应力筋大 2~5 mm,以便穿筋。

(2) 槽式台座。

当现场地质条件较差、台座又不很长时,可采用由台面、传力柱、横梁、横系梁等组成的槽式台座。传力柱和横系梁一般用钢筋混凝土做成,其他部分与墩式台座的相同。槽式台座与墩式台座不同之处在于,预应力筋张拉力由传力柱承受而得到平衡。

2) 预应力筋的张拉

(1) 张拉前的准备工作。

张拉前应先在端横梁上安装并检查定位钢板,其孔位和孔径应符合设计要求;然后,将定位钢板固定在横梁上。安装定位板时,要保证最下层和最外侧预应力筋的混凝土保护层尺寸。进而在台座上安装预应力筋,将其穿过端横梁和定位板后,用锚具固定在板上,沿台面每隔一定距离放置钢筋头,垫起预应力钢筋。对于长线台座,预应力筋或者预应力筋与拉杆、拉索的连接,必须先用连接器串联后才能张拉。

(2) 张拉工艺。

先张法张拉预应力筋,分单根张拉和多根整批张拉,单向张拉和双向张拉。单根张拉设备比较简单,吨位要求小,但张拉速度慢。为避免台座承受过大的偏心力,应先张拉靠近台座截面重心处的预应力筋,然后向两侧对称张拉。多根同时张拉,需 1 个或 2 个大吨位千斤顶,张拉速度快,但控制要求较高,要保证每根钢筋的初始长度一致,活动横梁与固定横梁保持平行。如遇钢筋的伸长值大于千斤顶油缸最大工作行程,可采用重复张拉的办法解决。

(3) 一般操作。

① 调整预应力筋长度。

采用螺栓杆锚具拧动端头螺母,调整预应力筋长度,使每根预应力筋受力均匀。

②初始张拉。

初始张拉一般施加10%的张拉应力,将预应力筋拉直,锚固端和连接器处拉紧。在预应力筋上选定适当的位置刻画标记,作为测量延伸量的基点。

③正式张拉。

a. 一端固定,一端单根张拉。张拉顺序由中间向两侧对称进行,如横梁、承力架受力安全,也可从一侧进行。单根预应力筋张拉,吨位不可一次拉至超张拉应力。

b. 一端固定,一端多根张拉,千斤顶必须同步顶进。保持横梁平行移动,预应力筋均匀受力,分级加载,拉至超张拉应力。

c. 一端单根张拉,一端多根张拉。先张拉单根预应力筋,由延伸量和油表压力读数又控制施加30%～40%的张拉力;同时,使预应力筋受力均匀,先顶锚锚固一端,再张拉多根预应力筋至超张拉应力。

④持荷。

按预应力筋的类型选定持荷时间2～5 min,使预应力筋完成部分徐变,完成量为全部量的20%～25%,以减少钢丝锚固后的应力损失。

⑤锚固。

补足或放松预应力筋的拉力至控制应力。测量、记录预应力筋的延伸量,并核对实测值与理论计算值,其误差应在±6%范围内;如不符合规定,则应找出原因及时处理。张拉满足要求后,锚固预应力筋,千斤顶回油至零。

3) 预应力筋的放松

当混凝土强度达到设计规定的放松强度后(若设计无规定,一般应不小于设计强度的70%),可放松受拉的预应力筋,然后再切割端部的预应力筋。常用的放松方法有以下几种。

(1) 螺杆放松。

放松时只要将螺母反向拧动即可,此法一般用于放松用螺丝端杆或工具式张拉螺杆固定的预应力筋。

(2) 千斤顶放松。

在台座固定端的承力架与横梁之间,张拉之前预先安放千斤顶。放松时,两个千斤顶同时回程,使拉紧的预应力筋徐徐回缩,张拉力被放松。

(3) 砂箱放松。

用砂箱代替千斤顶。使用时从进砂口灌满烘干的砂子,加上压力打紧。放松时,打开出砂口,砂子慢慢流出,预应力筋徐徐回缩,张拉力被放松。

钢筋放松后,可用氧炔焰切割,但应防止烧坏钢筋端部。钢丝放松后,可用割断、锯断或剪断的方法切断。切割后的外露端应用砂浆封闭,以防生锈。

4）安全技术和注意事项

（1）安全技术。

①张拉前要对张拉设备、锚具做认真检查。张拉时要有统一指挥,按操作程序施工。

②使用千斤顶时不准超载,张拉时,台座两端不得站人,操作人员应站在放在台座侧面的油泵外侧进行工作。

③钢筋拉到张拉力后,要停 2～3 min,待稳定后再锚固。

④台座两端应有防护措施。张拉时沿台座长度方向,每隔 4～5 m 应放一防护架。

（2）注意事项。

①当多根钢筋同时张拉时,必须先调整初应力,确保应力一致。

②预应力筋张拉完毕后,位置偏差不得大于 5 mm,亦不得大于构件截面最短边长的 4%。

③用三横梁、四横梁整批张拉时,千斤顶应对称布置,防止活动横梁倾斜。

④张拉时,张拉方向与预应力钢材在一条直线上。

⑤顶紧锚塞时,用力不要过猛,以防钢丝折断;在拧紧螺母时,应注意压力表读数始终保持在控制张拉力上。

3. 后张法施工

后张法的张拉设备简单。不需要专门台座,便于在现场施工,预应力筋可布置成直线和曲线,施加的力较大,适合预制大型构件。后张法是一种极有效的拼装手段,在大跨度桥梁施工中广泛应用。但需要大量锚具且不能重复使用,施工工序多,工艺复杂。

后张法制作预应力混凝土构件,常采用抽拔芯管成型孔道。

1）张拉前准备

张拉前,需要完成梁内预留孔道、制索、制锚、穿索和张拉机具的准备工作。

（1）预留孔道工艺。

预留孔道是后张构件制作的特殊工序,孔道的形状、尺寸和质量对后张构件的质量有直接影响,其预留孔道主要有直线和曲线两种形式。

①制孔的方法。

a. 埋设管道法。埋设管道法主要用于曲线管孔的制作。一般采用薄铁皮管和铝合金波纹管。它在梁体制成后留在梁内,使用后不能回收,成本高,金属材料耗用量大。

b. 抽芯管法。抽芯管法主要用于直线管孔制作,是预先将其安放在预应力筋的设计位置上,待混凝土终凝后将它拔出。构件内即具有孔道,它能周转使用,应用较广。抽拔式制孔器有橡胶、金属伸缩和钢管三种形式。抽拔制孔器的时间,与预制所处环境的气温有关,必须严格掌握;否则,将会出现塌孔或拔不出的情况。一般以混凝土抗压强度达到 0.4~0.8 MPa 时为宜。

抽拔制孔器的顺序宜先上后下,先曲后直,分层浇筑的混凝土应根据各层凝固情况确定抽拔顺序。芯管采用橡胶管或钢管时,可用机械抽拔。抽拔时施拉方向应和管道轴线重合,胶管先抽出芯棒,再抽胶管,抽出后清洗干净,卷盘存放。

②制孔器和通孔器制孔器可采用橡胶管、无缝钢管、铁皮管、金属伸缩套管、金属波纹管。几种常见的制孔器简介如下。

a. 橡胶管。此法应用较普遍。常见的胶管有:外径 48 mm±2 mm、内径 26 mm 的六层布筋橡胶管;外径 51 mm、内径 21 mm 的纯橡胶管等。一般胶管抗拉力约 5 kN,在拉力作用下管道径向收缩不小于 2 mm,取消拉力后残余变形小,有良好的挠曲性和耐磨性。它不仅适用于直线孔,也能用于曲线孔中。制孔时,胶管位置靠定位架固定,定位架间距为 40~60 cm,沿箍筋间隔设置,曲线孔道适当加密。为增加胶管的刚性和防止浇筑混凝土过程中胶管挠曲离开设计位置及局部变形,应在橡胶管内置一圆钢筋或钢丝束(称芯棒),芯棒直径应较胶管内径小 8~10 mm,长度较胶管长 1~2 m,以便先抽拔芯棒。对于曲线束的孔道,宜由两端胶管在跨中对接,对接接头处套一段长为 0.3~0.5 m 的铁皮管,也可用塑料布包裹后并用铁丝绑扎。接头要牢固、严密,以防浇筑混凝土时脱节和漏浆,胶管从梁的两端抽拔,铁皮管则留在架内。

为易于胶管拔出,也有采用胶管内充气、充水的方法,充气后胶管径向扩张 3~5 mm。通常需气压 0.7~0.8 MPa,混凝土初凝后、终凝前即可放气,使胶管收缩抽出。

b. 无缝钢管。无缝钢管用于直线孔道制孔。钢管要求平直,表面应光滑,焊接接头处应仔细清理干净,保持平顺,过长孔道的中间活动接头,可用白铁管套接,钢管架立间距以钢管无下垂为度,活动接头处至少要架立两点,使白铁套管不受力。结构混凝土浇筑完成后,应定时转动钢管,防止钢管与混凝土黏结,钢管长度以混凝土浇筑后能使钢管转动为宜,钢管预埋前应除锈、刷油。

c. 铁皮管。预埋在孔道内成为孔道一部分,常用 0.5~0.75 mm 厚黑铁皮卷制而成。为防止漏浆,纵向采用咬口接缝,并与节之间采用套接,大头直径放大 2 mm。接头间用氧焊焊接。曲线管道在木模上压制成型。为便于穿过预应力钢束,各管节均按同向套接。为防止咬口处漏浆,可涂热沥青一道。铁皮管架设应符合孔道形状,绑扎在钢筋骨架上要牢固,防止平移或上浮。预埋铁皮管成孔方法需要大量铁皮,故多用于抽拔胶管有困难的梁体上或管道十分密集的部位,以防互相串浆。

d. 金属伸缩套管。主要由铝锌合金等制作而成,为防止漏浆,增加套管可靠度,伸缩套层数至少两层。操作时,将伸缩套管穿入定位架或孔道筋位置后,将套管孔径扩大到预留孔径,使其与孔道筋绑牢,接头处可用铁皮管处理。

e. 金属波纹管。金属波纹管一般是用厚 0.3~0.6 mm 的镀锌钢带,由制管机卷制而成,管分为"通用段"和"连用段"。钢带的厚度根据管径而定,管表面有螺旋状的凸肋,既增加了管的刚性,又可在接头处旋入直径稍大的连接管段。成型后的管沿纵向和径向具有一定的刚度,沿长度又有较好的柔性,而且便于排布各种曲线孔道,故称为半刚性管。管的直径通常以 25 mm 为起点,按 5 mm 的模数递增直到 130 mm。在需要接长时,两段管之间旋入一段长约 40 mm 的连接管段作为搭接头,在接缝处缠绕塑料胶带密封,以防漏浆。"连接段"与"通用段"两种管的形状相同,"连接段"仅直径增大 3~5 mm。

金属波纹管的连接。用金属波纹管做孔道预埋管,可提高孔道位置的准确度和防止孔道间掉浆。通孔器是检查制孔质量的仪器,用圆钢制作,长 100~120 mm,中间一段呈圆柱形,直径比预应力筋孔道小 4~7 mm,两端为截头圆锥形,并各钻一小孔,通过小孔来固定牵引钢丝。

③制孔器的安装。

安装制孔器时,可先将其沿梁体长度方向顺序穿越各定位钢筋的"井"字网眼,然后,在梁中部安装好接头,最后穿入钢筋芯棒。"井"字定位钢筋的位置,可依预应力筋坐标图来确定,其间距一般为 0.4~0.6 m,曲线管道应适当加密。接头布置在跨中附近,但不同孔道接头不宜在同一断面上(同一断面是指顺制孔器长度方向为 1 m 的范围内)。

④压浆孔及排气孔的预留。

除锚具上已设置外,无论何种管道或孔道,均须设置压浆孔及排气孔。一般排气孔应设在孔道最高位置,压浆孔直径不小于 20~25 mm,排气孔直径为 8~10 mm,可用木塞或钢筋头顶紧预留,混凝土初凝后拔出。螺丝端杆、锥形螺杆锚具的垫板上有槽口,只留灌浆孔,可不留排气孔,锥形锚具、JM 锚具在锚塞正中留有小孔,能灌浆及排气,不需留灌浆孔和排气孔。

(2) 孔道检查。

制孔后,应用通孔器检查;若发现孔道堵塞,应清除孔道内的杂物,为力筋穿孔创造条件。检查时,一般用大小不一的两种直径通孔器(相差 10 mm 左右),先用大直径的试通,若通不过,再用小直径的试通,用芯棒检查堵孔位置并做标记。对仅能通过小直径的孔道,可采取用螺纹钢筋在孔内通捣(或来回拉孔);对不通的孔,查明原因后,分别采取措施;若是由于断胶管、水泥浆或铁皮头堵塞,则可在芯棒上焊制钢钩将其钩出或用力将其导通;若是金属伸缩套管或其他接头因拉断残留在孔中等原因,堵塞严重,则应标出准确位置,从侧面凿开取出,疏通孔道,重设制孔器,修补缺口。

(3) 穿束。

穿束前应全面检查锚垫板和孔道,锚垫板应位置正确;若锚垫板移位,造成垫板平面和孔道中轴线不垂直,应用楔形垫板加以纠正;孔道内应畅通,无水分和杂物,孔道应完整无缺。制好的钢丝束应检查其绑扎是否牢固、端头有无弯折现象;钢丝束按长度和孔位编号,穿束时核对长度,对号穿入孔道。穿束工作一般采用人工直接穿束,较长的预应力筋可借助一根长钢丝作为引线,用卷扬机进行穿束。

2) 预应力筋的张拉

(1) 张拉原则。

①对曲线预应力筋或长度大于等于 25 m 的直线预应力筋,宜在构件两端同时张拉。如设备不足,可先在一端张拉,补足预应力值。

②为避免张拉时构件截面呈过大的偏心受压状态,应分批、分段对称张拉。先张拉靠近截面重心处的预应力筋,再张拉截面重心较远处的预应力筋。

(2) 张拉程序。

张拉程序与预应力钢材的类别和锚具的形式有关,各种张拉程序可按具体规定进行。

(3) 张拉前的准备工作。

张拉前,应检验构件的外观和尺寸,构件端部预埋铁板与锚具和垫板接触处的焊渣、毛刺、混凝土残渣应清除干净。混凝土强度应不低于设计强度的70%。穿筋前,螺丝端杆的丝扣部分要用水泥袋或破布缠绕两三层,并用细铁丝扎牢或用套筒保护,防止损伤螺口。钢丝束、钢绞线束、钢筋束等穿束时,将一端打齐,顺序编号并套上穿束器。穿束器的引线穿束时,将一端打齐,顺序编号并套上穿束器,将穿束器的引线穿过孔道,然后向前拉动,直至两端均露出所需长度为止。

(4) 操作方法。

预应力筋张拉操作方法与配用的锚具及千斤顶的类型有关,现介绍两种常见的操作示例。

① 钢绞线束、钢筋束配 JMI2 型穿心式千斤顶的张拉操作步骤和方法。

a. 穿束前,先将 JMI2 型锚具圆锚环用电焊固定在构件预埋铁板上。锚具的位置应与孔道中心对正,焊接时可用木塞固定其位置,以保证位置准确。对曲线孔道,当端头面与孔道中心线不垂直时,可在锚环下另加斜垫板调整准确。

b. 穿束时,将每一束内的各根钢材顺序编号,在构件两端对号检查,防止其在孔内交叉、扭结。

c. 将清洗过的夹片,按原来在锚具中的片位号依次嵌入预应力钢材之间。此时,注意当预应力钢材为螺纹钢筋时,应将其两条纵肋放在两夹片的空隙间,不可将其夹在夹片中;否则,容易造成钢筋滑动。夹片嵌入后,随即用手轻轻敲击,将其夹紧预应力钢筋,但夹片外漏长度应整齐一致。

d. 安装千斤顶。将预应力钢筋束穿入千斤顶,锚环对中,并将张拉油缸先伸出 2~4 cm,再在千斤顶尾部安上垫板及工具锚,将预应力钢材夹紧。为便于松开销片,工具锚环内壁可涂少量润滑油。

e. 使顶压油缸处于回油状态,向张拉油缸供油,开始张拉。同时,注意工具锚和固定端的工作锚,使夹片保持整齐(一般差 3 mm 时影响不大);张拉至初应力,做好标记,作为测量伸长值的起点。

f. 按规定程序张拉至规定吨位或换算的油压值,并测量预应力钢材的伸长值,以校核应力。

g. 在保持张拉油缸调压阀阀口开度不变的情况下,向顶压缸供油,直至需要的顶压力。在顶压过程中,如张拉油缸升压超过最大张拉力规定,应使张拉油缸适当降压。

h. 在保持继续向顶压油缸供油的情况下,使张拉油缸缓缓回油,完成油缸回油动作。

i. 打开顶压阀的回油缸,油泵停车,千斤顶借助其内部回程弹簧作用,顶压活塞自动回程,张拉锚固结束。

② 钢丝束配用钢质锥形锚具,锥锚式千斤顶的张拉操作步骤和方法。

a. 张拉前的准备工作。先把锚环套在钢丝束外面,锚塞放在钢丝束中央,并将钢丝均匀分布在锚塞周围,用手锤轻敲锚塞;装上对中套,千斤顶就位,将钢丝按顺序嵌入千斤顶的分丝盘槽沟和卡环槽口内,再用楔块卡住;然后,调整千斤顶的位置,使管道、锚圈、千斤顶处在一条轴线上。轻敲楔块,使钢丝初步固定在卡环上。

b. 初始张拉。使千斤顶大缸进油,两端同时张拉至初应力。由于钢丝在卡环上未楔紧,允许钢丝有滑移现象,从而可调整钢丝长度,使张拉过程均匀受力。滑丝停止后,打紧楔块或工具锚锚塞(用穿心千斤顶时),使钢丝牢牢地固定在卡环上或工具锚上;然后,两端同时补足张拉至初应力。在分丝盘沟槽处的钢丝上刻画标记,作为测量钢丝伸长量的基点;并在卡环前端的钢丝上刻画标记,用以辨认是否滑丝。

c. 正式张拉。初拉调整后,继续开动油泵,稳步使千斤顶大缸进油;当张拉到超张拉值时,稳住进油量,持荷调整 5 min,大缸回油,使张拉力退到控制张拉力为止。此时,测量钢筋伸长量。

d. 顶锚。当测量的钢丝伸长值与计算值相符合,即可进行顶压锚塞。顶锚时,关闭大缸油路,小缸进油,使小缸活塞猛顶锚塞,将钢丝锚紧;然后,大小缸同时回油,打去卡环上的楔块,退出千斤顶。顶锚后,钢丝因内缩而发生预应力损失,因此,应在另一端张拉时补足损失。如果在另一端顶锚时,回缩量大于 3 mm,必须再张拉,以补回预应力损失。

3) 孔道压浆及封锚

(1) 压浆。

孔道压浆是用水泥浆填满孔道中预应力筋周围的空隙,目的是保护预应力筋不致锈蚀,并使预应力筋与梁体结成整体,从而提高梁的承载能力、抗裂性能和耐久性。孔道压浆是用专门的活塞式压浆机进行,要求张拉后尽快压浆(一般不宜超过 14 d)。压浆时要求密实、饱满。

① 准备工作。压浆前切割锚外钢丝时,应采取降温措施,以免锚具和预应力筋因过热而产生滑丝。用环氧砂浆或棉花和水泥浆填塞锚塞周围的钢丝间隙。用压力水冲洗孔道,排除孔内杂物并吹去孔内积水。

②水泥浆的技术条件。孔道压浆一般宜采用水泥浆,空隙大的孔道,水泥浆中可掺入适量的细砂。水泥浆的强度应不低于构件本身混凝土强度的80%,且不低于C30。水泥宜采用硅酸盐水泥或普通水泥,水泥的强度等级不宜低于42.5。水灰比宜采用0.4～0.45,掺入适量减水剂时,水灰比可减少到0.35。水泥浆的泌水率最大不超过3%,拌和后3 h的泌水率应控制在2%。水泥浆中可掺入适当膨胀剂,如铝粉等,但其自由膨胀率应小于10%。水泥浆自调制至压入孔道的延续时间,一般不宜超过45 min。

③压浆方法。压浆的顺序,应先压下孔道,后压上孔道;应将集中的孔道连续一次压完,以免孔道串浆,将附近孔道阻塞;对于曲线孔道,应由最低点的压浆孔压入,由最高点的排气孔排气及溢出水泥浆。

压浆工艺有"一次压注法"和"二次压注法"两种,前者用于不太长的直线形孔道;对于较长的孔道或曲线形孔道,以"二次压注法"为好。二次压浆时,第一次从甲端压入直至乙端流出浓液浆时,将乙端的孔用木塞塞住,待灰浆的压力达到要求(一般为0.5～0.7 MPa),且各部无漏水现象时,再将甲端喷嘴拔出并立即用木塞塞住。待第一次压浆完成约30 min后,拔掉甲、乙端的塞子,自乙端再进行第二次压浆。重复上述步骤,待第二次压浆完成约30 min后,卸除压浆管,压浆工作即完成。

(2) 封锚。

孔道压浆后应立即将梁端水泥浆冲洗干净,并将端面混凝土凿毛,绑扎端部钢筋和安装封锚模板后,浇筑锚端混凝土。封锚混凝土强度等级不宜低于构件混凝土强度等级的80%,亦不宜低于C30。浇完封锚混凝土并静置1～2 h后,应进行带模浇水养护。脱模后,在常温下一般养护时间不少于7 d。

4) 安全技术及注意事项

(1) 操作高压油泵人员应戴护目镜,防止油管破裂时或接口不严时喷油伤眼。

(2) 高压油泵与千斤顶之间所有连接点、紫铜管的喇叭口或接口必须完好、无损坏并应将螺母拧紧。

(3) 张拉时,构件两端不得站人,并应设置防护罩。高压油泵应放在构件端部的两侧;拧紧螺母时,操作人员应站在预应力钢材位置的侧面。张拉完毕后,稍等几分钟再拆卸张拉设备。

(4) 雨期张拉时,应搭设防雨棚,防止张拉设备淋雨;冬期张拉时,张拉设备应有保暖措施,防止油管和油泵受冻,影响操作。

(5) 孔道压浆时,掌握喷浆嘴的人必须戴护目镜、穿水鞋、戴手套。喷嘴插入孔道后,喷嘴后面的胶皮垫圈须压紧在孔洞上。堵压浆孔时应站在孔的侧面,以防灰浆喷出伤人。

(6) 张拉地区应有明显标记,禁止非工作人员进入张拉场地。

13.2 拱桥施工

13.2.1 现浇混凝土拱桥施工

对现浇混凝土拱桥进行有支架施工是一种传统的施工方法,也是应用广泛的一种方法。现在,还有一种无支架的悬臂现浇施工方法也在逐步被广泛应用。这里重点介绍有支架现浇施工方法。

1. 一般规定

(1) 拱桥施工前应根据设计施工图、施工方案、现场条件,制定结构施工设计,其主要内容应包括:①拱架上砌筑或现浇拱圈施工应完成拱架设计(包括支架及支架基础设计)、拱架安装及卸落设计;②拱圈浇筑、砌筑方法、顺序及分层分段施工程序设计;③拱架及劲性骨架预压、加载设计、分段浇筑、分段卸载设计;④支架或劲性骨架上现浇拱圈,分层(环)浇筑及分环承载设计;⑤大跨度拱桥合龙设计。

(2) 混凝土及钢筋混凝土现浇拱桥的模板、钢筋、混凝土施工的一般技术要求应按具体的规定执行,本书前文已叙述过。现浇混凝土拱桥支架施工法的拱架及制作、安装、卸落一般技术要求应按技术规范执行。拱架常用的结构形式有:满布立柱式、撑架式、组拼式、工字梁拱式、桁架拱式等。满布立柱式拱架的构造和制作都很简单,但需要立柱较多,一般用于高度和跨度都不大的拱桥。撑架式拱架是将立柱式拱架加以改进,用支架加斜撑来代替较多的立柱,由于它在一定程度上满足了通航的需要,因此实际工程中采用较多。

(3) 拱圈施工应按设计规定预留预拱度,中小跨径亦可根据跨径大小、恒载挠度、拱架及支架变形等因素分析计算预拱度,其值一般宜取 $L/1000 \sim L/500$(L 为跨径),拱顶的预拱度取最大值,跨间一般按抛物线分配。

(4) 拱圈砌筑、浇筑、安装前,应检测桥墩、桥台的高程、轴线及跨径,拱架安装轴线、高程及安装质量。

2. 拱架上浇筑混凝土拱圈

1）浇筑准备

（1）混凝土拱圈浇筑前应检查支架、拱架及模板安装质量，检测高程、轴线合格后，在底模上放线标明拱圈（拱肋）中线、边线、分段浇筑位置。

（2）拱脚、拱顶及各分段点应留间隔槽。分段长度视混凝土浇筑能力和拱架结构及支架情况而定，一般宜取 5～12 m。

2）施工技术要点

（1）跨径小于 16 m 的拱圈或拱肋混凝土，应按拱圈全宽度从两端拱脚向拱顶对称地连续浇筑，并在拱脚混凝土初凝前全部完成。若预计不能在规定时间内完成，则应在拱脚预留一个隔缝并最后浇筑隔缝混凝土。

（2）跨径大于或等于 16 m 的拱圈或拱肋，应沿拱跨方向分段浇筑，分段位置应以能使拱架受力对称、均匀和变形小为原则，拱式拱架宜设置在拱架受力反弯点、拱架节点、拱顶及拱脚处；满布式拱架宜设置在拱顶、拱跨 1/4 处、拱脚及拱架节点等处。各段的接缝面应与拱轴线垂直，各分段点应预留间隔槽，其宽度一般为 0.5～1.0 m，但安排有钢筋接头时，其宽度还应满足钢筋接头的需要。若预计拱架变形较小，可减少或不设间隔槽，而采取分段间隔浇筑。

（3）分段浇筑程序应符合设计要求，应对称于拱顶进行，使拱架变形保持均匀和尽可能小，并应预先做出设计。分段浇筑时，各分段内的混凝土应一次连续浇筑完毕，因故中断时，应浇筑成垂直于拱轴线的施工缝；若已浇筑成斜面，应凿成垂直于拱轴线的平面或台阶式接合面。

（4）间隔槽浇筑混凝土，应待拱圈分段浇筑完成且其强度达到 75% 设计强度以及接合面按施工缝处理后，由拱脚向拱顶对称进行浇筑。拱顶及两拱脚间隔槽混凝土应在最后封拱时浇筑。封拱合龙温度应符合设计要求，若设计无规定，宜在接近当地年平均气温或 5～15 ℃时进行，封拱合龙前用千斤顶施加压力的方法调整拱圈应力时，拱圈（包括已浇间隔槽）的混凝土强度应达到设计强度。

（5）浇筑大跨度钢筋混凝土拱圈（拱肋）时，纵向钢筋接头应安排在设计规定的最后浇筑的几个间隔槽内，并应在这些间隔槽浇筑时再连接。

（6）浇筑大跨径拱圈（拱肋）混凝土时，宜采用分环（层）分段法浇筑，也可沿纵向分成若干条幅，中间条幅先行浇筑合龙，达到设计要求后，再按横向对称、分次浇筑合龙其他条幅。其浇筑顺序和养护时间应根据拱架荷载和各环负荷条件通过计算确定,并应符合设计要求。

(7) 大跨径钢筋混凝土箱形拱圈(拱肋)可采取拱架上组装并现浇的施工方法。先将预制好的腹板、横隔板和底板钢盘在拱架上组装,在焊接腹板、横隔板的接头钢筋形成拱片后,立即浇筑接头和拱箱底板混凝土,组装和现浇混凝土时应从两拱脚向拱顶对称进行,浇底板混凝土时应按拱架变形情况设置少量间隔缝并于底板合龙时填筑,待接头和底板混凝土强度达到设计强度的75%后,安装预制盖板,然后铺设钢筋,现浇顶板混凝土。

3. 劲性骨架浇筑拱圈

1) 一般规定

劲性骨架浇筑混凝土拱圈,主要用于大跨径拱桥、无支架悬挂模板现浇,施工前必须编制施工设计和监控方案,并符合下列要求。

(1) 劲性骨架可根据施工图设计选定的钢桁架拱圈、钢管混凝土拱圈或钢管混凝土组拼桁架拱圈,分别采用工厂制作、现场分段吊装,架设成拱。

(2) 劲性骨架设计,应主要由施工阶段荷载控制。除验算使用阶段受力外,应分别验算骨架安装阶段及各环拱圈混凝土浇筑阶段的受力状态,同时考虑劲性骨架结构构件的受力过程,防止局部构件先期失稳,劲性骨架混凝土拱圈施工过程的各阶段都必须有足够的强度、刚度和稳定性。

(3) 劲性骨架混凝土拱圈的浇筑方法,可依具体条件采用分环多工作面浇筑法、分环分段浇筑法、水箱压载平衡浇筑法和扣索斜拉连续浇筑法。

(4) 劲性骨架混凝土拱圈分环浇筑,应制定浇筑程序,计算分析分环浇筑、分环合龙和分环承载各阶段的骨架及骨架与分环混凝土拱圈联合结构的变形、应力及稳定性,并在施工过程中严格监控。

(5) 依据分环浇筑需要,可采用水箱法或其他加载方法加压,减少劲性骨架变形。施工设计时要对加压、卸载的程序和方法妥善安排,并计算分环拱圈混凝土浇筑、压载、卸载过程的变形及骨架结构受力状态。实施过程严格监控,保持劲性骨架的竖向、横向变形在设计允许范围内。

2) 施工技术要求

(1) 分环多工作面均衡浇筑劲性骨架混凝土拱圈(拱肋)时,各工作面可根据模板长度分成若干工作段,各工作面要求对称均衡浇筑,两对应工作面浇筑进度差不得超过一个工作段。

（2）水箱压载法，即在拱圈（或拱肋）顶部布置水箱，随着混凝土浇筑面从拱脚向拱顶推进，根据拱圈（或拱肋）变形和应力的观测值，通过对水箱注水加载和放水卸载来实现对拱轴线竖向变形的控制。

用水箱压载分环浇筑劲性骨架混凝土（拱肋）时，当混凝土浇筑至 $L/4$ 截面区段时，应严格控制好拱圈的竖向及横向变形，防止钢骨架杆件因应力超过极限强度而失稳。为使混凝土适应钢骨架变形，避免开裂，浇筑第一环（层）混凝土时，可在 $L/4$ 界面处设变形缝，变形缝宽 200 mm，待浇完第一环混凝土后用高一级混凝土填实。

（3）用斜拉扣挂分环连接浇筑劲性骨架混凝土拱圈（拱肋）时，应选择可靠和操作方便的扣挂及张拉系统，选好扣点和索力，设计好扣索的张拉与放松程序，以便有效地控制拱圈截面应力和变形，确保混凝土从拱脚向拱顶对称连续浇筑的实施。

斜拉扣挂法就是在拱圈（拱肋）适当位置选取扣点，用钢绞线作为扣索（斜拉索），两岸设置临时塔架，在混凝土浇筑过程中，根据各断面的应力情况进行张拉或放松，实现从拱脚到拱顶连续浇筑混凝土。

扣点作为施加在拱肋上拉力的作用点，其位置可根据受力要求并考虑钢骨架吊装大段的接头位置合理选择。

扣索的索力可采用制定应力法来确定，即指定拱肋断面的应力在某一范围内，在浇筑某一环混凝土时，若应力在此范围内，可不张拉扣索；若超过指定范围，则用扣索来调整应力。扣索的张拉与放松过程，一般是从拱脚往上浇筑混凝土后，拱脚转而受压，趋于全拱均匀受荷，就要逐渐放松扣索。混凝土浇完，扣索已松完，转变为纯拱受荷体系。

（4）浇筑劲性骨架混凝土拱圈（拱肋）时，要严格控制钢骨架及先期混凝土层的竖向、横向变形，其变形值应符合设计要求，相对高差和横向位移应符合检测标准，否则应采取纠正措施。

（5）在拱圈合龙及混凝土或砂浆达到设计强度的 30% 后即可进行拱上建筑以及后期附属设施的施工。空腹式拱上建筑一般是砌完腹孔墩后即卸落拱架，再对称均衡地砌筑腹拱圈、侧墙。实腹式拱上建筑应由拱脚向拱顶对称地砌筑，砌完侧墙后，再填筑拱腹填料及修建桥面结构等。

13.2.2 装配式混凝土拱桥施工

1. 装配式桁架拱和刚构拱预制

装配式桁架拱和刚构拱的拱片宜根据跨径和场地大小及吊装能力等因素，选取整片、分段或分杆件的预制方法。分段或分杆件预制时，其分段长度、结头连接类型和方法应按设计规定执行。拱片预制时应设置预拱度，拱顶预拱度确定后，其余各点预拱度可按直线变化设置。

1) 拱肋预制一般规定

（1）拱肋预制可依据跨径大小、安装方法分段预制，分段数量及分段长度应按设计规定或施工设计执行。

（2）拱肋宜立式浇筑，便于起吊。

（3）箱形、U形拱肋必须立式预制，混凝土浇筑可采取一次浇筑或二次浇筑法，二次浇筑时施工缝位置应设在腹板以上。

（4）拱肋卧式预制时，对起吊、扶正应有可靠性措施，不得直接搬起扶正。

2) 桁架拱片预制一般规定

（1）桁架拱片可依跨径大小、架设方法，采取整片、分段或分杆件预制。分段与分杆件分解长度及接头构造应按设计规定执行。

（2）拱片长度一般采取卧式预制。拱片起吊、扶正必须水平起吊后，悬空翻身竖立，起吊过程要求各点受力均匀，拱片保持平面状态，不得扭、折。

（3）拱片起吊时，对其薄弱部位应依受力情况予以加固。

2. 装配式桁架拱和刚构拱安装

装配式桁架拱和刚构拱的安装程序：在墩台上安装预制的桁架（刚架）拱片，同时安装横向联系构件，在组成的桁架拱（刚架拱）上铺装预制的桥面板。

多孔桁架拱（刚架拱）采用少支架安装时宜逐孔进行，卸架应安排在各孔拱片都合龙后进行，卸架程序应按照设计要求或根据桥墩所能承受的最大不平衡推力计算确定。

拱片采用无支架安装时，可采用分段、分杆件或悬臂拼装的方法进行。在成拱过程中应及时安装横向联结系和横向临时稳定风缆等。拱片分杆件安装时，宜先安装由下弦杆与跨中实腹段组成的"拱肋"单元，再由实腹段两端向拱脚对称地逐个安装由斜杆、竖杆和上弦杆组成的三角形单元。拱片采用悬臂拼装方案时,还应注意张拉预应力筋必须在相邻两段拱片吊装好并横向联系牢固,形成较稳定的框架之后进行,防止张拉时发生横向失稳。

装配式桁架拱、刚构拱无支架安装的接头类型应符合设计规定。大跨径桁式组合拱的拱顶接头施工还应符合下列规定。

(1) 两岸合龙段构件吊装就位,在封顶以前,应对拱顶接头施加预应力以调整应力,然后浇筑拱顶湿接头混凝土,待接头混凝土达到规定强度后方可松索合龙。

(2) 湿接头混凝土宜采用较构件混凝土强度高一级的早强型混凝土。

3. 无支架安装拱圈

拱圈的无支架吊装可根据河床、地形、桥梁跨径、吊装设备等情况选择适当的方案。起重设施、设备均应按有关规定设计、计算确定。

(1) 缆索吊机架设的一般规定:①承重主索、塔架、索鞍、风缆、地锚等设施的强度、稳定性以及地基承载力均应按有关规定验算,符合规定要求;②主索的设计垂度可采用塔架间距 $1/20 \sim 1/15$,主索的计算荷载应计入 1.2 的冲击系数;③因塔顶受水平分力作用,为防止失衡、摆动,应设缆索加固;④缆索吊机组装完毕应全面检查,并进行试吊、试拉、试运行。试吊荷载应不小于使用荷载的 130%。

(2) 扣索、扣架一般规定:①扣索、扣架应布置合理,扣架底座应与墩、台固定,扣架顶部应设风缆,扣索、扣架的强度及稳定性应经验算符合有关规定;②各扣索位置必须与所吊拱肋在同一竖直面内;③拱架顶面高程应高于拱肋扣环高程。

(3) 构件拼装应结合桥梁规模、河流、地形及设备等条件采用适宜的吊装机具,各项机具设备和辅助结构的规格、型号、数量等均应按有关规定经过计算设计确定。缆索吊机在吊装前必须按规定进行张拉和试吊。

(4) 拱肋吊装时,除拱顶段以外,各段应设一组扣索悬挂。

(5) 整根拱肋吊装或每根拱肋分两段预制、吊装,对中小跨径的箱形拱桥,当其拱肋高度大于跨径的 $0.9\% \sim 1.2\%$,拱肋底面宽度为肋高的 $60\% \sim 100\%$,且横向稳定安全系数不小于 4 时,可采取单肋合龙,嵌紧拱脚后松索成拱。

(6) 大、中跨径的箱形拱,其单拱合龙横向稳定安全系数小于 4 时,可先悬扣多段拱脚段或次拱脚段拱肋,然后用横夹木临时将相邻两肋连接后,安装拱顶段单根肋合龙,松索成拱。

（7）当拱肋跨径不小于 80 m 或横向稳定安全系数小于 4 时,应采用双基肋合龙松索成拱的方式,即当第一根拱肋合龙并校正拱轴线,压紧拱肋接头缝后,稍松扣索和起重索,压紧接头缝,但不卸掉扣索和起重索。待第二根拱肋合龙,两根拱肋横向连接固定好并拉好风缆后,再同时松卸两根拱肋的扣索和起重索。

（8）当拱肋分三段吊装时,采用阶梯形搭接接头,宜先准确扣挂两拱脚段,调整扣索使其上端头较设计值高 30～50 mm,再安装拱顶段使之与拱脚段合龙;采用对接接头,宜先悬扣拱脚段初步定位,使其上端头高程比设计值抬高 50～100 mm,然后准确悬扣拱顶段,使其两端头比设计值高 10～20 mm,最后放松两拱脚段扣索使其两端均匀下降与拱顶段合龙。

（9）当拱肋分五段吊装时,宜先从拱脚段开始依次向拱顶分段吊装就位,每段的上端头断面不得扭斜。首先使拱脚段的上端头较设计高程抬高 150～200 mm,次边段定位后,使拱脚段的上端头抬高值下降为 50 mm 左右,应保持次边段的上端头抬高值约为拱脚段的上端头抬高值的 2 倍,否则应及时调整,以防拱肋接头处开裂。

（10）当拱肋分七段吊装时,受施工条件或地形限制无法采用双肋合龙,应对风缆系统进行专门设计,确保拱肋横向稳定安全系数不小于 4,拱肋接头强度满足该施工阶段设计要求,并经相关部门审批后,可采用单拱合龙。

（11）在各段拱肋松索过程的一般规定：①松索前应校正拱轴线位置及各接头高程,使之符合要求；②每次松索均应采用仪器观测,控制各接头、拱顶及 1/4 高程,防止拱肋接头发生非对称变形而导致拱肋失稳或开裂；③松索应按照拱脚段扣索、次拱脚段扣索、起重索三者的先后顺序,并按比例定长对称、均匀松卸；④每次松索量宜小,各接头高程变化不宜超过 10 mm,每次松索压紧接头缝后应普遍旋紧接头螺栓一次,当接头高程接近设计值时,宜用钢板嵌塞接头缝隙,再将扣索、起重索放松到基本不受力,压紧接头缝,拧紧接头螺栓,同时用风缆调整拱肋轴线的横向偏位,并应观测拱肋各接头、1/8 跨及拱顶高程,使其在允许偏差之内；⑤大跨径箱形拱桥分三段或五段吊装合龙成拱后,根据拱肋接头密合情况及拱肋的稳定度,可保留起重索和扣索部分受力,待拱肋接头的连接工序基本完成后再全部松索。

（12）拱肋接头电焊作业应在调整完轴线偏差、嵌塞并压紧接头缝钢板之后和全部松索成拱之前进行。拱肋接头部件电焊时,应采取分层、间断、交错方法施焊,每层不可一次焊得过厚,以免周围混凝土烧坏,最后应将各接头螺栓拧紧并焊死。

（13）多孔装配式拱桥应用根据有无制动墩的情况确定吊装方案，吊装时应严格按设计加载程序进行。

13.2.3 钢管混凝土拱桥施工

1. 钢管拱肋（桁架）加工

1）材料要求

（1）钢管混凝土拱桥所用钢管直径超过 500 mm 时应采用卷制焊接管，其径厚比宜大于 30，卷制钢管宜在工厂进行，优先选用符合国家标准系列的成品焊接管。钢管混凝土拱圈用 $\phi600$ 以下小直径钢管，可直接采用无缝钢管或焊缝钢管；大直径钢管宜在工厂用钢板卷焊螺旋焊管和直缝焊管；钢管卷制、焊接应符合国家标准，焊缝质量应不低于 Ⅱ 级；钢管对接时竖向焊缝错位应不小于 300 mm。

（2）成品管及制管用的钢材和焊接材料应符合设计要求和国家现行标准的规定，具备完整的产品合格证明。当成品管有材料代替时，应提供充分的材料力学特性和工艺性能依据。

（3）钢管中浇灌混凝土强度等级宜选用 C30～C50；直径大于 500 mm 的管内混凝土宜用补偿收缩混凝土或微膨胀混凝土。

2）钢管拱肋加工要求

（1）钢管拱肋（桁架）加工的分段长度应根据材料、工艺、运输、吊装等因素确定。在加工制作前，应根据设计图的要求绘制施工详图，包括零件图、单元构件图、节段单元图及组焊、拼装工艺流程图等，按钢管的根数及布置形式，钢管混凝土拱肋横截面形式通常分为单肢型、双肢哑铃型、四肢矩形格构型、三角形格构构型和集束型等。

（2）钢管拱肋加工前应按设计图及施工结构设计放样，样台长度应大于 1/2 跨径，放样时应同时计入预拱度，并考虑焊接变形影响。在大样图中要标出分段尺寸、混凝土压注孔、截流阀、排气孔位置尺寸等，加工时直接套样板下料。

（3）拱肋分段长度应依吊装方法、起重设备、运输条件等因素在施工结构设计中确定，运输有困难时可在现场二次组拼，现场拼装时应设拼装台座，台座上精确放线并设置限位装置。

（4）钢管对接端头应校圆,失圆度不得大于外径的3‰;主拱焊缝应达到Ⅱ级标准,对接焊缝100%进行超声波探伤。两条对接环焊缝的间距应符合设计要求,设计无规定时,直缝焊接管不小于管的直径,螺旋焊接管不小于3 m。对接径向偏差不得超过壁厚的20%。为减少运输及安装过程中对口处的失圆变形,应适当在该处加设内支撑。

（5）桁架式钢管拱主管与腹管采用相贯焊接时,宜采用自动或半自动的加工方式来保证相贯线和坡口的制作精度,在满足焊接接头强度的原则下,选择的对焊接材料和工艺应尽量提高接头的韧性指标。

（6）在钢管拱肋（桁架）加工过程中,应注意设置混凝土压注孔、防倒流截止阀、排气口及扣点、吊点节点板。

（7）钢管拱肋（桁架）节段形成后,钢管外露面应按设计要求做长效防护处理,宜采用热喷涂防护,其喷涂方式、工艺和厚度应符合设计要求。

2. 钢管拱肋（桁架）安装

（1）钢管拱肋吊装可采用少支架或无支架法施工。

（2）钢管拱肋分段吊装过程中应同时安装横向联系或采取临时横向稳定措施。

（3）钢管拱肋分段接头施焊,应对称进行,施焊前应用定位板控制焊缝间距,不得采用堆焊。

（4）钢管拱肋安装成拱后,应调整各段接头高程及拱轴线符合施工结构设计。

（5）钢管拱肋的横向稳定系数大于4时可单肋合龙,拱肋合龙温度应符合设计要求,若设计未做规定,应在气温接近年平均温度时合龙。

3. 钢管混凝土浇筑

（1）管内混凝土应采用泵送顶升压注施工,由两拱脚至拱顶对称均衡一次压注完成,除拱顶外,不宜在其余部位设置横隔板。

（2）钢管混凝土应具有低泡、大流动性、微膨胀、延后初凝和早期强度高的工程性能。

（3）钢管混凝土压注前应清洗管内污物,润湿管壁,泵入适量水泥浆后再压注混凝土,直至钢管顶端排气孔排出合格的混凝土时停止。完成后应关闭设于压注口的倒流截止阀。管内混凝土的压注应连续进行,不得中断。

(4) 大跨径拱肋钢管混凝土浇筑应根据设计加载程序,宜分环、分段并隔仓由拱脚向拱顶对称均衡压注,浇筑过程要严格监控拱肋变位,不得超过设计规定。

(5) 拱肋钢管混凝土浇筑采用抛落浇筑时,管径很小时可采用外部附着式振捣,管径大于 350 mm 则宜采用内部插入式振捣。

(6) 钢管混凝土拌和时宜掺入性能适宜的减水剂或使用微膨胀水泥拌制。

(7) 钢管混凝土的质量检测方法应以超声波检测为主。

(8) 为保证混凝土泵送工艺的顺利进行,对大跨径钢管混凝土拱桥,需按实际泵送距离和高度进行模拟混凝土压注试验。

(9) 钢管混凝土的泵送顺序应按设计要求进行,宜采用先钢管后腹箱的程序。

13.3 斜拉桥施工

13.3.1 斜拉桥主要结构体系

斜拉桥是一种桥面体系受压,支承体系受拉的桥梁,它主要由上部结构的主梁(加劲梁)、桥塔和斜拉索以及下部结构的墩台组成。斜拉桥桥面体系由加劲梁构成,支承体系由斜拉索构成。斜拉桥的结构体系可根据主梁、斜拉索、索塔和桥墩的不同形式结合,形成 4 种不同的结构体系,下面作简要介绍。

1. 漂浮体系

漂浮体系的特点是塔墩固结、塔梁分离。主梁除两端有支承外,其余全部由拉索作为支承,成为在纵向可稍作浮动的一根具有多点弹性支撑的单跨梁。地震烈度较高的地区优先采用这种体系。

2. 半漂浮体系

半漂浮体系的特点是塔墩固结,主梁在桥墩处主梁下设竖向支撑,成为在跨内具有多点弹性支承的连续梁或悬臂梁。在经济上和美观度上都优于漂浮体系。

3. 塔梁固结体系

塔梁固结体系的特点是塔梁固结并支承在桥墩上,主梁相当于顶面用拉索加强的一根连续梁或悬臂梁,主梁与塔内的内力和挠度同主梁和塔柱的弯曲刚度比值直接相关。该体系一般适用于小跨径斜拉桥。

4. 刚构体系

刚构体系的特点是梁、塔、墩固结,主梁成为在跨内具有多点弹性支承的刚构。该体系适用于地震烈度较低且无抗风要求的地区。

13.3.2 斜拉桥施工技术

1. 主塔施工

1)钢主塔施工

钢主塔施工,应对垂直运输、吊装高度、起吊吨位等施工方法作充分考虑。钢主塔在工厂分段立体试拼装合格后方可出厂。主塔在现场安装,常常采用现场焊接接头、高强度螺栓连接、焊接和螺栓混合连接的方式。

经过工厂加工制造和立体式拼装的钢塔,在正式安装时,应予以测量控制,并及时对螺栓孔进行扩孔,调整轴线和方位,防止加工误差、受力误差、安装误差、温度误差、测量误差的积累。

钢主塔的防锈措施,可用耐候钢材,或采用喷锌层。但绝大部分钢塔都采用油漆涂料,一般可保持的使用年限为10年。油漆涂料常采用两层底漆,两层面漆。其中三层由加工厂涂装,最后一道面漆由施工安装单位最终完成。

2)混凝土主塔施工

混凝土桥塔主要采用就地浇筑法,模板和支架的做法常采用支架法、滑模法、爬模法和大型模板构件法等。

3)主塔施工测量控制

斜拉桥主塔一般由基础、承台塔座、下塔柱、下横梁、中塔柱、上横梁、上塔柱(拉索锚固区)、塔顶建筑等八大部分或其中几部分组成。由于主塔的建筑造型千姿百态,断面形式各异,在主塔各部位的施工过程中,除了应保证各部位的几何尺寸正确,更重要的是应该进行主塔局部测量系统的控制,并与全桥总体测量系统接轨。

主塔局部测量系统的控制基准点,应建立在相对稳定的基准点上,如选择在主塔的承台基础上,进行主塔各部位的空间三维测量定位控制。测量控制的时间,一般应选择当天 22:00～次日 7:00,即日照之前的时段内,以减少日照对主塔造成的变形影响。

此外,随着主塔高度不断升高,也应选择风力较小的时机进行测量,并对日照和风力影响予以修正。在主塔八大部位的相关转换点上的测量控制极为重要,以便根据实际施工情况及时进行调整,避免误差的累计。

主塔局部测量系统的量测,一般常采用三维坐标法或天顶法。若主塔局部测量系统的基点选择在相对稳定的承台基础上,随着主塔高度增高及混凝土收缩、徐变、沉降、风荷载温度等因素的影响,基准点必然会有少量的变化。为此应该在上述八大部位的相关转换点上,与全桥总体测量坐标系统接轨,以便进行总体坐标的修正,进行测量的系统控制。

2. 主梁施工

1) 主梁施工方法

斜拉桥主梁施工方法包括顶推法、平转法、支架法和悬臂法。四种施工方法的特点及适用范围简述如下。

(1) 顶推法。

顶推法的特点是施工时须在跨间设置若干临时支墩,顶推过程中主梁反复承受正、负弯矩。该法较适用于桥下净空较低、修建临时支墩造价不大、支墩不影响桥下交通、抗压和抗拉能力相同、能承受反复弯矩的钢斜拉桥主梁的施工。对混凝土斜拉桥主梁而言,由于拉索水平分力能对主梁提供预应力,如在拉索张拉前顶推主梁,临时支墩间距又超过主梁负担自重弯矩能力,为满足施工需要,须设置临时预应力束,在经济上不合算。所以,迄今国内尚无用顶推法修建斜拉桥主梁的实例。

(2) 平转法。

平转法是将上部构造分别在两岸或一岸顺河流方向的矮支架上现浇,并在岸上完成所有的安装工序(落架、张拉、调索)等,然后以墩、塔为圆心,整体旋转到桥位合龙。平转法适用于桥址地形平坦、墩身矮和结构系适合整体转动的中小跨径斜拉桥。我国四川马尔康地区的金川桥是一座跨径为 68 m+37 m,采用塔、梁、墩固结体系的钢筋混凝土独塔斜拉桥,塔高 25 m,中跨为空心箱梁,边跨是实心箱梁,该桥是采用平转法施工的。

(3) 支架法。

支架法分为支架上现浇、在临时支墩间设托架或劲性骨架现浇、在临时支墩上架设预制梁段等几种施工方法。其优点是施工简单方便,既能确保结构满足设计线形,又适用于桥下净空低、搭设支架不影响桥下交通的情况。

例如,我国的天津永和桥是在临时支墩上拼装主梁;昆明市圆通大桥是一座跨径为 70.5 m+70.5 m、全宽 24 m(2×7.5 m+3 m(拉索区)+2×3 m)的独塔单索面斜拉桥,采用支架法现浇。

(4) 悬臂法。

悬臂法可以是在支架上修建边跨,然后中跨采用悬臂拼装法和悬臂施工的单悬臂法;也可以是对称平衡方式的双悬臂法。悬臂施工法分为悬臂拼装法和悬臂浇筑法两种。悬臂拼装法,一般是先在塔柱区现浇段放置起吊设备的起始梁段,然后用各种起吊设备从塔柱两侧依次对称安装节段,使悬臂不断伸长直至合龙。悬臂浇筑法,是从塔柱两侧,用挂篮对称逐段就地浇筑混凝土。我国大部分混凝土斜拉桥主梁都采用悬臂浇筑法施工。

综上所述,支架法和悬臂施工法是目前混凝土斜拉桥主梁施工的主要方法,前者适用于城市立体交叉或净高较低的岸跨主梁施工;后者适用于净高很大的大跨径斜拉桥主梁的施工。

2) 斜拉桥主梁施工特点

(1) 结构设计由施工内力控制。

斜拉桥与其他梁桥相比,主梁高跨比很小、梁体十分纤细、抗弯能力差。由于挂篮重量大,当采用悬臂施工时,如果仍采用梁式桥传统的挂篮施工方法,梁、塔和拉索将由施工内力控制设计,很不经济。因此,考虑施工方法,必须充分利用斜拉桥结构本身特点,在施工阶段充分发挥斜拉索的效用,尽量减轻施工荷载,使结构在施工阶段和运营阶段的受力状态基本一致。

(2) 横截面浇筑方法。

对于单索面斜拉桥,一般都须采用箱形断面。若全断面一次浇筑,为减少浇筑重量,要在一个索距内纵向分块,并须额外配置承受施工荷载的预应力束。所以,一般做法是将横断面适当地分解为三部分,即中箱、边箱和悬臂板。

先完成包含主梁锚固系统的中箱,张拉斜拉索,形成独立稳定结构,然后以中箱和已浇节段的边箱为依托浇筑两侧边箱,最后用悬挑小挂篮浇筑悬臂板,使整体箱梁按品字形向前推进。对于双索面斜拉桥,主梁节段在横断面方向分为两个边箱和中间车行道板三段,边箱安装就位后就张拉斜拉索,利用预埋于梁体内的小钢箱来传递斜拉索的水平分力,使边箱自重分别由两边拉索承担,从而降低了挂篮承重要求,减轻了挂篮自重,最后安装中间桥面板并现浇纵横接缝混凝土。

(3) 塔梁临时固结。

为了保证大桥在整个梁部结构架设安装过程中的稳定、可靠、安全,要求施工安装时采取塔梁临时固结措施,以抵抗安装钢梁桥面板及张拉斜拉索过程中可能出现的不平衡弯矩和水平剪力。

(4) 中孔合龙。

为保证大桥中孔能顺利合龙,根据以往斜拉桥的成功经验,一般选择自然合龙的方法。

以上海杨浦大桥为例,需要考虑以下几个方面。

① 合龙温度的确定。

大桥能否在自然状态下顺利合龙,关键是要正确选择合龙温度。该温度的持续时间能满足钢梁安装就位及高强螺栓定位所需的时间。

② 全桥温度变形的控制。

由于大桥跨度大,温度变形对中跨合龙段长度的影响相当敏感。因此,在整个施工过程中,应对温度变形进行监测,特别是对将接近合龙段时的中孔梁段和温度变形更应重点量测,找出温度变形与环境湿度的关系,为确定合龙段钢梁长度提供科学依据。

③ 合龙段钢梁长度的确定。

设计合龙段长度原定为 5.5 m,在实际施工时再予以修正。其实际长度应为合龙湿度下设计长度加减温度变形量。

④ 合龙段的安装。

合龙段钢梁的安装是一个抢时间、抢速度的施工过程,必须在有限的时间里完成,因此,在合龙前必须做好一切准备工作。钢梁应预先吊装就位,一旦螺孔位置平齐,立即打入冲钉,施拧高强螺栓,确保合龙一次成功。

⑤ 临时固结的解除。

中孔梁一旦合龙,必须马上解除临时固结,否则由于温度变化所产生的结构变形和内力,会使结构难以承受。因此,在合龙段钢梁高强螺栓施拧完后,应立即解除临时固结。

3. 斜拉索施工

成形斜拉索由钢丝或钢绞线组成的钢索和两端的锚具组成。不同种类和构造的斜拉索两端须配装合适的锚具后才能成为可以承受拉力的斜拉索。斜拉索的锚具目前常用的有以下四种：热铸锚、墩头锚、冷铸墩头锚和夹片群锚。

配装热铸锚、冷铸墩头锚、墩头锚（统称为拉锚式锚具）的拉索，可以事先将锚具装固到钢索两端，预制成斜拉索。

斜拉索可以在专门的工厂制作，然后盘运到桥梁工地，或在桥梁工地现场制作，拖拉到桥位直接进行挂索和张拉。斜拉索有单股绞式钢缆、半平行钢绞线索、半平行钢丝索、平行钢丝索及平行钢丝股索等。这类斜拉索可称作预制索或成品索。

我国已建有专门化、机械化生产热挤塑聚乙烯护套扭绞形钢丝索的工厂，可生产的最大规格为 421φ7、长度 350 m 的钢丝索，可满足 600 m 以上大跨径斜拉桥对斜拉索的需要，斜拉索的制作水平已达到国际先进水平。

配装夹片群锚的斜拉索，张拉时直接张拉钢丝，待张拉结束后锚具才发挥作用。配装夹片群锚的平行钢筋索及平行钢绞线索必须在桥梁现场架设过程中制作，故可称为现制。

1）斜拉索的制作

制索工艺流程：钢丝除锈→调直→应力下料→防护漆→穿锚→镦头→浇锚→烘锚→拉索防护→超张拉→标定。

2）斜拉索的防护

（1）临时防护。

钢丝或钢绞线从出厂到开始做永久防护的一段时间内，所需要的防护称为临时防护。国内目前采用的临时防护法一般是钢丝镀锌，即将钢丝纳入聚乙烯套管内，安装锚头密封后喷防护油，并充氨气，再进行涂漆、涂油、涂沥青膏处理等。

具体实施可根据防锈蚀效能、技术经济比较、设备条件及材料种类决定。通常在钢丝或钢绞线穿入套管前，每根钢丝或钢绞线应在水溶性防腐油中浸泡或喷一层防腐油剂。在临时防护中，镀锌钢丝的锌层应均匀连续，附着牢固，不允许有裂纹、裂痕和漏块。此外，不镀锌处理的钢丝，在储存和加工期间应进行其他涂漆、涂油等临时防护措施。

(2) 永久防护。

从斜拉索钢材下料到桥梁建成的长期使用期间,应做永久防护。永久防护应满足防锈蚀、耐日光曝晒、耐老化、耐高温、涂层坚韧、材料易得、价格低廉、生产工艺成熟、制作运输安装简便、更换容易等要求。永久防护包括内防护与外防护,内防护是直接防止斜拉索锈蚀,外防护是保护内防护材料不致流出、老化等。

内防护所用的材料一般有沥青砂、防锈脂、凡士林、聚乙烯塑料泡沫和水泥浆等,这些材料各有优缺点。

外防护所用的材料亦各有优缺点:聚氯乙烯管质脆,抗冻和抗老化性能差,易破裂失效;铝管则需注水泥浆,而水泥浆的碱性作用易使铝管腐蚀;钢管作外套时本身尚需防腐蚀且笨重;多层玻璃丝布缠包套,目前效果尚可,但价格高,施工烦琐。

我国目前一般采用炭黑聚乙烯在塑料挤出机中旋转挤包于斜拉索上而成的热挤索套防护斜拉索方法,即PE套管法。所用高密度聚乙烯(PE)与其他方法所用材料相比有以下优点:在设计寿命期限内能抵抗循环应力引起的疲劳;在聚乙烯树脂中加炭黑能有效抵抗紫外线的侵蚀;与灌浆材料和钢材无化学反应;在运输、装卸、制造、安装和灌注时能抗损坏;能防止水、空气和其他腐蚀物质的入侵;徐变特性低;对周围环境有一定的适应性。

同时,黑色PE管的热膨胀系数大约是水泥浆和钢材的6倍。因此,为了控制温度变化并减小可能导致PE管损坏的不均匀应力,通常在PE管上缠绕或嵌套一层浅色胶带或PE面层。采用热挤索套不像PE管压浆工艺那样,存在斜拉索钢丝早期锈蚀,它可在很短的时间内完成防腐、索套制作、拉索密封等工艺。

总之,斜拉索防护绝大多数是在生产制作过程中完成的,与生产材料、工艺以及生产标准、管道等密切相关。故此,要做好斜拉索的防护工作,就必须严格控制生产的各个环节工序,以确保斜拉索的质量。

3) 斜拉索的安装

(1) 放索及索的移动。

①放索。

为方便运输及运输过程中对索的保护,斜拉索起运前通常采用类似电缆盘的钢结构盘将拉索卷盘,然后运输。对于短索,也有采取自身成盘,捆扎后运输的情况。根据斜拉索不同的卷盘方式,现场放索常用的有立式转盘放索和水平转盘放索两种方式。

立式转盘放索:钢结构索盘放索时设置一个立式支架,在索盘轴空内穿上圆轴,徐徐转动索盘将索放出。

水平转盘放索:对于自身成盘的索,设置一个水平转盘,将索盘放在转盘上,边转动边将索放出。

在放索过程中,索盘自身的弹性和牵引产生的偏心力,会使转盘转动加速,导致散盘,危及施工人员的安全。所以,一般情况下,要对转盘设制动装置,或者以钢丝绳作尾索,用卷扬机控制放索。

②索在桥面上的移动。

在放索和挂索过程中,要对斜拉索进行拖移。由于索自身弯曲,或者与桥面直接接触,在移动中就有可能损坏斜拉索的防护层或索股。为避免这些情况的发生,一般采取以下方法,移动时对索进行保护。

若索盘是水上由驳船运来的,对于短索一般直接将索盘吊到桥面上,利用放索支架放索,对于长索一般直接在船上设置放索支架放索。采用前者需要在梁上放置吊装装备,采用后者则需要梁端设置转向装置以利于索的移动。对于现浇梁,转向装置设在施工挂篮上,若是拼装结构则设在主梁上,并且要求转向装置的半径不小于索盘半径,与梁体保持一定的距离。

辊筒法:在桥面上设置一条辊筒带,当索放出以后,沿辊筒运动。制作辊筒时,要根据斜拉索的布置及刚柔程度,选择适宜的辊轴半径,以免辊轴弯折,摩阻增加。平辊之间要保持合理的间距,防止斜拉索与桥面接触。辊筒可与桥面固结,也可与拉索套筒固结,具体方法依施工现场情况而定。

移动平车法:当斜拉索上桥后,每隔一段距离垫一个平车,由平车载索移动。梁体顶面凹凸不平时会导致平车运动不便,所以平车的轮子不宜太小。与辊筒法一样,平车也要保持合理的间距,避免斜拉索与桥面接触。

导法:在索塔上部安装一根斜向工作悬索,当斜拉索上桥后,前端连接牵引索,每隔一段距离放置一个吊点,使斜拉索沿着导索运动。这种方法能省去大型牵索设备,可安装成卷的斜拉索。

垫层法:对于一些索径小、自重轻的斜拉索,可在梁面放索线上敷设麻袋、草包、地毯等柔软的垫层,就地拖移。

(2)斜拉索的塔部安装。

单吊点法:斜拉索上桥面后,从索塔孔道中放下牵引绳,连接斜拉索的前端,离锚具下方一定距离设一个吊点,索塔吊架用型钢组成支架,配置转向滑轮。

当锚头提到锁孔位置时,采用牵引绳与吊绳相互协调,使锚头尺寸准确。牵引至索塔孔道后,穿入锚头固定。单吊点法施工简便、安装迅速,缺点是起重索所需的拉力大,斜拉索在吊点处弯折角度较大,故一般适用较柔软的短斜拉索。

多吊点法:同前述导索法。只要将导索法中的牵引索从预穿索孔中引出即可。多吊点法吊点分散、弯折小,在统一操作指挥下,可使斜拉索均匀起吊。因吊点较多,易保持索呈直线状态,两端无须用大吨位千斤顶牵引。

起重机安装法:采用索塔施工时的提升起重机,用特制的扁担梁捆扎拉索起吊。拉索前段由索塔孔道内伸出的牵引索引入索塔斜拉索锚孔内,下端用移动式起重机提升。起重机法操作简单快速,不易损坏拉索,但要求起重机有较大的起重能力,故一般适用于重量不大的短索安装。

分步牵引法:根据斜拉索在安装过程中索力递增的特点,分别采用不同的工具,将斜拉索安装到位。首先,用大吨位的卷扬机将索张拉端从桥面提升到预留孔外;然后,用穿心式千斤顶将其牵引至张拉锚固面。在这个阶段前半部分,采用柔性张拉杆——钢绞线束,利用两套钢绞线夹具,系统交替完成前半部分牵引工作;牵引阶段的后半部分,应根据索力逐渐增大的情况,采用刚性张拉杆分步牵引到位。分步牵引法的特点是牵引功率大、辅助施工少、桥面无附加荷载、便于施工。

总之,在以上各种挂索过程中,各种构件连接处较多,如锚头与拉杆、牵引头的连接滑轮与塔柱斜拉索的连接等。任何一处发生问题,就会发生事故,在施工中,应特别注意各处连接的可靠性。

(3)斜拉索的梁部安装步骤。

同塔部安装一样,斜拉索梁部安装的基本方法有如下两种。

吊点法:在梁上放置转向滑轮,牵引绳从套筒中伸出,用起重机将索吊起后,随锚头逐渐牵入套筒,缓缓放下吊钩,向套筒口平移,直至将锚头牵入套筒内。

拉杆接长法:对于梁部为张拉端的斜拉索安装,采用拉杆接长法比较方便。先加工长度均为 1.0 m 左右的短拉杆与主拉杆连接(张拉杆连接),使其总长度超过斜拉索套筒加张拉千斤顶的长度。利用千斤顶多次运动,逐渐将张拉端拉出锚固面,并逐渐拆掉多余的短拉杆,安装锚固螺母。运用拉杆接长法,要加工一个组合螺母(张拉杆连接螺母)。采用这个螺母逐步锚固拉杆,直到将锚头拉出锚板后拆除。

4) 斜拉索调索张拉

根据目前的技术水平,国内外斜拉索锚具、千斤顶、斜拉索的设计吨位已达到千吨级水平,大吨位斜拉索整体张拉工艺已经十分成熟。无论是一端张拉还是两端张拉,一般情况下,都须在斜拉索端头接上张拉连接杆,之后使用大吨位穿心式千斤顶实施斜拉索的张拉调索。为方便施工,张拉杆都采用分节接长,而非整根通长。拉锚式斜拉索张拉索的主要步骤包括以下几点。

(1) 对张拉千斤顶和配置液压泵进行标定,同时,对预计的调整值划分级别。根据标定得出的张拉值和液压表读数之间的直线关系,计算并列出每级张拉值的相应的油表读数。

(2) 对索力检测仪器进行标定。

(3) 计算各级调整值并列出相应的延伸量。

(4) 做好索力检测和其他各种观测的准备工作;将张拉工具、设备一一就位。

(5) 先将千斤顶撑架用手拉葫芦等固定在斜拉索锚固面上,然后将千斤顶用螺栓连接支承在撑架上;将张拉杆穿过千斤顶和撑架,旋转在斜拉索锚头端,再将长拉杆上的后螺母从张拉杆尾端旋转穿进;将千斤顶与液压泵用油管接好,开动液压泵,使千斤顶活塞空升少许,如调索要求降低索力,可根据情况多升一定量;接着将后螺母旋至与活塞接触紧密处。如调索是在斜拉索锚头还未被牵出锚固面的情况下进行的,则上述过程已在牵索过程完成;如索力检测采用测量张拉杆拉力的方式,则应在张拉杆后螺母间安装穿心式压力传感器,测量张拉力。需要先将传感器从张拉杆后端插入,再将张拉杆后螺母旋入。

(6) 按预定级别的相应张拉力,通过电动液压泵进油逐级调整索力。如果是降低索力,则先进油拉动拉索,使锚环能够松动,在旋开锚环后可回油使斜拉索索力降低。在调索过程中,如千斤顶达到行程允许伸长量,即可将斜拉索锚头的锚环旋紧,使其临时支承于锚固支承面上,这时千斤顶可回油并进行下一行程的张拉。如果调索是在斜拉索锚头还未牵出其锚固面的情况下进行的,则临时锚固由叠撑在锚环上的张拉杆前螺母,即两半边螺母承担。临时锚固张拉调索过程中,应以检测、校核数据,配合液压表读数,共同控制张拉力,并对结果随时观测,以防不正常情况发生。

13.4 悬索桥施工

13.4.1 悬索桥概述

1. 悬索桥的受力特点

悬索桥的主要受力构件是锚碇、索塔、缆索系统以及加劲梁等。成桥后作用在桥面上的竖向荷载一部分由加劲梁承担,一部分通过吊索传递给主缆。主缆在塔顶由主索鞍提供支撑,并通过主索鞍将荷载传递给索塔,索塔传递给基础。主缆在两端的强大拉力通过锚碇来平衡,并通过锚碇将拉力传递给地基。

悬索桥属于柔性桥梁结构体系,刚度小、变形大,具有较强的非线性受力特征。从构件受力的重要性出发,可将悬索桥的各部件分为第一体系、第二体系、第三体系。

主缆是第一体系的主要承重构件,承担由吊杆传递过来的桥面荷载及恒载,以受拉为主。主缆通过塔顶鞍座悬挂在索塔上,两端锚固于锚体上。主缆是柔性构件,但主缆的恒载拉力提供了强大的重力刚度,使成桥后的桥梁总体刚度满足桥梁规范的要求。索塔是第一体系的主要承重构件,主要起支撑主缆的作用。悬索桥的恒载和活载均通过索塔传递给基础。锚碇是主缆的锚固体,属于第一体系的承重结构,它将主缆的拉力传递给地基,通常有重力式锚碇和隧道式锚碇。重力式锚碇依靠巨大的自重来抵抗主缆的竖向分力,水平分力由锚体与地基的摩阻力抵抗。隧道式锚碇是将主缆拉力直接传递给围岩。

悬索桥的加劲梁属于第二体系的承重构件,以受弯为主。其主要功能是提供桥面和防止桥梁发生过大的挠曲变形和扭转变形。加劲梁直接承受桥面荷载。

吊索属于第三体系的构件,主要作为传力结构,主要受拉。其主要功能是将桥面上的活载以及恒载,通过索夹传递到主缆上。吊索的上端通过索夹与主缆相连,下端与加劲梁相连。

2. 悬索桥的分类

1)按悬吊跨数划分

根据悬吊跨数不同,悬索桥可分为单跨悬索桥、三跨悬索桥、四跨悬索桥和五跨悬索桥,其中单跨悬索桥和三跨悬索桥较为常用。

(1)单跨悬索桥。

单跨悬索桥常用于高山峡谷地区,两岸地势较高而采用桥墩支撑边跨更为经济,或者道路的接线受到限制,使得平面曲线布置不得不进入大桥边跨的情况。就结构特性而言,单跨悬索桥由于边跨主缆的垂度较小,主缆长度相对较短,对中跨荷载变形控制更为有利。

(2)三跨悬索桥。

三跨悬索桥是目前国际工程实例中应用最多的桥型,世界上大跨度悬索桥几乎全采用这种形式。不仅是因其结构受力特征较为合理,同时,也因其流畅对称的建筑造型更符合人们的审美观。

(3) 多跨悬索桥。

相对于三跨悬索桥而言,四跨和五跨悬索桥又称为多跨悬索桥,这种桥型由于结构柔性大,固有振动频率较低,难以满足特大跨度悬索桥的受力及刚度需要,因而也就不具备实用优势,世界上几乎没有这类特大桥工程的实例。

在建桥条件需要采用连续大跨布置时,可以用两个三跨悬索桥联袂布置,中间共用一座桥的锚碇锚固这两桥的主缆。美国的旧金山—奥克兰海湾大桥和日本本州四国联络线中的南北备赞大桥即采用此形式。当建桥条件特别适于作连续大跨布置而采用四跨悬索桥时,其中央主塔为满足全桥刚度要求通常需要做 A 形布置,相应的塔顶主缆须采取特殊锚固措施,以克服两侧较大的不平衡水平拉力。

2) 按主缆的锚固方式划分

根据主缆的锚固方式的不同,悬索桥可分为地锚式悬索桥和自锚式悬索桥。

(1) 地锚式悬索桥。

通常所讲的绝大多数悬索桥都采用地锚式锚固主缆,即主缆通过重力式锚碇或岩隧式锚碇将荷载产生的拉力传至大地来达到全桥的受力平衡,这是大跨度悬索桥最佳的受力模式。

(2) 自锚式悬索桥。

在较小跨度的悬索桥中,也有个别以自锚形式锚固主缆的,这种自锚式悬索桥的主缆,在边跨两端将主缆直接锚固于加劲梁上,主缆的水平拉力由加劲梁提供的轴压力自相平衡,不需要另外设置锚碇。这种桥式的加劲梁要先于主缆安装施工,实践中因施工困难、经济性差等,一般很少采用。

3) 按悬吊方式划分

竖直吊索,以钢桁架作加劲梁;斜吊索,采用三角布置,并以扁平流线型钢箱作加劲梁,也有呈交叉形布置的斜吊桥;混合式,即采用竖直吊索、斜吊索和流线型钢箱梁作加劲梁。除了有一般悬索桥的缆索体系,还设有若干加强用的斜拉索。

4) 按支承结构划分

如果按加劲梁的支承结构来分,又可分为单跨两铰加劲梁悬索桥、三跨两铰加劲梁悬索桥及三跨连续加劲梁悬索桥等。

13.4.2 悬索桥施工工艺

1. 塔柱施工工艺

钢塔柱一般用钢板先预制连接成格子形截面的节段,节段在现场吊装拼接成塔柱。早期的钢塔柱无论节段内还是节段间的连接均采用铆接,构件加工精度要求高。随着栓焊技术的发展,钢塔节段在工厂焊接制造,然后将节段运输到工地架设并用高强螺杆来连接。

钢塔柱一般支承在一块厚钢板上,厚钢板与桥墩混凝土栓接并把塔柱压力均匀传递到桥墩中。现在也有在桥墩混凝土中埋设锚固构架,塔柱用高强螺栓锚固在构架上,通过构架将压力均匀传递到混凝土中的做法。

混凝土塔柱的施工与斜拉桥塔柱施工相同,一般以就地浇筑为主,采用滑模爬模等技术连续浇筑。

2. 锚碇施工

悬索桥主缆索股锚固形式分为自锚式和地锚式。自锚式是将主缆索股直接锚于加劲梁上,无须使用锚碇结构,一般仅适用于中小跨径悬索桥。地锚式则将主缆索股锚于重力式锚碇、隧道锚碇或直接锚于坚固的岩体上。此处所讨论的锚碇是指地锚式悬索桥锚固主缆的重要结构物。

锚碇是锚块基础、锚块、钢缆的锚碇架及固定装置等的总称。它不仅抵抗来自主缆的竖直反力,而且抵抗主缆的水平力,是悬索桥区别于其他桥梁的独有结构,直接关系到悬索系统的稳定性。锚块是直接锚固主缆的结构,它通过锚固系统将主缆索股拉力分散开。锚块与其下面的锚块基础连成一体,用于抵抗因主缆拉力产生的锚碇滑动及倾倒。锚碇主要有重力式锚碇、隧道式锚碇等。目前,世界上已建悬索桥绝大部分采用的是重力式锚碇。这除了与锚碇所处的地形、地质条件有关,还与主缆架设方法、锚碇施工方法有关。

一般而言,若锚碇处有坚实岩层靠近地表,则修建隧道式锚碇(或称岩洞式锚碇)可能比较经济。美国华盛顿桥新泽西岸锚碇是隧道式的,其混凝土用量仅为纽约岸锚碇(重力式)21%,但隧道式锚碇有传力机理不明确的缺点。若有坚实基岩层靠近地表,也可采用重力式锚碇,让锚块嵌入重基岩,使位于锚块前的基岩凭借承压来抵抗主缆的水平力。例如,汕头海湾大桥设计为重力前锚式锚碇,虎门大桥的东锚碇设计为山后重力式锚碇。

一般设置在承载力比较好地基上的重力式锚碇,宜采用明挖的扩大基础。如美国 1964 年建成的维拉扎诺桥和丹麦 1970 年建成的小贝尔特桥都是采用的扩大浅基础。当锚碇设置在软土层中时,可以采用大型沉井或地下连续墙的形式。如江阴长江大桥北锚碇采用了大型沉井基础,明石海峡大桥(日本)、虎门大桥的西锚碇和润扬长江道路大桥北锚碇均采用了地下连续墙基础。

3. 主缆施工

1) 主缆架设

悬索桥的钢缆有钢丝绳钢缆和平行线钢缆。钢丝绳钢缆适用于中、小跨度的悬索桥,平行线钢缆适用于主跨为 500 m 以上的大跨悬索桥。平行线钢缆根据架设方法分为空中送丝法和预制索股法两种。

(1) 空中送丝法架设主缆。

① 架设方法。

空中送丝法架设主缆是在桥两岸的索塔和锚碇等都已安装就绪后,沿主缆设计位置,在两岸锚碇之间布置一无端牵引绳,将牵引绳的端头连接起来,形成从此岸到对岸的长绳圈。其主要架设方法如下。

a. 将送丝轮扣牢在牵引绳上,且将缠满钢丝的卷筒放在一岸的锚碇旁,从卷筒中抽出钢丝头,暂时固定在靴跟处(称为"死头")。

b. 继续将钢丝向外抽,由死头、送丝轮和卷筒将正在输送的丝形成一个钢丝套圈,用动力机驱动牵引绳,于是送丝轮就带着钢丝送向对岸。

c. 在钢丝套圈送到对岸时,用人工将套圈从送丝轮上取下,套到其对应的靴跟上。

d. 随着牵引绳的驱动,送丝轮又被带回此岸,取下套圈套在靴跟上,然后又送向对岸。

e. 这样循环进行,当其套在两岸对应靴跟上的丝数达到一根丝股钢丝的设计数目时,就将钢丝"活头"剪断,并将该"活头"与上述暂时固定的"死头"用钢丝连接器连起来,即完成了一根丝股的空中编制。

② 空中送丝法施工注意事项。

空中送丝法主缆每一丝股内的钢丝根数为 300~600 根,再将这种丝股配置成六角形或矩形,挤紧而成为圆形。空中送丝法架设主缆施工必须设置猫道、配备送丝设备,还须有稳定送丝的配套措施。为使主缆各钢丝均匀受力,应分别对钢丝长度和丝股长度进行调整,还应及时进行紧缆和缠缆。

(2)预制索股法架设钢缆。

①架设方法。

预制索股法架设钢缆的目的是使空中架线工作简单化。索股预制股每束61丝、91丝或127丝,再多就过重。两端嵌固热铸锚头在工厂预制,先配置成六角形,然后挤紧成圆形。

②索股线形调整步骤。

a. 垂度调整应在夜间温度稳定时进行。温度稳定的条件:长度方向索股的温差不大于2℃,横截面索股的温差不大于1℃。

b. 绝对垂度调整,应测定基准索股下缘的标高及跨长、塔顶标高及变位、主索鞍预偏量、散索鞍预偏量。主缆垂度和标高的调整量,应在确定气温与索股温度等值后经计算确定。基准索股标高必须连续3d在夜间温度稳定时进行测量,3次测出结果误差在容许范围内时,应取3次的平均值作为该基准索股的标高。

c. 相对垂度调整,应按与基准索股若即若离的原则进行。

d. 垂度调整允许误差:基准索股中跨跨中为±1/20000跨径;边跨跨中为中跨跨中的2倍;上下游基准索股高差10 mm;一般索股(相对于基准索股)为-5～10 mm。

e. 调整合格的索股不得在鞍槽内滑移。索股锚头入锚后应进行临时锚固。索股应设一定的抬高量,抬高量宜为200～300 mm,并做好编号标志。

f. 索力的调整应以设计提供的数据为依据,其调整量应根据调整装置中测力计的读数和锚头移动量双控确定。实际拉力与设计值之间的允许误差应为设计锚固力的3%。

2) 主缆防护

首先,主缆防护应在桥面铺装完成后进行。防护前必须清除主缆表面灰尘、油污和水分等,并设置临时覆盖。待涂装及缠丝时再揭开临时覆盖。其次,主缆涂装应均匀,严禁遗漏。涂装材料应具有良好的防水密封性和防腐性,并应保持柔软状态,不硬化、不脆裂、不霉变。最后,缠丝作业宜在二期恒载作用于主缆之后进行,缠丝材料以选用软质镀锌钢丝为宜。钢丝缠绕应紧密均匀,缠丝张力应符合设计要求。缠丝作业应由电动缠丝机完成。

4. 加劲梁架设

悬索桥的加劲梁一般采用钢结构,早期以钢桁梁为主,个别中小跨度的悬索桥采用钢板梁。由于钢板梁的抗风性能不佳,自采用钢板梁的美国塔科马老桥被风振毁后,世界各国在较大跨度的悬索桥中不再采用钢板梁。

1) 加劲梁断面形式

现阶段,加劲梁主要有钢桁梁(桁架式加劲梁)和钢箱梁(钢箱式加劲梁)两类。

钢箱梁的抗风性能较好,风阻吸收仅为钢桁梁的 $1/4 \sim 1/2$,且耗钢量较少;钢桁梁在双层桥面的适应性方面远较钢箱梁优越,适用于交通量较大、公铁两用或其他特殊条件下的悬索桥。

例如,英国的赛文桥,丹麦的小贝尔特桥,土耳其的博斯普鲁斯一桥、博斯普鲁斯二桥,英国的亨伯尔桥,我国的虎门大桥、西陵长江道路大桥、江阴长江道路大桥、厦门海沧大桥、宜昌长江公路大桥、武汉阳逻长江道路大桥、舟山西堠门大桥、广州珠江黄浦大桥等都采用了钢箱梁;而重庆奉节长江大桥,贵州坝陵河大桥、北盘江大桥,湖北的四渡河大桥,湖南矮寨大桥等都采用了钢桁梁。

与一般钢桥相同,钢桁梁或钢箱梁均在工厂内制造,运输到现场后通过节段间现场连接的方法成桥。加劲梁的制造节段长度一般与钢桁梁的节间长度或其纵向吊索间距相同。

2) 加劲梁架设安装顺序

加劲梁的架设安装顺序主要有两种形式:一种是从主跨跨中及两侧桥台向索塔的两侧推进;另一种是从索塔两侧分别向主跨、跨中及两侧桥台推进。拼装顺序应能保证塔顶纵向位移尽可能较小,梁段的竖向变位起伏小,并有利于抗风稳定。

美国旧金山—奥克兰海湾大桥和维拉扎诺桥采用的是前一种顺序,而金门大桥和麦基纳克桥采用的是后一种顺序;欧洲多数桥梁(赛文桥、博斯普鲁斯海峡大桥、亨伯尔桥等)采用前一种顺序;在日本,除白鸟大桥外,几乎全部采用后一种顺序。

随着悬索桥施工实践的日益增多,加劲梁架设顺序也在不断发展。例如,日本的明石海峡大桥分别采用两种顺序进行架设。但无论采用哪种架设顺序,均须考虑主缆变形对加劲梁线形(高程)的影响,应在施工前尽可能先做模型试验与必要的计算分析,再结合各桥的特点加以确定。

3) 缆载吊机

加劲梁架设的主要工具是缆载吊机,其由主梁、端梁及各种运行提升机构组成。缆载吊机横跨并支承在两主缆上,其主梁跨度即为两主缆的中心距。

梁段用驳船浮运到安装位置的下方,提升梁上的卷扬机,放下提升钢丝绳。钢丝绳通过平衡梁与加劲梁节段连接。卷扬机将梁段提升到吊索位置后,将吊索下端与梁段上的吊点连接,同时,将本段梁段与相邻梁段临时铰接,然后松开平衡梁,本梁段即吊装完毕。

主缆是柔索结构,当只有部分梁段悬吊在主缆上时挠度很大,已吊装的加劲梁将产生很大的弯曲变形。如果梁段吊装到位后即与相邻梁段连接,则加劲梁将承担很大的弯曲应力,容易造成结构破坏。

为此,梁段吊装到位后只在上缘与相邻梁段形成铰接,下缘在吊装期间张开。随着吊装梁段的增加,主缆的局部挠度减小,加劲梁下缘的间隙逐渐闭合,待梁段全部吊装完成或大部分完成后,在相邻节段间永久固结连接。此时,加劲梁恒荷载完全由主缆承担,加劲梁只承担节段内的局部弯矩。

5. 施工阶段线形及内力控制

悬索桥施工过程中必须对塔柱弯矩、主缆线形及加劲梁线形加以控制,以使成桥时塔柱基本只承担竖向力,主缆线形达到道路线形要求。

在空缆状态下,主缆无论在中跨还是在边跨均为悬链线,当加劲梁安装完毕后,恒载接近于均布荷载,主缆线形接近于二次抛物线。在两种线形之间转换时,主缆将向中跨移动,因此,塔顶的索鞍在加劲梁架设期间,必须可以在纵桥向移动,待架设完毕后再与塔顶固结。

主缆的长度是从成桥状态考虑成桥温度后,用无应力法计算得到的。再根据索股在主缆中的位置计算索股的长度,编索时先确定标准丝的长度,其余钢丝按照标准丝定长度。

空缆的形状根据缆索的总长及中跨与边跨主缆水平分力相等的原则确定。空缆线形与成桥线形比较后可以得到索鞍在架设期间移动的距离。有了空缆线形后即可进行加劲梁吊装过程模拟计算,从而得到吊装过程中主缆、加劲梁的线形控制值,结果将用于现场操作控制。

现场控制时将现场实测值与计算值比较,控制架设精度。

以上计算都必须考虑几何非线性效应,现在一般通过基于有限位移法的计算机程序进行计算,同时,考虑实测温度与计算温度差的补偿。

第 14 章　桥面系及附属工程施工技术

14.1　桥面系施工

14.1.1　排水设施

桥面雨水通过横坡排入泄水管,然后由泄水管把水排出桥面。

(1) 泄水管的安装,宜在浇筑主梁时预留孔洞,在做桥面铺装时一起埋入。施工时注意进水口四周和铺装层要做严实,泄水管壁和防水层衔接处要做好防水,防止雨水渗入结构层。

(2) 汇水槽、泄水口顶面高程应低于桥面铺装层 10~15 mm。

(3) 泄水管下端至少应伸出构筑物底面 100~150 mm。泄水管宜通过竖向管道直接引至地面或雨水管线,其竖向管道应采用抱箍、卡环定位卡等预埋件固定在结构物上。

(4) 泄水管安装应牢固可靠,与铺装层及防水层之间应结合密实,无渗漏现象;金属泄水管应进行防腐处理。

(5) 桥面泄水口位置允许偏差应符合规定。

14.1.2　桥面防水层

桥面的防水层通常设置在行车道铺装层下,它将透过铺装层渗入的雨水汇积到排水设施排出,防止雨水渗入主梁中引起钢筋的锈蚀。桥面防水层有涂膜防水层、卷材防水层及防水黏结层等几种类型。

1. 一般规定

(1) 桥面应采用柔性防水,不宜单独铺设刚性防水层。桥面防水层使用的涂料、卷材、胶黏剂及辅助材料必须符合环保要求。

(2) 为防止基层混凝土继续水化,造成防水层黏结不牢,或基层混凝土继续干缩开裂导致防水层开裂,规定桥面防水层应在现浇桥面结构混凝土或垫层混凝土达到设计要求强度,经验收合格后方可施工。

(3) 桥面防水层应直接铺设在混凝土表面上,不得在两者间加铺砂浆找平层。

(4) 防水基层面应坚实、平整、光滑、干燥,阴、阳角处应按规定半径做成圆弧。施工防水层前应将浮尘及松散物质清除干净,并应涂刷基层处理剂。基层处理剂应使用与卷材或涂料性质配套的材料。涂层应均匀、全面覆盖,待渗入基层且表面干燥后方可施作卷材或涂膜防水层。

(5) 防水卷材和防水涂膜均应具有高延伸率、高抗拉强度、良好的弹塑性、耐高温和低温与抗老化性能。防水卷材及防水涂料应符合国家现行标准和设计要求。

(6) 桥面采用热铺沥青混合料作磨耗层时,应使用可耐140~160 ℃高温的高聚物改性沥青等防水卷材及防水涂料。

(7) 桥面防水层应采用满贴法。防水层总厚度和卷材或胎体层数应符合设计要求。缘石、地袱、变形缝、汇水槽和泄水口等部位应按设计和防水规范的细部要求,作局部加强处理。防水层与汇水槽泄水口之间必须黏结牢固、封闭严密。

(8) 防水层完成后应加强成品保护,防止压破、刺穿、划痕损坏防水层,经验收合格后,及时铺设桥面铺装层。

(9) 防水层严禁在雨天、雪天和5级(含)以上大风天气施工。气温低于-5 ℃时不宜施工。

2. 桥面防水施工安全技术

(1) 防水工必须经专业培训,持证上岗。

(2) 防水材料应存放在专用库房,严禁烟火并有醒目的标志和防火措施。

(3) 作业时操作人员应穿软底鞋、工作服应扎紧袖口,并佩戴手套和鞋盖。涂刷处理剂和黏结剂时必须戴防护口罩和防护眼镜。

(4) 患有皮肤病、眼病和因刺激过敏者不得参加防水作业。施工中发生恶心、头晕、过敏等应停止作业。

(5) 装卸盛溶剂(如苯、汽油等)的容器,必须配软垫,搬运时不得猛推、猛撞。取用溶剂后,容器盖必须及时盖严。

(6) 清洗工具未用完的溶剂必须装入容器,并将盖盖严。

(7) 防水卷材采用热熔黏结时,现场应配有灭火器材,周围 30 m 范围内不得有易燃物。

(8) 严禁非作业人员进入防水作业区,涂料作业操作人员应站位于上风向,且不得在雨雪和 5 级(含)以上大风天气操作。

(9) 热沥青防水作业应遵守下列规定。

①热沥青宜由沥青加工厂配置。

②现场熬制沥青应遵守关于熬制沥青区域的相关规定。

③热沥青防水施工必须纳入现场用火管理范畴,用火作业前必须申报,经消防管理人员检查,确认现场消防安全措施落实,并签发用火证后,方可进行用火作业;作业后,必须熄火,确认安全后,作业人员方可离开现场。

④装运热沥青不得超过容器盛装量的 2/3。

⑤使用喷灯时应清除作业场地内的易燃物,并按消防部门的规定配备消防器材。

⑥高温天气不宜作业。

⑦作业人员必须按规定佩戴防护用品。

(10) 在桥下有社会交通时,桥面防水施工中,应在桥下设防护区,并设专人疏导交通。

3. 涂膜防水层施工

(1) 基层处理剂干燥后,方可涂防水涂料,铺贴胎体增强材料。涂膜防水层应与基层黏结牢固。

(2) 涂膜防水层的胎体材料,应顺流水方向搭接,搭接宽度长边不得小于 50 mm,短边不得小于 70 mm,上下层胎体搭接缝应错开 1/3 幅宽。

(3) 下层干燥后,方可进行上层施工。每一涂层应厚度均匀、表面平整。

4. 卷材防水层施工

防水层所用的沥青,其软化点应较基层及防水层周围介质的可能最高温度高出 20～25 ℃,但不低于 40 ℃。

(1) 胶黏剂应与卷材和基层处理剂相互匹配进场后应取样检验合格后方可使用。

(2) 基层处理剂干燥后,方可涂胶黏剂,卷材应与基层黏结牢固,各层卷材之间也应相互黏结牢固。卷材铺贴应不皱、不折。

(3) 卷材应顺桥方向铺贴,应自边缘最低处开始,顺流水方向搭接,长边搭接宽度宜为 70~80 mm,短边搭接宽度宜为 100 mm,上下层搭接缝错开距离应不小于 300 mm。

5. 防水黏结层施工

(1) 防水黏结材料的品种、规格、性能应符合设计要求和国家现行标准规定。

(2) 黏结层宜采用高黏度的改性沥青、环氧沥青防水涂料。

(3) 防水黏结层施工时的环境温度和相对湿度应符合防水黏结材料产品说明书的要求。

(4) 施工时严格控制防水黏结层材料的加热温度和洒布温度。

6. 桥面防水层质量要求

(1) 混凝土桥面防水层黏结质量和施工允许偏差应符合规定。

(2) 钢桥面防水黏结层质量应符合规定。

(3) 防水材料铺装或涂刷外观质量和细部做法应符合下列要求。

① 卷材防水层表面平整,不得有空鼓、脱层、裂缝、翘边、油包、气泡和皱褶等现象。

② 涂料防水层的厚度应均匀一致,不得有漏涂处。

③ 防水层与泄水口、汇水槽接合部位应密封,不得有漏封处。

14.1.3 桥面铺装层

桥面防水层经验收合格后应及时进行桥面铺装层施工。雨天和雨后桥面未干燥时,不得进行桥面铺装层施工。铺装层应在纵向 100 cm、横向 40 cm 范围内,逐渐降坡,与汇水槽、泄水口平顺相接。桥面铺装的常用构造层次有铺装层、防水层。

1. 沥青混合料桥面铺装层施工

(1) 沥青混凝土桥面铺装,应使用静作用压路机,严禁使用振动型压路机。

(2) 在水泥混凝土桥面上铺筑沥青铺装层应符合下列要求。

① 铺筑前应在桥面防水层上撒布一层沥青石屑保护层,或在防水黏结层上撒布一层石屑保护层,并用轻碾慢压。

②沥青铺装宜采用双层式底层,宜采用高温稳定性较好的中粒式密级配热拌沥青混合料,表层应采用防滑面层。

③铺装宜采用轮胎或钢筒式压路机碾压。

(3)在钢桥面上铺筑沥青铺装层应符合下列要求。

①铺装材料应防水性能良好;具有高温抗流动变形和低温抗裂性能;具有较好的抗疲劳性能和表面抗滑性能;与钢板黏结良好,具有较好的抗水平剪切、重复荷载和蠕变变形能力。

②因钢桥面在荷载和温度作用下变形较大,不适合施作卷材和涂膜防水。

③桥面铺装宜采用改性沥青,其压实设备和工艺应通过试验确定。

④在钢桥面上施作沥青混合料铺装层前应当除锈、除尘、除污;再做全面防腐喷涂;最后满涂防水黏结层。

⑤桥面铺装宜在无雨、少雾季节、干燥状态下施工。施工气温不得低于15 ℃。

⑥桥面铺筑沥青铺装层前应涂刷防水黏结层。涂防水黏结层前应磨平焊缝除锈、除污涂防锈层。

⑦采用浇筑式沥青混凝土铺筑桥面时,可不设防水黏结层。

(4)沥青混凝土桥面铺装面层允许偏差应符合规定。

(5)沥青混凝土桥面铺装层表面应坚实、平整,无裂纹、松散、油包、麻面。

2. 水泥混凝土桥面铺装层施工

(1)用于混凝土桥面的钢纤维应符合下列规定。

①单丝钢纤维抗拉强度不宜小于600 MPa。

②钢纤维长度应与混凝土粗骨料最大公称粒径相匹配,最短长度宜大于粗骨料最大公称粒径的1/3;最大长度不宜大于粗骨料最大公称粒径的2倍,钢纤维长度与标称值的允许偏差为±10%。

③宜使用经防蚀处理的钢纤维,严禁使用带尖刺的钢纤维。

④应符合《混凝土用钢纤维》(GB/T 39147—2020)的有关要求。

(2)钢纤维混凝土的配合比设计应符合下列规定。

①计算和确定水灰比应符合下列要求。

a. 以钢纤维混凝土配制28 d弯拉强度f_{cf}替换f_c,按要求计算出基体混凝土的水灰比。

b. 取钢纤维混凝土基体的水灰比计算值与规定值两者中的较小值。

②钢纤维掺量体积率宜在 0.60%～1.00%范围内初选,当板厚折减系数小时,体积率宜取上限;当长径比大时,宜取较小值;有锚固端者宜取较小值。

③查资料,初选单位用水量 W。

④钢纤维混凝土的单位水泥用量应按式(14.1)计算:

$$C_{of} = (C/W)W_{of} \qquad (14.1)$$

式中:C_{of} 为钢纤维混凝土的单位水泥用量,kg/m^3;W_{of} 为钢纤维混凝土的单位用水量,kg/m^3。

⑤钢纤维混凝土砂率宜在 38%～50%,也可按式(14.2)计算:

$$S_{pf} = S_p + 10P_f \qquad (14.2)$$

式中:S_{pf} 为钢纤维混凝土砂率,%;P_f 为钢纤维掺量体积率,%。

⑥砂石料用量可采用密度法或体积法计算。按密度法计算时,钢纤维混凝土单位质量可取 2450～2580 kg/m^3;按体积法计算时,应计入设计含气量。

(3)采用轨道摊铺机铺筑时,最小摊铺宽度不宜小于 3.75 mm,并应符合下列规定。

①应根据设计车道数按相关技术参数选择摊铺机。

②坍落度宜控制在 20～40 mm。不同坍落度时的松铺系数 K 可参考相关规定确定,并按此计算出松铺高度。

③当施工钢筋混凝土面层时,宜选用两台箱型轨道摊铺机分两层两次布料。下层混凝土的布料长度应根据钢筋网片长度和混凝土凝结时间确定,且不宜超过 20 m。

④振实作业应符合下列要求。

a. 轨道摊铺机应配备振捣器组,当面板厚度超过 150 mm、坍落度小于 30 mm 时,必须插入振捣。

b. 轨道摊铺机应配备振动梁或振动板对混凝土表面进行振捣和修整。使用振动板振动提浆饰面时,提浆厚度宜控制在 (4±1)mm。

⑤面层表面整平时,应及时清除余料,用抹平板完成表面整修。

(4)水泥混凝土桥面铺装面层允许偏差应符合规定。

(5)水泥混凝土桥面铺装面层表面应坚实、平整,无裂缝,并应有足够的粗糙度;面层伸缩缝应直顺,灌缝应密实。

3. 人行天桥塑胶混合料面层铺装

(1)塑胶面层铺装的物理机械性能应符合规定。

（2）人行天桥塑胶混合料的品种规格、性能应符合设计要求和国家现行标准的规定。

（3）施工时的环境温度和相对湿度应符合材料产品说明书的要求，风力超过 5 级（含）雨天和雨后桥面未干燥时，严禁铺装施工。

（4）塑胶混合料均应计量准确，严格控制拌和时间。拌和均匀的胶液应及时运到现场铺装。

（5）塑胶混合料必须采用机械搅拌，应严格控制材料的加热温度和洒布温度。

（6）人行天桥塑胶铺装宜在桥面全宽度内，两条伸缩缝之间，一次连续完成。

（7）塑胶混合料面层终凝之前严禁行人通行。

（8）人行天桥塑胶桥面铺装面层允许偏差应符合规定。

14.1.4　桥梁伸缩装置

1. 伸缩装置整体性能要求

伸缩装置整体性能要求根据相关规定。

2. 材料要求

1）钢材

伸缩装置中使用的钢材应满足如下要求。

（1）异型钢材应符合相关要求。

（2）钢材的性能要求应符合《优质碳素结构钢》（GB/T 699—2015）、《碳素结构钢》（GB/T 700—2006）、《低合金高强度结构钢》（GB/T 1591—2018）的规定，对异型钢材强度，当温度在 25～60 ℃时，应不低于 Q345C 钢材强度；当温度在 －40～60 ℃时，应不低于 Q345D 钢材强度，同时应采用冷纠直次数不超过两次的产品；其余钢材强度，当温度在 －25～60 ℃时，应不低于 Q235C 钢材强度；当温度在 －40～60 ℃时，应不低于 Q235D 钢材强度。

（3）异型钢材沿长度方向的直线度公差应满足 1.0 mm/m，全长直线度公差应满足 5 mm/10 m，扭曲度不大于 1/1000。

（4）异型钢材的技术要求、试验方法、检验规则、包装、标志及质量证明应符合《低合金高强度结构钢》(GB/T 1591—2018)的规定。

(5) 不允许使用焊接成型异型钢材。生产整体热轧成型或整体热轧机加工成型异型钢材的工厂应确保异型钢材的整体质量无内部缺陷后方可出厂。异型钢应按实际质量或公称质量交货,其实际质量与公称质量允许偏差为±5%。出厂时应提供该批钢材化学成分分析报告和力学性能检验报告。

(6) 异型钢材的外形、外观、孔口部位尺寸应满足设计图纸要求。

(7) 伸缩装置中使用的钢板、圆钢、方钢、角钢等应符合《热轧钢棒尺寸、外形、重量及允许偏差》(GB/T 702—2017)、《碳素结构钢和低合金结构钢热轧钢板和钢带》(GB/T 3274—2017)的规定。

(8) 伸缩装置中使用的不锈钢板应符合《公路桥梁板式橡胶支座》(JT/T 4—2019)有关规定。

(9) 沿海桥和跨海桥的伸缩装置使用的异型钢材,应采用 Q355NHD 钢,其余形式伸缩装置使用的钢材应采用 Q235NHD 钢其力学性能和质量要求应符合《耐候结构钢》(GB/T 4171—2008)的规定。

2) 橡胶

橡胶的物理机械性能应满足如下要求。

(1) 橡胶式伸缩装置、模数式伸缩装置中使用的密封带的橡胶的物理机械性能应满足相关要求。不允许使用再生胶或粉碎的硫化橡胶。

(2) 模数式伸缩装置使用的橡胶压紧支座、承压支座的橡胶的物理机械性能应满足相关要求。

(3) 模数式伸缩装置中使用的聚氨酯位移控制弹簧,其技术性能应满足相关要求。

3) 其他材料

伸缩装置中使用的黏结剂、聚四氟乙烯板材、硅脂等材料应符合《公路桥梁板式橡胶支座》(JT/T 4—2019)的规定。

3. 组装要求

(1) 组合式橡胶伸缩装置梳齿板式伸缩装置应在工厂进行试组装,模数式伸缩装置应在工厂进行组装。

(2) 组装前应对异型钢逐根进行检查,其基本断面尺寸应满足要求,并确保无质量隐患后方可使用。

(3) 模数式伸缩装置中使用多根异型钢,若需对接接长时,接头应设置在受力较小处,并错开布置,错开距离应不小于 80 mm,并应采用厚度大于 20 mm 的钢板加强。接缝处应按《焊缝无损检测 射线检测 第 1 部分:X 和伽玛射线的胶片技术》(GB/T 3323.1—2019)和《焊缝无损检测 超声检测 技术、检测等级和评定》(GB/T 11345—2013)的规定进行探伤,同时对异型钢材变形校正后,应消除内应力。行车道位置不设置接缝。

(4) 伸缩装置中使用的焊接件,其焊缝高度应满足设计要求,焊缝应采用活性气体保护焊(二氧化碳),焊缝不得出现裂纹、夹渣、未熔合和未填满弧坑,同时焊缝应避免太厚、错位和母材烧伤等缺陷,焊接技术应符合《气焊、焊条电弧焊、气体保护焊和高能束焊的推荐坡口》(GB/T 985.1—2008)和《工程机械焊接件通用技术条件》(JB/T 5943—2018)的规定。

(5) 伸缩装置待组装的部件,必须有工厂质检部门的合格标记,外购件或协作厂加工部件,应有合格证书方可进行组装,不合格构件不能进行装配。

(6) 在组装过程中,所用的螺栓、螺钉、垫片、不锈钢板、聚四氟乙烯板、弹性元件、支座等构件,必须清洁,不能有碰伤,螺栓、螺钉头部及螺母端面,应与被紧固零件的平面均匀接触,不能倾斜,也不能用锤敲击来达到均匀接触的目的。

(7) 伸缩装置使用锚固钢筋应符合《钢筋混凝土用钢 第 1 部分:热轧光圆钢筋》(GB/T 1499.1—2017)和《钢筋混凝土用钢 第 3 部分:钢筋焊接网》(GB/T 1499.3—2010)的规定,并满足设计要求。

(8) 除不锈钢板的滑动面和与混凝土的接触面外,凡待组装构件表面应平整、清洁,去除铁屑、毛刺、油污,除锈后均应进行有效防护处理。

(9) 模数式伸缩装置组装后,在伸缩装置完全压缩时的任意位置,在同一断面处,以两边梁顶面的平面为准,每根中梁顶面和边梁顶面相对高差应不大于±1.5 mm;每条缝宽度偏差应在±2 mm 范围内。平面总宽度的偏差,当伸缩量不大于 480 mm 时,应在±5 mm 范围内;当伸缩量大于 480 mm 且不大于 800 mm 时,应在±10 mm 范围内;当伸缩量大于 800 mm 时,应在±15 mm 范围内。

(10) 模数式伸缩装置在工厂组装时,经检测合格后,应按照用户提供的施工安装温度,确定其压缩量定位出厂。若用户未提供安装定位温度,可按最大伸缩量的 1/2 定位出厂。出厂时,吊装位置应用明显标志标明。

(11) 梳齿板式伸缩装置组装后,在伸缩范围内任一位置,同一断面处:当伸缩量不大于 80 mm 时,两边齿板高差,应小于等于 0.3 mm;当大于 80 mm 时,应小于等于 0.5 mm。在最大压缩量时,齿板间隙不小于 15 mm,横向间隙不小于 5 mm,在最大拉伸量时,齿板搭接长度不小于 30 mm。

4. 伸缩装置吊运

施工中应根据伸缩装置的质量及长度,选择适宜的运输车辆和吊装机械。运输超长伸缩装置前,应与道路交通管理部门研究运输方案,并经批准。

1）平板拖车运输

平板拖车运输时应注意以下事项。

（1）启动前应检查信号和指示装置、制动系统、轮胎气压等,确认正常。

（2）行驶中遇有上坡、下坡、凹坑、明沟或通过铁路道口时,应提前减速,缓慢通过,不得中途换挡,不得靠近路边、沟旁行驶,严禁下坡空挡滑行。

（3）在泥泞、冰雪道路上行驶应降低车速,必要时应采取防滑措施。

（4）通过危险地区、河道和狭窄道路、便桥、通道时,应先停车检查,确认可以通过后,由有经验的人员指挥通过。

（5）装卸车时应听从现场指挥人员的指令。

（6）停放时应熄火、制动,并锁闭车门。下坡停放应挂倒挡,上坡停放应挂一挡并将车轮揳紧。

（7）车辆临近基坑时,轮胎与基坑边距离应由坑深、土质和支护情况确定,且不得小于 1.5 m,并设牢固挡掩。

（8）运输超限物件时,应严格执行交通管理部门批准的方案,在规定时间内按规定路线行驶。超限部分,白天应挂边界标志,夜间应挂边界警示灯。

（9）装卸车时,车辆应停放在平坦坚实的路面上,机车、拖车均应制动,并将拖车轮胎揳紧。

（10）装卸机械搭设的跳板应坚实,与地面夹角:在装卸履带式起重机、挖掘机、压路机时,不得大于 15°;装卸履带式推土机、拖拉机时,不得大于 25°。雨、雪、霜冻天气应采取防滑措施。

（11）装卸能自行上下拖车的机械,应由机长或熟练的驾驶人员操作,并由熟悉机械性能的人统一指挥。上下车动作应平稳,不得在跳板上调整方向。

（12）机械装车后应制动所有制动器,锁定各保险装置,履带或车轮应揳紧,并绑扎牢固。

2）使用起重机吊装

使用起重机吊装时应注意以下事项。

(1) 作业前施工技术人员应了解现场环境、电力和通信等架空线路、附近建(构)筑物和被吊梁等状况,选择适宜的起重机,并确定对吊装影响范围的架空线、建(构)筑物采取挪移或保护措施。

(2) 现场及其附近有电力架空线路时应设专人监护。

(3) 作业场地应平整、坚实。地面承载力不能满足起重机作业要求时,必须对地基进行加固处理,并经验收确认合格。

(4) 吊装作业必须设信号工指挥。指挥人员必须检查吊索具、环境等状况,确认安全。

(5) 吊梁作业前应划定作业区,设护栏和安全标志,严禁非作业人员入内。

(6) 吊装时,吊臂、吊钩运行范围,严禁人员入内。

(7) 吊装中严禁超载。

(8) 吊装时应先试吊,确认正常后方可正式吊装。

(9) 现场配合吊梁的全体作业人员应站位于安全地方,待吊装和梁体离就位点距离 50 cm 时方可靠近作业,严禁位于起重机臂下。

(10) 吊装中遇地基沉陷、机体倾斜、吊具损坏或吊装困难等,必须立即停止作业,待处理并确认安全后方可继续作业。

(11) 构件吊装就位,必须待构件稳固后,作业人员方可离开现场。

(12) 遇大雨、大雪、大雾、沙尘暴和风力 6 级(含)以上等恶劣天气,不得进行露天吊装。

5. 伸缩装置安装一般规定

(1) 伸缩装置安装前应检查修正梁端预留缝的间隙,缝宽应符合设计要求,上下必须贯通,不得堵塞。伸缩装置应锚固可靠,浇筑锚固段(过渡段)混凝土时应采取措施防止堵塞梁端伸缩缝隙。

(2) 伸缩装置安装前应对照设计要求、产品说明,对成品进行验收,合格后方可使用。安装伸缩装置时应按安装时气温确定安装定位值,保证设计伸缩量。伸缩装置在安装时,应用 3 m 直尺检查其自身平整度和与桥面衔接的平整度,确保行车舒适度。

(3) 伸缩装置宜采用后嵌法安装,即先铺桥面层,再切割出预留槽,安装伸缩装置。

(4) 在施工过程中,施工人员需跨越伸缩缝时,应支搭临时便桥,并符合下列规定。

①施工机械、机动车与行人便桥宽度应据现场交通量、机械和车辆的宽度,在施工设计中确定:人行便桥宽不得小于 80 cm;手推车便桥宽不得小于 1.5 m;机动翻斗车便桥宽不得小于 2.5 m;汽车便桥宽不得小于 3.5 m。

②便桥两侧必须设不低于 1.2 m 的防护栏杆,其底部设挡脚板。栏杆挡脚板应安设牢固。

③便桥桥面应具有良好的防滑性能,钢质桥面应设防滑层。

④便桥两端必须设限载标志。

⑤便桥搭设完成后应经验收,确认合格并形成文件后,方可使用。

⑥在使用过程中,应随时检查和维护,保持完好。

6. 填充式伸缩装置施工

填充式伸缩装置适用于伸缩量 50 mm 以下的中小跨径桥梁。改性沥青填充型伸缩装置是由橡胶、塑料、沥青等为主的高分子聚合物与碎石拌和后,填充于桥梁伸缩缝槽口内而成的一种无缝伸缩装置。

该伸缩装置施工简便,行车平稳,防水可靠较适合于伸缩量小于 50 mm 的中、小桥。

(1) 预留槽宜为 50 cm 宽、5 cm 深,安装前预留槽基面和侧面应进行清洗和烘干。

(2) 梁端伸缩缝处应粘固止水密封条。

(3) 填料填充前应在预留槽基面上涂刷底胶,热拌混合料应分层摊铺在槽内并捣实。

(4) 填料顶面应略高于桥面,并撒布一层黑色碎石,用压路机碾压成型。

7. 橡胶伸缩装置安装

橡胶伸缩装置是以橡胶板作为跨缝材料。这种伸缩缝的构造简单,使用方便。常用橡胶伸缩装置有橡胶压块伸缩装置、板式合成橡胶伸缩装置(由合成橡胶加强板经硫化合成)及组合式橡胶伸缩装置(由橡胶板与钢托板组成)三种。

橡胶伸缩装置安装应符合下列规定。

(1) 安装橡胶伸缩装置应尽量避免预压工艺。橡胶伸缩装置在 5 ℃ 以下气温不宜安装。

(2) 安装前应对伸缩装置预留槽进行修整,使其尺寸、高程符合设计要求。

(3) 锚固螺栓位置应准确,焊接必须牢固。

(4) 伸缩装置安装合格后应及时浇筑两侧过渡段混凝土,并与桥面铺装接顺。每侧混凝土宽度不宜小于 0.5 m。

8. 齿形钢板伸缩装置施工

齿形钢板伸缩装置由齿形钢板、底层支承钢板、角钢和预埋锚固筋(件)焊接组成。

钢板伸缩缝以钢板作为跨缝材料,适用于梁端变形量在 40 mm 以上的情况。

齿形钢板伸缩装置施工应符合下列规定。

(1) 底层支承角钢应与梁端锚固筋焊接。

(2) 支承角钢与底层钢板焊接时,应采取防止钢板局部变形措施。

(3) 齿形钢板宜采用整块钢板仿形切割成型,经加工后对号入座。

(4) 安装顶部齿形钢板,应按安装时气温经计算确定定位值。齿形钢板与底层钢板端部焊缝应采用间隔跳焊,中部塞孔焊应间隔分层满焊。焊接后齿形钢板与底层钢板应密贴。

(5) 齿形钢板伸缩装置宜在梁端伸缩缝处采用 U 形铝板或橡胶板止水带防水。

9. 模数式伸缩装置施工

模数式伸缩装置必须在工厂组装,按照施工单位提供的施工安装温度定位后出厂,若施工安装温度有变化,一定要重心调整定位方可安装就位。

钢与橡胶组合的模数式伸缩装置是在条形橡胶伸缩装置的基础上发展起来的一种伸缩量大,结构较为复杂,但功能比较完善的一种伸缩装置,是通行高速路的桥梁主要使用的一种伸缩装置,主要由异型钢与各种截面形式的橡胶条组成。

模数式伸缩装置施工应符合下列规定。

(1) 模数式伸缩装置在工厂组装成型后运至工地,应按国家现行标准对成品进行验收,合格后方可安装。

(2) 伸缩装置安装时,其间隙量定位值应由厂家根据施工时气温在工厂完成,用定位卡固定。如须在现场调整间隙量应在厂家专业人员指导下进行,调整定位并固定后应及时安装。

(3) 伸缩装置应使用专用车辆运输,按厂家标明的吊点进行吊装,防止变形。现场堆放场地应平整,并避免雨淋暴晒和防尘。

(4)安装前应按设计和产品说明书要求,检查锚固筋规格和间距、预留槽尺寸,确认符合设计要求,并清理预留槽。

(5)分段安装的长伸缩装置须现场焊接时,宜由厂家专业人员施焊。

(6)伸缩装置中心线与梁段间隙中心线应对正重合。伸缩装置顶面各点高程应与桥面横断面高程对应一致。

(7)伸缩装置的边梁和支承箱应焊接锚固,并应在作业中采取防止变形措施。

(8)过渡段混凝土与伸缩装置相接处应粘固密封条。

(9)混凝土达到设计强度后,方可拆除定位卡。

10. 伸缩装置安装质量要求

(1)伸缩装置安装时,焊接质量和焊缝长度应符合设计要求和规范规定,焊缝必须牢固,严禁用点焊连接。大型伸缩装置与钢梁连接处的焊缝应做超声波检测。

(2)伸缩装置锚固部位的混凝土强度应符合设计要求,表面应平整,与路面衔接应平顺。

(3)伸缩装置安装允许偏差应符合规定。

(4)伸缩装置应无渗漏、无变形,伸缩缝应无阻塞。

14.1.5 地栿、缘石、挂板

地栿、缘石、挂板等不仅关系到桥梁整体线形的美观,而且城市桥梁工程的地栿、挂板施工通常为高处作业,施工安全十分重要。

(1)地栿施工前,必须在桥外侧搭设作业平台,其宽度不得小于1 m,并应遵守下列规定。

①作业平台的脚手架必须铺满、铺稳。

②作业平台临边作业必须设防护栏杆,并应遵守下列规定。

a. 防护栏杆应由上、下两道栏杆和栏杆柱组成,上杆离地高度应为1.2 m,下杆离地高度应为50~60 cm。栏杆柱间距应经计算确定,且不得大于2 m。

b. 杆件的规格与连接应符合下列要求。

(a)木质栏杆上杆梢径不得小于7 cm,下杆梢径不得小于6 cm,栏杆柱梢径不得小于7.5 cm,并以不小于12号的镀锌钢丝绑扎牢固,绑丝头应顺平向下。

(b) 钢筋横杆上杆直径不得小于 16 mm,下杆直径不得小于 14 mm,栏杆柱直径不得小于 18 mm,采用焊接或镀锌钢丝绑扎牢固,绑丝头应顺平向下。

(c) 钢管横杆、栏杆柱均应采用直径 48×(2.75～3.5)mm 的管材,以扣件固定或焊接牢固。

c. 栏杆柱的固定应符合下列要求。

(a) 在基坑四周固定时,可采用钢管并锤击沉入地下不小于 50 cm 深。钢管离基坑边沿的距离,不得小于 50 cm。

(b) 在混凝土结构上固定,采用钢质材料时可用预埋件与钢管或钢筋焊牢;采用木栏杆时可在预埋件上焊接 30 cm 长的 50 mm×5 mm 角钢,其上、下各设一孔,以直径 10 mm 螺栓与木杆件拴牢。

(c) 在砌体上固定时,可预先砌入规格相适应的设预埋件的预制块,并按要求进行固定。

d. 栏杆的整体构造和栏杆柱的固定,应使防护栏杆在任何处能承受任何方向的 1000 N 外力。

e. 防护栏杆的底部必须设置牢固的、高度不低于 18 cm 的挡脚板。挡脚板下的空隙不得大于 1 cm。挡脚板上有孔眼时,孔径不得大于 2.5 cm。

f. 高处临街的防护栏杆应加挂安全网,或采取其他全封闭措施。

③ 上下作业平台必须设安全梯、斜道等攀登设施,并符合下列要求。

a. 采购的安全梯应符合现行国家标准。

b. 现场自制安全梯应符合下列要求。

(a) 梯子结构必须坚固,梯梁与踏板的连接必须牢固;梯子结构应根据材料性能进行受力验算,经计算确定。

(b) 攀登高度不宜超过 8 m;梯子踏板间距宜为 30 cm,不得缺档;梯子净宽宜为 40～50 cm;梯子工作角度宜为 75°±5°。

(c) 梯脚应置于坚实基面上,放置牢固,不得垫高使用。梯子上端应有固定措施。

(d) 梯子须接长使用时,必须有可靠的连接措施,且接头不得超过一处。连接后的梯梁强度刚度,不得低于单梯梯梁的强度、刚度。

c. 采用固定式直爬梯时,爬梯应用金属材料制成。梯宽宜为 50 cm,埋设与焊接必须牢固。梯子顶端应设 1.0～1.5 m 高的扶手。攀登高度超过 7 m 的部分宜加设护笼;超过 13 m 时,必须设梯间平台。

d. 人员上下梯子时，必须面向梯子，双手扶梯；梯子上有人时，其他人不宜上梯。

e. 采用斜道（马道）时，脚手架必须置于坚固的地基上，斜道宽度不得小于1 m，纵坡坡度不得大于1∶3，支搭必须牢固。

（2）地栿、缘石、挂板应在桥梁上部结构混凝土浇筑支架卸落后施工，其外侧线形应平顺，伸缩缝必须全部贯通，并与主梁伸缩缝相对应。

（3）安装预制石材、地栿、缘石、挂板，应与梁体连接牢固。

（4）尺寸超差和表面质量有缺陷的挂板不得使用。挂板安装时，直线段宜每20 m设一个控制点，曲线段宜每3～5 m设一个控制点，并应采用统一模板控制接缝宽度，确保外形流畅、美观。

（5）预制地栿、缘石、挂板允许偏差应符合规定；安装允许偏差应符合规定。

（6）地栿、缘石、挂板等水泥混凝土构件不得有孔洞、露筋、蜂窝、麻面、缺棱、掉角等缺陷；安装的线形应流畅平顺。

14.1.6　防护设施

栏杆、防撞、隔离设施首先具有安全防护功能要求安装、连接牢固；同时在城市桥梁中其观感美也不容忽视。

1. 栏杆

栏杆常用混凝土、钢筋混凝土、金属或金属与混凝土混合材料制作，从形式上可以分为节间式与连接式；按栏杆的实用性目的可分为人行栏杆和防撞栏杆（防撞护栏）两种。

（1）预制栏杆安装应随安装随固定，并在内侧桥面上设安全标志。混凝土预制栏杆应待砂浆达到规定强度方可拆除标志；钢制栏杆应焊接牢固后方可拆除标志。

（2）现浇混凝土和圬工砌体栏杆，在混凝土和砂浆达到设计规定强度前应在内侧桥面上设立并保持安全标志。

（3）组焊加工的金属栏杆安装前，应将毛刺磨平。栏杆焊接必须由电焊工进行，且作业点及其下方10 m范围内不得堆放易燃、易爆物。

（4）不锈钢栏杆焊制应遵守下列规定。

①不锈钢焊工除应具备电焊工的安全操作技能外，必须熟练地掌握氩弧焊、等离子切割、不锈钢酸洗钝化等方面的安全防护和操作技能。

②不锈钢焊接采用"反接极",即工件接负极,必须确认焊机的正负极性后方可操作,不得误接。

③停止作业时必须将焊条头取下或将焊把挂起,严禁乱放,造成焊条药皮脱落。

④使用砂轮打磨焊缝坡口和清除焊渣前,必须经检查确认机具完好,砂轮片安装牢固;操作人员必须戴护目镜。

⑤氩弧焊应符合下列要求。

a. 手工钨极氩弧焊,电源应采用直流正接,工件接正,钨极接负。

b. 用交流钨极氩弧焊机焊接,应采用高频为稳弧措施,并应采取防止高频电磁场刺激操作人员双手的措施。

c. 加工场所必须有良好的自然通风或换气装置,露天作业时操作人员应位于上风向,并应间歇作业。

⑥打磨钨极棒时,必须戴防护口罩和护目镜,接触钨极棒的手必须及时清洗,钨极棒必须存放在有盖的铅盒内,由专人保管。

⑦酸洗和钝化应符合下列要求。

a. 操作人员必须穿防酸工作服和胶鞋,戴防护口罩、护目眼镜、乳胶手套。

b. 酸洗钝化作业中使用钢丝刷子刷焊缝时,应由里向外刷,不得来回刷。

c. 氢氟酸等化学物品必须妥善保管,有严格领料手续。

d. 酸洗钝化后的废液必须经专门处理,严禁乱倒。

e. 患呼吸系统疾病者,不宜从事酸洗操作。

⑧等离子切割必须符合氩弧焊的安全操作规定,焊弧停止后不得立即检查焊缝。

(5)栏杆块件必须在人行道板铺设完毕后方可安装。安装立柱时必须全桥对直、校平(弯桥、坡桥要求平顺),竖直后,用水泥砂浆填缝固定。

(6)采用钢管作为栏杆或扶手时,钢管应在工厂内进行除锈处理,拼装焊接后应补涂防锈底漆,再统一涂刷面漆。

2. 波形梁钢护栏

(1)波形梁钢护栏组成。波形梁钢护栏由波形梁板、立柱、端头、紧固件、防阻块等构件组成。

(2)加工要求。

①波形梁板一般宜采用连续辊压成形。

②变截面波形梁板采用液压冷弯成形时,每块波形梁板应一次压制完成,不得分段压制。采用连续辊压成形的等截面波形梁板进一步加工成变截面板时,应采用液压冷弯成形,不得采用冲压方式加工。

③波形梁板上的螺栓孔,应定位准确,每一端部的所有拼接螺孔应一次冲孔完成。

④钢护栏端头应采用模压成形。

⑤安装于曲线半径小于70 m路段的钢护栏,其波形梁板应根据曲线半径的大小加工成相应的弧线形。

(3)波形梁护栏可采用预留孔插入或地脚螺栓和桥面板连接。采用预留孔插入,立柱埋在混凝土中不小于40 cm。为了适应养护、更换,在条件允许的情况下,宜采用抽换式护栏立柱。波形梁通过拼接螺栓相互拼接,并由连接螺栓固定于立柱或防阻块上,拼接时应先利用长圆螺栓孔把线形调整平顺后,再拧紧螺栓。

3. 组合式护栏

组合式护栏是钢筋混凝土墙式护栏和金属梁柱式护栏的组合形式。它兼具墙式护栏坚固和梁柱式护栏美观的优点,被广泛用于我国汽车专用公路桥梁上。

组合式桥梁护栏的构造:钢筋混凝土护栏顶部预埋钢板和螺栓,用以连接混凝土护栏上的铸钢支承架,支承架按一定间距布置,中间穿有钢管。

组合式护栏施工可采取现浇法,也可采用预制件。现浇护栏要保证模板位置准确和足够的刚度;混凝土浇筑要连续,每节护栏一次浇完,不得间断;振捣、养护要充分;护栏和桥面板的联结要牢固;预埋件位置要正确。

预制护栏构件安装前,应先精确放样定位,在桥面板上预留传力钢筋。安装过程中应使每块护栏构件的中线与桥梁中线一致。吊装时不得损坏构件的边角。就位的同时,应坐浆平稳、高程一致,和传力钢筋准确连接。

4. 护轮安全带

护轮安全带可以做成预制块件安装或与桥面铺装层一起现浇。预制的安全带块件有矩形截面和肋板截面两种,以矩形截面最为常用。现浇的安全带宜每隔2.5~3 m做断缝,以避免与主梁的收缩不一致而被拉裂。

预制块件若采用人工搬运安装,每个块件的安装质量最大应不超过200 kg。安装前要精确放样,弯桥、坡桥要注意线形的平顺。块件必须坐浆安装,要落位准确,全桥对直,安装后线条直顺、整齐、美观。路缘石一般宽 8~35 cm,与安全带相类似,其施工的方法和工艺要求亦与护轮带相同。

5. 防护设施施工质量要求

(1) 栏杆和防撞、隔离设施应在桥梁上部结构混凝土的浇筑支架卸落后施工,其线形应流畅、平顺,伸缩缝必须全部贯通,并与主梁伸缩缝相对应。

(2) 防护设施采用混凝土预制构件安装时,砂浆强度应符合设计要求,当设计无规定时,宜采用 M20 水泥砂浆。

(3) 预制混凝土栏杆采用榫槽连接时,安装就位后应用硬塞块固定,灌浆固结。硬塞块拆除时,灌浆材料强度不得低于设计强度的 75%。采用金属栏杆时,焊接必须牢固,毛刺应打磨平整,并及时防锈防腐。

(4) 防撞墩必须与桥面混凝土预埋件、预埋筋连接牢固,并应在施作桥面防水层前完成。

(5) 护栏、防护网宜在桥面、人行道铺装完成后安装。

(6) 预制混凝土栏杆允许偏差应符合规定。栏杆安装允许偏差应符合规定。

(7) 防撞护栏、防撞墩、隔离墩允许偏差应符合规定。

(8) 防护网安装允许偏差应符合规定。

14.1.7　人行道

桥面人行道顶面一般高出桥面 25~30 cm,是用路缘石或护栏及其他类似设施加以分隔,供人行走。在实际使用中,桥面人行道的构造多种多样。

人行道按施工方法的不同,分为就地浇筑式、预制装配式、装配现浇混合式;按人行道安装在主梁上的位置分为搁置式和悬臂式;按预制块件分为整体式和分块式。

1. 料石与预制砌块铺砌人行道面层

(1) 料石应表面平整、粗糙,色泽、规格、尺寸应符合设计要求,其抗压强度不宜小于 80 MPa,且应符合相关要求。料石加工尺寸允许偏差应符合规定。

(2) 水泥混凝土预制人行道砌块的抗压强度应符合设计规定,设计未规定时,不宜低于 30 MPa。砌块应表面平整、粗糙、纹路清晰棱角整齐,不得有蜂窝、露石、脱皮等现象;彩色道砖应色彩均匀。预制人行道砌块加工尺寸与外观质量允许偏差应符合规定。

(3) 料石、预制砌块宜由预制厂生产，并应提供强度、耐磨性能试验报告及产品合格证。

(4) 预制人行道料石、砌块进场后，应经检验合格后方可使用。

2. 沥青混合料铺筑人行道面层

(1) 施工中应根据场地环境条件选择适宜的沥青混合料摊铺方式与压实机具。

(2) 沥青混凝土铺装层厚应不小于 3 cm，沥青石屑沥青砂铺装层厚应不小于 2 cm。

(3) 压实度应不小于 95%。表面应平整，无明显轮迹。

3. 人行道铺筑质量要求

人行道铺装允许偏差应符合《公路工程质量检验评定标准 第一册 土建工程》(JTG F80/1—2017)(以下称《评定标准》)规定。

14.2　附属结构施工

14.2.1　隔声和防眩装置

1. 隔声装置安装

隔声装置是城市桥梁工程为符合国家环保法规及各城市地方环保法规所采取的防护措施，声屏障所用材质与单体构件的结构形式、外形尺寸、隔声性能应能符合设计要求。隔声屏按质轻、牢固、抗风、透明的原则选用。

(1) 隔声装置应在基础混凝土达到设计强度后，方可安装。施工中应加强产品保护，不得损伤隔声板及其防护涂层。

(2) 声屏障加工与安装应符合下列规定。

①声屏障的加工模数宜由桥梁两伸缩缝之间长度而定。

②声屏障必须与钢筋混凝土预埋件牢固连接。

③声屏障应连续安装，不得留有间隙，在桥梁伸缩缝部位应按设计要求

处理。

④安装时应选择桥梁伸缩缝一侧的端部为控制点依序安装。

⑤5级(含)以上大风时,不得进行声屏障安装。

(3) 砌体声屏障施工应符合下列规定。

①施工中的临时预留洞净宽度应不大于1 m。

②当砌体声屏障处于潮湿或有化学侵蚀介质环境中时,砌体中的钢筋应采取防腐措施。

(4) 金属声屏障施工应符合下列规定。

①焊接必须符合设计要求和国家现行有关标准的规定。焊接不能有裂缝、夹渣、未熔合和未填满弧坑等缺陷。

②基础为砌体或水泥混凝土时,其施工应符合有关规定。

③屏体与基础的连接应牢固。

④采用钢化玻璃屏障时,其力学性能指标应符合设计要求。屏障与金属框架应镶嵌牢固、严密。

(5) 声屏障安装允许偏差应符合规定。

2. 防眩板安装

(1) 防眩板的材质规格、防腐处理、几何尺寸及遮光角应符合设计要求。

(2) 防眩板应由有资质的工厂加工,镀锌量应符合设计要求。防眩板表面应色泽均匀,不得有气泡、裂纹、疤痕、端面分层等缺陷。

(3) 防眩装置应在基础混凝土达到设计强度后,方可安装。施工中应加强产品保护,不得损伤防眩板面及其防护涂层。

(4) 防眩板安装应位置准确,焊接或栓接应牢固。

(5) 防眩板与护栏配合设置时,混凝土护栏上预埋件连接件的间距宜为50 cm。

(6) 防眩装置在安装时应保持其连续性,如其出现断档、间隙,会降低其功效性。

(7) 防眩板安装应与桥梁线形一致,防眩板的荧光标识面应迎向行车方向,板间距、遮光角应符合设计要求。

(8) 施工中不得损伤防眩板的金属镀层,出现损伤应在24 h之内进行修补。

(9) 防眩板安装允许偏差应符合《评定标准》规定。

14.2.2 梯道制作与安装

(1) 梯道平台和阶梯顶面应平整,不得反坡造成积水。

(2) 混凝土梯道抗磨、防滑设施应符合设计要求。抹面贴面面层与底层应黏结牢固。

(3) 混凝土梯道、钢梯道梁制作以及钢梯道安装允许偏差应符合《评定标准》规定。

14.2.3 桥头搭板

桥头搭板是防止桥头跳车的设施,因此现浇搭板的基底压实度应符合要求,预制搭板的安装应稳固,而且搭板与路面衔接处的平整度应保证,防止桥头跳车现象外移。

(1) 现浇和预制桥头搭板,应保证桥梁伸缩缝贯通、不堵塞,且与地梁、桥台锚固牢固。

(2) 现浇桥头搭板基层应平整、密实,在砂土上浇筑应铺 3~5 cm 厚水泥砂浆垫层。

(3) 预制桥头搭板安装时应在与地梁、桥台接触面铺 2~3 cm 厚水泥砂浆,搭板应安装稳固不翘曲。预制板纵向留灌浆槽,灌浆应饱满砂浆达到设计强度后方可铺筑路面。

(4) 桥头搭板允许偏差应符合《评定标准》规定。

(5) 混凝土搭板、枕梁不得有蜂窝、露筋,板的表面应平整,板边缘应直顺。

(6) 搭板、枕梁支承处接触严密、稳固,相邻板之间的缝隙应嵌填密实。

14.2.4 防冲刷结构

(1) 防冲刷结构的基础埋置深度及地基承载力应符合设计要求。护坡、护岸、海堤等结构厚度应满足设计要求。

(2) 干砌护坡时,护坡土基应夯实达到设计要求的压实度。砌筑时应纵横挂线,按线砌筑。须铺设砂砾垫层时,砂粒料的粒径不宜大于 5 cm,含砂量不宜超过 40%。施工中应随填随砌,边口处应用较大石块,砌成整齐坚固的封边。

(3) 栽砌卵石护坡应选择长径扇形石料,长度宜为 25~35 cm。卵石应垂直于斜坡面,长径立砌,石缝错开。基脚石应浆砌。

(4)栽砌卵石海墁,宜采用横砌方法,卵石应相互咬紧,略向下游倾斜。

(5)锥坡、护坡、护岸允许偏差应符合《评定标准》规定。

(6)导流结构允许偏差应符合《评定标准》规定。

14.2.5 照明

(1)电力电缆的敷设、径路数量埋设、防护、弯曲半径、电缆径端及电缆头的制作应符合设计要求及《电气装置安装工程 电缆线路施工及验收标准》(GB 50168—2018)中的有关规定。

(2)电缆终端与电气装置的连接应符合《电气装置安装工程 母线装置施工及验收规范》(GB 50149—2010)中的有关规定。

(3)照明器和亮度传感器的类别、规格、适用场所、有效范围、数量、位置、安装间距、安装质量等应符合要求。

(4)检查设备的规格、型号是否与设计要求相符;三证是否齐全;外观是否完好;配件、附件、备件是否齐全。

(5)路灯灯杆的安装位置应正确,灯杆偏离中心线应不超过50 mm。灯杆安装应牢固、垂直,悬臂伸向交通流方向。灯杆的维修门应不设置在靠近交通流的一侧。安装完毕后,底座法兰和固紧螺栓应用水泥砂浆包封。

(6)照明控制箱或配电箱的安装应符合设计要求及《电气装置安装工程盘、柜及二次回路接线施工及验收规范》(GB 50171—2012)中的有关规定。

(7)照明控制箱或配电箱内各电气元件布置整齐合理、安装牢固、接线可靠、配线整齐美观,绝缘电阻值大于等于0.5 MΩ。

(8)可根据质量标准和设计文件、合同文件所规定的各项功能,要求对照明设备、供电电缆、照明控制设备的技术指标和功能进行逐项测试。

(9)金属灯杆、路灯控制箱、配电箱金属外壳的接地应牢固、良好,并符合设计要求。

(10)桥上灯柱必须与桥面系混凝土预埋件连接牢固,桥外灯杆基础必须坚实,其承载力应符合设计要求。

(11)照明设施安装允许偏差应符合《城市道路照明工程施工及验收规程》(CJJ 89—2012)的规定。

参 考 文 献

[1] 卜建清,严战友.道路桥梁工程施工[M].重庆:重庆大学出版社,2012.
[2] 程宗玉.城市道路桥梁灯光环境设计[M].北京:中国建筑工业出版社,2005.
[3] 方诗圣,李海涛.道路桥梁工程施工技术[M].武汉:武汉大学出版社,2013.
[4] 胡昌斌.道路与桥梁检测技术[M].北京:人民交通出版社,2007.
[5] 贾朝霞.道路与桥梁工程概论[M].北京:中国建筑工业出版社,2010.
[6] 蒋红,田万涛.道路与桥梁工程施工[M].北京:中国水利水电出版社,2010.
[7] 李栋国,张洪军.道路桥梁工程施工技术[M].武汉:武汉大学出版社,2014.
[8] 李世华.道路桥梁维修技术手册[M].北京:中国建筑工业出版社,2015.
[9] 芦国超,张汉军.道路与桥梁工程材料[M].北京:北京理工大学出版社,2013.
[10] 聂重军,黄琼.道路与桥梁工程概论[M].北京:中国建材工业出版社,2013.
[11] 彭盛涛,张凤春,孙小菊.道路桥梁工程理论及施工方法研究[M].北京:中国水利水电出版社,2016.
[12] 苏志忠.道路与桥梁工程概论[M].北京:人民交通出版社,2009.
[13] 孙家瑛.道路与桥梁工程材料[M].重庆:重庆大学出版社,2015.
[14] 天津市市政工程局.道路桥梁工程施工手册[M].中国建筑工业出版社,2003.
[15] 田海风.道路与桥梁工程概论[M].北京:化学工业出版社,2011.
[16] 王修山,王波.道路与桥梁施工技术[M].北京:机械工业出版社,2016.
[17] 王学民,王以明.道路桥梁工程概论[M].北京:水利水电出版社,2014.
[18] 王云江.市政工程概论:道路 桥梁 排水[M].北京:中国建筑工业出版社,2007.

[19] 吴书君.道路与桥梁工程试验检测技术[M].北京:中国矿业大学出版社,2012.

[20] 夏连学.路面施工技术:道路桥梁工程技术专业用[M].北京:人民交通出版社,2011.

[21] 邢世建.道路与桥梁工程试验检测技术[M].重庆:重庆大学出版社,2005.

[22] 杨亚峰.道路桥梁工程施工质量管理与控制措施探究[M].大连:大连理工大学出版社,2012.

[23] 叶国铮,姚玲森,李秩民.道路与桥梁工程概论[M].2版.北京:人民交通出版社,2014.

[24] 余丹丹.道路与桥梁工程施工技术[M].北京:中国水利水电出版社,2011.

[25] 张波.公路与桥梁施工技术[M].北京:人民交通出版社,2007.

[26] 张发祥.道路和桥梁工程[M].南京:河海大学出版社,2000.

[27] 张先勇.道路与桥梁工程美学[M].武汉:华中科技大学出版社,2008.

[28] 张新天,周建宾,吴育琦.道路与桥梁工程概论[M].北京:人民交通出版社,2006.

[29] 中国建筑工业出版社.城市道路与桥梁施工验收规范[M].北京:中国建筑工业出版社,2003.

[30] 周艳,贾朝霞.道路与桥梁工程基础理论与监理实务[M].北京:中国环境科学出版社,2006.

[31] Taylor P R. What are the the limiting criteria governing the maximum span of composite cable-stayed bridges[Z]. Madrid, Spain: the Third International Meeting on Composite Bridges sponsored by the Madrid Association of Civil Engineers,2001.

[32] Svensson H. Cable-stayed Bridges 40 Years of Experience Worldwide [M]. Berlin:Ernst & Sohn,2012.

后　　记

近年来,我国在道路桥梁工程建设方面取得了显著的成果,设计理念和施工技术不断成熟,道路桥梁工程的质量也得到了明显的提高,为区域之间的人员、物资流通提供了便利。因此,在道路桥梁设计与施工中,设计人员应该积极学习和借鉴国内外道路桥梁建设的经验,结合施工现场的实际情况,对设计方案和施工工艺进行不断的优化和完善,消除设计与施工中存在的缺陷和不足,提升设计和施工的合理性,在保证道路桥梁设计与施工顺利进行的同时,提升施工的整体质量和效益。